W0173895

Lars-Broder Keil / Sven Felix Kellerhoff
Fake News machen Geschichte

Lars-Broder Keil
Sven Felix Kellerhoff

# Fake News machen Geschichte

Gerüchte und
Falschmeldungen im
20. und 21. Jahrhundert

Ch. Links Verlag, Berlin

Auch als **e book** erhältlich

Die Deutsche Nationalbibliothek verzeichnet diese Publikation in
der Deutschen Nationalbibliografie; detaillierte bibliografische Daten
sind im Internet über www.dnb.de abrufbar.

1. Auflage, September 2017
© Christoph Links Verlag GmbH
Schönhauser Allee 36, 10435 Berlin, Tel.: (030) 44 02 32-0
www.christoph-links-verlag.de; mail@christoph-links-verlag.de
Umschlaggestaltung: Nadja Caspar, Ch. Links Verlag,
unter Verwendung eines Motivs von shutterstock (Nr. 572065486)
Satz: Ch. Links Verlag
Druck und Bindung: Druckerei F. Pustet, Regensburg

ISBN 978-3-86153-961-2

# Inhalt

# Zu diesem Buch

*»Jedermann sagt es, niemand weiß es.«*
Deutsches Sprichwort

*»Dass Gerüchte aller Art jederzeit schädlich sind, ist ebenso klar wie,
dass sie zu einer akuten Gefahr werden können, wenn sie in einem
Zeitpunkt schärfster Spannung auftauchen sollten.«*
Generaladjutantur der Schweiz, 1941[1]

Washington D.C., Freitag, der 20. Januar 2017: Donald Trump wird als
45. Präsident der Vereinigten Staaten vereidigt. Vor dem Kapitol legt er den
Amtsschwur ab und richtet sich anschließend mit einer Rede an das amerikanische Volk – so wie es seine Vorgänger auch getan haben. Allerdings
tritt Trump überhaupt nicht präsidial auf, sondern bleibt im Angriffsmo-
dus seines Wahlkampfes. Unverhohlen sagt er den Hauptstadt-Politikern
den Kampf an: »Zu lange hat eine kleine Gruppe die Vorteile der Regierung genossen, während das Volk die Kosten zu tragen hatte. Washington
florierte, aber das Volk hatte keinen Anteil an diesem Reichtum. Politikern ging es immer besser, aber die Arbeitsplätze verschwanden und die
Fabriken schlossen«, wettert Trump. Den versammelten Zuhörern verspricht er: »All das ändert sich von genau diesem Moment an und genau
von diesem Ort aus, denn dieser Moment ist Ihr Moment.«[2]

Denkwürdig ist auch, wie Trump auf die Berichte über seine eigene
Amtseinführung reagiert. Wenige Stunden später nämlich besucht der
neue Präsident den US-Geheimdienst CIA und äußert sich dort. Allerdings nicht ergriffen oder stolz, sondern erkennbar beleidigt. Trump
bezieht sich auf Meldungen, denen zufolge der Zeremonie im Vergleich
zur ersten Vereidigung seines Vorgängers Barack Obama weitaus weniger
Menschen zugesehen hätten. Das sei eine »Lüge«, sagt Trump. Man habe
absichtlich falsche Bilder verbreitet, um ihn in ein schlechtes Licht zu rücken. Etwas einschränkend schiebt er nach: »Ehrlich gesagt, es sah aus wie
1,5 Millionen Leute.«[3]

Luftaufnahmen von der National Mall vor dem Kapitol zeigen jedoch,
dass weite Flächen des langgestreckten Platzes leer geblieben sind. Bei

Obama, dessen Amtseinführung 2009 nach offiziellen Angaben mehr als 1,8 Millionen Menschen live vor Ort sehen wollten, war der eigens mit Platten geschützte Rasen fast vollständig gefüllt. Den Unterschied verdeutlicht eine Gegenüberstellung von Aufnahmen, die jeweils ungefähr 45 Minuten vor der Zeremonie aufgenommen worden waren. Selbst wenn man in Rechnung stellt, dass bis zum Beginn von Trumps Amtseid und Rede noch Menschen zum Platz gekommen sind, verspätet oder aufgehalten von Demonstrationen gegen den neuen Präsidenten: Der Kontrast zwischen beiden Veranstaltungen ist frappierend.[4]

Doch Trump will das nicht wahrhaben und grollt. Noch verstockter ist sein Sprecher Sean Spicer:»Dies war das größte Publikum, das je bei einer Vereidigung dabei war. Punkt«, behauptet er bei seiner Premiere vor dem Pressekorps des Weißen Hauses. Dann unterstellt er, ebenso wie Trump selbst, den Medien Fälschungsabsichten. Verweise auf den Vergleich der beiden Fotosequenzen kontert Spicer:»Es ist unsere Absicht, Sie niemals anzulügen.« Dann fügt er hinzu:»Manchmal werden wir uns über die Fakten streiten.« Griffiger formuliert denselben Gedanken Trumps Beraterin Kellyanne Conway in der NBC-Fernsehsendung»Meet the Press«. Als Moderator Chuck Todd sie fragt, warum Trump gleich am ersten vollen Arbeitstag seinen Sprecher geschickt habe, um»widerlegbar falsche« Anschuldigungen zu machen, antwortet die Wahlkampfstrategin:»Sie sagen, dass es eine falsche Behauptung ist, und Sean Spicer, unser Pressesprecher, hat alternative Fakten dazu vorgelegt.« Todd reagiert schlagfertig:»Alternative Fakten sind keine Fakten. Es sind Unwahrheiten.«[5]

London, Freitag, der 24. Juni 2016: Nur wenige Stunden nach der Entscheidung der Briten, aus der EU auszutreten, wird Nigel Farage in der ITV-Sendung»Good Morning Britain« zu den Folgen des Brexit befragt. Zur Überraschung der Zuschauer sagt der erklärte EU-Gegner und Vorsitzende der United Kingdom Independence Party (Ukip), er könne nicht garantieren, dass – wie von den Brexit-Befürwortern wiederholt angekündigt – 350 Millionen Pfund pro Woche statt an Brüssel nun ins nationale Gesundheitssystem National Health Service (NHS) fließen werden. »Das war einer der Fehler, die die ›Leave‹-Kampagne gemacht hat.«[6] Damit räumt Farage mal eben eines der zentralen Versprechen der Europa-Gegner an die Wähler ab. Londons Ex-Bürgermeister Boris Johnson von den Konservativen, einer der prominenten Ausstiegsbefürworter, hatte die

Zahl in großen Lettern auf seinen knallroten Wahlkampfbus spritzen lassen und das Versprechen hinzugesetzt: »Lasst uns stattdessen unser Gesundheitssystem finanzieren.«[7]

Berlin, Dienstag, der 17. Januar 2016: Die *Berliner Zeitung* veröffentlicht den Artikel »Polizei widerspricht Gerücht über eine Vergewaltigung«. Geschildert wird der Fall einer 13-Jährigen aus Berlin-Marzahn, die bei der Polizei ausgesagt habe, am 11. Januar auf dem Schulweg von arabischen Männern entführt, in einer Wohnung 30 Stunden lang gegen ihren Willen festgehalten und wiederholt vergewaltigt worden zu sein. Eine Verwandte des Mädchens behauptet, dass der Fall »totgeschwiegen wird«. Diese Darstellung beginnt umgehend in sozialen Netzen zu kursieren und wird von rechten Gruppen verbreitet. »Nach bisherigen Ermittlungen der Polizei gab es weder eine Entführung noch eine Vergewaltigung«, hält eine Polizeisprecherin dagegen. Es träfe zu, dass eine 13-Jährige als vermisst gemeldet worden sei, sie sei jedoch nach Hause zurückgekehrt. Um die Persönlichkeitsrechte des Kindes zu schützen, könnten keine näheren Angaben gemacht werden.[8]

Die übliche Formulierung nährt in den Augen vieler den Verdacht, hier werde etwas vertuscht. Spekulationen lassen den Fall Kreise ziehen. Einen Tag nach dem Dementi der Polizei berichtet ein russischer Fernsehsender von der angeblichen Vergewaltigung eines russlanddeutschen Mädchens in Berlin. Auf Facebook wird der Bericht millionenfach gesehen und geteilt. Andere Medien greifen das Thema auf und konzentrieren sich immer mehr auf den Migrationshintergrund der mutmaßlichen Täter, angeblich der Grund für das »Vertuschen des Falls«. Bei ihnen soll es sich um Flüchtlinge handeln. Von einer »ferngesteuerten deutschen Lügenpresse« ist die Rede, weil diese der offiziellen Darstellung folge. Trotz Dementi beruhigt sich die Lage nicht. Am 23. Januar demonstrieren Russlanddeutsche vor dem Kanzleramt in Berlin. Plakate werden hochgehalten, auf denen eindeutige Forderungen zu lesen sind: »Wir sind gegen Gewalt« etwa oder: »Hände weg. Von mir und meinem Kind« und »Unsere Kinder sind in Gefahr«; mitunter auch in gebrochenem Deutsch: »Kinder weinen selbe Sprache!« Schließlich meldet sich sogar Russlands Außenminister Sergej Lawrow zu Wort und macht den Fall zum Politikum. Er wirft den deutschen Behörden vor, »die Realität zu übermalen«. Wörtlich sagt er: »Hier müssen die Freiheit und die Gerechtigkeit herrschen. Ich hoffe sehr, dass die Migrationsprobleme nicht zum Versuch führen, die Realität wegen ›political correctness‹ und innenpolitischer Zwecke zu beschönigen.«[9]

Drei Beispiele für politische Falschmeldungen aus jüngster Zeit, die nicht nur die Gemüter erregt und für Schlagzeilen gesorgt, sondern auch viel Aufmerksamkeit auf das Phänomen Gerüchte gelenkt haben. Zum einen, weil es faszinierend ist zu beobachten, wie bewusst oder unbewusst in die Welt gesetzte Falschmeldungen ebenso bewusst oder unbewusst verbreitet werden. Mitunter genauso faszinierend, in vielen Fällen aber auch verwunderlich, befremdlich, ja mitunter sogar bedrückend ist es, dass viele Menschen solchen Gerüchten Glauben schenken. Gerade, wenn es darum geht, Äußerungen oder Verhalten von Institutionen und Gruppen infrage zu stellen, die über Jahrzehnte als vertrauenswürdig galten, zumindest in Demokratien. Laut einer Umfrage des Meinungsforschungsinstituts Infratest Dimap von Januar 2017 hielten 42 Prozent der Befragten die Medien in der Bundesrepublik für nicht glaubwürdig, weitere 37 Prozent gaben an, dass ihr Vertrauen gesunken sei. Ebenfalls 42 Prozent der Deutschen glaubten, dass Staat und Regierung den Medien vorgäben, worüber sie berichten sollen.[10]

Der Verlust des Vertrauens, der einhergeht mit geringer Wahlbeteiligung und Parolen wie »Lügenpresse« oder »System-Medien«, offenbart noch mehr. Der Prozess zeigt, wie sehr ein Verhalten wie das von Trump, Farage und Co., aber auch das Agieren vieler Medien in der Flüchtlingskrise, um ein weiteres aktuelles Beispiel zu nennen, das Ansehen von Politikern und Journalisten nachhaltig schädigt – ob die Skepsis und Kritik im Einzelfall nun berechtigt sind oder nicht. Zum Glück wächst mit dem Gefühl, dass die Fälle von Falschmeldungen und Gerüchten, neuerdings »Fake News« genannt, zunehmen, auch das Interesse daran zu verstehen, was hinter ihnen steckt. Wie sie ihre Wirkung entfalten können. Wie man sie erkennt – und vor allem, wie man sich gegen sie wappnen, ja: wehren kann.

Trumps Ärger über die Berichte seiner Amtseinführung hat selbstverständlich mit seinem Habitus zu tun. Als Außenseiter gestartet, zunächst belächelt, dann attackiert, hat er – was viele bis zum Schluss nicht für möglich hielten – die US-Präsidentschaftswahl gewonnen. Total von sich überzeugt, vielleicht auch genervt ob der großen Zweifel an seinem Charakter und seinem Stil, hat er unmittelbar vor dem 20. Januar 2017 angekündigt, seine Amtseinführung an diesem Tag werde »größer als erwartet«. Man kann seine Enttäuschung nachvollziehen, als genau das dann ausbleibt. Also greift er zu einer Methode, die ihn schon im Wahlkampf begleitet hat: bei öffentlichen Auftritten beliebige Behauptungen aufzustellen, die sie sich schon bei oberflächlicher Prüfung als unwahr herausstellen. Auf den für ihn meist unangenehmen Fakten-Check reagiert Trump häufig nach einer weiteren Methode: Er geißelt die Entlarvung seiner Lügen als Beispiel für die »Unfairness«, der er ausgesetzt sei. Den Medien, die seine Äußerungen hinterfragen und Hintergründe recherchieren, wirft Trump seinerseits vor, »Fake News« zu verbreiten. Typisch ist das erste TV-Duell mit seiner Gegenkandidatin Hillary Clinton von den Demokraten. Bereits vorher kursieren ironische Empfehlungen. Das Portal »Raw Story« warnt zum Beispiel: »Vielleicht haben Sie vor, immer dann einen zu heben, wenn Trump lügt.« Das sei nicht nur gefährlich, sondern angesichts der zu erwartenden Menge an Unwahrheiten potenziell tödlich. Ähnlich ist es auch beim Duell selbst: Clinton weist Trump reihenweise anhand früherer Äußerungen nach, dass er »Fake News« verbreitet hat. Seine monotone Antwort: »Das habe ich nicht gesagt.«[11]

Als Falschbehauptung ist auch die angebliche wöchentliche 350 Millionen Pfund-Zahlung Großbritanniens an Brüssel entlarvt worden – schon während der Kampagne für den EU-Ausstieg. Medien und Wirtschaftsexperten haben unter anderem auf den Sonderstatus hingewiesen, den die einstige Premierministerin Margaret Thatcher 1984 ausgehandelt hatte, wonach die wöchentliche Zahlung der Briten an die EU auf 250 Millionen Pfund begrenzt wird. Zieht man die Milliarden ab, die jährlich von Brüssel ins Land zurückfließen, zahlt Großbritannien verschiedenen Berechnungen zufolge tatsächlich zwischen 110 und 190 Millionen Pfund pro Woche an die EU. Nicht wenig, aber gerade einmal ein Drittel bis die Hälfte der behaupteten Summe. Gleichwohl hat sich die Zahl von 350 Millionen Pfund im Gedächtnis der Wähler festgesetzt, nach einer Umfrage von Ipsos Mori haben 78 Prozent der Briten angegeben, schon mal davon gehört zu haben. 47 Prozent, also fast die Hälfte, hält die Zahl für richtig. Offensichtlich sind den EU-Gegnern alle Mittel recht gewesen, um die europaskeptische Stimmung in Großbritannien anzuheizen.[12] Während Nigel Farage das immerhin zugibt, freilich erst, als sein Ziel erreicht war, behauptet der konservative Euro-Skeptiker Duncan Smith nach dem Referendum, man habe nie versprochen, so viel Geld ins Gesundheitswesen stecken zu wollen. Als er anhand von Fotos an die Aufschriften auf Wahlkampf-Bussen erinnert wird, redet sich Smith heraus: Er fühle sich an dieses Wahlversprechen nicht wörtlich gebunden. Die Aufschrift habe bloß eine Möglichkeit unter vielen illustrieren sollen.[13]

Wie sehr Falschaussagen von Interessen geleitet werden, zeigt exemplarisch der Fall des deutsch-russischen Mädchens aus Berlin-Marzahn. Die Empörung von Außenminister Lawrow hat weniger mit Sorge um das Wohl der 13-Jährigen zu tun, sondern ist eine Retourkutsche für die wiederholte Kritik aus dem Westen oder von Menschenrechtsorganisationen an Russlands Politik, die sich zum Beispiel an unfairen Prozessen und politisch motivierten Urteilen gegen Oppositionelle oder kritische Journalisten festmacht. Als sein damaliger Kollege Frank-Walter Steinmeier zu verstehen gibt, Moskau würde sich beim Fall Lisa in innere Angelegenheiten Deutschlands einmischen, was nicht stimmt, denn Lisa hat beide Staatsbürgerschaften, kontert Außenminister Lawrow: »Kommentare zur Lage der Menschenrechte hat bislang noch niemand als Einmischung gewertet.« Auch seien aus der Bundesrepublik viel häufiger Kommentare zur Innenpolitik Russlands zu hören als umgekehrt.[14]

Das Verhalten vieler Russlanddeutscher, die in mehreren deutschen Städten demonstrieren und am Gerücht einer Vergewaltigung durch Flüchtlinge festhalten, hat nach Ansicht von Beobachtern mit der Stimmung zu tun, die unter ihnen herrscht. Als ab Anfang der 1990er-Jahre Hunderttausende Menschen aus Russland in die Bundesrepublik kommen, haben Politik, Medien, aber auch viele Einheimische das begrüßt. Gleichwohl fühlen sich viele Russlanddeutsche auch zwei Jahrzehnte später nicht voll akzeptiert. Angesichts des Flüchtlingsstroms seit 2015 und der in den ersten Wochen praktizierten Willkommenskultur hat sich dieses Unbehagen verstärkt. Es hält einen Fall am Kochen, den es eigentlich gar nicht gibt. Denn zwar hat die 13-jährige Lisa seit einiger Zeit einvernehmlich Sex mit einem über 20-jährigen Deutschtürken gehabt. Das ist aufgrund des Alters des Mädchens strafbar und hat die Staatsanwaltschaft auf den Plan gerufen; ein Jahr nach dem Fall kommt es zum Prozess wegen sexuellen Missbrauchs, der im Juni 2017 mit einer Bewährungsstrafe für den jungen Mann endet. Verschwunden aber sei das Mädchen, so die Polizei, wegen Problemen in der Schule. Sie habe sich einfach nicht nach

Hause getraut und sich die fragliche Nacht bei einem 19-jährigen Bekannten versteckt. Das ergeben unter anderem rekonstruierte Daten auf dem Handy des Mädchens. Die Entführung und Vergewaltigung habe sie als Entlastung für ihr eigenes Verhalten erfunden; für eine Sexualstraftat habe es bei der rechtsmedizinischen Untersuchung keine Hinweise gegeben.[15] Warum haben viele Russlanddeutsche, die seit Jahren in der Bundesrepublik leben, Lisas wilden Beschuldigungen gegenüber der Polizei geglaubt? Warum sind so viele US-Wähler Trump und eine knappe Mehrheit der abstimmenden Briten den Brexit-Befürwortern gefolgt? Weil sie daran glauben *wollten*. »Faith-based intelligence« nennt man derlei im Jargon der anglo-amerikanischen Nachrichtendienste – frei ins Deutsche übersetzt: Wunschdenken.

Was bringt die Beschäftigung mit Falschmeldungen und Gerüchten? »Für den Historiker ist ein Irrtum nicht bloß ein Irrtum«, schrieb der französische Historiker Marc Bloch schon 1921 in einem Aufsatz über *Falschmeldungen im Krieg*, in dem es weiter heißt: »Der Historiker betrachtet den Irrtum auch als Untersuchungsgegenstand, mit dem er sich beschäftigen muss, wenn er eine Verkettung menschlicher Handlungen verstehen will. Falsche Berichte haben schon Massen bewegt. Die Menschheitsgeschichte ist voll von Falschmeldungen in der ganzen Vielfalt ihrer Formen.« Seiner Analyse ließ Bloch klare Fragen folgen: »Wie entstehen sie? Woher beziehen sie ihre Substanz? Wie breiten sie sich aus? Das wird jeden interessieren müssen, der sich mit Geschichte beschäftigt.« Gleichwohl merkte der gerade an die Straßburger Universität berufene junge Professor selbstkritisch gegenüber der eigenen Zunft an: »Allerdings finden wir darüber in der Geschichtswissenschaft nur wenig Aufklärung. Unsere Vorgänger stellten sich solche Fragen nicht, sondern verwarfen alles, was sich als Irrtum herausstellte. Sie interessierten sich nie dafür, wie ein Irrtum entstand und sich entwickelte.« Das müsse sich ändern, verlangte Bloch, der in den 1920er- und 1930er-Jahren zu einem der prägenden Vordenker erst der französischen, indirekt und lange nach seinem Tod auch der internationalen Geschichtswissenschaft wurde.

Doch bis in die jüngste Zeit schenkten Historiker, Journalisten und Öffentlichkeit Falschmeldungen, die sich zu Gerüchten entwickelt und politisch bedeutsame Folgen gehabt haben, vergleichsweise wenig Interesse. Spätestens seit Trump beginnt sich das zu ändern. Falschmeldungen,

Gerüchte oder »Fake News« geben, wie die Beispiele aus den USA, Großbritannien und Deutschland zeigen, Auskunft darüber, was in einer bestimmten historischen Situation als vorstellbar oder sogar wahrscheinlich gilt. Ernstgenommene Falschmeldungen und Gerüchte sind ein geeignetes Instrument zur Analyse vergangener Wirklichkeit. Man kann mit ihnen ergründen, welche politischen Grundsätze, ideologischen Vorurteile und praktischen Erfahrungen wirksam werden – sei es in der ganzen Gesellschaft oder in Teilen davon. Um zu klären, warum Menschen Falschmeldungen Glauben schenken und daraus folgenreiche Gerüchte entstehen, muss man nach Bloch auch herausfinden, welche Motive sie haben – sei es auch nur, um der Täuschung besser auf die Spur zu kommen. »Solange ihre Beweggründe unklar sind [die der Menschen, die an eine Falschmeldung glauben], werden sie sich der Analyse widersetzen und daher nur unvollständig nachgewiesen werden können.« Für den Historiker stellt eine Falschmeldung, die als Gerücht in die Öffentlichkeit gelangt und wegen ihrer Folgen greifbar wird, ein Zeugnis dar: ein Zeugnis, das nicht Auskunft gibt über das, was ein Zeuge tatsächlich sah, sondern über das, was zu sehen er für selbstverständlich oder wahrscheinlich hielt.[16]

Was sind »Gerüchte« oder »Fake News«? Die Schwierigkeiten beginnen schon beim Begriff selbst. Das deutsche Wort »Gerücht« stammt ab vom mittelhochdeutschen »gerüefte« und meint ursprünglich das (rechtlich relevante) »Zetergeschrei«, mit dem man seinerzeit eine Straftat bekannt machen musste. Wohl ab dem 16. Jahrhundert bezeichnet das Wort dann nur noch »Gerede«, besonders »unverbürgtes Gerede«. Der englische und der französische Begriff dagegen, »rumour« (amerikanisch »rumor«) und »rumeur«, gehen zurück auf das lateinische Wort »rumor«. Es stammt etymologisch aus der Wurzel für »dumpfes Geräusch« und bezeichnet etwa den Klang von Ruderblättern. Schon früh verstand man darunter aber auch das »Gerede der einfachen Leute« – ins Positive gewendet die »öffentliche Meinung« und negativ verstanden »Klatsch« oder »Verleumdung«. Zugleich kannte das Lateinische als Entlehnung aus dem dorischen Griechisch (»phama«) das Wort »fama« (attisches Griechisch »pheme«). Seine Bedeutungen konnten extrem unterschiedlich sein; sie reichen von »Sage« und »guter Ruf« über allgemein »Leumund« und »öffentliche Meinung« bis zu »üble Nachrede«; im Griechischen kamen noch die Bedeutungen »göttliche Stimme« und »Orakelspruch« hinzu. Personifiziert als Göttin war Fama zum Beispiel in Vergils Aeneis zuständig für »Lug und Falsches«. Der Epiker nannte sie »Scheusal« und »grässliche Riesengestalt«; sie »entflammt durch Reden das Herz« und »stachelt den Zorn an«. Für den eine Generation späteren Dichter Ovid war die Göttin Fama eine »schwatzende Mär, die dem Wahren Falsches zu tun liebt und von kleinem Beginn anwächst durch häufige Lügen«. Doch keineswegs immer wurde »fama« derart negativ verstanden; Renaissance und Barock kannten die »fama mala« ebenso wie die »fama triumphans«, also »bösen« und »guten Ruf«. Diese positive Bedeutung hat sich sowohl im englischen wie im (selteneren) französischen Wort für »Ruhm« erhalten: »fame« bzw. »famé«. Die Bedeutung von »fama« verschob sich gegenüber den Vorstellungen der lateinischen Dichter derart stark, dass zeitweise sogar manche seriösen Zeitungen so hießen. So trug die sächsische Zeitschrift *Neuestes Allerley der merkwuerdigsten Begebenheiten unsrer Zeit* zwischen 1776 und 1846 den Haupttitel *Leipziger Fama*.[17]

Die Sprachwissenschaft hilft also nicht bei der Definition des Phänomens »Gerücht«. Vielleicht führt ein Blick in die wichtigen Enzyklopädien weiter? Im *Zedler*, dem größten deutschsprachigen Lexikon der Aufklärung, heißt es ganz im Sinne der im 18. Jahrhundert geläufigen Doppelbedeutung: »Gerücht ist ein Ruff oder Rede, so einem entweder zu Ehren oder zum Schimpfe ausgebracht wird.« In der sechsten Auflage von *Meyers Großem Konversationslexikon,* der prägenden Enzyklopädie des deutschen Bildungsbürgertums am Beginn des 20. Jahrhunderts, wird »Gerücht« gar nicht verzeichnet, sondern nur auf den Eintrag »Zetergeschrei« verwiesen. Laut *Meyers Enzyklopädischem Lexikon* von 1974 ist »Gerücht heute nur noch im Sinne von ›umlaufendes, unverbürgtes Gerede‹ gebräuchlich«. Für das *Deutsche Wörterbuch* des Duden-Verlages ist ein Gerücht »etwas, was allgemein gesagt, weitererzählt wird, ohne dass bekannt ist, ob es auch wirklich zutrifft«. Die Internet-Enzyklopädie Wikipedia definiert knapp: »Ein Gerücht ist die Verbreitung einer unverbürgten Nachricht.«

Über das Wesen von »Gerüchten« machen sich seit mehr als fünf Jahrzehnten auch Sozialpsychologen und Vertreter verwandter Disziplinen Gedanken. Die beiden US-Forscher Gordon W. Allport und Leo Postman zum Beispiel, die als erste Wissenschaftler systematisch dem Phänomen nachgingen, verstanden darunter 1946 eine »mit den Tageser-

**15**

eignissen verbundene Behauptung, die geglaubt werden soll, gewöhnlich von Mensch zu Mensch mündlich weitergegeben wird, ohne dass genaue Fakten vorhanden sind«. Ähnlich definierten ihre Kollegen Warren A. Peterson und Noel P. Gist wenige Jahre später »Gerücht« als »Berichte oder Erklärungen, die nicht bestätigt sind, von Mensch zu Mensch verbreitet werden und ein Objekt, ein Ereignis oder eine Frage von öffentlichem Interesse behandeln«. Der amerikanische Soziologe Tom Shibutani sah 1966 in Gerüchten vor allem »improvisierte Nachrichten«. Seiner Ansicht nach sind sie Formen kollektiven Austausches, die in einer Situation relativer Unwissenheit über ein Ereignis auftreten, in denen vertrauenswürdige Informationen über die Massenmedien nicht verfügbar sind, aber die Menschen verstehen möchten, was vorgefallen ist: »So beginnen sie mit der Gerüchtebildung, um zu versuchen, die Lücken in den offiziellen Informationen zu füllen.« Franz Dröge definierte 1970: »Das Gerücht zeichnet sich in erster Linie dadurch aus, daß es keine eindeutig identifizierbare Quelle besitzt, im Gegensatz zu allen medialen Aussagen, die durch das Medium in ihrer Herkunft definiert sind. [...] Es wird sogar in Krisenzeiten, in denen die Medien ausfallen oder keine ausreichenden Informationen vermitteln, noch heute zum unverzichtbaren Kommunikationsmittel für viele Menschen, die versuchen, sich ein Bild von der Lage zu machen.«

Ein »Rezept« für Gerüchte schlug 1992 der Historiker Ulrich Raulff vor: »Man nehme eine Bevölkerung, sagen wir zweihundert oder zweihunderttausend Leute, versetze sie in eine Situation der Angst, Not oder Lebensgefahr. Letztere braucht nicht real zu sein; die bloße Vorstellung genügt. Anstelle von Angst kann auch revolutionäre Unruhe zur Wirkung kommen. Sodann entziehe man die Informationen oder lasse nur noch offenbar gefälschte oder zensierte zu. Binnen kurzer Zeit schon stellen sich die Resultate ein: Die Gerüchteküche brodelt, Dunstschwaden ziehen, und der Durchblick schwindet.« Wichtig war Raulff allerdings, dass die Gleichung »Gerücht = Irrationalität der Unterschichten« nicht aufgehe: »Der Dunst kann genausogut von ›oben‹ kommen, und er kann gewollt abgelassen worden sein. Nicht alles, was dampft, muß Armeleuteküche sein.«

Prosaischer sah der französische Soziologe Jean-Noël Kapferer 1996 auf »das älteste Massenmedium der Welt« und beschrieb es so: »Das Gerücht ist zuallererst eine Information. Es vermittelt neue Einzelheiten über einen Menschen oder ein Ereignis, die mit dem Tagesgeschehen verbunden sind.

Hierin unterscheidet es sich von der Legende, die einen der Vergangenheit angehörenden Sachverhalt behandelt. Zweitens soll das Gerücht geglaubt werden. [...] Das Gerücht will überzeugen.«Der Zeithistoriker Stefan Wolle schrieb 1997 mit Blick auf die DDR:»Gerüchte sind die Ersatzöffentlichkeit des ›kleinen Mannes‹. Sie sind unkontrollierbar, anarchistisch, subversiv und decouvrierend, also gefährlich für die Staatsmacht; sie sind andererseits ebenso wie der politische Witz aber auch Ventil, Triebabfuhr und Surrogat, insofern systemstabilisierend.« Gleich eine ganze Reihe von Eigenschaften beschrieb 1998 der Literaturwissenschaftler Hans-Joachim Neubauer:»Gerüchte [...] sind komplizierte Gebilde. [...] Ihr eigentliches und primäres Medium ist das Hörensagen. [...] Als flüchtige kollektive Ereignisse existieren sie nur im Moment ihrer Kommunikation. [...] Was alle sagen, ist noch kein Gerücht, sondern das, von dem man sagt, daß es alle sagen. Gerüchte sind Zitate mit einer Lücke. Unbestimmt bleibt, wen sie zitieren; wer in ihnen spricht, weiß niemand.« Der Soziologe Wolfgang Sofsky schließlich schrieb 2003 im Hinblick auf den Irak-Krieg:»Gerüchte sind unbestätigte und nicht selten unbeweisbare Nachrichten, an deren Wahrheit geglaubt wird. Sie erregen eine dichte Kommunikation, kursieren ungeregelt innerhalb des politischen und sozialen Feldes.«[18]

Die Fülle von Definitionsversuchen zeigt, wie schwierig das Phänomen zu fassen ist. Jedoch können auf ihrer Basis und in Abgrenzung zu verwandten Begriffen relevante Eigenschaften des Gerüchts abgeleitet werden. Ein zentrales Merkmal ist die Ungewissheit beziehungsweise die Unklarheit über den Wahrheitsgehalt des Gerüchts. Bloch und Kapferer sprechen vom»Modus des Unbestimmten«. Laut Bloch entstehen Falschmeldungen häufig aus ungenauen individuellen Beobachtungen oder unvollständig wahrgenommenen Augenzeugenberichten. In ihnen drücken die Menschen unbewusst ihre Vorurteile, Abneigungen und Ängste aus. Damit daraus ein Gerücht werden kann, das sich selbstständig ausbreitet, muss die Verbreitung der Falschmeldung allerdings durch einen bestimmten Zustand der Gesellschaft begünstigt werden:»Nur die großen kollektiven Stimmungen haben überhaupt die Kraft, aus falschen Wahrnehmungen ein Gerücht zu machen«, schreibt Bloch. Jean-Noël Kapferer hat acht Arten definiert, auf die Gerüchte entstehen können. Das Spektrum zeigt, dass die Entstehungsgeschichte jedes Gerüchts jeweils einzeln betrachtet werden muss. Danach können Gerüchte entstehen: erstens durch vertrauliche Mitteilungen, die an »undichten« Stellen durchgesickert sind; zweitens durch beunruhigende Sachverhalte, die erklärt werden wollen; drittens durch Augenzeugenberichte, die unrichtig weitergegeben werden; viertens durch Fantasievorstellungen, die jeglicher Grundlage entbehren; fünftens durch wiederkehrende Mythen; sechstens durch Missverständnisse, die aus der falschen Deutung von Mitteilungen entstehen; siebtens durch Manipulationen, die bewusst in Umlauf gebracht wurden; achtens durch gutgläubige Veröffentlichungen unbestätigter Fakten.

Beide Erklärungsmuster verdeutlichen: Ein Gerücht ist eine besondere Form der Kommunikation, die aus dem Missverhältnis zwischen Informationsangebot und Informationsbedürfnis entspringt. Die Entwicklung der Kommunikation spielt für die Verbreitung der Falschmeldung, die zum Gerücht wird, dagegen nur eine untergeordnete Rolle. Dass sich Gerüchte vor dem Zeitalter von Radio und Fernsehen verbreiten konnten, ist nicht überraschend. Aber auch diese modernen Medien, die bei oberflächlicher Betrachtung eigentlich geeignet erscheinen, Gerüchte schnell und umfassend zu widerlegen, können das Aufkommen und die Verbreitung von Falschmeldungen nicht verhindern. Im Gegenteil: Oft sind es gerade moderne Medien, die bewusst benutzt werden. Entscheidend ist: Wer einer Sache Bedeutung beimisst, will darüber etwas wissen. Wenn die zur Verfügung stehenden Informationen quantitativ eingeschränkt sind, also zu wenige oder gar keine Nachrichten vorhanden sind, oder aber qualitative Defizite aufweisen, also kein ausreichendes Vertrauen zur Informationsquelle besteht, entstehen fast automatisch Gerüchte. Sie sind insofern ein Indiz für fehlendes Vertrauen in die gewöhnlichen Informationskanäle.

Dies trifft umso mehr auf »Fake News« zu. An sich ist das kein neuer Begriff, er kommt bereits im 19. Jahrhundert vor und bedeutet wörtlich aus dem Englischen übersetzt nichts anderes als »(bewusste) Falschmeldungen«. Mit der wachsenden Präsenz sozialer Netzwerke wandelt sich jedoch die allgemeine Definition. »Fake News«, immerhin zum Anglizismus des Jahres 2016 gekürt, werden zunehmend als politisch motivierte Lügen begriffen, die sich vom harmlosen Scherz oder vom spielerischen Schneeballeffekt unterscheiden, mit denen Meldungen im Netz auch verbreitet und »Hoax« genannt werden. Schon tauchen Analysen auf, die »Fake News« als neuen Kampfbegriff bezeichnen. Auf alle Fälle verbirgt sich dahinter ein neues Phänomen, dessen Wirkung der Medientheoretiker Udo Göttlich beschreibt. Ihm machen vor allem die rasche und »virale« Verbreitung sowie der veränderte kommunikative Charakter Sorgen: »Zeitungsenten waren meist unabsichtliche Falschmeldungen, die dann professionell korrigiert worden sind. Fake News dagegen sind gar nicht darauf ausgelegt, die ›Wirklichkeit‹ darzustellen. Sind sie einmal in der Welt, dann geht es um die schnelle Verbreitung durch Likes, die ihren Gehalt zusätzlich autorisieren, weil man seinen Freunden vertraut. Sie funktionieren, weil bestimmte Lesergruppen die Popularität einer Nachricht als Maßstab für deren Validität nehmen.«[19]

Anders ausgedrückt: »Fake News« und Gerüchte unterscheiden sich von anderen Kommunikationsformen durch die Weise, in der sie transportiert werden: nämlich als Botschaft, bei der es irrelevant ist, woher sie kommt, ob sie wahr oder falsch ist, ob sie mündlich oder medial transportiert wird. Zwar ist vielen Empfängern klar, dass es sich um unbestätigte und zweifelhafte Informationen handelt; sie geben sie auch als solche weiter – bis die Inhalte jedoch irgendwann zu vermeintlicher »Wahrheit« kondensieren. Je unverständlicher Menschen ihre Umwelt erscheint, je bedrohlicher sie wirkt, je schwieriger zu entscheiden ist, was wahr und was falsch ist, desto eher werden sich Menschen mit dem Hörensagen befassen, dessen Wahrheitsgehalt zwar unbestimmt ist, das ihnen aber plausibel erscheint.[20]

In diesem Buch verstehen wir unter »Gerücht« und »Fake News« sachlich falsche Nachrichten über politische Zusammenhänge gleich welchen Ursprungs, die während eines politischen Prozesses aufkommen oder aufgebracht werden, die sich anonym verbreiten oder mindestens ohne Zutun ihres Urhebers weiterentwickeln, die in einer mehr oder weniger großen Gruppe von Menschen geglaubt werden und die zu einem politisch wichtigen Ereignis führen.

Wir führen im vorliegenden Buch an elf Beispielen aus dem 20. und 21. Jahrhundert vor, wie Falschmeldungen und Gerüchte im Spannungsfeld zwischen Politik, Medien und Öffentlichkeit wirken. Anschließend schildern wir in einem Kapitel, wie man »Fake News« bekämpfen kann. Aus der Fülle möglicher Themen haben wir uns für Fälle entschieden, die von zentraler Bedeutung für Deutschland waren bzw. sind; der Bogen reicht von der ausgehenden Weimarer Republik, das kollabierende »Dritte Reich« und die beiden Teilstaaten während des Kalten Krieges bis zur einigen, freien und rechtsstaatlichen Bundesrepublik des Jahres 1999, der

Verwerfungen auf den Finanzmärkten 2007/08 und der Flüchtlingskrise, die 2017 noch nicht beendet ist. Dabei decken wir ganz unterschiedliche Arten von Gerüchten und Falschmeldungen ab: Vorsätzlich gestreute Desinformationen kommen ebenso vor wie ohne bewusste Manipulation gewachsene Missverständnisse; Falschmeldungen mit verheerenden Folgen ebenso wie – in zwei Fällen – Irrtümer mit politisch positiven Auswirkungen. In allen elf Kapiteln gehen wir in gleicher Weise vor: Wir erzählen, wie das jeweilige Gerücht in die Welt trat, beschreiben, wie es sich weiterentwickelte, skizzieren den historischen Hintergrund und analysieren schließlich den Wahrheitsgehalt der folgenreichen Falschmeldung.

Vom Thema unseres ersten gemeinsamen Buches mit dem Titel *Deutsche Legenden. Vom ›Dolchstoß‹ und anderen Mythen der Geschichte* (Ch. Links Verlag 2002) unterscheidet sich der Gegenstand dieses Bandes vor allem durch das Aufkommen der Fehlinformation während eines laufenden politischen Prozesses. Legenden dagegen sind stets nachträgliche Verfälschungen der Realität, die sich erst mit wachsendem Abstand von den Geschehnissen verselbstständigen.

Falschmeldungen und Gerüchte haben in gesellschaftlichen Umbruch- und Krisenzeiten Hochkonjunktur. Sie treten häufiger in totalitären Gesellschaften in Erscheinung, die Informationen und Medien streng regulieren und kontrollieren, kommen aber auch in freien Gesellschaften vor, dort aber vor allem in Organisationen mit strengen Hierarchien und damit stark eingeschränkten Kommunikationsstrukturen, zum Beispiel in Armeen. Im Krieg werden als Soldaten eingezogene Zivilisten abrupt aus ihrem bisher geregelten Leben gerissen. Zum plötzlichen Bruch mit wesentlichen sozialen Bindungen, die zu moralischer Verunsicherung führen, kommt die körperliche Erschöpfung durch die belastenden Umstände an der Front: »Aufgrund ihrer Unerfahrenheit sind die Soldaten beim Einmarsch von Angst und Schrecken beherrscht, die um so größer sind, als sie zwangsläufig verschwommen bleiben. [...] Die Nerven liegen bloß, die Phantasie ist aufs Äußerste erregt, die Wahrnehmung der Wirklichkeit gestört«, schreibt Marc Bloch, der sich aus eigenem Erleben ausführlich mit Falschmeldungen und Gerüchten im Ersten Weltkrieg beschäftigt hat.[21]

Stehen die politisch Verantwortlichen dazu noch unter Druck, kann geschehen, was wir im Kapitel über den »Hufeisenplan« 1999 beschreiben. Er wurde vom damaligen Bundesverteidigungsminister Rudolf Scharping zu Beginn des NATO-Kampfeinsatzes auf dem Balkan präsentiert als Beweis für den geplanten »Genozid« der Serben an der albanischen Bevölkerung im Kosovo. Als aufsehenerregende Tat diente Scharping nicht nur ein angebliches Massaker an Zivilisten in Račak, sondern auch Meldungen, wonach Serben albanischen Frauen die Föten herausgeschnitten und mit abgeschlagenen Köpfen Fußball gespielt hätten.[22]

Manche folgenreiche Falschmeldungen entstehen ohne jedes Zutun von interessierten Kreisen; sie beruhen schlicht auf wiederholten irrigen Wahrnehmungen der Zeitgenossen, auf daraus resultierenden falschen Schlussfolgerungen sowie den Gesprächen über sie. Selbst solche »urheberlosen« Gerüchte können fatale politische Folgen haben, wie wir anhand des vermeintlichen »Schleicher-Putsches« Ende Januar 1933 zeigen. In der gesellschaftlichen Elite und der Regierung nahestehenden Kreisen kursierte am letzten Wochenende vor Hitlers Ernennung zum Reichskanzler eine ungesteuerte und nicht prognostizierbare Erwartung, die keinerlei reale Grundlage hatte, die leicht (nämlich durch einen einzigen Telefonanruf) hätte widerlegt werden können – und die dennoch die deutsche, die europäische und die Weltgeschichte entscheidend veränderte.

Andere Gerüchte beruhen auf bewusst gestreuten Desinformationen. Das zeigen wir zum Beispiel im Kapitel über die Kartoffelkäferplage 1950 in der DDR, für die von der SED-Regierung mit Verweis auf Sachverständige die USA verantwortlich gemacht wurden. Dabei bediente sich die DDR-Führung besonders perfide des Mittels der Propaganda, indem sie Informationslücken über das plötzliche Auftreten des Schädlings bewusst mit »Nachrichten« ausfüllte, die ein Gerücht hervorriefen. Die SED zielte dabei mit den Bauern auf eine existenziell besonders betroffene Zielgruppe, was eine schnelle Verbreitung des Gerüchts begünstigte. Gerüchte gehörten in der DDR ohnehin zum Alltag, weil die Führung zum einen die Mehrheit der Bevölkerung von seriösen Informationen ausschloss, gleichzeitig aber versuchte, die eklatanten Widersprüche zwischen Anspruch und Wirklichkeit mit der Tabuisierung vieler Probleme zu parieren und mit Erfolgspropaganda zu überdecken. Das heizte die Gerüchteküche an. Einmal in Umlauf gebracht, mutierte Hörensagen schnell zu »Wahrheiten«, die man sich an der Ostseeküste ebenso erzählte wie in Thüringen oder in Ost-Berlin.

Andererseits gab es in der DDR Gerüchte, die vom Ministerium für Staatssicherheit gezielt als Herrschaftsinstrument eingesetzt wurden. Besonders beliebt war das Lancieren falscher oder verfälschter Informationen über Regimegegner, vom MfS selbst dezidiert als »Inszenieren von Gerüchten« bezeichnet. Derlei »Desinformation« wurde von der Stasi charakterisiert als »bewußte Verbreitung von den Tatsachen grundsätzlich oder teilweise widersprechenden Informationen durch Wort, Schrift, Bild oder Handlungen [...] mit dem Ziel, feindliche Kräfte über die eigenen Pläne, Absichten und Maßnahmen zu täuschen sowie Aktivitäten und Kräfte des Feindes in dem MfS genehme Richtungen zu lenken bzw. diese Kräfte zu verunsichern«. Das Instrument der Machtsicherung wurde auch in der sogenannten Westarbeit der Stasi benutzt, wie unser Kapitel über Bundespräsident Heinrich Lübke beweist, der in den Sechzigerjahren das Opfer einer bewussten Desinformationskampagne und Manipulation der SED wurde.[23]

Gerüchte, die durch entsprechende Propaganda angestoßen und verbreitet werden, gedeihen aber ebenso in Demokratien, und zwar meist dann, wenn eine unklare und unbefriedigende Informationslage anzutreffen ist. Zwei Beispiele verdeutlichen das im vorliegenden Buch: Im Bestreben, von ihren Gefängniszellen aus den »Klassenkampf« weiterzuführen, verbreiteten die Gründer der RAF Anfang und Mitte der Siebzigerjahre das Gerücht, sie würden in Isolationshaft gehalten und gefoltert. Die Behörden reagierten mit hilflosen Dementis statt mit einer offenen, aktiven Informationspolitik. Der Vorwurf der RAF-Spitze konnte daher durch Journalisten nicht überzeugend widerlegt werden. Das hatte nicht nur Proteste in einem nennenswerten Teil der deutschen Öffentlichkeit zur Folge, sondern führte auch zur Bildung der »zweiten Generation« der Terrorgruppe. Mit dem Gerücht gelang Andreas Baader und Ulrike Meinhof gewissermaßen die Rekrutierung des eigenen »Nachwuchses«.

Anders gelagert, nämlich nicht bewusst manipulativ, ist das Beispiel eines der beherrschenden Medienthemen der frühen Achtzigerjahre: Waldforscher und Illustriertenredakteure erschreckten seinerzeit mit apokalyptischen Prognosen zum »Waldsterben« die bundesdeutsche Bevölkerung. Erfolgreich drängten sie die Bundesregierung in kürzester Zeit zu einer konsequenteren Luftreinhalte-Politik. Gerade das Kapitel Waldsterben zeigt nicht nur, wie sensibel moderne Mediendemokratien auf inszenierte »Ereignisse« reagieren können, sondern auch, wie Medien und Politik in ihrem (zwangsläufigen) Bestreben, komplexe Tatsachen zu vereinfachen und direkte Kausalitäten nachzuweisen, den eigenen Trugbildern erliegen. Ein weiteres Beispiel für Falschmeldungen mit einem positiven Ausgang ist der letztlich geglückte Versuch der Bundesregierung in der Finanzkrise, die Bevölkerung vom massenhaften Abheben ihrer Guthaben bei Banken abzuhalten.

Die von Gerüchteforschern als Charakteristikum erfolgreicher Gerüchte herausgearbeitete Kombination von Unsicherheit, Mehrdeutigkeit und hoher Relevanz des Sachverhaltes spielt auch im Kapitel um den Fall der Mauer im November 1989 eine wesentliche Rolle. Die unsicher vorgetragene Ankündigung des SED-Politbüromitglieds Günter Schabowski, laut der die DDR ihre Grenzen für ständige Ausreisen und Reisen »ab sofort« öffnen wolle, führte bei der hoch sensibilisierten ostdeutschen Bevölkerung zu einer allgemein akzeptierten Auslegung der Geschehnisse, die durch entsprechende Medienberichte scheinbar bestätigt wurden. Die kollektiv gezogene Schlussfolgerung war jedoch nichts anderes als ein Gerücht. Es führte zu einer Erwartung, die keinerlei Grundlage in der Realität hatte, sowie zu Emotionen, die schließlich genau das Ereignis herbeiführten, von denen das Gerücht zuvor gehandelt hatte.

Marc Bloch hatte in seinem Aufsatz von 1921 über *Falschmeldungen im Krieg* angeregt:»Es wäre extrem hilfreich, wenn ein Journalist uns eine gute, also begründete und lautere Studie über die Entstehung von Zeitungsberichten schreiben würde; nichts wäre nützlicher für die Quellenkritik, wie sie für die Zeitgeschichte so notwendig ist.« Als gelernte Historiker sowie als Redakteure für Innenpolitik und Zeitgeschichte bei einer überregionalen Zeitung fühlten wir uns von dieser Idee Blochs angesprochen. Gleichwohl wollen wir keine fachspezifische Abhandlung über die Zwänge des journalistischen Alltags vorlegen, sondern vielmehr Blochs Gedanken über Falschmeldungen und ihre Entwicklung zu Gerüchten mit Hilfe kommunikativer Mittel aufgreifen. Eine Theorie des Gerüchts in zeithistorischer Perspektive soll und kann dieses Buch nicht liefern; uns geht es vielmehr um den geschichtsjournalistischen Blickwinkel. Denn nirgendwo berühren sich Medienwelt und historische Wissenschaft mehr als gerade bei den folgenreichen Falschmeldungen in der Epoche der Medienrevolution, also im 20. und 21. Jahrhundert.

Berlin, Pfingsten 2017

Lars-Broder Keil
Sven Felix Kellerhoff

# »Potsdam marschiert«

## Kurt von Schleichers vermeintlicher Staatsstreich 1933

> »Es drohte damals, was wenig bekannt war,
> ein Putsch seitens Schleicher-Hammerstein
> mit der Potsdamer Garnison.«
> Hermann Göring, 1946[1]

Der 28. Januar 1933 ist ein kalter Wintersamstag. Die frostigen Temperaturen halten das schicke Berlin nicht davon ab, an diesem Abend kräftig zu feiern. Die feine Gesellschaft vergnügt sich beim Berliner Presseball. Ausgelassen geht es zu in dieser Nacht in den Festsälen am Zoologischen Garten; es wird viel getanzt und noch mehr getrunken. Der Dirigent Wilhelm Furtwängler amüsiert sich ebenso wie der Komponist Arnold Schönberg, der Schriftsteller Carl Zuckmayer und der Star-Tenor Richard Tauber. Dass keine führenden Nationalsozialisten unter den Gästen weilen, ist nicht weiter erstaunlich: Sie werden nicht vermisst, weil sie ohnehin nicht erwartet wurden. Existiert doch bei den Pressebällen Anfang der Dreißigerjahre noch weiter das Lebensgefühl der »Goldenen Zwanziger«: Liberalität, Tanzmusik und Travestie. Also das, was Hitler-Anhänger wie Kommunisten gleichermaßen verabscheuen – wenn auch aus unterschiedlichen Gründen.

Einige Ballbesucher registrieren allerdings sehr wohl, dass Staatssekretär Otto Meissner, der Chef des Reichspräsidialamtes und einer der einflussreichsten Strippenzieher der deutschen Politik, nicht erschienen ist. Pikiert vermeldet die *Vossische Zeitung*, Meissner habe sich »von seiner Gattin vertreten« lassen. Das ist bemerkenswert, denn gewöhnlich nutzt der Spitzenbeamte, der dem Sozialdemokraten Friedrich Ebert ebenso gedient hat, wie er nun dem erzkonservativen Paul von Hindenburg dient, jede Gelegenheit zur Kontaktpflege mit den hauptstädtischen Journalisten. Gerade mitten in einer handfesten Regierungskrise können informelle Gespräche wichtig sein. Dagegen wundert sich kaum jemand, dass der am Samstagmittag zurückgetretene Reichskanzler Kurt von Schleicher nicht

Reichswehrminister General Kurt von Schleicher und Reichskanzler Franz von Papen 1932 in Berlin

erschienen ist. Aus dessen nun nur noch »geschäftsführendem« Kabinett haben sich immerhin einige Minister eingefunden. Führende Reichswehr-Militärs werden ebenfalls nicht gesichtet. Ist ihnen einfach nicht nach Feiern zumute oder braut sich etwas zusammen? Es wird kräftig spekuliert an diesem Abend: »Es kann und soll nicht geleugnet werden, dass hier sehr viel darüber gesprochen wird, wer von den leitenden Männern der Wilhelmstraße heute zu Gast bei den Männern der Feder sein, wer mit wem in der großen Ehrenloge bei einem Glas Sekt vertraulich sprechen wird. Denn daraus glauben die ganz Klugen, die Hellhörigen, die selbst in einer Ballnacht das Gras wachsen hören, Schlüsse auf das ziehen zu können, was sich in den nächsten Tagen in der Wilhelmstraße tun und begeben wird«, berichtet die *Berliner Morgenpost*.[2]

Während die oberen Fünftausend der Reichshauptstadt am folgenden Sonntagmorgen ihren Rausch ausschlafen, ist das politische Berlin hellwach und höchst angespannt. Denn in den folgenden 48 Stunden müssen Entscheidungen fallen. Der bisherige Kanzler ist zurückgetreten und die nächste Reichstagssitzung, bei der es zur Kraftprobe kommen muss, für den kommenden Dienstag angesetzt. Aber ein Weg aus der Regierungskrise zeichnet sich nicht ab: Kommunisten und Nationalsozialisten haben gemeinsam die Mehrheit im Parlament; einig sind sich die beiden radikalen Parteien nur darin, jeden neuen Kanzler zu blockieren. Für eine konstruktive Politik dagegen findet sich in der Volksvertretung keine ausreichende Unterstützung. Deshalb sind an diesem Sonntag wieder einmal, wie schon seit dreieinhalb Wochen, Geheimverhandlungen angesetzt. Der Berliner NSDAP-Gauleiter Joseph Goebbels hat in den frühen Morgenstunden in sein Tagebuch geschrieben: »Heute wird Tau gezogen. Aber viel ist wohl nicht zu erreichen.« Es geht um eine Regierungsbeteiligung seiner Partei. Schleichers Vorgänger, Ex-Kanzler Franz von Papen, versucht an diesem Wochenende, ein Kabinett der »nationalen Rechten« zu bilden. Doch dieser Flügel der Gesellschaft ist zersplittert und untereinander verfeindet. Zweimal nur – 1929 bei der gemeinsamen Agitation gegen den Young-Plan über die Reduzierung der Reparationsverpflichtungen Deutschlands und 1931 bei einem Treffen in Bad Harzburg, bei der Bildung der sogenannten Harzburger Front – waren so unterschiedliche Organisationen wie die »Hitler-Bewegung«, die Deutschnationale Volkspartei (DNVP) des Großverlegers Alfred Hugenberg und der reaktionäre Veteranenverband »Stahlhelm – Bund der Frontsoldaten« aufeinander zugegangen. Seither kämpfen sie mindestens so sehr gegeneinander wie gegen die demokratischen Parteien der Weimarer Republik.

Am selben Sonntagvormittag treffen sich im Reichswehrministerium am Landwehrkanal der gescheiterte Reichskanzler Kurt von Schleicher und Kurt von Hammerstein-Equord, als Chef der Heeresleitung der ranghöchste Soldat Deutschlands, sowie einige enge Vertraute. Auch sie diskutieren die Lage, auch sie denken über Wege aus der Krise nach. Was sie genau besprechen, ist unklar; es gibt widersprüchliche Berichte über den Verlauf der Unterredung. Der Zentrumspolitiker Heinrich Brüning, von 1930 bis 1932 selbst Reichskanzler, hört aus zweiter Hand, worum es bei dieser Besprechung gegangen sei. In seinen posthum erschienenen Memoiren ist zu lesen: »[Schleicher] erklärte, wohl in Erregung, er werde die Potsdamer Garnison in Bewegung setzen, um Oskar Hindenburg, Papen und Hugenberg zu verhaften. Er wolle nicht, daß die Reichswehr nach mühsamster Arbeit politisch verbraucht würde. General [richtig: Oberst] von Bredow schwätzte diese Äußerungen Schleichers aus; sie kamen in entstellter Form zu Ohren des Reichspräsidenten. Dieser verlor, wie zu erwarten war, die Fassung und willigte ein, daß man mit Hitler verhandele und seine Bedingungen annehme.« Auch der ehemalige Finanzstaatssekretär Hans Schäffer, nun Generaldirektor des liberalen Ullstein-Verlages, hört gegen Mittag des 29. Januar angeblich Ähnliches aus der Reichskanzlei: »[Schleichers Staatssekretär] Planck [ruft] an und sagt mir, auch im Namen Schleichers, wir brauchen gar keine Bedenken haben. Die Reichswehr werde Hitler als Kanzler nicht anerkennen. Wenn Hitler Gewalt anwenden wollte, so sei auf das Reiterregiment in Potsdam, das in Bereitschaft liege, voller Verlaß.« So jedenfalls rekonstruiert Schäffer seinen verlorengegangenen Tagebucheintrag vom 29. Januar 1933 aus dem Gedächtnis.[3]

Einige Stunden später erreichen Nachrichten über das Treffen im Reichswehrministerium die Führung der NSDAP:»Alvensleben kommt mit tollen Mären. Hindenburg werde heute ein Papen-Minderheitskabinett einsetzen. Reichswehr lasse sich das nicht gefallen«, notiert Joseph Goebbels in der Nacht zum 30. Januar 1933 in seinem Tagebuch. Der Berliner NS-Gauleiter sitzt gerade mit Hitler und Reichstagspräsident Göring zusammen, um die Lage zu beraten, als Werner von Alvensleben unangemeldet erscheint. Der zwielichtige Ex-Offizier und Mittelsmann verlangt, den »Führer« zu sprechen. Goebbels blockt ab, verspricht aber, seine Mitteilung weiterzugeben. Denn was Schleichers vermeintlicher Vertrauter zu berichten hat, ist politischer Sprengstoff: Der Reichspräsident gelte in der Reichswehrführung als »blind und untauglich«, sein intriganter Sohn Oskar solle schon am folgenden Morgen verhaftet werden. Die wichtigsten Generäle hätten vor, den 84-jährigen Hindenburg auf sein Landgut in Neudeck zu »verfrachten«. Nüchtern folgert Goebbels:»Also Staatsstreich. Drohung, Ernst, Kinderei?« In jedem Fall Grund genug für die NSDAP-Führung, hektische Aktivitäten zu entwickeln – scheint doch Alvenslebens Mitteilung andere Nachrichten zu bestätigen, die in Berlin umlaufen. Göring bricht umgehend auf, um Papen und Staatssekretär Meissner zu informieren. Papen zeigt sich entsetzt und verspricht, den Reichspräsidenten zu unterrichten; Meissner dagegen, von Papen telefonisch gewarnt, gibt sich souverän und wiegelt ab. Trotzdem erhält Berlins SA-Führer Wolf Graf Helldorff von Hitler den Befehl, »Gegenmaßnahmen« vorzubereiten, damit auf eine Besetzung der Wilhelmstraße durch die Reichswehr reagiert werden kann. Goebbels vermerkt: »Also abwarten. Bis nachts fünf Uhr sitzen wir. Es passiert nichts.«[4] Ganz ruhig verläuft die letzte Nacht der Weimarer Republik trotzdem nicht. Am späten Abend bekommt Papen Hindenburgs Einverständnis, Hitler die Reichskanzlerschaft anzubieten – nachdem der Ex-Kanzler dem Reichspräsidenten von der Besprechung im Reichswehrministerium berichtet hat, aus zweiter Hand, denn teilgenommen hat er als Intimfeind Schleichers natürlich nicht. Gegen zwei Uhr morgens wird Staatssekretär Otto Meissner geweckt und erneut vor einem bevorstehenden Putsch gewarnt. Und zu einer für den Regierungsapparat ebenfalls ungewöhnlichen Zeit, gegen sieben Uhr morgens, bestellt Papen hochempört Theodor Duesterberg zu sich, den zweiten Mann des »Stahlhelms«. Hindenburgs Sohn hatte Papen mitgeteilt, dass es doch Vorbereitungen für einen Staatsstreich gebe; Duesterberg soll nun den Hintergrund ergründen und begibt sich zur Wohnung Oskar von Hindenburgs. »Vor dessen Tür stand ein Feldwebel der Reichswehr, ob zum Schutz oder zur Überwachung, weiß ich nicht. Auch den phlegmatischen Hindenburgschen Sohn fand ich in seltener Erregung: ›Ich kann Ihnen nichts Näheres sagen. Ich muß zum Anhalter Bahnhof, um [Werner von] Blomberg abzuholen.‹«

Am Bahnsteig kommt es am 30. Januar 1933 gegen acht Uhr morgens zur Konfrontation. Denn auf General von Blomberg wartet nicht nur Oskar von Hindenburg; auch Hammersteins Adjutant Major Adolf Kuntzen hat Befehl, den als unpolitisch geltenden Karriereoffizier in Empfang zu nehmen. Der eine soll den bisherigen Chef der deutschen Delegation bei den Genfer Abrüstungsverhandlungen zum Staatsoberhaupt bringen, der andere ins Reichswehrministerium. Beide reden auf ihn ein. Blomberg, dem nichts über den Grund seiner Einbestellung nach Berlin bekannt ist, entscheidet sich für den Reichspräsidenten und gegen den Chef der Heeresleitung. Er lässt sich zu Hindenburg chauffieren und verlässt ihn wenig später als vereidigter neuer Reichswehrminister, Nachfolger Schleichers – und damit als Vorgesetzter Hammersteins. Die inoffizielle Begründung für das ungewöhnliche und übrigens verfassungswidrige Verfahren: Auf diese Weise solle ein bevorstehender Militärputsch unterbunden werden.

Drei Stunden später wird Deutschlands Weg in die Katastrophe besiegelt. Kurz vor 11 Uhr treffen sich die vorgesehenen Minister für ein Kabinett Hitler-Papen-Hugenberg im Vorzimmer des Reichspräsidenten.

Doch im letzten Moment, Staatsstreich hin oder her, gibt es erneut Zwist. Auf einmal besteht der NSDAP-»Führer« auf der Auflösung des Reichstages und baldigen Neuwahlen, was sein unwilliger Koalitionspartner Alfred Hugenberg scharf ablehnt. Durch allerlei Zureden schafft Papen es doch noch, die künftige Regierungsmannschaft zu einer oberflächlichen Einigung zu bringen und gemeinsam bei Hindenburg antreten zu lassen – tatkräftig unterstützt von Meissner, der das Protokoll zur Beschleunigung der Regierungsbildung ins Feld führt: »Meine Herren, die Vereidigung durch den Herrn Reichspräsidenten war um 11 Uhr angesetzt. Es ist 11.15 Uhr. Sie können den Herrn Reichspräsidenten nicht länger warten lassen.« Eine Viertelstunde später ist das neue Kabinett unter Reichskanzler Adolf Hitler komplett eingeschworen. Goebbels jubiliert: »Es ist soweit. Wir sitzen in der Wilhelmstraße. Hitler ist Reichskanzler. Wie im Märchen!«[5]

Die Berichte über einen bevorstehenden Putsch der Potsdamer Garnison brachten Reichspräsident Paul von Hindenburg dazu, seinen Widerwillen gegen Adolf Hitler als Kanzler aufzugeben. Am Abend des 29. Januar 1933 entstand so eine Lage, in der die Übergabe der Macht an die radikalste aller Parteien unausweichlich erschien. Hindenburg, der den »böhmischen Gefreiten« verabscheute und ihn höchstens zum »Postminister, meinetwegen« machen wollte, sah nun keinen anderen Weg aus der Krise. Die gescheiterte Politik des Reichskanzlers Schleicher, sechs Millionen Arbeitslose, die zunehmende Furcht von Teilen der deutschen Gesellschaft vor der KPD, die Selbstblockade des Reichstages und auch der demokratischen Parteien hatten diese Lösung schon seit einigen Wochen nahegelegt, doch »sturmreif« geschossen wurde der greise Reichspräsident erst durch den angeblich unmittelbar bevorstehenden Staatsstreich der Reichswehr.

Aber planten der am Vortag zurückgetretene Reichskanzler Schleicher und sein Vertrauter an der Spitze der Reichswehr an jenem Winterwochenende tatsächlich einen Coup d'Etat? Wollten sie wirklich mit Hilfe des 9. Infanterieregiments und des 4. Reiterregiments, beide stationiert in der alten preußischen Residenzstadt, die Macht im Staate an sich reißen, den Reichspräsidenten absetzen und eine Militärdiktatur errichten? Erfahrene ausländische Beobachter blieben skeptisch; Frankreichs Botschafter in Berlin, André François-Poncet, zum Beispiel berichtete an das

Außenministerium in Paris: »Man erzählt, die Potsdamer Garnison marschiere, von Schleicher und den Generälen alarmiert, auf die Hauptstadt los, und rasches Handeln tue Not, wenn man einen Staatsstreich verhüten wolle. Wahrscheinlich ist an dieser Geschichte nichts Wahres, sie ist dazu bestimmt, die letzten Bedenken Hindenburgs zu zerstreuen.«

An jenem letzten Januarwochenende 1933 wurde viel gemunkelt in Berlin. Der junge Theodor Eschenburg zum Beispiel, später einer der führenden Politikwissenschaftler in der Bundesrepublik, arbeitete damals als Referent für einen liberalen Industrieverband. Schon am Vormittag des 28. Januar 1933 berichtete ihm der Wirtschaftsjournalist Otto Vieth von einem Gespräch in der Reichskanzlei: Schleicher und seine Mitarbeiter seien guter Dinge. »Man werde jetzt den Alten erst einmal bis April ›auf Eis‹ legen, vielleicht noch länger. In dieser Zeit werde endlich einmal regiert.« Eschenburg fragte hoffnungsvoll nach: »Dann steht die Sache also gut für Schleicher?«, und sein Gastgeber antwortete: »Die im Amt [in der Reichskanzlei] sind sich ihrer Sache ganz sicher.« Vieth und Eschenburg diskutierten, woher diese Sicherheit rühren möge, und kamen zum Schluss, dass Schleicher offenbar Hindenburg in irgendeiner Weise matt setzen wolle. Nach einigen Stunden verabschiedete sich Eschenburg und ging »beruhigt nach Hause«.[6]

Entgegengesetzt reagierte der ehemals oberste Ankläger des Deutschen Reiches auf ähnliche Mitteilungen. Ludwig Ebermayer war gerade aus der Reichshauptstadt zurück nach Leipzig gekommen und berichtete seinem Sohn Erich beim Frühstück am 30. Januar 1933: »In Berlin [...] herrscht politisch augenblicklich ein tolles Durcheinander. [...] Hindenburg verhandelt mit Hitler. Wilde Gerüchte über einen bevorstehenden Militärputsch durchschwirren die Stadt.« Als sich dann gegen Mittag die Ernennung Hitlers zum Reichskanzler in der Hauptstadt herumsprach, herrschte allgemein Erstaunen. Die wenigen überregionalen Morgenzeitungen (in Berlin erschienen am Montagmorgen kaum Blätter) hatten zwar über die bevorstehende Regierungsbildung spekuliert; allerdings rechneten sie mit einem »Kampfkabinett« unter dem reaktionären Hindenburg-Vertrauten Papen. Eschenburg erinnerte sich: »Ich war wie erschlagen und konnte mir einfach nicht erklären, wie das eben für unwahrscheinlich Geglaubte gleichsam über Nacht hatte eintreten können.«

Schon am Dienstagmorgen lieferten die Londoner *Times* und der *Daily*

*Telegraph* die Erklärung. Die hochseriöse Berliner *Vossische Zeitung* berichtete in ihrer Abendausgabe am 31. Januar 1933: »Englische Blätter veröffentlichen Meldungen über [...] Staatsstreichpläne von Teilen der Reichswehr, bei denen insbesondere General von Hammerstein, der Chef der Heeresleitung, und Oberst von Bredow genannt werden, die in Übereinstimmung mit dem früheren Reichskanzler von Schleicher gehandelt hätten. [...] Adolf Hitler habe von diesen Vorgängen Kenntnis bekommen und daraufhin den Beauftragten des Reichspräsidenten, Herrn von Papen, informiert. Infolge dieser Vorgänge sei dann die außerordentlich schnelle Berufung des Kabinetts Hitler-Papen durch den Reichspräsidenten erfolgt, um solchen Staatsstreichplänen von vorneherein jede Möglichkeit des Gelingens zu nehmen.« Erich Ebermayer, wie sein Vater Jurist, vor allem aber Schriftsteller, notierte nach der Nachricht von Hitlers Ernennung: »Gestern, den ganzen Sonntag über, soll noch ein toller Kuhhandel hinter den Kulissen gewesen sein, bis man soweit war. Sohn Hindenburg und Papen auf der einen Seite, Schleicher, einflußreiche Kreise des Adels und des Militärs auf der anderen, Vater Hindenburg, das Weltkind, in der Mitten ... Das Gerücht verdichtet sich, Schleicher habe im letzten Augenblick die Reichswehr mobilmachen wollen, um die Kandidatur Hitlers zu verhindern.«[7]

In den folgenden drei Tagen erschien kaum ein Berliner Blatt ohne Neuigkeiten über den angeblichen Putschplan. Der Tenor fast aller Berichte war jedoch eindeutig: Es habe keine Vorbereitungen für einen Coup d'Etat gegeben, weder seitens Schleichers selbst noch seitens Hammersteins oder Bredows. Sehr wohl allerdings seien am Abend des 29. Januar Gerüchte über einen drohenden Staatsstreich umgelaufen. Die *Vossische Zeitung* fragte: »Wer lancierte die Putschgerüchte?« und stellte fest: »Die Rolle, die bei der plötzlichen Ernennung des Harzburger Kabinetts die Gerüchte von einem bevorstehenden Militärputsch gespielt haben, wird immer undurchsichtiger.« Das *Berliner Tageblatt* kommentierte: »Bemerkenswert ist übrigens, daß die Quelle dieser Gerüchte offenbar in den deutschnationalen Zirkeln zu suchen ist, die Schleichers Sturz am intensivsten betrieben haben.« Ungelenk hielt der *Berliner Lokalanzeiger* dagegen, eines der Sprachrohre des Pressezaren Alfred Hugenberg. Als DNVP-Vorsitzender und Wirtschaftsminister im Hitler-Kabinett hatte er kein Interesse, in Spekulationen verwickelt zu werden, was auf der Titelseite des *Lokal-*

*anzeigers* in folgende Formulierung gekleidet wurde:»Die Behauptung, daß die Meldung der Information von deutschnationaler Seite stamme, ist völlig unsinnig.« Das Verdikt, das möglicherweise Hugenberg selbst formuliert hatte, wirkte wenig überzeugend.

In der *B. Z. am Mittag* dementierte Kurt von Schleicher die Gerüchte höchstpersönlich. Die *Berliner Morgenpost*, das Flaggschiff des liberalen Ullstein-Verlages und 1933 mit Abstand auflagenstärkste Zeitung Deutschlands, kommentierte:»Die Gerüchte sind Unsinn. Aber sie wurden fabriziert. Man weiß nur nicht, von wem. Offenbar doch von den Kreisen, die Herrn von Schleicher seit Monaten bekämpft haben, weil er von den Plänen Papens und Hugenbergs nichts wissen wollte.« Das neue Kabinett ließ sogar ganz offiziell erklären,»von solchen Putschgerüchten sei keine Rede gewesen, auch sei weder dem Reichspräsidenten von Hindenburg noch dem Reichskanzler Hitler noch dem Vizekanzler von Papen von anderweitigen Gerüchten etwas bekannt« gewesen.[8]

Aber das galt nur für die Öffentlichkeit; unter dem Siegel der Verschwiegenheit redete Adolf Hitler ganz anders. Der Parteiführung des katholischen Zentrums gegenüber erklärte der neu ernannte Reichskanzler am 31. Januar 1933 ausdrücklich, sein Kabinett sei die einzige Alternative zu einer »Bajonettsregierung« der Reichswehrführung gewesen. Zwei Jahre später »bestätigte« Hermann Göring die längst vergessenen Gerüchte gewissermaßen amtlich. Er diktierte dem Reporter des NS-Zentralorgans *Völkischer Beobachter* Mitte Januar 1935 seine Version der »Machtergreifung« in den Block:»Am Vortage des 30. Januar [1933] waren wir alle erfüllt von höchster Spannung. Es schien, als ob noch im letzten Augenblick unsere mühsamen Vorbereitungen zerstört werden sollten durch einen Gewalt- und Intrigenstreich Schleichers. Am Nachmittag des 29. Januar war alles genau festgelegt worden. Am Abend jedoch hörten wir, daß die Reichswehr mobil gemacht werden sollte, daß Schleicher eine regelrechte Revolte plante, um die ordnungsgemäße Regierungsbildung zu verhindern. Das bedeutete Nervenanspannung bis zum letzten.« Der zweite Mann des »Dritten Reichs« ließ das Parteiblatt zum Jahrestag der Regierungsübernahme in großen Lettern auf der Titelseite über »Schleichers Putschplan am 29. Januar 1933« berichten.

Hitler selbst zeigte sich noch beinahe ein Jahrzehnt nach jenem Januarwochenende vom drohenden Staatsstreich überzeugt. Bei einem seiner üblichen Monologe kam er im Mai 1942 auf diesen Sonntag zu sprechen; ein Tischgast fasste die Worte des »Führers« aus dem Gedächtnis zusammen: »Am späten Nachmittag sei man durch die Nachricht von einem geradezu tollen Vorhaben der Schleicherclique überrascht worden. Wie man durch den Oberstleutnant von Alvensleben erfahren habe, hatte General von Hammerstein die Potsdamer Garnison alarmiert und mit Schießbefehl versehen. Außerdem beabsichtigte man, den Alten Herrn [Reichspräsident Paul von Hindenburg] nach Ostpreußen abzuschieben und dadurch sein Einschreiten gegen die Vereitlung der Machtübernahme der NSDAP durch Mobilmachung der Reichswehr zu verhindern.« Auch Göring hielt im Angesicht des Todes, 1946 vor dem Nürnberger Tribunal, an der Putschversion fest. Was aber stimmt am Geraune über einen Staatsstreich der Reichswehr gegen Hitler? Worauf beruhten die Gerüchte, und wie kamen sie in Umlauf? Warum wurden sie geglaubt? Wollten Schleicher und Hammerstein tatsächlich putschen?[9]

Zur Jahreswende 1932/33 schienen Hitler und seine NSDAP schon erledigt. »Der gewaltige nationalsozialistische Angriff auf den demokratischen Staat ist abgeschlagen und durch einen mächtigen Gegenangriff aus der Sphäre Papen/Schleicher beantwortet worden«, kommentierte die liberale *Frankfurter Zeitung* in ihrer Neujahrsausgabe. Das *Berliner Tageblatt* höhnte am selben Tag: »Überall, in der ganzen Welt, sprachen die Leute von … wie hieß er doch schon mit Vornamen: Adalbert Hitler. Später? Verschollen!« Und die *Vossische Zeitung* erkannte sogar einen völligen Umschwung am politischen Himmel: »Die Republik ist trotzdem gerettet worden. Nicht weil sie verteidigt wurde, sondern weil die Angreifer sich wechselseitig erledigten.« So naiv diese Analysen im Rückblick auch wirken mögen: Sie waren nicht falsch. Bei der jüngsten Reichstagswahl Anfang November 1932 hatten die Nationalsozialisten erstmals Stimmen verloren, und zwar gleich zwei Millionen. 34 Abgeordnete der »Hitler-Bewegung« mussten ihre unbequemen Klappstühle im Parlament wieder räumen, auf denen sie genau zweimal hatten Platz nehmen dürfen. Zudem war die Partei hochverschuldet und stand vor der Spaltung. Hitlers Haltung des »Alles oder nichts«, der Kanzlerschaft für sich oder der Totalopposition, hatte offensichtlich in eine politische Sackgasse geführt, und so sondierte der Organisationschef der Nazis, Gregor Strasser, vorsichtig Möglichkeiten einer Regierungsbeteiligung der NSDAP als Juniorpartner.

Der erst am 2. Dezember 1932 ernannte Reichskanzler Kurt von Schleicher, eigentlich General und Reichswehrminister, versuchte christliche und sozialdemokratische Gewerkschaften sowie den gemäßigten Flügel der NS-Bewegung zu einer »Querfront«-Regierung zusammenzubringen und so die völlig blockierten Parteien von links bis rechts auszuschalten. Vor einer kommunistischen Revolution sorgten sich viele Konservative in jenem Winter mehr als vor Hitler.[10]

Doch während sich Schleicher mühte, die Staatskrise abzuwenden und eine stabile, allerdings autoritäre und nicht-demokratische Regierung zu bilden, begann ein folgenreiches Intrigenspiel: Franz von Papen, ein unbedeutender Hinterbänkler im preußischen Abgeordnetenhaus, den Schleicher Anfang Juni 1932 ins Kanzleramt gehievt, aber schon ein halbes Jahr später wieder abgesetzt hatte, strebte zurück an die Macht. Wenige Monate nur hatte er ihre Vorzüge genießen dürfen, war aber umso mehr auf den Geschmack gekommen. Papen trieb neben Machtgier Rachsucht an; er wollte Schleicher um jeden Preis stürzen, weil der ihn tief gedemütigt hatte – eine gefährliche Mischung. Zunächst auf eigene Initiative, aber schon bald mit Unterstützung von Hindenburgs Sohn Oskar und Staatssekretär Otto Meissner verhandelte Papen insgeheim mit Hitler über eine Regierungsbeteiligung der NSDAP.

Noch allerdings sträubte sich der greise Reichspräsident. Am 26. Januar 1933 sagte Hindenburg unmissverständlich, er denke »gar nicht daran, den österreichischen Gefreiten zum Wehrminister oder Reichskanzler zu machen«. Zwar fühlte er sich vom überforderten Schleicher, seinem ehemaligen Vertrauten, hintergangen; mehrfach verlangte der Regierungschef im Januar 1933 vom Staatsoberhaupt außerordentliche Vollmachten und eine erneute Reichstagsauflösung. Beides empfand Hindenburg als direkten Verstoß gegen die Weimarer Reichsverfassung. Er sah sich selbst jedoch als deren Hüter – zu Unrecht, subjektiv jedoch ehrlich. Der Präsident hatte Schleicher zum Kanzler gemacht, weil der versprochen hatte, seinem Kabinett eine solide Basis in der Wählerschaft zu verschaffen. Nun forderte er dieselben Vollmachten, die Hindenburg auf seinen Rat dem vorherigen Kanzler Papen verweigert hatte. Das Vertrauen zwischen den beiden war spätestens in der dritten Januarwoche restlos verbraucht. Eine Rolle gespielt haben mag auch der evidente Unterschied im persönlichen Stil des amtierenden Kanzlers und seines Vorgängers. »Nachdem Hindenburg sich an Papens ehrerbietige Art gewöhnt hatte, sah er sich jetzt mit dem brüsken, egozentrischen Schleicher konfrontiert, der auf Hindenburgs Empfindlichkeiten nicht ausreichend Rücksicht nahm«, schreibt der US-Historiker Henry Turner treffend.

Es kam, wie es wohl kommen musste. Am Vormittag des 28. Januar 1933 wurde der Bruch zwischen Kanzler und Präsident offensichtlich. Während Theodor Eschenburg und Otto Vieth noch frühstückten und die politische Lage diskutierten, forderte Schleicher von Hindenburg ein letztes Mal die Vollmachten, den Reichstag aufzulösen, die Neuwahlen auf unbestimmte Zeit auszusetzen und eine Präsidialdiktatur zu errichten. Der Präsident weigerte sich; Schleicher trat mit seinem gesamten Kabinett zurück. Angeblich verabschiedete Hindenburg seinen geschassten Kanzler mit den Worten:»Ich danke Ihnen, Herr General, für alles, was Sie für das Vaterland getan haben. Nun wollen wir mal sehen, wie mit Gottes Hilfe der Hase weiterläuft.« Die alleinige Verantwortung lag nun in den Händen des greisen Staatsoberhaupts, das von Sozialdemokraten und Liberalen als (im Vergleich zu Hitler) kleineres Übel bereits seit rund einem Jahr gestützt wurde. Am selben 28. Januar 1933 urteilte das SPD-Blatt *Vorwärts*:»Um den Reichspräsidenten wird ein nichtswürdiges Spiel gespielt. Unredliche Menschen wollen diesen redlichen Mann zu Handlungen verleiten, die nicht nur gegen die Verfassung und das Staatsgesetz verstoßen, sondern auch politisch betrachtet ein Frevel am deutschen Volk sind.«[11]

Beim *Vorwärts* wusste man natürlich nicht, dass Hindenburg bereits die Entscheidung getroffen hatte, die sich als sein folgenreichster politischer Fehler erweisen sollte: Er nahm die diffizilen Verhandlungen über die Neubildung einer Regierung nicht selbst in die Hand, sondern beauftragte am frühen Nachmittag des 28. Januar ausgerechnet Franz von Papen. Als »homo regius«, also ausgestattet mit allen denkbaren Vollmachten, gefiel sich der so ehrgeizige wie sich selbst überschätzende Sechs-Monats-Kanzler nun in der Rolle des Staatsmannes. Er empfing Göring, Hugenberg, Stahlhelm-Führer Theodor Duesterberg und als Vertreter des politischen Katholizismus den Vorsitzenden der Bayerischen Volkspartei, Fritz Schäffer; er vermittelte bei der Zusammenstellung des künftigen Kabinetts; er überbrückte scheinbar unüberwindliche Gegensätze, um ein höchst eigennütziges Ziel zu erreichen: seine Rückkehr auf die Bühne der großen Politik. Schon den ganzen Januar über hatte Papen eine Intrige nach der anderen gesponnen, um Hitler an sich zu binden; nun lieferte er sein »Meisterstück« ab: Er fand sich bereit, dem NSDAP-»Führer« das Kanzleramt zu überlassen, wenn im Gegenzug die meisten Minister aus deutschnationalen Organisationen stammten. Mit dieser Mehrheit im Kabinett wollten Papen und DNVP-Chef Hugenberg den nationalsozialistischen Kanzler »einrahmen«. Sie dachten, ihn sich »engagieren« zu können, und Papen blockte Kritiker ab:»Was wollen Sie denn! Ich habe das Vertrauen Hindenburgs. In zwei Monaten haben wir Hitler in die Ecke gedrückt, daß er quietscht.« Doch noch immer mochte sich Hindenburg nicht mit dem Gedanken anfreunden, Hitler und dessen NSDAP Regierungsverantwortung zu übergeben. Allerdings ließen weniger die radikalen politischen Töne des »Führers« den alten Feldmarschall zurückschrecken; es waren mehr atmosphärische Vorbehalte gegenüber dem Aufsteiger sowie Hindenburgs ausgeprägter Standesdünkel. Doch der »homo regius« Papen wußte genau, dass er sich nicht selbst zum Kanzler ernennen lassen konnte; die Folge wäre bestenfalls weiterer absoluter Stillstand, schlimmstenfalls offener Bürgerkrieg gewesen. Irgendwie musste er also Hitlers Ernennung durchbringen. In dieser verwirrten und verwirrenden, undurchsichtigen wie scheinbar aussichtslosen Situation begann das Geraune von einem bevorstehenden Putsch der Potsdamer Garnison.[12]

Entscheidend für die Putschgerüchte war die Besprechung im Reichswehrministerium am Vormittag des 29. Januar 1933. Über dieses Treffen wurde bereits unmittelbar nach seinem Ende viel gemunkelt; die indirekten Berichte von Brüning und Hans Schäffer sind nur zwei Beispiele dafür. Auch aus dem Kreis der Teilnehmer gab es sehr unterschiedliche Darstellungen. Schleichers eigene Wahrnehmung soll folgende, erstmals 1951 veröffentlichte Schilderung wiedergeben:»Am Sonntagvormittag kam es in den Chefräumen des Reichswehrministeriums zu einer Besprechung von außerordentlicher Konsequenz. Der General von Hammerstein-Equord war es, auf dessen Initiative man zusammenkam. […] Hammerstein-Equord zu Schleicher:›Jetzt müssen Sie die Reichswehr einsetzen, sonst gibt es für ganz Deutschland ein Unglück.‹ Alle Teilnehmer der Besprechung waren derselben Meinung, man müsse eine Art von ›Reichsnotstand‹ ausrufen, Hitler verhaften und mit dem Militär regieren. [...] Alle bestürmten Schleicher jetzt, es sei keine Zeit zu verlieren, man könne die Potsdamer Garnison alarmieren. Schleicher stand auf und erwiderte: Man könne weder die Potsdamer Garnison noch irgendeine andere Garnison alarmieren, denn Generalfeldmarschall von Hindenburg ... Er wurde unterbrochen, und man rief ihm zu: Dann müsse Hindenburg eben isoliert und interniert werden.« Schleicher habe erwidert, eben das könne man nicht. Es sei nicht möglich, die Reichswehr gegen Hindenburg aufzurufen, denn es sei ja Hindenburgs Wille, Hitler zum Reichskanzler zu machen.»General von Hammerstein-Equord reagierte auf diese Sätze Schleichers ›sehr kaltschnäuzig‹, wie Schleicher nach der Besprechung berichtete. Hammerstein-Equord wollte es darauf ankommen lassen, aber Schleicher, vom Mißerfolg eines Putsches überzeugt, weigerte sich.«

Dagegen berichtete der angeblich so putschwillige Chef der Heeresleitung selbst Anfang 1935 in einer privaten Aktennotiz über die Besprechung mit Schleicher; sie wurde erstmals 1955, zwölf Jahre nach Hammersteins Tod, publiziert:»Wir waren uns beide klar, daß nur Hitler als zukünftiger Reichskanzler möglich sei. Jede andere Wahl müsse zum Generalstreik, wenn nicht zum Bürgerkrieg führen und damit zu einem äußerst unerwünschten Einsatz der Armee im Inneren gegen zwei Seiten, gegen die Nationalsozialisten und die Linke.« Das war die größte Sorge der beiden Militärs: ihr Hunderttausend-Mann-Heer in einem innenpolitischen Konflikt zu zerreiben. Hammerstein und Schleicher prüften, ob und wie sie dieser Gefahr begegnen konnten:»Das Resultat unserer Überlegungen war negativ. Wir sahen keine Möglichkeiten, noch irgendeinen Einfluß auf den Reichspräsidenten auszuüben. Schließlich entschloß ich mich im Einvernehmen mit Schleicher, eine Aussprache mit Hitler zu suchen«, notierte Hammerstein rückblickend.»Ich habe in ihr Herrn Hitler meine Sorgen erklärt und ihn gefragt, ob er glaube, daß vom Reichspräsidenten-Palais her mit ihm über [die] Regierungsübernahme ernsthaft oder nur zum Schein verhandelt würde. Wenn Letzteres der Fall sei, so wollte ich, um schweres Unglück für das Vaterland zu verhindern, noch einmal versuchen, die Dinge zu beeinflussen. Hitler konnte zu dieser Zeit (29. Januar 1933 um 4.00 Uhr nachmittags) noch nicht sagen, ob ernsthaft mit ihm verhandelt würde. Er versprach mir eine Mitteilung, sobald er klar sähe.«[13]

Nur eine dieser beiden Versionen kann richtig sein – aber welche? Stimmt die Darstellung aus Schleichers Umgebung, dann hatten die Putschgerüchte einen realen Hintergrund. Stimmt dagegen Hammersteins Erinnerung, dann waren sie völlig unbegründet. Weitere irreführende Erinnerungen von Zeitzeugen sowie spekulative Interpretationen von Publizisten erschweren die Suche nach der Wahrheit zusätzlich. Aufschluss können nur die unbestrittenen Ereignisse jenes Tages geben. Ihre Analyse führt zu einem klaren Ergebnis: Erstens war Hammerstein tatsächlich an jenem Nachmittag bei Hitler – das bestätigten indirekt sowohl der NSDAP-»Führer« selbst als auch, im Nürnberger Hauptkriegsverbrecherprozess, Hermann Göring. Der Chef der Heeresleitung überbrachte Hitler demnach ein Angebot von Schleicher für eine Zusammenarbeit über Hindenburgs und Papens Kopf hinweg. Der geschasste Reichskanzler hätte jedoch kaum Hammerstein geschickt, wenn es zwischen den beiden in der Sache eine deutliche Differenz gegeben hätte – das wäre viel zu riskant gewesen. Zweitens kann Hammerstein an jenem Nachmittag nicht besonders erregt gewesen sein. Nach seinem Besuch in der Stadtvilla der Klavierfabrikanten Bechstein, wo er Hitler traf, fuhr er weiter zum Berliner Messegelände, um ein internationales Reitturnier zu verfolgen. Ausgetragen wurde der »Große Preis der Republik« im Jagdspringen, den die Amazone Irmgard von Opel vor allen Männern gewann. Erst später am Abend hielt Hammerstein es für nötig, Schleicher aufzusuchen – für einen Beinahe-Putschisten wäre das ein ziemlich ungewöhnliches Benehmen. Drittens hatte Hammerstein seinen wichtigsten operativen Mitarbeiter, den Chef des Truppenamtes, General Wilhelm Adam, unmittelbar vor den Ereignissen des Wochenendes in den Winterurlaub fahren lassen. All das spricht für Hammersteins Version der Besprechung.[14]

Übrigens unternahm der ausgespielte Ex-Kanzler Schleicher am Vormittag des 30. Januar selbst einen letzten Versuch, die Situation zu beeinflussen. Nachdem Werner von Blomberg bereits zu seinem Nachfolger als Reichswehrminister ernannt und vereidigt worden war, rief Schleicher bei Meissner, dem Chef des Reichspräsidialamtes, an und protestierte gegen diesen Verfassungsverstoß. Denn streng formal widersprach Blombergs Berufung gleich doppelt der Reichsverfassung: Erstens amtierte bis zur Ernennung eines neuen Kanzlers noch das alte Kabinett Schleicher geschäftsführend; er konnte als Reichswehrminister daher nicht einfach durch einen neuen Amtsträger ersetzt werden. Zweitens durfte der Reichspräsident die Minister ausschließlich auf Vorschlag des Reichskanzlers ernennen, nicht nach eigenem Gutdünken. Doch der Anruf blieb Schleichers einziger Akt der Gegenwehr. Schwer vorstellbar, dass der gewandte Strippenzieher nichts Besseres vorbereitet haben sollte, wenn er mit dem Gedanken eines Staatsstreichs gespielt hätte.

Wenn also Hammerstein und Schleicher tatsächlich keinen Putsch geplant hatten an jenem Sonntag – warum wucherten just an dem Tag die Gerüchte immer stärker? Entscheidend daran beteiligt war der ehemalige Offizier Werner von Alvensleben. Der undurchsichtige Vermittler gehört zu den schillerndsten Figuren jener Jahre zwischen Demokratie und Diktatur, zwischen offener Gesellschaft und »Volksgemeinschaft«. In Berliner Adressbüchern vom Anfang der Dreißigerjahre ist ein »Büro Alvensleben« verzeichnet, das sich der »Kontaktpflege« verschrieben hatte. Alvensleben war entgegen möglicherweise bewusst gestreuten Andeutungen weder Mitglied noch gar Sekretär des elitären Preußischen Herrenclubs, dem sein Bruder vorstand. Trotzdem hatte der Oberstleutnant a. D. aufgrund seines Namens und seiner angemaßten, aber nie realen gesellschaftlichen Rolle Zugang zu vielen Prominenten aus dem konservativen und reaktionären Lager. Er antichambrierte bei Hugenberg und Hitler ebenso wie bei Papen. In seiner Wohnung in der Magdeburger Straße 33 brachte er mehrfach Vertreter der verfeindeten Rechtsparteien zu vertraulichen Gesprächen zusammen. Alvensleben versuchte auch, Kurt von Schleicher zu umgarnen, vor allem mit Schmeicheleien und vielen Briefen, die vermeintliche Interna aus politischen Kreisen enthielten, die er tatsächlich aber nur vom Hörensagen kannte. In Schleichers Umkreis galt der »Verbindungsmann« als »kaum erträglicher Wichtigtuer«, und einmal war es sogar dem General selbst zu viel geworden. Am 3. März 1931 verbat er sich Alvenslebens Agieren in seinem Namen. Allzu lange aber währte die Unterbrechung der Beziehung nicht; im letzten Jahr der Weimarer Republik wurde Alvensleben wieder als offiziöser Mittelsmann Schleichers wahrgenommen.[15]

Am Abend des 29. Januar 1933 entfaltete der 57-Jährige eine fast hektische Aktivität. Ob Alvensleben von Schleicher und Hammerstein einen Auftrag bekommen hatte oder auf eigene Initiative handelte, ist unklar; jedenfalls tauchte er unangemeldet in der Wohnung von Joseph Goebbels im eleganten Berliner Bezirk Charlottenburg auf und berichtete vom »bevorstehenden Putsch« der Reichswehr gegen ein Kabinett Papen-Hugenberg. Offensichtlich jedoch verbreitete Alvensleben nur zugespitztes Geraune und wusste gar nichts von den tatsächlichen Plänen Papens sowie seiner Gesprächspartner von der NSDAP. Jedenfalls fragte Alvensleben am folgenden Mittag, als sich die Regierungsbildung in Berlin herumzusprechen begann, ahnungslos beim (alten und neuen) Finanzminister Lutz Graf Schwerin von Krosigk nach:»Unmittelbar nach der Rückkehr [von der Vereidigung im Reichskanzler-Palais] rief Werner Alvensleben an und sagte, es kursierten wilde Gerüchte über die Bildung eines Kabinetts Hitler-Hugenberg-Papen-Seldte, in das auch Neurath und ich einzutreten gewillt seien; ob ich das für möglich hielte. Ich konnte ihm nur sagen, daß ich es nicht nur für möglich hielte, sondern daß die Sache bereits vollzogen sei.«

Wie locker Alvensleben mit der Wahrheit umging, zeigte eine Verlautbarung, die er drei Tage später herausgab, nach einer hochnotpeinlichen Befragung durch die preußische Polizei:»Englische Blätter haben die Meldung gebracht, es sei ein Marsch der Potsdamer Garnison geplant gewesen, um den Feldmarschall zu hindern, eine Regierung Hitler-Papen-Hugenberg zu ernennen. [...] Heute bringen englische Blätter die Mitteilung, daß ich an diesen Vorgängen wesentlich beteiligt gewesen sei. Um diese Dinge, soweit sie meine Person betreffen, endgültig klarzustellen, erkläre ich hiermit [...], mir persönlich wurde in den Tagen von maßgeblicher Seite die Situation so dargestellt, als ob Hitler die Vorschläge von Papens zur Bildung einer Regierung Papen-Hugenberg-Hitler nicht akzeptieren würde und daß der Reichspräsident entschlossen sei, noch am Montag [30. Januar] aufgrund der Ablehnung Hitlers ein autoritäres Kabinett Papen-Hugenberg zu ernennen. In einer derartigen Lösung erblickte ich eine ungeheure Gefahr für unser Vaterland und glaubte, unter solchen Umständen mit allen zulässigen Mitteln, soweit sie in meinen schwachen Kräften standen, darauf hinwirken zu müssen, daß Hitler mit der Kanzlerschaft betraut würde.«

Mit den tatsächlichen Vorgängen hatte diese Darstellung gar nichts gemein, was auch politische Beobachter erkannten. Das *Berliner Tageblatt* kommentierte:»Aus dieser Erklärung geht zunächst hervor, daß der Reichskanzler von Schleicher und die übrigen mit den Putschgerüchten in Verbindung gebrachten Mitglieder der Reichsregierung mit der Sache nichts zu tun hatten, daß es sich vielmehr um eine private Meinung des Herrn von Alvensleben gehandelt hat. […] Jedenfalls nimmt er für sich in Anspruch, zu den Vätern des neuen Kabinetts zu gehören, dem er durch seine unverantwortlichen Äußerungen den Weg geebnet haben will.« Hugenbergs *Lokalanzeiger* vermerkte hämisch: »Es kann nur mit Genugtuung festgestellt werden, daß jetzt auch Herr von Alvensleben die Bildung des Kabinetts Hitler-Papen-Hugenberg für richtig erklärt. Daß er diese Auffassung hatte, war bisher aus seinem Verhalten nicht zu schließen.«[16]

Die Profiteure der Falschmeldung über den angeblichen Putsch der Potsdamer Garnison sind klar: Hitler und Papen. Ebenfalls eindeutig ist, dass Alvensleben das bereits kursierende Gerücht am Abend des 29. Januar 1933 ohne jeden Anlass zuspitzte, weiterverbreitete und ihm dadurch erst seine enorme Wirkung verschaffte. Aber wurden die Mitteilungen tatsächlich ernstgenommen oder lediglich instrumentalisiert?

Ob Hitler und seine engsten Vertrauten sowie der intrigante Ex-Kanzler Franz von Papen in jener Nacht an die Gerüchte geglaubt haben, ist nicht mehr festzustellen. Angesichts der ungeheuren Veränderungen, die vom 30. Januar 1933 ausgingen, sind alle Erinnerungen unzuverlässig und alle überlieferten Äußerungen taktisch geprägt. Das gilt für Goebbels' Tagebuch ebenso wie für Hitlers Äußerung vor der Zentrumsführung anderthalb Tage später. Gegen besonders große Sorgen vor einem Putsch allerdings spricht, dass offenbar niemand auf die nächstliegende Möglichkeit zurückgriff, um das Gerücht zu überprüfen: Von einem Anruf in der Potsdamer Garnison ist jedenfalls nichts überliefert – er hätte übrigens auch wenig erbracht, denn das 9. Infanterie- und das 4. Kavallerieregiment waren weder in Alarmbereitschaft versetzt noch sonst wie benachrichtigt worden.[17]

Ebenso wenig gab es unmittelbare Maßnahmen gegen den vermeintlichen Drahtzieher des vermeintlichen Coups, Kurt von Hammerstein-Equord. Im Gegenteil, der neue Reichswehrminister Werner von Blomberg besetzte zwar umgehend einige Schlüsselpositionen neu, beließ aber seinen obersten Soldaten im Amt. Erst Ende des Jahres nahm Hammerstein seinen Abschied. Für besonders »unzuverlässig« oder gar gefährlich können ihn also weder Hitler noch Hindenburg gehalten haben. Andererseits konnte das Gerücht nur aufkommen, weil viele Menschen im Umkreis der Reichswehrführung und der Regierung ein gewaltsames Eingreifen des Heeres gegen einen Reichskanzler Hitler und sogar gegen Reichspräsident Hindenburg zumindest für denkbar hielten. Mitverantwortlich dafür war wahrscheinlich das »Planspiel Ott«, eine Übung der Reichswehrführung im Hinblick auf innere Unruhen, die Schleichers Mitarbeiter Oberstleutnant Eugen Ott im Herbst 1932 mit Vertretern verschiedener Behörden durchgeführt und am 2. Dezember im Reichskabinett vorgestellt hatte. Darin ging es ausdrücklich um den Einsatz der Reichswehr gegen einen Generalstreik – allerdings kam Ott zu dem Ergebnis, das Risiko eines solchen Einsatzes sei zu groß. In den Köpfen am Rande beteiligter Personen blieb allerdings das Gegenteil haften: Offensichtlich gab es im Reichswehrministerium Überlegungen, die Armee im innenpolitischen Kampf einzusetzen – der Schritt zu einem Coup d'Etat gegen den seinen Aufgaben offensichtlich nicht mehr gewachsenen Reichspräsidenten schien dann nicht mehr allzu groß zu sein.[18] Eine Rolle spielte auch, dass die in Potsdam liegenden Einheiten als besonders elitär galten; unter anderem, weil ihr Offizierskorps sich nahezu ausschließlich aus Adligen rekrutierte. Wer, wenn nicht diese selbstbewussten Verbände, würde einen Schlag gegen Hitlers und Röhms proletarische Bürgerkriegsmiliz SA unternehmen können?

Ein vierter Grund war der offene Ungehorsam Hammerstein-Equords gegenüber Hindenburg am 26. Januar 1933. Der Chef der Heeresleitung nutzte den Routinetermin eines untergebenen Generals, um ebenfalls beim Reichspräsidenten zu erscheinen und Hindenburg aufzufordern, Schleicher im Amt zu belassen und keinesfalls Hitler zu ernennen. Für einen preußisch-deutschen Offizier war das eine ungeheure Auflehnung gegen seinen obersten Vorgesetzten – und so verstand Hindenburg den Vorstoß auch: Er ließ Hammerstein abblitzen, verbat sich jedes »Politisieren« seiner Generäle und demütigte ihn bewusst. Die Abfuhr im Präsidentenbüro sickerte rasch durch und schien in den folgenden Tagen die Vermutung zu stützen, dass der General zusätzlich zu den politischen Meinungsverschiedenheiten auch einen persönlichen Konflikt mit dem Präsidenten hatte – was sich naturgemäß auf die Loyalität auswirken musste.[19]

Der angebliche Putsch der Potsdamer Garnison gegen Hindenburg und Hitler ist ein Gerücht im engeren Sinne des Wortes. Es wurde von niemandem bewusst gestreut, sondern wuchs in einer verworrenen Lage aus verschiedenen, an sich unverdächtigen Ereignissen, unbegründeten Vermutungen und Andeutungen. Eine Mischung aus Paranoia, Verfolgungswahn, Wunschdenken und Intrigen verschaffte der vermeintlichen Information Aufmerksamkeit. Ohne das Geraune über Schleichers vermeintlichen Staatsstreich am 29. Januar 1933 hätte der greise Reichspräsident Paul von Hindenburg Hitler mit großer Wahrscheinlichkeit nicht zum Reichskanzler ernannt.

# »Rückzugsgebiet Alpenfestung«
## Die Sorge vor Hitlers letztem Trumpf 1945

>*»Ich habe den amerikanischen Kommandeuren befohlen,*
>*kurz vor Berlin an der Elbe zu stoppen und nach*
>*Süden zu schwenken, weil ich Hitlers bayerische*
>*Festung so schnell wie möglich aufbrechen wollte.«*
>Dwight D. Eisenhower, 1945[1]

Die in Amerika eintreffenden Berichte von der Front in Europa sind in der letzten Märzwoche 1945 relativ gut. Das letzte natürliche Hindernis vor dem industriellen Herzen des Deutschen Reiches, der mächtige Rhein, ist bei vergleichsweise geringen Verlusten der britischen, kanadischen, französischen und US-Truppen an zahlreichen Stellen überschritten worden. Große Truppenverbände der Wehrmacht geben den Kampf offenkundig auf; immer öfter gehen ganze Einheiten geschlossen in Kriegsgefangenschaft. An der Ruhr ist eine komplette Heeresgruppe eingekesselt. Zwar verteidigen sich einzelne deutsche Stellungen erbittert, doch sie werden von der alliierten Artillerie und den Jagdbombern sturmreif geschossen. Die alliierten Truppen können immer mehr Gemeinden widerstandslos in Besitz nehmen: Häufig stoßen die GIs auf weiße Fahnen, die aus Rathäusern, Schulen und ganz normalen Wohngebäuden hängen. Manche zuvor gefürchtete deutsche Division, zum Beispiel die Fallschirmjäger des Generalleutnants Alfred Schlemm, erweist sich als Schatten ihrer selbst. Die wenigen erfahrenen Landser sind ausgezehrt, die eingegliederten Reservisten haben meist keine ausreichende Ausbildung. Allen fehlt Munition und Verpflegung – und sie sind rein zahlenmäßig weniger als halb so stark wie üblich. Das Ende der Kämpfe um Deutschland scheint kurz vor Ostern 1945 greifbar nah. Das ist gut, denn es würde Kräfte für den zweiten Krieg freimachen, den die Vereinigten Staaten gleichzeitig führen: die Schlacht im Pazifik.[2]

Weniger optimistisch ist der alliierte Oberbefehlshaber des europäischen Kriegsschauplatzes. General Dwight D. Eisenhower macht sich große Sorgen: Der Vormarsch seiner Armeen scheint ihm, nach den Er-

Das US-Nachrichtenmagazin *Time* brachte im Februar 1945 eine Karte mit den Truppenvorstößen der Alliierten, eingezeichnet ist auch »Hitlers innere Festung«.

45

fahrungen der gnadenlosen Schlacht um den Hürtgenwald östlich von Aachen und während der Ardennenoffensive, zu problemlos. Er wundert sich, dass an der deutschen Westfront offensichtlich vor allem Truppen zweiter Klasse stehen – die 6. SS-Panzerarmee dagegen, die kurz vor Weihnachten die Amerikaner das Fürchten gelehrt hatte, soll angeblich nach Ungarn verlegt worden sein. Schon im Herbst 1944 hatte sich Eisenhower mit dem Gedanken vertraut gemacht, Deutschland tatsächlich Ort für Ort erobern zu müssen. Nun überrascht ihn, wie leicht der Vormarsch offenbar fällt. Eisenhower erinnert sich genau an die allzu positive Stimmung in seinem Hauptquartier am 15. Dezember 1944, bevor die Ardennenoffensive der Wehrmacht losbrach. Zwar konnten die US-Truppen diesen Angriff unter furchtbaren eigenen Verlusten schließlich zurückschlagen, doch ihre Pläne verzögerten sich um sechs Wochen. Außerdem existierten nach Angaben der alliierten Nachrichtendienste die 120 000 Deutschen, die diese Schlacht führten, sowie ihre 500 Panzer eigentlich gar nicht.

Angesichts dessen macht die aktuelle Situation Eisenhower argwöhnisch. Er weiß, dass jede Fehlentscheidung das Leben Zehntausender US-Soldaten und Verbündeter kosten kann, und er nimmt diese Verantwortung ernst, will auf alles vorbereitet sein. Bei einem viertägigen, offiziell als »Urlaub« bezeichneten Aufenthalt in Cannes denkt der Oberbefehlshaber abseits des täglichen Betriebs im Hauptquartier intensiv über mögliche Alternativen zum weiteren schnellen Vorstoß gen Osten nach. Ist es tatsächlich richtig, die Wehrmacht und die Waffen-SS zu zerschlagen, indem man mit voller Kraft nach Berlin marschiert und so weitere Entscheidungsschlachten erzwingt? Das war seit September 1944 die erklärte Strategie der alliierten Truppen. Oder setzen die Spitzen von NS-Regime und Wehrmacht, die längst um ihr schieres Überleben kämpfen, vielleicht genau darauf? Alliierte Zeitungen berichten im Frühjahr 1945 regelmäßig über eine »Festung in den Alpen«, über ein »nationales Rückzugsgebiet« des NS-Regimes zwischen Bodensee und Steiermark. Im Rückblick hat Eisenhower seine Überlegungen in jenen Tagen so zusammengefasst: »Aber wenn dem Deutschen gestattet werden würde, diese Festung zu etablieren, könnte er uns womöglich zu einem langandauernden Guerillakrieg zwingen [...] Offensichtlich versuchte der Nazi, das zu tun, und ich entschied, ihm keine Möglichkeit zu geben, den Plan auszuführen.«[3]

Tatsächlich liegt der Gedanke an eine letzte Verteidigungsstellung im Hochgebirge nahe. Keine Landschaft ist für den Einsatz schwerer Waffen wie Panzer und großkalibriger Artillerie weniger geeignet; über die engen Bergstraßen und schmalen Brücken lassen sich diese Gerätschaften zumeist nicht transportieren. Materielle oder zahlenmäßige Überlegenheit einer Seite spielt nirgends eine geringere Rolle als beim Krieg im Hochgebirge; die jahrelangen Schlachten in den Alpen im Ersten Weltkrieg haben das bewiesen. Hinzu kommt, dass sich die absolute Luftherrschaft der westlichen Kampfflugzeuge nirgends geringer auswirkt als in engen Tälern. Denn Höhlen, die zwanzig oder mehr Meter unter massivem Felsgestein liegen, sind aus der Luft absolut unzerstörbar; zwar knacken die stärksten Bomben der Royal Air Force im Frühjahr 1945 fünf Meter dicke Bunkerdecken aus Stahlbeton und manchmal, unter günstigen Umständen, auch noch stärkere Armierungen. Aber tief in Granit gesprengte Unterstände, womöglich noch verstärkt mit Ziegelsteinen oder Beton, sind nur im Kampf Mann gegen Mann zu erobern. Mit vergleichsweise geringem Aufwand lassen sich in einer solchen Umgebung praktisch uneinnehmbare Befestigungen errichten. Verfügt eine derartige Stellung über genügend eingelagerte Vorräte, Munition und eigene Kraftwerke, kann sie monate-, wenn nicht jahrelang einer vielfachen Übermacht widerstehen. Vielleicht planen die Nationalsozialisten im Frühjahr 1945 genau das? Wird in den Alpen das letzte Aufgebot an Elitetruppen gesammelt, während zwischen Rhein und Elbe lediglich Volkssturm und Reservetruppen den Vormarsch der Alliierten verzögern sollen? Das würde erklären, warum die britischen und US-Truppen auf so wenige der kampfstarken Waffen-SS-Einheiten und Spezialverbände der Wehrmacht stoßen. Die »Alpenfestung« ist Ende März 1945 eine sehr reale Gefahr – doch über die richtige Strategie im Endkampf um Deutschland bestehen zwischen Briten und Amerikanern unterschiedliche Ansichten.

Um vollendete Tatsachen zu schaffen, schickt Eisenhower am 28. März 1945 eine »Persönliche Botschaft an Marschall Stalin«. Es ist der erste direkte Kontakt zwischen dem westlichen Oberbefehlshaber in Europa und dem Staatschef des wichtigsten Verbündeten im Osten. Das Telegramm widerspricht allen bisherigen Regeln für die Kommunikation zwischen den so unterschiedlichen Partnern der Anti-Hitler-Koalition und ist durch den Hinweis, Stalin sei als Oberbefehlshaber der Roten Armee Eisenhowers

Pendant, nur mühsam formal abgesichert. Der westliche Oberkommandierende schreibt:»Meine vorrangigsten Operationen zielen darauf, die feindlichen Kräfte an der Ruhr einzukesseln und zu vernichten. Meine nächste Aufgabe wird es dann sein, einen Keil zwischen die verbliebenen feindlichen Kräfte zu treiben, indem wir die Verbindung zu Ihren Truppen herstellen.« Ein gleichzeitiger Vorstoß solle Richtung Süden führen, um die»Konsolidierung des deutschen Widerstandes in der Alpenfestung zu verhindern«. Berlin wird in diesem Telegramm nicht einmal erwähnt, weder als Ziel der Westalliierten noch als möglicher Begegnungspunkt mit den Sowjets.

Diese Botschaft, mit der Eisenhower seine Kompetenzen deutlich überschreitet, löst schwere politische Turbulenzen zwischen Großbritannien und den USA aus; vor allem Feldmarschall Bernard Montgomery und Winston Churchill schäumen. Der britische Premierminister schickt umgehend wütende Botschaften an US-Präsident Franklin D. Roosevelt und US-Stabschef General George Marshall; außer einigen diplomatisch kühlen Sätzen von Eisenhower erreicht er freilich nichts. Noch einmal insistiert Churchill am 2. April:»Es scheint mir höchst wichtig, den Russen soweit östlich wie möglich die Hand zu schütteln.« Auch diese Forderung bleibt wirkungslos; Washington denkt nicht daran, Eisenhower zu maßregeln und ihm eine andere Strategie zu befehlen. Drei Tage später gibt der britische Premier auf und beendet diese wenig freundschaftliche»Korrespondenz zwischen Freunden«. Dagegen fällt Stalins umgehende Antwort an Eisenhower überaus freundlich aus. Dessen Vorschläge entsprächen genau den Vorstellungen des Moskauer Generalstabes:»Berlin hat seine frühere strategische Bedeutung verloren. Das sowjetische Oberkommando plant, in Richtung der Reichshauptstadt nur Truppen zweiter Kategorie in Marsch zu setzen.« Gleichzeitig allerdings lässt Stalin seine Armeen an der Oder umgruppieren, um wenig später, am 16. April, mit der bis dahin größten Zusammenballung bestens ausgerüsteter Elitetruppen die Schlacht um Berlin zu eröffnen. Seine Verbündeten führt er derweil an der Nase herum. Mit dem britischen und dem US-Botschafter in Moskau bespricht der sowjetische Diktator am 31. März die Lage; ein Diplomat notiert über Stalins Äußerungen:»Nach seiner Meinung werden sich die Deutschen am Ende in die Berge der westlichen Tschechoslowakei und Bayerns zurückziehen.« Stalin weiß genau, welch großen politischen Vorteil ihm Eisenhowers Verzicht auf Berlin einbringt.[4]

Von den Umgruppierungen der Roten Armee und der geplanten Eroberung der Reichshauptstadt ahnt der US-General nichts, als er am 2. April 1945 den entscheidenden Befehl über die Schlussoperationen in Deutschland gibt. Zwei Tage später tritt die 1. US-Armee zum Stoß Richtung Mitteldeutschland an, um Thüringen zu nehmen und damit die Landverbindung zwischen Berlin und den Alpen zu unterbrechen, während die 3. und die 7. US-Armee nach Süden schwenken. Ihre Ziele sind Oberbayern und das Donaugebiet sowie der Vorstoß nach Berchtesgaden und Salzburg. Am 11. April erreichen die ersten US-Truppen bei Magdeburg die Elbe und setzen über die »Truman Bridge«, eine schnell errichtete Ponton-Brücke, auf das östliche Ufer über. Nun trennen die Westfront noch hundert Kilometer von der Reichshauptstadt. Am 15. April stehen die 83. US-Infanterie- und die 2. US-Panzerdivision zum Marsch auf Berlin bereit; binnen 48 Stunden könnten sie die westlichen Vororte der Stadt erreichen. Doch statt einer Belobigung und eines Befehls, loszumarschieren, erlässt Eisenhower eine unerwartete, dafür unmissverständliche Anweisung: Stopp an der Elbe. Gleichzeitig stößt die 3. Armee unter dem gefürchteten und verehrten Haudegen General George S. Patton derartig schnell nach Südosten vor, dass die *New York Times* mit ihren Berichten kaum hinterherkommt: Am 15. April liegen zwischen seiner Vorhut und den westlichsten Einheiten der Roten Armee bei Cottbus nur noch 125 Kilometer; Richtung Nordosten ist es nach Berlin kaum weiter. Nun könnten die kampfstärksten US-Einheiten in Europa Berlin aus zwei Richtungen in die Zange nehmen. Doch statt nach Norden zu schwenken, stößt die 3. US-Armee weiter schnurstracks nach Bayern vor. Sechs Tage später ist Pattons »Rennen nach Süden« in vollem Gange, während die Rote Armee die Reichshauptstadt einschließt. Am 25. April schließlich setzen die US-Soldaten zum »Angriff auf die Grenzen der Alpenfestung« an, die sich nun zwischen insgesamt 20 Infanterie- und acht Panzerdivisionen in einem »gigantischen Nußknacker« befindet. Am selben Tag begegnet einige hundert Kilometer weiter nördlich, bei Strehla in Sachsen, der texanische Leutnant Albert Kotzebue von der 69. US-Infanteriedivision erstmals einem sowjetischen Soldaten: West- und Ostfront stoßen aufeinander. Und am selben 25. April legt das erste und einzige Großbombardement auf Berchtesgaden Hitlers Alpenresidenz »Berghof« am Obersalzberg in Schutt und Asche. Der Angriff ist als Vorbereitung für den Kampf um die letzte Stellung in den Alpen gedacht. Während gleichzeitig der Endkampf um Berlin voll entbrennt und die Rote Armee unter unvorstellbaren Verlusten die gegen die Sowjets verzweifelt verteidigte Reichshauptstadt Straße für Straße erobert, marschieren die besten Truppen der US-Army auf der Suche nach deutschen Befestigungen über friedliche Bergwege und durch idyllische Alpendörfer, ohne auf Widerstand zu stoßen, oder sie warten untätig an der Elbe.[5]

Die Sorge vor dem »letzten Bollwerk« der Nazis in den Alpen und seine kampflose »Eroberung« durch die US-Army hat die politischen Gewichte in Nachkriegseuropa wesentlich beeinflusst. Auf der Konferenz in Jalta im Februar 1945 hatten Roosevelt, Churchill und Stalin zwar im wesentlichen Übereinstimmung über die Aufteilung Deutschlands (und Österreichs) in Besatzungszonen sowie den Viermächtestatus von Berlin (und Wien) erzielt. Doch die Tatsache, dass die Rote Armee allein und unter immensen Verlusten die Reichshauptstadt einnahm, setzte die Westmächte im Sommer 1945 unter Druck: Sie konnten nicht taktieren, wie sie es gekonnt hätten, wenn ihre Truppen Berlin aus eigener Kraft erreicht hätten. Vielmehr mussten sie den sowjetischen Forderungen zuerst nachgeben, um überhaupt in die westlichen Sektoren der zerstörten Reichshauptstadt einrücken zu dürfen. Dieser Nachteil war mehr mittelfristig psychologisch als unmittelbar politisch; für die Auseinandersetzungen zwischen den (dann ehemaligen) Verbündeten in den folgenden Jahren, die in der Berlin-Blockade und schließlich im Kalten Krieg gipfelten, spielte die Lage vom Sommer 1945 eine bedeutende Rolle. Ursache dafür war das Gerücht von der »Alpenfestung«. Es konnte wachsen, weil 1944/45 in den USA sämtliche Kontrollmechanismen versagten – sowohl bei den Geheimdiensten als auch bei den Medien.

Harry Vosser war gut vernetzt. Der Londoner Korrespondent der *New York Times* veröffentlichte am 12. November 1944 in seinem Blatt einen längeren Zweispalter unter der Überschrift »Hitlers Schlupfwinkel«. Illustriert mit einer Vorkriegsaufnahme des »Berghofs«, berichtete Vosser im Brustton der Überzeugung über einige »Tatsachen«, die den alliierten Planungsoffizieren in der britischen Hauptstadt in jenen Tagen Kopfzerbrechen bereiteten. Eine der »schönsten und besonders pittoresken Gegenden von Südbayern« sei die »am stärksten befestigte und am schärfsten bewachte« Anlage des ganzen »Dritten Reiches«. Im benachbarten Untersberg hätten Zwangsarbeiter gewaltige Höhlen zu Magazinen ausgebaut, in den Obersalzberg selbst seien gas- und bombensichere Luftschutzbunker gegraben, auf dem gegenüberliegenden Lattengebirge schwere Flakgeschütze aufgestellt worden. Vor allem aber hätten die Nazis eine letzte teuflische Vorsichtsmaßnahme getroffen: »Der gesamte Sperrbezirk, 24 Kilometer breit und 33 Kilometer lang, ist vermint und kann durch einen einzigen Knopfdruck gesprengt werden. Man sagt, dieser schicksalhafte Knopf befinde sich auf dem Schreibtisch in Himmlers unterirdischem Büro direkt unter Hitlers Residenz.« In den folgenden Wochen druckten amerikanische Blätter zahlreiche kürzere und manchmal auch längere Artikel über Befestigungsarbeiten im Alpenraum. Am 15. Dezember 1944 zum Beispiel warnte der Militärexperte des kommunistischen New Yorker Blattes *The Daily Worker,* die Deutschen würden insbesondere ihre Hochgebirgsregionen verteidigen. Deshalb sei der Vorstoß der Roten Armee nach Ungarn so wichtig, um die »letzte Verteidigungsstellung« von Osten her möglichst schnell aufzurollen, nämlich vor Fertigstellung.

Dann verdrängte die Ardennenoffensive kurzfristig das Thema »Alpenfestung« aus der Aufmerksamkeit der US-Medien. Doch Ende Januar war das Interesse wieder da; die Illustrierte *Collier's* berichtete, die Zentrale der deutschen Partisanenorganisation »Werwolf« sei ins Salzkammergut verlegt worden. Am 2. Februar 1945 goss die angesehene Züricher *Weltwoche* Öl ins Feuer: »Zuverlässige Berichte aus Deutschland enthalten Einzelheiten über den technischen Ausbau der Stellung Berchtesgaden mit dem Obersalzberg als Nervenzentrale.« Schwer passierbare Bergseen würden ausgenutzt, Gebirgskämme befestigt, MG-Nester eingebaut und solide Bunker an den Pässen errichtet. Die Schweizer Wochenzeitung folgerte:»Die Festung Berchtesgaden ist keine Legende. Die Waffen-SS-Divisionen werden versuchen, ein Gebiet zu halten, das westlich bis in das Allgäu und östlich bis Wien reicht.« Jenseits des Atlantiks erschreckte einen Tag später erneut die *New York Times* ihre Leser mit düsteren Vorhersagen: Nach dem absehbaren Fall Berlins werde sich der Kampf in den Alpenraum verlagern. Im Februar und März überboten sich dann amerikanische Zeitungen geradezu mit Insiderberichten über die Befestigungen. Vergleichsweise zurückhaltend waren dagegen die britischen

Medien. Lediglich die Wochenzeitung *Sphere* klinkte sich in die »Tatsachenberichte« über die Stellungen in den Alpen ein: »Die Deutschen treffen große militärische Vorbereitungen, um diese Festung in Verteidigungszustand zu versetzen, namentlich die Gebirgsgegend, die sich von Arlberg bis nach Salzburg erstreckt. [...] Es besteht aller Grund anzunehmen, daß das ausgedehnte Gebirgsgelände im Begriff steht, in eine riesige Festung umgeformt zu werden, wo die fanatischen Nazis hoffen aushalten zu können, bis das kriegsmüde Europa auf diese oder eine andere Art zu Verhandlungen bereit wäre.«[6]

Am 8. April 1945 berichtete wiederum die *New York Times,* dass die Stellungen in den Alpen noch schwerer befestigt seien als das italienische Kloster Monte Cassino, das US-Truppen im Frühjahr 1944 erst nach Wochen harten Kampfes einnehmen konnten. Einen Tag später vertrat die damals angesehenste Zeitschrift der Vereinigten Staaten, das Magazin *Life,* eine ähnliche Ansicht: Die deutschen Truppen in den Alpen würden ihre Stellungen bis zum letzten Tropfen Blut verteidigen. Dazu druckte die Illustrierte eine aufwendige Zeichnung der Region, eine Art dreidimensionaler Vogelschau, auf der mit einem starken Strich die »Alpenfestung« markiert war: vom Bodensee im Nordwesten den Kämmen der Voralpen folgend bis nach Wiener Neustadt, dann nach Südwesten Richtung Graz, an den Dolomiten entlang der österreichisch-italienischen Frontlinie des Ersten Weltkriegs zum Gardasee und am Comer See vorbei wieder nach Nordosten schwenkend Richtung Arlberg. Mehr als 35 000 Quadratkilometer groß war die gekennzeichnete »Festung«, die in den USA nun einem Millionenpublikum Angst machte.[7]

Die zahlreichen Berichte zeigten Wirkung. Sie bestärkten Eisenhower in seinem Entschluss von Ende März, den Hauptstoß seiner Armeen nach Süden zu lenken. Am 21. April erläuterte Walter Bedell Smith, sein Stabschef, die Strategie gegenüber ausgewählten Journalisten in einem vertraulichen Pressegespräch. Man wisse zwar im Oberkommando nicht genau, was an den Berichten zutreffend sei, erklärte Smith, aber: »Wir vermuten, daß es bedeutend mehr sein wird als das, worauf wir gefaßt sind.« Vor allem was unterirdische Anlagen angehe, könne man durchaus noch überrascht werden. Als loyaler Stabschef verteidigte er Eisenhowers Entscheidung, nicht Richtung Berlin zu marschieren. Allerdings erwarte man angesichts des weitgehend widerstandslosen Vormarsches auch keine allzu lange Verteidigung der Bergstellungen; binnen eines Monats werde man sie wohl erobert haben. Danach allerdings müsse man mit Guerillaaktionen fanatischer SS-Männer und vor allem Hitler-Jungen rechnen. Dann allerdings blieben im Sommer 1945 Guerillaaktionen nahezu völlig aus – Walter Bedell Smith und Eisenhower waren davon überrascht. Fast überall, wo einzelne Jugendliche (fast nie erfahrene Soldaten) ein paar Waffen beiseitegeschafft hatten, um mit ihnen in »Werwolf«-Manier Terroraktionen gegen die Besatzungstruppen zu unternehmen, wurden sie von der Zivilbevölkerung verraten. Die bis dahin ungeheure Leidensbereitschaft der Deutschen hatte sich schlagartig aufgelöst.[8]

Die deutsche Wehrmacht hatte ihre Siege zwischen 1939 und 1942 stets im Bewegungskrieg errungen; doch nach der verlorenen Schlacht am Kursker Bogen im Sommer 1943 setzte die oberste militärische Führung des »Dritten Reiches« auf massive Verteidigungsstellungen. Ausgerechnet Generalfeldmarschall Erwin Rommel, der wahrscheinlich talentierteste Panzergeneral seiner Zeit, ließ ab Herbst 1943 die Küsten des deutsch besetzten Kontinents von Norwegen bis an die spanische Grenze zur »Festung Europa« ausbauen, auch wenn dieser Ausdruck sehr rasch von Goebbels' Propagandaministerium untersagt und durch den Begriff »Atlantikwall« ersetzt wurde. In Süditalien verteidigten deutsche Truppen Ende 1943 erst die »Gustav-Stellung« und dann die »Goten-Linie« sehr geschickt gegen die Alliierten. Trotz weit unterlegener Zahl und Ausrüstung verzögerten Wehrmachtseinheiten so den Vormarsch der Briten und Amerikaner Richtung Norden um mindestens ein halbes Jahr – unter schmerzlichen Verlusten vor allem der US-Army.[9]

Ungefähr zur gleichen Zeit tauchte erstmals die Vorstellung einer »letzten Festung« NS-Deutschlands auf. Allen Dulles, der als Leiter des Büros Bern des amerikanischen Geheimdienstes Office of Strategic Services (OSS) extrem einflussreich war, sandte am 29. Oktober 1943 ein verschlüsseltes Telegramm an OSS-Chef William Donovan. Darin hieß es: »Seit letztem Monat werden Verteidigungskonstruktionen in den Tälern der österreichischen Region Tirol errichtet.« Details konnte Dulles jedoch auch in den folgenden Monaten nicht mitteilen. Erst im Juli 1944, die Alliierten waren inzwischen in der Normandie gelandet und hatten insbesondere am schwer befestigten Invasionsstrand »Omaha Beach« massive

Verluste hinnehmen müssen, berichtete Dulles Neuigkeiten: Der Tod des Generalobersten Eduard Dietl bei einem Flugzeugabsturz sei ein herber Verlust, weil er eine bedeutende Rolle in der Endphase des Krieges hätte spielen sollen –»was die Verteidigung der letzten deutschen Linie betrifft, nämlich der Alpen und der Karpaten«. Knapp zwei Wochen später berichtete der Geheimdienstmann, dass höhere NS-Chargen einschließlich deren Familien ihre Flucht in spärlich besiedelte Gebiete entlang der österreichischen Grenze vorbereiteten, also in die Alpen. Im selben Sommer begannen vor allem schweizerische Zeitungen, über deutsche Verteidigungsanlagen in den Hochalpen zu spekulieren – ein naheliegender Gedanke, hatte doch die Schweiz seit Sommer 1940 mit Hochdruck ein »Réduit« ausgebaut, eine praktisch uneinnehmbare Rückzugs- und Verteidigungsstellung in den Alpen. Drei gewaltige Verteidigungswerke aus Betonbunkern und Höhlen am Gotthard im Süden, bei St. Moritz im Westen und bei Sargans im Osten, sollten jeden feindlichen Vormarsch in die Kernschweiz aufhalten. Wer wirklich als erster die naheliegende Idee verbreitete, die Deutschen könnten dieses Projekt der Schweizer Armee zum Vorbild für eine eigene »Alpenfestung« nehmen, ist nicht mehr aufzuklären. Wahrscheinlich war es einfach ein geläufiger Gesprächsgegenstand in Berner Geheimdienstkreisen; die Schweiz, das einzige neutrale Land inmitten des von Hitler-Deutschland beherrschten Kontinentaleuropas, war damals das Arbeitsfeld einer ungewöhnlich hohen Konzentration von Spionen, Nachrichten-Experten und Verbindungsleuten.[10]

Seit US-Truppen, die am 15. August 1944 in Südfrankreich gelandet waren, im September die französisch-schweizerische Grenze am Genfer See erreicht hatten, ergoss sich über die nunmehr wieder breiten, nämlich von den Alliierten kontrollierten Kommunikationskanäle aus der Schaltstelle Schweiz ein ungeheurer Strom von Mitteilungen in die Europa-Zentrale des OSS in Caserta (nördlich Neapel) und weiter nach Washington. Hunderte Berichte von Informanten aus Deutschland landeten bei den Auswertern des Geheimdienstes und verbreiteten sich in Form von Zusammenfassungen in die Stäbe des US-Kriegsministeriums und des State Departments. Manche besonders wichtige Berichte des OSS wurden jedoch weiterhin chiffriert gefunkt.

Die Stabsstelle des Sicherheitsdienstes der SS in Bregenz konnte diese Funkbotschaften allerdings auffangen und entschlüsseln; mindestens eine davon wurde dem zuständigen NSDAP-Gauleiter von Tirol-Vorarlberg, Franz Hofer, vorgelegt. Um welches der Funktelegramme des OSS Bern es sich genau gehandelt hat, ist unbekannt, denn sein Inhalt ist nur aus einer späteren Aussage Hofers vor US-Nachrichtenoffizieren zu rekonstruieren. Kein in den Akten des schweizerischen OSS-Büros überliefertes Dokument entspricht genau der Erinnerung des Gauleiters; es ist möglich, dass er in seiner Aussage mehrere Originaldokumente zusammenfasste oder dass ihm vom Sicherheitsdienst der SS von vornherein nur eine Zusammenfassung verschiedener Telegramme vorgelegt wurde. Laut Hofer rechnete der »OSS-Bericht« mit dem »Zusammenbruch der deutschen Fronten für Mitte 1945«. Jedoch wurde in der Botschaft »mit Unbehagen die Möglichkeit der Bildung eines ›Alpen-Réduits‹ besprochen. Gelinge es den Deutschen, ihre Verteidigungsanlagen im Süden der Alpen auch nach Norden auszubauen, so bestehe die Gefahr, daß damit ein ›Alpen-Réduit‹ geschaffen werde, dessen Niederkämpfung sechs bis acht Monate länger brauchen würde als die der anderen Gebiete.«

Hofer fand die Idee des US-Geheimdienstes einleuchtend und entwarf Anfang November 1944 eine Vorlage für Hitler, in der er den Bau genau einer solchen Befestigung in den Hochalpen vorschlug. Vorarbeiten gab es bereits, weil sich mehrere Erkundungstrupps verschiedener Wehrmachtsstellen seit Monaten mit Planspielen beschäftigten, im Alpengebiet Verteidigungsstellungen auszubauen. An eine umfassende »Festung« dachten die Bunker- und Befestigungsexperten dabei allerdings nicht, weil sie wussten, dass die dafür nötigen Ressourcen – Hunderttausende Tonnen Schwerbeton und Armierungsstahl, Hunderte Ingenieure und Zehntausende Bauarbeiter – ebenso wenig zur Verfügung standen wie die nötigen Transportkapazitäten. An einigen Stellen am Südrand des Hochgebirges wurden deshalb sogar italienische Schützengräben aus dem Ersten Weltkrieg, die seinerzeit gegen österreichische Angriffe gedacht und daher nach Norden ausgerichtet waren, »umgedreht« und zu einer »Alpen-Stellung« umgerüstet, die den absehbaren weiteren Vormarsch der Alliierten aus Italien aufhalten sollte. Mit einer eigens geplanten, gegen Süden ausgerichteten Verteidigungsanlage war solch ein Provisorium allerdings nicht vergleichbar. Nach den späteren Angaben Hofers lautete der zentrale Satz seiner im Original verlorenen »Führer-Vorlage« unmissverständlich: »Meine dringende Bitte ist, sofort zu befehlen, daß eine ›Alpen-Festung‹ –

im Sinne des aus der Schweiz eingegangenen Berichts über ein ›Alpen-Réduit‹ – mit dem Einsatz aller Mittel raschest errichtet und entsprechend versorgt wird. Sieht der Bericht die militärische Lage für das Jahr 1945 richtig, so wird die Schaffung einer ›Alpen-Festung‹ nicht nur zu einer militärischen Notwendigkeit, sondern stellt wohl eine einzigartige Möglichkeit dar, um bei geschickter und rascher Auswertung überhaupt noch in ein diplomatisches Gespräch zu kommen!« Diese Vorlage erreichte das Führerhauptquartier zwar – doch Martin Bormann, der Sekretär und mit Heinrich Himmler und Albert Speer mächtigste Mann in Hitlers unmittelbarer Umgebung, ließ Hofers Papier erst einmal »verschwinden«, statt es weiterzuleiten. Denn im November 1944 plante Hitler die Ardennenoffensive, den überraschenden Winterangriff auf die US-Army, von der er sich einen großen Sieg erhoffte. Längst war die Realität des Krieges so weit vom deutschen Diktator entfernt, dass er die nüchterne Einschätzung hinter Hofers Initiative für Verrat gehalten hätte und keinesfalls geneigt gewesen wäre, sie ernst zu nehmen.[11]

Währenddessen kursierte in Washington ein Bericht des »Joint Intelligence Committee« an Präsident Roosevelt, in dem vor Plänen der NS-Führung gewarnt wurde, den Krieg nach der absehbaren militärischen Niederlage aus dem Untergrund heraus fortzuführen. Es wurde zwar kein Stützpunkt eines solchen Planes benannt, aber die Vorstellung passte genau zu den zeitgleich umlaufenden Gerüchten über ein deutsches »National Redoubt«. Der Begriff bedeutete zwar nichts weiter als »nationales Rückzugsgebiet«, wurde aber immer stärker im Sinne des schweizerischen »National-Réduit« verstanden, also einer Verteidigungsstellung in den Hochalpen. Von offiziellen Stellen sickerten nun immer öfter Befürchtungen von Stabs- und Nachrichtenoffizieren an Journalisten durch, die zu Artikeln in US-Medien führten. Möglicherweise spielte bei diesen Geheimdienstaktivitäten auch die Sowjetunion mit, indem sie Berichte lancierte, in denen die Idee einer »Alpenfestung« scheinbar unabhängig von den üblichen amerikanischen Quellen »bestätigt« wurde. Dafür jedenfalls spricht, dass die kommunistische Zeitung The Daily Worker mehrfach »exklusive Informationen« über die »Alpenfestung« enthielt.

Ab Mitte Dezember 1944 verdrängte die Ardennenoffensive alle Überlegungen über ein baldiges Kriegsende in Europa und die Situation nach der Kapitulation der Wehrmacht. Doch als sich die Situation an der tatsächlichen und an der Nachrichtenfront im Januar 1945 wieder einigermaßen stabilisiert hatte, begann ein neuer Strom von Berichten aus dem OSS-Büro Bern die Geheimdienstzentralen zu überschwemmen. Am 18. Januar 1945 gab Dulles eine Botschaft an Donovan durch, in der er mitteilte:»Es scheint, daß die Männer um Hitler und Himmler sich vorbereiten für eine mögliche letzte Stellung in der inneren deutschen Festung in den bayerischen und österreichischen Alpen. Dort wollen sie ihre letzte Karte spielen. Sie hoffen nämlich, daß sich zwischen Sowjets und Angloamerikanern, wenn sie sich irgendwo in Deutschland treffen, Spannungen ergeben, durch die die Nazis in den Bergen, sofern sie denn lange genug aushalten, einiges für sich retten können.« Weitere Informationssplitter folgten: Am 9. Februar berichtete Dulles, dass die deutsche Armee in Italien geschont würde, um »die Verteidigung der Südflanke der Alpenfestung« zu übernehmen; am 13. Februar befürchtete er, dass es neben den Stellungen im Hochgebirge weitere Widerstandsnester in Thüringen nahe Weimar und im Schwarzwald geben könnte:»Dort gibt es viel [natürlichen] Schutz durch Berge und Hügel, und zahlreiche Befestigungen sind gebaut.« Vier Tage später war als wahrscheinliche Rückzugsstellung der Harz hinzugekommen.»Ich glaube, daß es eine seriöse Grundlage für diese Berichte gibt, die sehr ernsthafte Überlegungen und Pläne rechtfertigen, um mit diesem Problem fertig zu werden.«

Ab Ende Februar dann lieferten Informanten dem OSS-Büro Bern zahlreiche neue Einzelheiten:»In Westtirol und Vorarlberg sind Festungsbauarbeiten, Aussprengungen und Depot-Einbauten in Höhenlagen seit einiger Zeit in Angriff genommen«, vermeldete ein Bericht vom 22. Februar. Am nächsten Tag wusste eine andere Quelle:»Die Deutschen beabsichtigen den Krieg in einer Art großangelegtem Partisanenkrieg in Mittel- und Südwestdeutschland ebenso wie in den bayerischen und österreichischen Alpen fortzuführen.« Am 27. Februar konnten vier Hauptteile des »Redoubt« genau beschrieben und auf einer Karte eingezeichnet werden, ein fünfter sei geplant. Am 1. März hieß es (in deutscher Sprache!) ausführlich:»SS-Führer Himmler ist zum Kommandanten dieses deutschen Réduits ausersehen. Seine Pläne teilen sich auf drei Kampfgruppen: 1. die reguläre Armee, die an den Grenzen dieses Réduits und in eventuellen Igelstellungen im besetzten Deutschland den offenen Großkrieg führt. 2. eine Armee von Partisanen, die in den besetzten Teilen des Reiches den Kleinkrieg und die Sabotage führt gegen die Besatzungstruppen und gegen Deutsche, die mit den Nationalsozialisten brechen. 3. eine Armee von Propagandisten, die im besetzten Deutschland, in Europa oder wo es auch immer sei, im Sinne der vom Propaganda-Amt ausgegebenen Parolen tätig ist.« Am 3. März schließlich stellte ein weiterer Bericht nüchtern fest:»Die Alpenstellungen sind im wesentlichen besetzt von SS-Truppen. Einige der Truppen stammen aus ehemaligen Wehrmachtseinheiten« – dann allerdings aus Eliteformationen wie den »Alpenjägern«.[12] Gleichzeitig stieg die Zahl der Presseberichte über die »Alpenfestung« stark an; neben amerikanischen Zeitungen und der Züricher *Weltwoche* veröffentlichte besonders die Basler *Nationalzeitung* Meldungen dazu. Mehrere Artikel aus diesem Blatt wurden in Übersetzung an Präsident Roosevelt weitergeleitet. Zusammenfassungen dieser und vieler anderer Berichte, aus öffentlich zugänglichen Quellen ebenso wie vom OSS, gelangten auch ins Hauptquartier von Dwight D. Eisenhower, bevor er Mitte März 1945 die grundsätzliche Entscheidung treffen musste, welches strategische Ziel die Offensive in Deutschland haben sollte, wenn der Rhein erst einmal auf breiter Front überschritten wäre. Der Oberbefehlshaber auf dem europäischen Kriegsschauplatz entschied sich für den Schwenk von Pattons 3. Armee nach Süden und somit für den Stopp seiner übrigen Truppen an der Elbe. Die Priorität hieß »Alpenfestung«, nicht Berlin. Das Gerücht hatte gewirkt.[13]

Tatsache ist, dass es nie eine »Alpenfestung« des »Dritten Reiches« gegeben hat. Nirgendwo stießen die vormarschierenden US-Soldaten in den Voralpen oder dem Hochgebirge auf Verteidigungseinrichtungen, weder auf ausgebaute Mannschaftsunterstände noch auf Artilleristellungen, weder auf Nahrungs- und Treibstoffdepots noch auf sonst irgendetwas, was aus den deutsch-österreichischen Alpen eine Festung gemacht hätte, wie die Schweiz sie binnen weniger als zwei Jahren tatsächlich errichtet hatte. Es wurde 1944/45 auch nicht mit dem Bau zeitgemäßer Befestigungen begonnen; die einzigen und zudem ausschließlich auf Initiative regionaler Befehlshaber unternommenen Maßnahmen waren private Rückzugsmöglichkeiten sowie die provisorische Umrüstung vorhandener Schützengräben aus dem Ersten Weltkrieg. Es gab bis zum 28. April 1945 nicht einmal eine Weisung Hitlers, Planungen für eine solche Stellung vorzubereiten; an

diesem Tag, gerade 40 Stunden vor seinem Selbstmord, gab der »Führer«
einen »Erkundungs- und Ausbaubefehl für die Kernfestung Alpen« entlang einer »Linie Füssen – Allgäuer Alpen – Valluga – Arlberg – Mauders –
Stilfser Joch – Ortler – Adamello – nördlich Gardasee – Feltre – Capo-
retto – Karawanken – Unterdrauburg – Gunther-Stellung; von dort über
Leoben – Dürrenstein – Windhofen – Steyr – Brückenkopf Salzburg –
Tegernsee – Murnau«. Doch so wenig an dieser »Linie« jemals gebaut
wurde, so wenig wurden jemals irgendwelche Truppen in den Hochalpen zusammengezogen, Vorräte angelegt und sonstige Vorbereitungen
getroffen. Warum glaubten Dulles, Eisenhower, Roosevelt und Dutzende,
wenn nicht Hunderte gut informierter Stabsoffiziere und Zeitungsredak-
teure dennoch an das »National Redoubt«? Und warum gibt es noch im
21. Jahrhundert Autoren, Journalisten und Dokumentarfilmer, die an dem
»Phantom Alpenfestung« festhalten?[14]

Der wichtigste Grund ist, dass der Gedanke an eine »Alpenfestung« so
nahelag. Die Schweiz hatte es vorgemacht und war von einer deutschen
Invasion verschont geblieben. Die Wehrmacht ihrerseits hatte sich ab 1943
auf massive Defensivstellungen verlegt und einige sogar eine Zeitlang mit
Erfolg verteidigt. Der »Atlantikwall«, den die Alliierten ja nicht umsonst
an einer relativ schwachen Stelle, nämlich in der Normandie, angegriffen
hatten, war ein respektheischendes Bauwerk; ebenso der Westwall, dessen
Überwindung im Januar und Februar 1945 an manchen Stellen viel Blut
kostete. Allerdings ging die schlimmste Niederlage der deutschen Militärgeschichte ebenfalls auf Hitlers Strategie der »festen Plätze« zurück: Die
sowjetische Sommeroffensive 1944 rieb binnen zwei Wochen die Heeresgruppe Mitte auf, weil der Diktator gegen jede militärische Logik angeordnet hatte, dass bestimmte Stellungen auch dann nicht geräumt werden
durften, wenn sie nicht mehr zu halten waren. Der Grund war, dass Hitler
diese »festen Plätze« als Ausgangspunkte für große Gegenoffensiven nutzen wollte – auch wenn diese angesichts der materiellen Überlegenheit der
feindlichen Streitkräfte längst illusorisch waren. Doch selbst das sprach
nicht gegen eine letzte Stellung im Hochgebirge, denn wenn die Alternative »totaler Kampf oder totale Niederlage« war, so würden die kampfer-
fahrenen Deutschen keinesfalls in eine wilde Flucht ausbrechen – das
meinten jedenfalls die Planer in den US-Stäben. Wohin hätten sie auch
noch fliehen sollen? Ein weiteres Indiz war die Person des Oberbefehlsha-

bers: Generalfeldmarschall Albert Kesselring befehligte mit unterlegenen Kräften zunächst geschickt den Verteidigungskampf in Italien und wurde dann, als amerikanische Truppen auf deutsches Territorium vordrangen, zum Oberbefehlshaber der gesamten Westfront befördert. Er war ein ausgewiesener und bei den Alliierten gefürchteter Experte für Verteidigungsstellungen, auch und gerade in Gebirgen: Den Apennin zum Beispiel hatte er zur »Todeszone« ausbauen lassen.[15]

Außerdem gab es zahlreiche Arbeiten, die jedenfalls eine gewisse Zeitlang den Eindruck erwecken konnten, es würden Befestigungsstellungen im Gebirge errichtet. Denn in den Alpen wie überall sonst bei geeigneten natürlichen Bedingungen verlegte das »Dritte Reich« kriegswichtige Produktionsstätten unter Tage. Einige Großprojekte wurden sogar fertiggestellt, zum Beispiel in Ebensee (bei Salzburg) Montagehallen für die projektierte Interkontinentalrakete A 9, die allerdings nicht einmal das Stadium eines Prototypen erreichen sollte. In großer Zahl wurden dabei ausländische Zwangs- und Sklavenarbeiter aus den Konzentrationslagern eingesetzt; im April 1945 führten sogar zahlreiche »Evakuierungsmärsche« aus den noch nicht befreiten Lagern in Richtung Alpen, wo allerdings keinerlei Vorbereitungen für Unterkunft und Bewachung getroffen waren, also gar nicht gearbeitet werden konnte. Tatsächlich wurde sogar bis unmittelbar vor Kriegsende, nämlich bis zum 25. April 1945, im Obersalzberg gearbeitet, unter Hitlers Alpenresidenz »Berghof« also. Dort entstanden neben einem Führerhauptquartier, das die Fläche des »Führerbunkers« im Garten der Reichskanzlei zu Berlin um ein Mehrfaches übertraf, weitere Tiefstollenanlagen im Rohbau. Was es allerdings nie gab, waren irgendwelche Befestigungen für die Verteidigung von Pässen, Gebirgskämmen oder ähnlichem. In der Schweiz sind einige entsprechende Anlagen vor wenigen Jahren außer Dienst gestellt worden; seither kann man sich anschauen, wie eine echte »Alpenfestung« aussieht. Es bleibt das Geheimnis von Stephen E. Ambrose, einem inzwischen gestorbenen US-Militärhistoriker, was er meinte, als er 1985 »Anlagen in den österreichischen Alpen besuchte, die als letzte Stellungen für die SS-Divisionen vorbereitet waren«. Nach seinen Worten sah er »Gewehre, Granaten, Kanonen und andere Waffen gestapelt in den Kellern von Kirchen und sonstigen Gebäuden«. Solche Lager hatte die Wehrmacht in den Alpen jedoch niemals eingerichtet; ob Ambrose vielleicht geheime Anlagen des

1955 gegründeten österreichischen Bundesheeres besichtigt und sie mit Wehrmachtsmagazinen verwechselt hat, muss offenbleiben.[16] Die Führung des NS-Regimes erkannte die Möglichkeit, den vielfach überlegenen Feind im Dreifrontenkrieg durch gestreute Desinformationen über die »Alpenfestung« zu verunsichern. Zwar sind die Angaben, die der notorisch geschwätzige SS-Offizier Wilhelm Höttl Anfang der Fünfzigerjahre in seinen beiden unter Pseudonym veröffentlichten Memoiren-Bänden verbreitete, sehr unwahrscheinlich. Danach richtete Joseph Goebbels nicht nur Anfang 1945 im Propagandaministerium einen »eigenen kleinen Stab« ein, dessen »einzige Aufgabe es war, erfundene Angaben über die deutschen Alpenfestungspläne zur Kenntnis des Feindes zu bringen« – vor allem also beim OSS in Bern sowie bei Schweizer, schwedischen und amerikanischen Zeitungen. Angeblich hatte der Propagandaminister sogar den Begriff »Alpenfestung« kreiert, der allerdings in den amerikanischen Quellen sehr selten auftaucht, während der normale englische Begriff »National Redoubt« regelmäßig benutzt wird. Höttls Behauptungen enthalten erfahrungsgemäß meist einen kleinen wahren Kern, der durch vielfältige Kolportagen verkleidet ist, vor allem, um seine eigene Bedeutung in den Vordergrund zu rücken. Als sicher darf aber gelten, dass es tatsächlich deutsche Doppelagenten gab, die im Februar und März 1945 den OSS Bern und die Basler Nationalzeitung mit Desinformationen fütterten.[17]

Ein weiteres scheinbares Indiz für die Existenz einer »Alpenfestung« war die massive Verlagerung von Dienststellen aus dem bombengefährdeten Berlin in den Alpenraum. Vor allem nach dem schwersten Luftangriff des Krieges am 3. Februar 1945 begannen zahlreiche Ministerien, Wehrmachts- und SS-Stellen, nach sichereren Ausweichquartieren zu suchen. Viele zog es bei dieser völlig unkoordinierten Verlagerung, die zeitweise mehr einer Flucht glich, nach Süden; schließlich musste Generaloberst Alfred Jodl am 24. April 1945 ein ausdrückliches »Verbot des Zuzugs in die ›Festung Alpen‹« anordnen. Zu den Institutionen, die sich da bereits auf idyllische Almen zurückgezogen hatten, gehörten zum Beispiel die Abteilung Fremde Heere Ost des Generalmajors Reinhard Gehlen, später Keimzelle des Bundesnachrichtendienstes, mehrere Abteilungen der Reichsbank, des Auswärtigen Amtes sowie der persönliche Stab von Ernst Kaltenbrunner, dem Chef des Reichssicherheitshauptamtes.[18] Dazu passte, dass einer der höchsten SS-Offiziere, der Himmler-Vertraute und Obergruppenführer Karl Wolff, ab März 1945 ein gewagtes Spiel spielte. Als Mitverantwortlicher auf dem italienischen Kriegsschauplatz handelte er mit Allen Dulles eine vorzeitige Kapitulation der Wehrmacht an der Südfront aus. Ein, wenn nicht sogar das wesentliche Argument Wolffs war die »Alpenfestung« – der SS-Obergruppenführer bot an, die vermeintliche Verteidigungsstellung kampflos zu übergeben, wenn es zu einer Sonderkapitulation in Italien mit guten Übergabebedingungen für ihn und seine Entourage käme.[19]

Schließlich gab es Mitte April tatsächlich eine Planung des Oberkommandos der Wehrmacht, das noch nicht besetzte Deutschland in zwei Rückzugsgebiete aufzuteilen, die »Festungen« Nord und Süd. Die erste lag nördlich des Nord-Ostsee-Kanals rund um Flensburg, die zweite im Alpenraum. Diese Planung wurde auch umgesetzt: In die »Festung Nord« wichen von der zweiten Aprilwoche an die meisten in Berlin verbliebenen Dienststellen aus. Mehr als drei Viertel aller höheren SS- und Gestapo-Funktionäre sowie der von Hitler testamentarisch zum Reichspräsidenten und Nachfolger ernannte Großadmiral Karl Dönitz und Rüstungsminister Albert Speer (der in sich selbst den starken Mann einer kommenden deutschen »Übergangsregierung« sah) gingen in die »Festung Nord« nach Flensburg. Nach Hitlers 56. Geburtstag am 20. April kehrte auch SS-Chef Heinrich Himmler der Reichshauptstadt den Rücken, um von Flensburg aus mit den Alliierten zu verhandeln. Er hielt sich selbst für einen möglichen Nachfolger des »Führers«. Militärische Verteidigungseinrichtungen gab es in der sogenannten Festung allerdings nicht; der Kanal wäre keine nennenswerte Barriere für die britische Armee gewesen, die Norddeutschland im Sturmlauf erobert hatte. Es ging auch nicht um das Weiterkämpfen, sondern um das Aufrechterhalten der wenn auch nur symbolischen Regierungsgewalt über die Reste des Reiches; dass genau dies von allen drei Alliierten kategorisch abgelehnt wurde, war bei Dönitz, Speer und Himmler zwar bekannt, wurde aber verdrängt.

Mit der kampflosen Besetzung Münchens am 30. April durch die 3. US-Armee und Berchtesgadens am 4. Mai 1945 endete die reale Geschichte der »Festung Alpen« – und es begann nach dem so wirksamen, wenn auch durch die Wirklichkeit widerlegten Gerücht nun die Legende von der Alpenfestung, die bis heute weiterwuchert und alljährlich Zehntausende Touristen auf den Obersalzberg zieht. Zu ihren Förderern zählte unter anderem Eisenhowers Stabschef Walter Bedell Smith, der 1956 im unbedingten Bemühen, den folgenschweren Irrtum seines ehemaligen Chefs schönzureden, schrieb: »General Eisenhowers Entscheidung, die verbleibenden feindlichen Kräfte in ganz Deutschland und vor allem im Nationalen Rückzugsgebiet zu zerstören, beruhte auf einer realistischen Einschätzung der militärischen Situation. [...] Die einzige Bedeutung, die Berlin nun noch hatte, war die Zerstörung der deutschen Truppen, die es zu schützen versuchten. [...] Sobald die deutsche Regierung evakuiert war, war Berlin ein Terrain ohne jede Bedeutung. Unsere Armeen zu schicken, um seine westlichen Vorstädte zu erobern, hätte keinerlei taktische Relevanz gehabt. General Eisenhower spürte, daß so ein Feldzug seine einzige Berechtigung in den Schlagzeilen gehabt hätte, und keine Schlacht der Alliierten Streitkräfte in Europa ist jemals für Schlagzeilen geführt worden.« Als souveräner erwies sich Allan Dulles 1962 in einem Fernsehinterview. Er sprach von dem »berühmten, aber nichtexistenten Nationalen Redoubt«. Diese Erkenntnis kam dem Nachrichtendienst-Experten allerdings viel zu spät.[20]

# »Für die Amerikaner spioniert«
## Die Noel-Field-Affäre 1949 bis 1954

*»Wegen Verbindung mit dem Agenten der amerikanischen Spionage Noel H. Field und umfangreicher Hilfe für den Klassenfeind werden Paul Merker, Leo Bauer, Bruno Goldhammer, Willi Kreikemeyer, Lex Ende und Maria Weiterer aus der Partei ausgeschlossen.«*
*Neues Deutschland*, 1. September 1950

Das Hotel »Palace« liegt im Herzen Prags, etwas abseits des Wenzelsplatzes. Es ist ein Haus mit Tradition und Stil, gebaut in der Periode des Art Nouveau. An seinen Glanz erinnert im Mai 1949 aber nur noch wenig: Selten verirren sich ausländische Besucher in die hohe Hotelhalle mit der breiten Treppe; auch aus dem schwach beleuchteten Café im ersten Stock scheint jedes Leben verbannt. Trotzdem steigt am 5. Mai 1949 Noel H. Field im »Palace« ab, nachdem er mit Flug 240 der Air France aus Paris angekommen ist. Das Personal kennt ihn, er war ein knappes halbes Jahr zuvor schon einmal zu Gast. Der hochgewachsene, hagere Amerikaner mit dem dichten, leicht angegrauten Haar ist höflich, zuvorkommend und wirkt gelassen. Doch der Schein trügt. Seit zwei Jahren hat der frühere US-Diplomat, Mitarbeiter des Völkerbundes und Europa-Direktor einer kirchlichen Hilfsorganisation keine Stellung mehr; in Prag will er nun alte Kontakte reaktivieren und Arbeit finden. Sein Interesse gelte den neuartigen osteuropäischen »Volksdemokratien«, hat er Freunden erzählt. Sie wolle er erforschen und darüber schreiben. Am frühen Abend des 11. Mai verlässt Field das Hotel. Beunruhigt darüber, dass sein Gepäck bei der Ankunft verlorengegangen ist, hat er vom Empfangschef erfahren, ein nachlässiger Angestellter habe den Koffer versehentlich an eine Lagerfirma geschickt. Field fährt mit einem Taxi dorthin – und verschwindet. Ein Bekannter, der ihn wenige Tage später im »Palace« besuchen will, erhält die Auskunft, der Gast wolle für kurze Zeit nach Ungarn und dann zurückkehren.

Doch Field bleibt verschwunden. Monate später taucht zumindest sein Name wieder auf – in Ungarn. Vom 16. bis 24. September 1949 stehen

Noel H. Field,
aufgenommen 1949
in der Zentrale des
ungarischen Geheim-
dienstes in Budapest

in Budapest hohe Funktionäre mit Außenminister László Rajk an der Spitze vor dem Volksgericht. Sie werden beschuldigt, für die USA und Jugoslawien Spionage betrieben zu haben. Der mitangeklagte Kaderchef der Kommunistischen Partei, Tibor Szőnyi, bestätigt die Vorwürfe: Die Spionage-Aktionen seien bereits 1944 von Allen Dulles, einem Mitglied der US-Gesandtschaft in der Schweiz, geleitet worden. Dulles ist kein gewöhnlicher Diplomat; er war seinerzeit Europa-Chef des Office of Strategic Services (OSS), des 1942 gegründeten US-Geheimdienstes. Weiter sagt Szőnyi: »Der unmittelbare Gehilfe Dulles' in diesen Fragen war Noel H. Field, offizieller Vertreter einer amerikanischen Wohltätigkeitsorganisation der unitarischen Kirche in Europa. Er unterstützte politische Emigranten materiell und warb sie für Spionage an.« Field habe sich auch mit dem Anwerben von Agenten aus Reihen der tschechischen, deutschen und polnischen Emigranten befasst. Einer dieser Emigranten, der Kommunist (und Jude) Bernhard Steinberger, ist inzwischen am 9. Juni 1949 in Leipzig verhaftet worden; als erster Deutscher, der im Zusammenhang mit dem

Verschwinden von Noel Field in Haft kommt. Steinberger ist mit einer Ungarin verheiratet und hatte während des »Dritten Reiches« einige Jahre in der Schweiz verbracht.

In Ost-Berlin reagiert die SED-Führung aufgeschreckt. Eine erste Reaktion kommt von Bruno Haid, Mitarbeiter der Westabteilung beim Zentralkomitee der SED und zuvor Mitarbeiter der Personalabteilung im Parteivorstand: Am 27. September 1949, die Todesurteile gegen Rajk und andere Angeklagte sind gerade vollstreckt, informiert er den Vorsitzenden der Zentralen Partei-Kontrollkommission (ZPKK), Hermann Matern, über seine Erlebnisse als Emigrant in Frankreich: »Die Berichte vom Prozeß gegen Rajk veranlassen mich, auf folgendes hinzuweisen: Der in dem Prozeß öfters genannte Amerikaner Field hat auch über zahlreiche Verbindungen zu deutschen Genossen verfügt und seine Mittel sowohl der deutschen Emigration in der Schweiz wie vor allem in Frankreich während des Krieges zur Verfügung gestellt.« Haid nennt anschließend eine Reihe von Namen und berichtet über die Praxis der Hilfsorganisation »Unitarian Service Committee« (USC), für die Field in Marseille und Zürich arbeitete. Zu der Praxis habe gehört, dem USC die Namensliste der unterstützten Genossen zur Verfügung zu stellen. Haid äußert Zweifel, ob dies notwendig gewesen sei, und empfiehlt zugleich mit Verweis auf Szőnyis Aussagen, sich mit Fields Organisation und ihren Beziehungen zu deutschen Genossen zu beschäftigen. Tatsächlich beschließt das Politbüro der SED am 18. Oktober 1949, dass alle führenden Funktionäre überprüft werden, die länger als drei Monate in britischer, amerikanischer, französischer oder jugoslawischer Gefangenschaft oder in westlicher Emigration gewesen waren. Den Auftrag erhält die ZPKK. Außerdem erteilt der stellvertretende SED-Vorsitzende Walter Ulbricht eine weitere Anweisung: Eine Sonderkommission der ZPKK unter Leitung von Materns Stellvertreterin Herta Geffke soll speziell die Kontakte von Emigranten zu Field untersuchen. Am 26. Oktober werden die ersten Genossen vorgeladen.[1]

Die Noel-Field-Affäre setzte sich bis 1954 fort und hat wesentlich zur Verstärkung der »Agentenhysterie« und der Kriegsangst in jener Zeit beigetragen. Die Verbindung mit Field brachte Hunderten Menschen in Ungarn, Polen, Bulgarien, der Tschechoslowakei und der DDR Gefängnisstrafen oder Tod. Es entstand der Eindruck, dass westliche Geheimdienste dabei gewesen seien, die neuen »Volksdemokratien« zu destabilisieren, und sich dabei willfähriger Helfer in den osteuropäischen Ländern bedient hätten. Dass diese Helfer bis in die Staats- und Parteispitze gelangt seien, verstärkte das Misstrauen innerhalb dieser Staaten. Der Historiker Bernd-Rainer Barth nennt die Affäre »Auftakt, Schlüssel und Klammer der blutigen Seite osteuropäischer Schau- und Geheimprozesse«. Den Lesern von ostdeutschen Zeitungen, die ausführlich über den Prozess in Budapest informiert wurden, waren Hinweise auf die Tätigkeit von Agenten nicht neu. Bereits im März 1948 hatten sowjetische Sicherheitsorgane in Berlin, Sachsen und Thüringen frühere Sozialdemokraten wegen angeblicher Zusammenarbeit mit westlichen Geheimdiensten verhaftet. Entsprechend einer Anweisung des Politischen Beraters der Militäradministration, Wladimir Semjonow, an den SED-Vorsitzenden Wilhelm Pieck war darüber in der Presse berichtet worden. Die Wochenschau *Augenzeuge* zeigte immer wieder Aufnahmen entdeckter Chiffrierutensilien und mahnte: »Entlarven ist Aufgabe der Massenaufmerksamkeit.« Im August 1949 sprach Ulbricht öffentlich von Verleumdungskampagnen gegen die Sowjetunion und die »Volksdemokratien« und behauptete: »Gegenwärtig bemühen sich die amerikanischen und englischen Spionagezentren, besonders die trotzkistische Propaganda zu fördern.« (Mit diesem Kampfbegriff diffamierte man unabhängig denkende Kommunisten; ihnen wurde vorgeworfen, die Parteien von innen aushöhlen zu wollen. Der sowjetische Politiker Leo Trotzki wurde von Stalin als Gegner der kommunistischen Bewegung diffamiert.) Als Mitte September die Anklageschrift gegen die ungarischen Funktionäre veröffentlicht wurde, fügte sich das ins Bild.

Von Noel Field war in den ersten Berichten im *Neuen Deutschland* nicht die Rede. Er erschien auch nicht vor Gericht. Sein Name tauchte erst gegen Ende der Prozessberichterstattung auf, als die Rolle von Allen Dulles näher beleuchtet wurde. Das sorgte kurz für Verwirrung: In Versammlungen der SED-Basis, in denen auf Anweisung über die Prozesse und die Lehren daraus diskutiert werden sollte, fragten manche Genossen, wo sich Field befinde und warum man ihn nicht vor Gericht stelle. Daraufhin hieß es ausweichend, der Amerikaner werde abgeurteilt, wenn alle seine Komplizen dingfest gemacht seien.[2]

Auch die internationale Presse kommentierte den Rajk-Prozess. Doch im Westen konnte man die Vorgänge schwer deuten. Offenbar schien der

»stille Amerikaner« Field der Schlüssel zu sein. In den USA galt er als sowjetischer Spion – aufgrund von Zeugenaussagen vor dem »Ausschuss zur Untersuchung unamerikanischer Umtriebe«. Das führte nun zu Spekulationen, etwa in der Zeitung *Schweizer Bund* am 14. Dezember 1949: »Field, in Amerika als russischer Agent und im Rajk-Prozeß als US-Agent bezeichnet und überdies spurlos verschwunden, wird daher wohl einer jener sagenumwobenen ›Agents doubles‹ gewesen sein, die von Zeit zu Zeit auftauchen und dann regelmäßig zu Helden romantischer Kriminalromane werden. Die Lösung des Mysteriums wäre also, daß der Amerikaner Field aus Überzeugung für die Russen gearbeitet hätte und von ihnen oder mit ihrer Billigung in den US-Geheimdienst hineingeschmuggelt worden sei, um so Zutritt zu geheimstem US-Informationsmaterial zu erlangen. Späterhin müßten demnach die Russen Field dazu benutzt haben, um dem ihnen unbequem gewordenen Rajk eine Falle zu stellen.«

Im SED-Apparat wuchs währenddessen die Unruhe, vor allem unter denen, die ihre Emigrationszeit im westlichen Ausland verbracht hatten. Der Ton in ostdeutschen Zeitungen war schärfer geworden. So schrieb Bruno Haid am 6. Oktober 1949 im *Neuen Deutschland*, eine »trotzkistische Meute« habe versucht, »die deutsche Arbeiterschaft zu spalten«; dazu seien »Saboteure, Brandstifter und sonstige politische Agenten des Imperialismus« geschickt worden. Haid, der mit keinem Wort erwähnte, dass er den Parteikontrolleuren bereits Namen von möglichen »Komplizen« Fields genannt hat, forderte, »die faulen und verräterischen Elemente zu überwinden, ihnen die Maske vom Gesicht zu reißen und sie schnell unschädlich zu machen«. Franz Dahlem, in der SED-Spitze verantwortlich für Kaderfragen, stellte Materialien über Westemigranten für ZPKK-Chef Matern zusammen und empfahl: »Aus den übermittelten Berichten, Briefen und Notizen ergibt sich, daß folgende Komplexe überprüft werden müssen, in denen Verbindungen zwischen Noel Field und deutschen Antifaschisten bestanden: die deutsche Emigration in der Schweiz – die deutsche Emigration in Frankreich – die Unterstützungsaktionen in französischen KZs – andere Emigrationen (Mexiko).«[3]

Bereits am nächsten Tag wurden die Genannten von der ZPKK schriftlich aufgefordert, Stellung zu nehmen. Die Parteiwächter ließen sich zudem die Personalunterlagen zuschicken. Die Angeschriebenen, über den Prozess in Ungarn informiert, reagierten prompt und berichteten teilweise ausführlich über ihre Kontakte zu Field und über andere Emigranten, die von Fields Hilfe profitiert hatten. Der Chef der Deutschen Reichsbahn, Willi Kreikemeyer, listete mehr als 200 Genossen auf, über deren Unterstützung er im Auftrag der KPD-Exilleitung in Frankreich mit Field beraten hatte. Andere schilderten ausführlich ihre Exilzeit. Nach wenigen Tagen lagen Hunderte Hinweise ähnlicher Art vor. Die meisten Berichte äußerten sich sachlich und sogar lobend über Field; den Spionagevorwurf stellte jedoch kaum jemand in Frage. Am 24. Oktober schrieb ZPKK-Chef Matern an Ulbricht:»Nach dem bisher zusammengetragenen Material ist das Ganze ein umfangreicher Komplex. Die von Field angeknüpften Verbindungen betreffen Genossen aus allen Zonen. [...] Das wird eine komplizierte und ernste Sache, da die Untersuchungen und Feststellungen sich auf eine Anzahl leitender Genossen in den verschiedensten Funktionen erstrecken.« Das Kleine Sekretariat, ein mit Spitzenfunktionären besetztes Gremium zur Unterstützung des SED-Politbüros, ordnete an:»Die Partei muß die Gewißheit haben, daß die Funktionäre in den Parteileitungen, im Staatsapparat und in der Wirtschaft fest und zuverlässig die Politik der Partei durchführen. Die Überprüfung soll die Partei weitgehend gegen die Möglichkeit feindlichen Eindringens sichern.« Dazu bestand offenbar Grund. Aus Zeitungen und Rundfunk war Unglaubliches über die östlichen Nachbarländer zu erfahren: Auch in Bulgarien standen hohe Parteifunktionäre vor Gericht – wegen »Eingliederung in den amerikanischen Spionageapparat« durch Vermittlung von Noel Field, so die Anklage.[4]

Dass sich auch in der DDR etwas zusammenzubrauen begann, zeigte der III. Parteitag der SED vom 20. bis 24. Juli 1950. In der Hauptsache sollte er die Politik und Arbeit seit dem II. Parteitag von 1947 beleuchten und die weiteren Entwicklungsziele festlegen. Doch er wurde zur Abrechnung mit den angeblichen Spionen in der SED. Was Wilhelm Pieck in seinem Rechenschaftsbericht zum Fall Field sagte, war nur als Drohung zu verstehen:»Der Rajk-Prozeß erbrachte den einwandfreien Beweis, daß die von Field angeworbenen Agenten von Allen Dulles und seinen Mithelfern mit politischen Aufträgen betraut wurden.« Die ZPKK habe die Verhältnisse in der französischen und Schweizer Emigration untersucht und sei zu dem Ergebnis gekommen,»daß unsere Genossen die Wachsamkeit völlig außer Acht ließen und die von Field verbreitete Legende über seine angeblich uneigennützige Hilfe glaubten«, so Pieck. Die Untersuchung habe ergeben, dass die Verbindungen Fields zu deutschen Emigranten bereits 1942 zu Aufträgen für den US-Geheimdienst ausgenutzt worden seien und diese Verbindung mit einigen Genossen bis 1949 fortbestanden habe. Am Ende seiner Rede zog Pieck den Schluss:»Die Aufgabe besteht darin, die Wachsamkeit der Partei in dieser Hinsicht zu erhöhen und die trotzkistische und titoistische Agentur aus unseren Reihen auszumerzen.« (Wie Trotzki wurde der jugoslawische Ministerpräsident Josip Tito als Gegner der kommunistischen Bewegung eingestuft, und scheinbare Widersacher im eigenen Lager diffamierte man als»titoistisch«.)

Zum großen Schlag holte die SED einen Monat später aus. Am 25. August 1950 informierten die Zeitungen über die 2. Tagung des Zentralkomitees der SED vom Vortag. Es habe den Bericht von Herta Geffke»zu den Verbindungen ehemaliger politischer Emigranten zu dem Spion des amerikanischen Imperialismus, Noel H. Field« angenommen. Am 1. September druckte das Neue Deutschland eine umfangreiche Erklärung des Politbüros ab. Gab es bislang nur vage Andeutungen, erfuhren die Leser nun erstmals Konkretes: Field habe sich unter der»Maske des wohltätigen Biedermanns« das Vertrauen der Genossen erschlichen und für sie Kurierdienste zwischen den Exilgruppen in Frankreich und der Schweiz geleistet. Field habe es geschafft, politischen Einfluss zu gewinnen und »der Haltung der Emigrationsleitung den amerikanischen Stempel aufzudrücken«. Aufgrund seines Einflusses hätten sich beispielsweise die deutschen Emigranten in Frankreich geweigert, politische Agitation unter deutschen Besatzungssoldaten zu leisten und sich am französischen Widerstand zu beteiligen. Das habe den Plänen der USA in die Hände gearbeitet, die»Zweite Front« in Europa zu verzögern, um so die Sowjetunion zu schwächen. Außerdem habe die deutsche Emigrationsleitung kein Verständnis für den Abschluss des deutsch-sowjetischen Paktes 1939 gehabt. Damit hätten sich die Emigranten»in der schwersten Weise an den elementarsten Regeln des Kampfes mit dem Klassengegner« vergangen. Der Bericht ließ auch am Verhalten der Westemigranten nach 1945 kein gutes Haar. Sie hätten Kontakt zu Field gehalten, ihm geholfen, weitere Genossen kennenzulernen und sogar versucht, ihm eine Stelle an der Universität in Leipzig zu beschaffen. Selbst als der Rajk-Prozess die wahre Rolle des Amerikaners offengelegt habe, hätten die Genossen die Sache verharmlost. Ein Teil der Emigranten habe erst aufgefordert werden müssen, die Zusammenhänge zu klären – und sich dabei häufig auf ein schlechtes Gedächtnis berufen. »Ihr Schweigen war der Partei ein Beweis für ihre Unaufrichtigkeit.«Aufgrund dessen wurden Dutzende führende Funktionäre aus der SED ausgeschlossen und einige von ihnen verhaftet, vom Mitglied des Politbüros über den Chefredakteur des Berliner Rundfunks bis zum Generaldirektor der Deutschen Reichsbahn und dem Leiter der Lehrabteilung der Parteihochschule. Paul Bertz, nach 1945 zeitweise Vizepräsident der Deutschen Zentralverwaltung für Justiz, nahm sich das Leben. Alle diese Personen waren weder der Öffentlichkeit noch SED-Mitgliedern als Kritiker der offiziellen Parteilinie bekannt. Im Gegenteil: Zumeist bereits vor 1933 Mitglieder der KPD, galten sie als besonders linientreue Verfechter der Parteipolitik.[5]

So unglaublich die Anschuldigungen klangen: Eine Reihe von Menschen glaubten sie anscheinend. Edith Hauser, Frau des Journalisten und Schriftstellers Harald Hauser, bedankte sich am 1. September 1950 in einem Brief an die ZPKK für die »Entlarvung der Verbindungen von Funktionären der SED mit amerikanischen Agenten«. Über Paul Merker, der im Zuge der Field-Affäre 1950 seine Posten als Mitglied des Politbüros und Staatssekretär im Agrarministerium verlor und aus der SED ausgeschlossen wurde, der Berlin verlassen und in Luckenwalde als Kellner in einer HO-Gaststätte arbeiten musste, gingen nach kurzer Zeit Proteste von angeblichen Gästen bei der SED ein. Es sei eine Zumutung, sich »nach Feierabend ihr wohlverdientes Bier von einem imperialistischen Agenten einschenken lassen zu müssen«. Dieter Borkowski war damals Volontär beim Rundfunk, bei dem die Beschuldigten Leo Bauer und Bruno Goldhammer als Chefredakteure amtierten. Auf einer eigens einberufenen Versammlung wurde die Erklärung des ZK der SED verlesen. Borkowski erinnerte sich an die Wirkung: »Alle Zuhörer waren wie erschlagen, zuerst herrschte beängstigende Stille, dann erst setzte zögernder Beifall ein. Kam es mir nur so vor, oder war es Realität: Man blickte sich skeptisch, ja mißtrauisch an; wo gestern noch Bruno Goldhammer und Leo Bauer respektvoll begrüßt wurden [...] schien der Freund dem Freund kaum noch zu trauen.«[6]

In der DDR kam es 1950 nicht zu Prozessen, obwohl der Arbeitsplan der SED für September/Oktober dies vorsah, um gegen »die Agenten des angloamerikanischen Geheimdienstes« vorzugehen. Auch der Name

Field verschwand aus der Öffentlichkeit. Erst Ende 1952 tauchte er wieder auf: In Prag standen zwischen dem 20. und 27. November vierzehn hohe Funktionäre vor Gericht, darunter der ehemalige Generalsekretär der Kommunistischen Partei der Tschechoslowakei, Rudolf Slánský. In der Anklageschrift hieß es, dass »der amerikanische Spion Noel Field in der Tschechoslowakei ein Spionagenetz ausgebaut« habe, »das eine ausgedehnte Tätigkeit entfaltete«. Wie in Ungarn und bei einem »Field-Prozess« in Bulgarien Ende 1949 wurden Todesurteile gefällt. Die Zeitungen und der Rundfunk in der DDR berichteten ausführlich über den Prozess in Prag und ließen das Misstrauen gegenüber den Westemigranten wieder aufleben. Am 25. November 1952 beauftragte das SED-Politbüro das Ministerium für Staatssicherheit, erneut Ermittlungen gegen die bereits ausgeschlossenen Genossen aufzunehmen. Am 30. November wurde Paul Merker verhaftet. In der Prager Anklage gegen den ehemaligen Leiter der internationalen Abteilung im Sekretariat des ZK der KP der Tschechoslowakei, Bedřich Geminder, war er als »deutscher Trotzkist« und »amerikanischer Spion Fields« bezeichnet worden.

Wie schon 1950 mussten die Parteimitglieder die Verhandlungsunterlagen studieren. Das Konvolut »Lehren aus dem Slánsky-Prozeß« umfasste 670 Seiten. Es wurde zum Gegenstand der obligatorischen Parteiversammlungen. Parallel dazu kam es zu weiteren Maßregelungen, nun vornehmlich gegen jüdische SED-Mitglieder. Im Mai 1953 wurde schließlich Franz Dahlem, »zweiter Mann« hinter Walter Ulbricht, abgesetzt. Die offizielle Begründung lautete: Dahlem habe »gegenüber den Versuchen imperialistischer Agenten, in die Partei einzudringen, völlige Blindheit bewiesen«.

Die Vorwürfe gegen Noel Field zeigten am Ende auch in dessen Familie Wirkung. Sein Bruder Hermann war auf dem Weg von Warschau nach Prag, wo er auf Bitten von Noels Frau Herta den Verschwundenen suchen wollte, im August 1949 von der Öffentlichkeit unbemerkt verhaftet worden; später verschwanden auch Herta und die Pflegetochter Erica Wallach. Verhörexperten des polnischen Geheimdienstes konfrontierten Hermann Field mit den Spionagevorwürfen und zeigten ihm die Protokolle aus Budapest, laut denen sein Bruder Chefagent des OSS in Europa gewesen sei. »Ich traute meinen Augen nicht. Allem Anschein nach handelte es sich um einen öffentlichen Prozeß«, erinnerte er sich. Zunächst wollte er die Anschuldigung nicht glauben, doch dann fiel ihm ein, dass

Noel bei verschiedenen Gelegenheiten eine durch den Krieg bedingte Verbindung zum OSS erwähnt hatte. Hermann begann zu zweifeln, und als er merkte, dass er der Mittäterschaft beschuldigt wurde, grollte er seinem Bruder:»Was Noel mit seinem Leben machte, war seine Sache. Aber welches Recht hatte er, uns ohne unser Wissen als Schachfiguren in einem Spiel einzusetzen, von dem wir einfach nichts wissen konnten? Wenn er denn ein Doppelleben führen wollte, hätte er dafür sorgen sollen, daß die, die ihm nahestehen, nicht hineingezogen wurden.«[7]

Führte Noel H. Field wirklich ein Doppelleben? War er ein skrupelloser Agentenführer? Die Affäre ist nur vor dem Hintergrund des Kalten Krieges und der besonderen Umstände der Emigration von deutschen Kommunisten während des»Dritten Reiches« zu verstehen. Am 9. Februar 1946 hatte Stalin in Moskau öffentlich vom andauernden Antagonismus zwischen Kapitalismus und Kommunismus gesprochen, aus dem so lange Kriege hervorgehen würden, bis der Kommunismus den Kapitalismus als weltwirtschaftliche Organisationsform abgelöst habe. Außerdem kündigte Stalin die Verdreifachung der jährlichen Stahlproduktion an. Dies wurde im Westen als Ausdruck»weltrevolutionärer« Eroberungsabsichten verstanden. Das Misstrauen gegenüber Moskau hatte Nahrung durch das berühmte»lange Telegramm« von US-Botschafter George F. Kennan erhalten. Dessen Analyse der Grundzüge der sowjetischen Politik seit Kriegsende gipfelte in der Einschätzung, der Weltkommunismus sei ein»bösartiger Parasit«. Der britische Ex-Premier Winston Churchill heizte die Situation an, als er am 5. März 1946 in Fulton (USA) erstmals öffentlich vom»Eisernen Vorhang« sprach, der Europa teile.

Am 12. März 1947 verkündete der amerikanische Präsident Harry S. Truman angesichts des Bürgerkrieges in Griechenland unter kommunistischer Beteiligung und territorialer Forderungen Moskaus an die Türkei eine Politik der Eindämmung des sowjetischen Einflusses, die als Truman-Doktrin bekannt wurde; im Juni 1947 folgte mit dem Marshall-Plan ein weiterer Schritt. Die Sowjetunion antwortete im September mit der Gründung eines Informationsbüros der kommunistischen Parteien des Ostblocks sowie Frankreichs und Italiens (Informbüro). 1948 kam es zur bis dahin schwersten Belastungsprobe des Friedens in Mitteleuropa: Auf die Einführung einer neuen Währung in den westlichen Besatzungszonen Deutschlands konterte Moskau am 24. Juni mit der Blockade West-Berlins.

Ausgerechnet zu diesem Zeitpunkt begann der jugoslawische Partei-chef, Josip Broz Tito, sich Stalin zu widersetzen. Er kritisierte die Art der sowjetischen Kontrolle über Wirtschaft, Armee und Partei. Außerdem störten Titos Pläne, mit Bulgarien und Albanien eine unabhängige Fö-deration zu schaffen, Stalins Ziel eines Gürtels osteuropäischer Satelli-tenstaaten. Am 28. Juni 1948 beschuldigte das Informbüro die jugoslawi-schen Kommunisten des Nationalismus und der antisowjetischen Politik. Moskau trennte sich von der Theorie von unterschiedlichen Wegen zum Sozialismus und forderte von allen kommunistischen Parteien des Ost-blocks, sich am sowjetischen Gesellschaftsmodell auszurichten.

Die SED gehörte dem Informbüro formal nicht an, betrachtete seine Beschlüsse aber als verbindlich. Ihr Parteivorstand verabschiedete am 3. Juli 1948 eine Resolution, nach der künftig jegliche Kritik am Gesell-schaftsmodell der Sowjetunion als parteifeindlich anzusehen und »sow-jetfeindliche Einstellungen« zu ahnden seien. Zugleich forcierte die SED ihre bereits begonnene Veränderung der Strukturen hin zur »Partei neuen Typs«, also einer stalinistisch geprägten Partei. Diese Neuausrichtung ging von Anfang an mit Säuberungen einher. Sie umfassten Ausschlüsse, erzwungene Arbeitsplatzwechsel sowie Verhaftungen und betrafen über-wiegend frühere SPD-Mitglieder, ehemalige Anhänger der bis 1933 exis-tierenden kommunistischen Splittergruppen, Westemigranten sowie Neumitglieder, die zwar keine Kritik an der Führung geäußert hatten, aber wegen ihrer sozialen Herkunft oder aus anderen Gründen als un-geeignet erschienen, weiterhin Mitglied einer »bolschewistischen Kader-partei« zu sein. Der Abschlussbericht der Zentralen Kommission zu den Parteisäuberungen sprach von insgesamt 150696 ausgeschlossenen oder gestrichenen SED-Mitgliedern und -Kandidaten.[8]

Eine Debatte über die Situation der Emigranten während ihrer Zeit im Westen fand nicht statt. Ihre Flucht aus Deutschland hatte sie vielfach in extreme Situationen geführt. Sie hielten sich entweder illegal in den Nach-barstaaten auf oder waren lediglich geduldet; bei politischer Betätigung drohte ihnen jederzeit die Ausweisung. Bildeten sich trotzdem politische Zirkel, mussten sie höchst konspirativ arbeiten. Oberstes Prinzip war, das Wissen über die Strukturen und Verbindungen nach Deutschland bei den

Mitwirkenden so klein wie möglich zu halten. Einen Überblick hatten nur wenige. Die Emigrantengruppen waren mehr oder weniger zusammengewürfelt; viele lernten sich in dieser Zeit erst kennen; zudem veränderten sich die Gruppen ständig. Das alles schuf ein Klima des Misstrauens, selbst gegenüber engen Mitstreitern. Dieses Misstrauen war nicht nur ein Phänomen der Emigration; es gehörte zur Grundlage der kommunistischen Lehre genauso wie ein Gewaltregime zu ihrer Durchsetzung. Das Klima wurde durch Stalin aufgeheizt. Nach den »Säuberungen« in der Sowjetunion in den Dreißigerjahren ließ er weltweit Jagd auf »Trotzkisten« machen. Hinzu kam die Jagd auf Abtrünnige, die sich nach dem deutsch-sowjetischen Nichtangriffspakt 1939 enttäuscht von der kommunistischen Bewegung losgesagt hatten – nicht selten waren darunter langjährige sowjetische Agenten. Dies brachte zusätzliche Unruhe in die Emigrationsgruppen. Außerdem konnten Emigranten in vielen Staaten Westeuropas nur bedingt Hilfe aus Moskau erhalten. Daher waren die Exilleitungen der KPD oft auf sich allein gestellt. Sie suchten Unterstützung bei lokalen, mitunter auch bei bürgerlichen Organisationen.

Eine dieser Anlaufstellen war der umtriebige Noel H. Field. Seine soziale Ader hatte der am 23. Januar 1904 geborene Amerikaner von seinem Vater geerbt, einem Biologen und Pazifisten, der während des Ersten Weltkrieges in Zürich eine kleine Hilfsorganisation gegründet hatte. Field fühlte sich diesem Vorbild verpflichtet und zögerte daher nicht lange, als die in Boston beheimatete unitarische Kirche ihm 1941 anbot, das Büro ihrer Hilfsorganisation USC in Marseille zu übernehmen. Das Motto der kleinen christlichen Gruppierung, »Nächstenliebe, Toleranz, Solidarität«, deckte sich mit Fields Einstellung. Gemeinsam mit seiner Frau besorgte er Lebensmittel, Geld und Kleidung für internierte Kommunisten in französischen Lagern und für untergetauchte NS-Gegner; er beschaffte Papiere, finanzierte Fluchten aus den Lagern und organisierte Schiffspassagen nach Übersee. Field errichtete auch eine Klinik, in der jüdische Ärzte beschäftigt wurden, und unterstützte mit USC-Geldern den französischen Widerstand. Als deutsche Truppen am 8. November 1942 auch in den bisher unbesetzten Teil Frankreichs einrückten, setzte Field seine Arbeit von der Schweiz aus fort. Nach Kriegsende half er bei der Rückreise der Emigranten, hielt Kontakt zu ihnen und bot weiter seine Hilfe an.

Bereits 1946 gab es erste Zweifel an Field. In Berlin beschwerte sich

Anna von Fischer bei Franz Dahlem über Noel Field und nannte ihn erregt einen Spion. Sie war vor 1933 unter dem Namen Änne Leibbrand eine bekannte Rednerin der Berliner KPD und inzwischen mit Hans von Fischer verheiratet, dem Leiter der Schweizer Hilfsorganisation »Centrale Sanitaire Suisse« (CSS). Dahlem erzählte Paul Merker von dem Besuch und bat den Kollegen aus dem Parteivorstand der SED, von dem er wusste, dass er Field aus der Emigrationszeit in Frankreich und Mexiko persönlich kannte, aufzuschreiben, was er über den Amerikaner wusste. In seinem Bericht vom 26. November 1946 kam Merker zu dem Urteil: »Ich teile nicht die Auffassung der Genossin Änne von Fischer, daß es sich bei Field um einen amerikanischen Agenten handelt. Field gehört der KP Amerikas an. [...] Die eigenartigen Erscheinungen in Verbindung seiner jetzigen Tätigkeit ergeben sich wahrscheinlich aus bestimmten Verhältnissen. Es ist für ihn nicht möglich, als Parteigenosse aufzutreten, denn er repräsentiert ja eine Kirche, und er steht vor der Alternative, entweder die Anweisungen dieser Kirche durchzuführen oder zurückzutreten.«

Gut anderthalb Jahre später, im Februar 1948, erhielt die ungarische Militärabwehr mit der Kurierpost des Außenministeriums aus der Botschaft in Bern eine Meldung ihres Agenten Edmond Ferenczi. Dieser berichtete, dass einer seiner Schweizer Freunde mit Field im Kontakt stehe, der wiederum während des Krieges in Verbindung mit Kaderchef Tibor Szőnyi als Leiter der Exilgruppe in der Schweiz gestanden habe – und mit Allen Dulles. Field habe 1945 ungarischen Emigranten Ausweise und ein US-Flugzeug für die Heimreise besorgt. Abwehrchef Zoltán Gát sprach mit Szőnyi, der ihm erzählte, er habe der Partei gleich nach seiner Rückkehr über die Verbindung mit Field berichtet. Im September 1948 meldete sich Ferenczi, der offiziell Ungarns UNESCO-Vertreter in der Schweiz war, erneut. Er übermittelte Kopien zweier Schreiben Fields von 1945; eines davon war an Dulles gerichtet und begann mit der Anrede »Lieber Allen«. Außerdem schickte er die Kopie eines Ausweises, laut dem Field in Kontakt mit dem US-Nachrichtendienst Counter Intelligence Corps (CIC) in München stand. Weitere Kopien derselben Briefe trafen zur gleichen Zeit in der Tschechoslowakei ein; übermittelt wurden sie von Arthur London, dem stellvertretenden Prager Außenminister, sowie vom Schweizer KP-Funktionär Max Horngacher.

Infolgedessen stand Field bei seinem Besuch in Prag im September

1948 unter ständiger Beobachtung. Am 15. Oktober wurde er erstmals von der Prager Staatssicherheitsabteilung verhört. Field erwähnte überraschend, er habe für den sowjetischen Nachrichtendienst gearbeitet, und verlangte einen Kontakt zu den entsprechenden Stellen. Zugleich ließ er durchblicken, dass man ihn in Amerika für einen kommunistischen Spion halte und dass ihn die Presse in den USA deswegen scharf angreife. Er wolle sich deshalb als freier Journalist in Prag niederlassen und erbat eine Aufenthaltsgenehmigung, was er damit begründete, dass sein Pass am 21. Oktober ablaufe. Doch zweierlei ließ die Geheimdienstler an den Aussagen Fields zweifeln: Die von ihm als früherer Arbeitgeber genannte Zeitung *National Gazette* war niemandem bekannt; und obwohl Field behauptet hatte, er werde aufgrund der Gerüchte keinen neuen Pass erhalten, stellte ihm die US-Botschaft in Prag Ende Oktober ein solches Dokument aus. Gleichwohl erteilten die Prager Behörden Field die gewünschte Aufenthaltserlaubnis und ließen ihn am 27. November wieder Richtung Schweiz ausreisen.

Im Januar 1949 stieß der gerade ins Amt berufene Leiter der ungarischen Militärabwehr, Géza Révész, auf das Dossier von Ferenczi und schickte Anfang Februar Oberst Ernő Szücs nach Prag. Der erkundigte sich nach den Ermittlungen vom Herbst und bezeichnete Field als »engen Mitarbeiter« des in der Zwischenzeit zum Chef des 1947 gegründeten US-Geheimdienstes CIA ernannten Dulles. Szücs vereinbarte mit den tschechoslowakischen Kollegen, sie sollten Field festnehmen, falls er wiederkäme, und ihn an Ungarn übergeben. Der Prager Geheimdienstchef Jindřich Veselý und KP-Chef Klement Gottwald äußerten jedoch Vorbehalte; sie fanden die Beweise für den Spionagevorwurf dünn.

Am 5. Mai 1949 kehrte Field nach Prag zurück. Eine Bekannte, Alice Kohn, leitende Mitarbeiterin des »Nationalen Hotel-Unternehmens«, hatte zuvor für ihn im »Palace« reserviert. Doch bald musste Field feststellen, dass einige Freunde für ihn nicht erreichbar waren, so auch Arthur London und Alice Kohn. Ähnliches war ihm im Winter 1948/49 in Polen passiert, als eine frühere Mitarbeiterin keinen seiner Briefe beantwortet hatte und eine andere Bekannte ihm mitteilte, man hielte ihn in Polen für einen Spion. Doch Field nahm das nicht ernst. Am 9. Mai erinnerte Ungarns Parteichef, Mátyás Rákosi, in einem Telegramm Gottwald an die Abmachung und forderte auch gegenüber General Michail Iljitsch

Bjelkin, dem in Wien stationierten Leiter des sowjetischen Nachrichtendienstes für Südosteuropa, Fields Verhaftung. Daraufhin beugten sich die Tschechen. Veselý: »Wenn selbst General Bjelkin sich die Sache angesehen hat und dies befürwortet, dann laß ihnen ihren Willen.« So wurde Field am 11. Mai 1949 in einer dunklen Prager Seitenstraße verhaftet, betäubt und nach Ungarn verschleppt.[9]

Am 19. November 1954 meldete die ungarische Nachrichtenagentur MTI: »Die zuständigen Staatsorgane der Ungarischen Volksrepublik haben sich mit der Angelegenheit der verhafteten US-Staatsbürger Noel H. Field und Herta K. Field befaßt. Die früher gegen diese beiden Personen erhobene Anklage konnte nicht aufrechterhalten werden. Infolgedessen haben die zuständigen Staatsorgane auf Grund fehlenden Beweismaterials eine Einstellung des Verfahrens verfügt und Noel H. Field und Herta K. Field auf freien Fuß gesetzt.« Knapp einen Monat nach der Freilassung meldeten die Zeitungen, dass beide in Ungarn politisches Asyl beantragt und erhalten hätten.

Der Vorwurf, Field sei die »Spinne« eines umfassenden Spionagenetzes, war von Anfang an inszeniert gewesen. Nach dem Abfall Jugoslawiens im Jahre 1948 wollte Stalin einen Zerfall des Sowjetimperiums verhindern. Aus Furcht vor potenziellen Nachahmern sollte bedingungslose Gefolgstreue gegenüber Moskau durchgesetzt werden – vor allem mittels Repression. Der Beginn des Kalten Krieges und die tatsächlich forcierte Geheimdiensttätigkeit des Westens eröffneten Stalin die Gelegenheit. Die Säuberungen betrafen in Osteuropa schätzungsweise ein Viertel der Parteimitglieder – insgesamt 2,5 Millionen Menschen. Fünf bis zehn Prozent von ihnen wurden nach Schauprozessen oder Geheimverhandlungen, die durch Flüsterpropaganda mindestens so wirksam wie öffentliche Verhandlungen waren, eingesperrt.

In der Field-Affäre wurden vor allem die sogenannten Westemigranten beschuldigt, sie seien aus dem Exil mit »festen Aufträgen des Imperialismus« zurückgekehrt, die sozialistische Entwicklung rückgängig zu machen. Sie wurden kriminalisiert, ins Zentrum einer »großen Verschwörung« gerückt und in Zeitungen wie Reden wahlweise als »westliche Spionagebanden«, »Provokateure« oder als »feindliche und entartete Elemente« beschimpft. Ihre »Auswahl« wurde wesentlich durch das Misstrauen bestimmt, weil sie den Krieg außerhalb des Stalin'schen Einfluss-bereiches verbracht, lange in freien Gesellschaften gelebt, dort auch ma-teriellen Wohlstand und teilweise Ehepartner kennengelernt hatten. Sie passten in den Augen der Parteiführer in das Bild vom schwankend ge-wordenen Genossen, der sich der Umwandlung der Gesellschaft in eine stalinistische Gewaltherrschaft widersetzen würde.

Die Konstruktion des »international agierenden Spionagerings«, als dessen Schlüsselfigur Noel Field auserkoren wurde, erfolgte relativ simpel. Jeder Kontakt zum Europa-Direktor der USC galt automatisch als Beweis der Zusammenarbeit mit den USA. Treffend schrieb die Field-Biografin Flora Lewis: Noel Field sei »so etwas wie der Träger eines unsichtbaren, heimtückischen Bazillus gewesen, den er unwissentlich auf alle übertrug, die in seine Nähe kamen. Die Befallenen gaben die Krankheit unabsichtlich weiter, und der Name Field wurde ein Synonym für Angst.« Zudem eigne-ten sich die Verdächtigen als überzeugte Kommunisten hervorragend für die Inszenierung: Stalin und seine Handlanger konnten auf ihre Parteitreue setzen. Mit der Begründung, dass Fehler korrigiert werden müssten, die subjektiv verständlich seien, objektiv jedoch dem Klassenfeind dienten, wurden die Beschuldigten mit der Zusicherung »überzeugt«, man werde ihre Mitwirkung im Kampf gegen den Klassenfeind honorieren. So sagte Erich Mielke, bereits Spitzenfunktionär der DDR-Staatssicherheit, dem inhaftierten Parteivize der westdeutschen KPD, Kurt Müller, beim Verhör auf den Kopf zu: »Sie sind doch ein politischer Mensch und müssen be-greifen, daß wir in Deutschland einen großen Prozeß zur Erziehung der Partei und der Massen brauchen.« Gegenüber Leo Bauer räumte Mielke ein, dass es unwichtig sei, ob er schuldig oder unschuldig ist. Wenn er ein ordentlicher und echter Kommunist sei, müsse er diesem Befehl der Partei Folge leisten. Ein sowjetischer Verhör-Offizier machte Bauer zudem klar: »Wer Agent ist, bestimmen wir.« Auch eine »Mitarbeit« schützte jedoch nicht vor Verfemung und Haft, an der viele zerbrachen, weil sie den Sinn ihres Lebens in der Arbeit für die Partei gesehen hatten. Karrieren wurden beendet, Familien zerstört; manche nahmen sich das Leben.[10]

Die Lüge vom Superagenten Field musste platzen, als einer der Wissen-den aus der Kette ausbrach. Das tat im Dezember 1953 der Chefverneh-mer der polnischen Sicherheitsorgane, Oberst Józef Światło. Nach einem Besuch bei seinem Kollegen Erich Mielke war er nach West-Berlin geflohen und hatte in den USA »ausgepackt«. Dabei gab er auch preis, dass die Fields in den Ostblockstaaten inhaftiert seien, was bislang immer abgestritten worden war. Seine Aussagen wurden publik gemacht – eine peinliche Niederlage für den Ostblock. Die neue sowjetische Führung hatte nach Stalins Tod das Interesse an der Fiktion vom westlichen »Super-Spion« verloren; sie ließ die Field-Familie frei, und damit kam auch die Wahrheit ans Licht.

Im März 1956 wurden die 1949 hingerichteten ungarischen Funktionäre vom Obersten Gericht in Budapest für unschuldig erklärt und rehabilitiert. Polens Geheimdienstchef Jakub Berman berichtete im Oktober 1956 auf dem 8. Plenum des ZK der Polnischen Vereinigten Arbeiterpartei (PVAP), der polnischen kommunistischen Partei, von »der zynischen Verdrehung der Tatsachen, erzwungenen Geständnissen, gräßlichen Untersuchungsmethoden, seelischer und physischer Folter«, die er mitzuverantworten hatte. 1962 gestand Ungarns früherer Parteichef Rákosi, dass er den »Bruderparteien« Aussagen der Angeklagten zustellen ließ, damit dort Prozesse inszeniert werden konnten. In der DDR standen 1956 Tausende politischer Urteile der vorangegangenen Jahre zur Überprüfung an, darunter auch solche aus der Field-Affäre. Das SED-Politbüro folgte am 2. Mai der Empfehlung einer Kommission, seinen Beschluss vom 24. August 1950 sowie »die kadermäßigen Beschränkungen für Genossen, die in westlicher Emigration waren, aufzuheben«. Das *Neue Deutschland* stellte der Öffentlichkeit am 22. Juni 1956 die Urteile als zeitbedingte Notwendigkeit dar. Sie hätten »im Zuge des Kalten Krieges der imperialistischen Mächte gegen die DDR ausgesprochen werden müssen«. In seinem Bericht auf der 28. Tagung des ZK der SED vom 27. bis 29. Juli 1956 sprach Ulbricht verharmlosend von »Fehlern und Überspitzungen« im Umgang mit ehemaligen Parteimitgliedern und erklärte den Politbürobeschluss über die »Verbindung ehemaliger deutscher politischer Emigranten zu Noel H. Field« aus dem Jahre 1950 ohne Diskussion über Hintergründe und die Schuldfrage für ungültig. Zugleich weigerte er sich, die »Genossen ebenso öffentlich zu rehabilitieren, wie sie öffentlich verleumdet wurden«, wie es Noel Field in einem Brief an die SED-Führung gefordert hatte, nachdem klar geworden sei, dass die Anschuldigungen gegen ihn und andere »von A bis Z erfunden« seien und »jeglicher Wahrheit entbehren«. Für die SED-Führung waren die Beschlüsse der Jahre

1949 bis 1953 fortan einfach nichtexistent. Erst 1996 gestand das frühere Politbüromitglied Hermann Axen in seinen Erinnerungen zum Spionagevorwurf gegenüber Field:»Das war ein unberechtigter Vorwurf. [...] Daß er ein Spion und Agent der USA gewesen sein soll, wurde in den Prozessen gegen Rajk, Slánský und andere konstruiert.«[11]

Nicht erst die Geständnisse der damals Verantwortlichen machten die Konstruktion des Spionagevorwurfs deutlich, sondern bereits die Führung der Prozesse. Nach der Logik hätten die ersten Verhandlungen in der Sowjetischen Besatzungszone (SBZ) und in Polen stattfinden müssen, denn erstens hatte sich Field nach 1945 vor allem in Ost-Berlin und Polen aufgehalten und zweitens vor allem zu deutschen Emigranten die engsten Kontakte unterhalten. In Ungarn, wo der erste Prozess stattfand, war Field bis zu seiner Verschleppung aus Prag nie gewesen. Dass die Ungarn vorgeprescht waren, hatte mit Parteichef Mátyás Rákosi zu tun. Der Historiker Bernd-Rainer Barth konnte ungarische, tschechische und Schweizer Geheimakten auswerten und legte 2005 eine detaillierte Analyse der Affäre vor. Danach war Rákosi aus Moskau vorgeworfen worden, nicht energisch genug nach Oppositionellen zu suchen. Mit dem Vorgehen gegen Rajk und andere Genossen wollte er sich Stalin gegenüber beweisen. Als der für Sicherheitsfragen zuständige Mihály Farkas bei einem Geheimtreffen einiger Funktionäre in Rákosis Wohnung Innenminister László Rajk als mutmaßlichen »Agenten des amerikanischen Geheimdienstes« bezeichnete, wurde in Rajks Abwesenheit beschlossen, diesem »bis zum Eintreffen von Beweisen« das Innenministerium zu entziehen.

Tatsächlich stand die Verhaftung von Westemigranten seit Längerem auf dem Plan. Mitglieder der Schweizer Exilgruppe waren bereits 1945 beobachtet worden, als von Field noch gar keine Rede war. Die Ergebnisse der Bespitzelung waren jedoch eher dürftig; Rákosi griff daher erst zu, als Field auftauchte. Der sowjetische Geheimdienst-General Bjelkin, der die Agenten-Konstruktion zunächst für unbegründet erklärte, wurde nach einer Beschwerde Rákosis bei Stalin »umgestimmt«. Zusammen mit weiteren sowjetischen »Beratern« wurde das Prozessdrehbuch entworfen, das dann Grundlage für die Verfahren in den anderen Ländern wurde. Um Field zu belasten, ließ Rákosi einen Agenten in seine Zelle sperren, der den Amerikaner auftragsgemäß überredete, einen Hilferuf an die US-Botschaft zu schreiben, den er hinausschmuggeln würde. Field erwähnte in dem Schreiben in seiner Not Allen Dulles als »Bürgen«. Eine ähnliche Falle hatte Rákosi Ende 1948 bereits dem verhafteten Oberhaupt der ungarischen Katholiken gestellt, Kardinal József Mindszenty. Sein Hilfegesuch an einen US-Diplomaten wurde 1949 propagandistisch gegen ihn genutzt. Auffallend am Field-Prozess war, dass der »Agentenführer« selbst zu keinem Zeitpunkt vorgeführt oder als Zeuge vernommen wurde. Wenn er tatsächlich ein Top-Spion gewesen wäre, hätte es für die Anklage von unschätzbarem Wert sein müssen, ihn als lebenden Beweis zu präsentieren. Wie Geheimdienstoffizier Vladimir Farkas später erzählte, hatten die Vernehmer angenommen, dass Field im Gerichtssaal protestiert und damit die Regie gestört hätte. Auch im Fall der angeklagten Funktionäre lagen außer Selbstbeschuldigungen, die teilweise unter Folter einstudiert waren, weder Umsturzpläne noch Belege für eine Geheimdiensttätigkeit vor.

In der Sowjetischen Besatzungszone hatte Field 1946/47 nicht nur mehrmals frühere Bekannte besucht, sondern sogar offizielle Gespräche mit dem Parteivorstand der SED, der Organisation »Opfer des Faschismus« und der »Volkssolidarität« über Hilfslieferungen für erkrankte NS-Gegner geführt. Fields Ansinnen, sich in Ost-Berlin niederzulassen, hatte Paul Merker offiziell an den SED-Vorsitzenden Wilhelm Pieck übermittelt, der versprach, sich mit den Sowjets zu beraten. Von einem konspirativen Verhalten Fields konnte keine Rede sein; auch die umfangreichen Akten der ZPKK enthalten nicht einen Beleg für eine Spionagetätigkeit. Nach dem Prinzip der »Kontaktschuld« hätte jeder, der mit Field zu tun hatte, verurteilt werden müssen. Aber nicht nur Erich Mielke blieb das erspart, obwohl er seinerzeit im französischen Exil Fields Ansprechpartner Willi Kreikemeyer geradezu gedrängt hatte, mit Hilfe des Amerikaners seine Ausreise nach Mexiko oder in die USA zu organisieren. Auch andere moskautreue Funktionäre wurden verschont; beispielsweise der Einpeitscher Bruno Haid, der bereits im französischen Exil für den sowjetischen Geheimdienst gearbeitet hatte, und Walter Bartel, einer der engsten Mitarbeiter von Parteichef Pieck, der 1946 seine Wohnung für ein Treffen zwischen Field und Franz Dahlem zur Verfügung gestellt hatte. Ungeschoren kam auch Hermann Axen vom Sekretariat beim ZK der SED davon, der Noel Field 1948 zufällig bei der 1. Weltarbeiterjugendkonferenz in Warschau kennengelernt hatte und der von ihm gebeten worden war, einen Brief an Paul Merker mitzunehmen.

Ulbricht, Mielke und die sowjetischen »Berater« hatten anhand der Vernehmungen genau festgelegt, wer verhaftet, wer seiner Funktion enthoben und wer aus der Partei ausgeschlossen werden sollte – und wer nicht. In den Anklagen gegen die Funktionäre ist auch gar nicht von Spionage die Rede, sondern von mangelnder Wachsamkeit und unparteilichem, antisowjetischem Verhalten. Am 8. März 1950 hatte die ZPKK Kriterien für die Beurteilung leitender Funktionäre vorgelegt. An der Spitze standen: soziale Herkunft, Beweggründe für den Parteieintritt, mögliches Abschwenken in das Oppositionslager, Parteistrafen und deren Anlass. Offensichtlich ging es nur darum, nachzuweisen, dass jemand irgendwann einmal von der Generallinie abgewichen war. Trotzdem ging die Parteikontrollkommission unter Anleitung der sowjetischen »Freunde« wie gegen Kriminelle vor und verhielt sich dabei selbst kriminell. Briefe von 1948 wurden ins Jahr 1949 verlegt, um eine Nähe zum Prozess in Ungarn zu suggerieren. Persönliche Beziehungen zu Genossen anderer osteuropäischer Staaten wurden unterstellt, auch wenn es keine gab; entlastendes Material wurde unterschlagen.[12]

Ein gutes Beispiel ist Paul Merker. Ihm war auf der ZK-Sitzung am 24. August 1950 »politisches Fehlverhalten« vorgeworfen worden. Als Beleg diente die Aussage des Funktionärs Anton Ackermann, Merker habe sich in der Emigration in Frankreich negativ über den deutsch-sowjetischen Pakt von 1939 ausgelassen, was Merker nun als »antisowjetische Einstellung« angelastet wurde; Ackermann hatte seine Aussage freilich bereits 1940 Pieck und Ulbricht zu Protokoll gegeben. Außerdem stützten sich die Vorwürfe auf Einschätzungen der Arbeit Merkers im Exil in Mexiko, die aus sowjetischen Quellen stammten; das Material war mehrere Jahre alt. Eindeutig äußerte sich ZPKK-Chef Hermann Matern Ende 1952 in der Sitzung des Politbüros, zwei Tage nach der Verhaftung von Paul Merker: »Die Entlarvung und Unschädlichmachung von Agenten wie Merker ist für die Partei heute von größter Wichtigkeit. In der Periode des sozialistischen Aufbaus kann die Partei keine Abweichung, keine doppelten Meinungen in ihren Reihen dulden.«[13]

Absurd war der Vorwurf, die beschuldigten Funktionäre hätten in der Emigrationszeit durch Kontakte mit Field die elementaren Regeln des Kampfes mit dem Klassengegner missachtet, denn er stellte die tatsächlichen Umstände auf den Kopf: Am 11. Juni 1942 hatten die USA und die

Sowjetunion ein Abkommen »über die Prinzipien gegenseitiger Hilfeleistung in der Kriegsführung« abgeschlossen. Beide Länder gehörten zur Anti-Hitler-Koalition. Da erschien es logisch, mit dem Hauptverbündeten der Sowjetunion im Kampf gegen das »Dritte Reich« in Kontakt zu treten. Der OSS bildete sogar Kommunisten in Speziallehrgängen für Einsätze in Deutschland aus, zu denen es jedoch nicht kam. So sind auch die Kontakte Fields und der Kommunisten zum OSS und zu dessen Leiter in Zentraleuropa zu verstehen. Allen Dulles war im November 1942 in Bern angekommen. Anfang 1943 nahm er Kontakt zu Field auf, über den OSS-Agenten Robert Dexter, den Direktor des unitarischen Hilfskomitees in Lissabon und damit Fields Chef.

Field und Dulles kannten sich aus ihrer Zeit beim State Department flüchtig. Field hatte seine Laufbahn im US-Außenministerium 1926 begonnen, Dulles seine 1927 beendet. Später begegneten sich beide noch einmal kurz bei der Vorbereitung für eine Marinekonferenz in London. Das Treffen in der Schweiz wie auch die folgenden Kontakte waren mit den führenden Emigrantengruppen abgesprochen – beispielsweise mit der KPD-Leitung in der Schweiz, darunter Leo Bauer und Paul Bertz. Bauer selbst traf sich mit Dexter, um zu sondieren, ob sie sich gegenseitig nützlich sein konnten, weil Fields Mittel für politische und militärische Aktionen nicht ausreichten.

Nach den Recherchen des Züricher Filmemachers Werner Schweizer wurde Field nach seinen Gesprächen beim OSS als Kontaktperson unter der Nummer 394 registriert, ein damals übliches Verfahren und kein Beleg, dass Field als Agent tätig war. Die Briefe, die er 1945 an Allen Dulles schrieb und die in Ungarn sowie der Tschechoslowakei als Beweis behandelt wurden, eigneten sich dazu ebenfalls nicht. Tatsächlich hatte Noel Field im April 1945 ein Empfehlungsschreiben für Max Horngacher an Dulles geschickt und dieses in einem zweiten Schreiben Horngacher bestätigt. Der »Kollege und Freund« wolle im Auftrag des Internationalen Studentenhilfswerks (FESE) nach Jugoslawien reisen, um dort »Probleme der Hilfstätigkeit für Studenten und Universitäten in diesem Land zu untersuchen«, schrieb Field an Dulles und bat diesen darum, bei der Beschaffung einer Reiseerlaubnis zu helfen – nicht ohne Hinweis darauf, dass »Monsieur Horngacher ein überzeugter und loyaler Anhänger der Sache der Alliierten« sei. Solche Empfehlungsschreiben hatte Field auch für andere geschrieben, um ihnen beispielsweise eine Rückkehr in die befreite Heimat zu ermöglichen. Der OSS nahm nach dem Krieg konsularische Aufgaben wahr; kein Zivilist konnte ohne seine Genehmigung in Europa herumreisen. Auch die auf den ersten Blick verdächtig vertraute Anrede »Lieber Allen« im Schreiben an Dulles lässt sich leicht erklären: Sie war – als Ausdruck eines Corpsgeistes – üblich unter Mitarbeitern des State Departments, auch wenn ihre Zugehörigkeit zum Außenministerium Jahre zurücklag. Darauf den Vorwurf von Spionage aufzubauen, war abenteuerlich.

Die angebliche Verbindung Fields zu einem weiteren US-Geheimdienst, dem CIC in München, beruhte auf einer Falschmeldung, deren Urheber Horngacher war und die im Namen von Ferenczi nach Ungarn geschickt wurde. Nach Recherchen von Bernd-Rainer Barth stammt der Anstoß dazu von dem französischen Agenten Emile Schoengrün alias Paul Bélissent, der als Maulwurf für Moskau arbeitete. 1951 wurden er, Ferenczi und Horngacher, der für die tschechoslowakische und die ungarische Geheimpolizei arbeitete, verhaftet. Auch für das Rätsel um Fields abgelaufenen und wider Erwarten problemlos erneuerten Pass im Jahre 1948 gibt es eine plausible Erklärung: Field hatte von einem nach Prag geflohenen ehemaligen Beamten der Entnazifizierungsabteilung der US-Militärregierung in Deutschland den Tipp bekommen, sich an den Leiter der Passabteilung der Gesandtschaft zu wenden, der ein Sympathisant sei. Das tat Field – und bekam ohne Probleme den neuen Pass.[14]

Viele Exilanten haben nach ihrer Rückkehr in die Heimatländer kein Geheimnis aus der Zusammenarbeit mit dem OSS gemacht. Wie Fritz Sperling, bei seiner Verhaftung 1950 Parteivize der KPD in der Bundesrepublik, später erfuhr, befand sich zudem der Briefwechsel zwischen der Parteileitung West und der Parteileitung Schweiz in den Händen des Moskauer Geheimdienstes. »Es war damals schon möglich, klar festzustellen, daß parteimäßig alles in Ordnung ist«, so Sperling. Wenn jemand über Field genau Bescheid wusste, dann war es die Sowjetunion. Denn er genoss schon lange das Vertrauen Moskaus – sonst hätte er nicht bald nach seiner Anstellung als Leiter des USC in Marseille als Kurier zwischen den KPD-Exilleitungen in Frankreich und der Schweiz fungiert, und sonst hätte Wilhelm Pieck ihm nicht eine Liste mit Namen von deutschen Kommunisten zukommen lassen mit der Bitte, diese Genossen aus Frankreich zu retten.

Das Vertrauen rührte aus den Dreißigerjahren. Field gehörte in jener Zeit zum Kreis junger US-Beamter, die mit Sympathie die Sowjetunion betrachteten.

Er war über seine Bekanntschaft mit den Kommunisten in der Redaktion der New Yorker Zeitung *Daily Worker* in Kontakt zu sowjetischen Geheimdienststellen gekommen, die in Field eine wertvolle »Nachrichtenquelle« sahen. Der Diplomat war auch nicht abgeneigt, doch quälten ihn Gewissensbisse, was ihn schließlich bewog, seinen Job in Washington zu kündigen und zum Völkerbund nach Genf zu wechseln. Dort wurde Field vom Geheimdienst auf Eis gelegt. Über die Gründe kann man nur spekulieren, da die Akten in Moskau noch unter Verschluss sind. Dass Field für die Sowjets arbeitete, war kein Geheimnis; so hatten Merker und Dahlem bei ihren Bemühungen, ihn nach Ost-Berlin zu holen, am 15. Dezember 1948 an Sergej I. Tjulpanow, den Chef der Informationsabteilung der Sowjetischen Militäradministration (SMAD) und einen der wichtigsten Besatzungsoffiziere, über Field geschrieben: »Es handelt sich um einen amerikanischen Genossen, der nach unserer Auffassung seit Jahren getarnt für Eure Organisation arbeitet.« Dieser Brief wurde während der Affäre natürlich ignoriert.

1938 reiste das Ehepaar Field in die Sowjetunion; offiziell als Touristen, tatsächlich wollte der sowjetische Geheimdienst wohl ihre weitere Verwendbarkeit überprüfen. Field ging es nach eigener Auskunft darum, seine Aufnahme in die Kommunistische Partei der USA zu klären. Die beglaubigte und dokumentierte Mitgliedschaft gehörte zu seinem Selbstverständnis. Allerdings trugen seine Bemühungen ungewollt zu den Verdächtigungen innerhalb der Emigrantenkreise bei. Als trotz der Zusicherung, er könne Mitglied der KP der USA werden, die Bestätigung auf sich warten ließ, wandte sich Field 1940 auf eigene Faust an Jules Humbert-Droz, den damaligen Vorsitzenden der Schweizer Kommunisten. Was Field nicht wusste: Humbert-Droz stand auf Kriegsfuß mit Moskau, erkundigte sich aber dort über den Amerikaner und erhielt die Mitteilung, dass alles in Ordnung sei und Field auch illegales Mitglied der Schweizer KP werden könne. Humbert-Droz gefiel nicht, dass Field offensichtlich ein Günstling Moskaus war; darauf deutet eine Bemerkung ein Jahr später gegenüber Anna von Fischer. Field hatte Kontakt zu der von ihr mitgegründeten Ärztehilfe CSS gesucht. Humbert-Droz bezeichnete Field als »zweifelhafte Person«. Später wurde die angestrebte Mitgliedschaft in der

KP der USA, die nie legalisiert wurde, spiegelverkehrt in die Spionagekonstruktion montiert und gegen die Westemigranten verwendet.[15] Als Field dann auch noch zum Treuhänder der CSS-Hilfsfonds bestimmt wurde, wuchs die persönliche Antipathie. »Sie mochten sich nicht riechen«, beschrieb Mitemigrant Bruno Goldhammer das Klima. Anna von Fischer kolportierte später, sie habe Field 1942 einmal zufällig in Zürich getroffen. Auf ihre Frage, wie er das ihm anvertraute Geld verwendet habe, sei er äußerst unsicher geworden und konnte »keinerlei konkrete Angaben machen«. Das habe sie misstrauisch gemacht. Ihr Mann behauptete danach, Field habe einen Teil dieser Gelder unterschlagen. Belegt ist das nicht. Doch Fischer sprach den »Spionageverdacht« 1946 nicht allein wegen persönlicher Abneigung gegenüber Franz Dahlem an. Aufgrund fehlender Kenntnisse deutete sie Fields Auftreten falsch. Dieser vermittelte durch seine Rolle als Kontaktmann zwischen Dulles und den Kommunisten den Eindruck, er sei ein enger Freund des OSS-Chefs. Fischer hielt es daher wie andere Emigranten für glaubhaft, dass diese »Zusammenarbeit« später fortgesetzt wurde, um gegen die »Volksdemokratien« vorzugehen. Ihre Aussagen wurden Fischer schlecht gedankt: 1954, inzwischen war sie mit SED-Funktionär Friedrich Schlotterbeck verheiratet, wurden beide zu einer Gefängnisstrafe verurteilt – ausgerechnet wegen »verbrecherischer Beziehungen« zu Field. Verstärkt wurde der Eindruck, mit Field stimme etwas nicht, durch Karl Hofmaier, Humbert-Droz' Nachfolger als Schweizer KP-Chef. Hofmaier erklärte die ungewöhnliche Parteiaufnahme Fields nicht nur für illegal und ungültig, sondern ließ bei Gesprächen 1946 – wegen einer Finanzaffäre selbst in Bedrängnis geraten – durchblicken: Ein Funktionär einer US-Hilfsorganisation, dem es möglich sei, frei in Europa herumzureisen, könne nur amerikanischer Agent sein.[16]

Das Gegenteil war offensichtlich der Fall. Der sowjetische Geheimdienst hatte zu Beginn des Kalten Krieges wieder Interesse an Field, denn er hätte sehr nützlich sein können, wenn er erneut in den US-Staatsdienst eingetreten wäre. Doch eine Rückkehr in die USA kam für Field nicht in Betracht; spätestens ab 1948 musste er damit rechnen, vor den »Ausschuss zur Untersuchung unamerikanischer Umtriebe« zitiert zu werden. Zeugen hatten Field dort offen als Kommunisten bezeichnet. Das war ihm bereits 1938 vor dem Vorgängerausschuss passiert. Dort wurde behauptet, er sei dafür ausgesucht worden, im Schutz seiner diplomatischen Immunität Geld für amerikanische Kommunisten von der Sowjetunion in die USA zu bringen. Seine Sympathie für den Kommunismus war auch seinen Arbeitgebern bei der unitarischen Kirche nicht verborgen geblieben und hatte 1947 zu seiner Entlassung geführt. Mit der Verurteilung seines früheren Freundes Alger Hiss vom State Department wegen angeblicher Spionage für Moskau war für den arbeitslosen Field eine Rückkehr in die USA endgültig kein Thema mehr – sicher sehr zum Unmut Moskaus. (Er bat in Ungarn um Asyl, wo er 1970 starb.) Entsprechend eiskalt nutzen die »Regisseure« der Schauprozesse in Osteuropa Fields Situation aus. Heute wird er in der russischen Literatur als »Agent-Informant der sowjetischen Aufklärung« bezeichnet.

Nach Schätzungen gab es in der DDR rund dreihundert direkt Betroffene dieser Affäre; auf den ersten Blick ist das wenig im Vergleich zu den Zehntausenden Mitgliedern, die in jener Zeit aus der SED ausgeschlossen oder hinausgedrängt wurden, im Gefängnis gelandet oder in den Westen geflohen waren. Das Prägnante an der Field-Affäre aber ist, dass die Repressionen nicht vor der Spitze von Partei und Staat Halt gemacht hatten. Sie erzeugten, wie Hermann Axen einräumte, willfährige und unselbstständige Funktionäre. Walter Ulbricht nutzte seine Position, die ihm Zugang zu allen Informationen gestattete, um mit Hilfe der Sowjetunion und Ungarns einen Spionagevorwurf konstruieren zu lassen, während andere, die nur über Teilkenntnisse verfügten, die Vorwürfe nicht in Zweifel zogen – nach dem Motto: Wenn die Partei das sagt, wird schon etwas dran sein. Mit der nahezu widerstandslosen Entfernung von unliebsamen Mitstreitern entwickelte Ulbricht ein Instrument, das er auch später gegen (tatsächliche oder vermeintliche) Kritiker in der SED oder der Intellektuellenszene benutzte, um seine Macht zu stärken.

Es ging in keiner Phase der Noel-Field-Affäre um individuelle Schuld oder Unschuld; es ging um eine Inszenierung. Das Ziel war, wie der Historiker Wolfgang Kießling schrieb, »die stalinistische Disziplinierung der SED voranzutreiben, allen Mitgliedern selbständiges Denken auszutreiben und sie für jeden Schritt sowjetischer Politik kritiklos zu machen«. Dazu sei die Wahrheit verdreht und für die Prozessbeobachter wie für Millionen Menschen »in einen nicht zu durchdringenden Nebel gehüllt« worden.[17]

# »Amikäfer«

## Die Kartoffelkäferplage in der DDR 1950

*»In einer neuen Aktion ihres Kalten Krieges warfen
amerikanische Flugzeuge Tausende in besonderen Instituten
gezüchtete Coloradokäfer über dem Gebiet der DDR ab.«*
DDR-Wochenschau, 1950[1]

Es ist der 23. Mai 1950, als Bauer Max Tröger aus Schönfels in Sachsen gegen 14 Uhr zwei Flugzeuge bemerkt, die in Richtung Werdau weiterfliegen. Tröger denkt sich zunächst nichts dabei; doch wenig später wimmelt es auf dem Feld des Bauern von Kartoffelkäfern. Während er in den Tagen zuvor keinen einzigen Schädling entdecken konnte, sammelt Tröger bis Ende des folgenden Tages etwa 500 Stück ein. Auch zwei Nachbarn finden die etwa einen Zentimeter großen Schädlinge mit der typisch gelben Farbe und den fünf schwarzen Längsstreifen auf jedem Flügel. Sie sind überrascht, dass zu einem so frühen Zeitpunkt und so plötzlich ein Befall mit Kartoffelkäfern auftreten konnte. Der Bürgermeister von Ebersbrunn wundert sich am Vormittag des 24. Mai ebenfalls über das massenhafte Auftreten der Käfer. In den Tagen zuvor hatten die Bauern auf den Feldern laufend Unkraut vernichtet, dabei war ihnen nichts aufgefallen. Der Ortsvorsitzende der Bauerngenossenschaft, Kurt Reinhold, berichtet von Flugzeugen und bestätigt damit die Aussage anderer Zeugen. Selbst die Stadt Zwickau wird nicht verschont. Auf dem Bahnhofsvorplatz, dem Werkhof der Maschinenfabrik und in acht Straßenzügen wimmelt es von Käfern.

Zwei Wochen später bemerkt der Straßenwärter Heinrich Weber aus Horsmar im Kreis Mühlhausen (Thüringen) bei Routinearbeiten am Grünstreifen ein sehr niedrig fliegendes Flugzeug über ihm; auch die Straßenwärter Gottlieb Meinberg und Alfons Groß aus dem benachbarten Ammern registrieren die Maschine. Unmittelbar danach entdecken sie massenhaft Kartoffelkäfer; in einer schnell organisierten Suchaktion werden 9297 Insekten aufgesammelt. Aus dem Kreis Quedlinburg

(Sachsen-Anhalt) meldet Arbeitsinspekteur Wilhelm Becker, er habe am 10. Juni mit seinen Lehrlingen auf den Rübenfeldern gearbeitet und in großer Höhe Kondensstreifen bemerkt, die auf ein vom Westen kommendes und wieder nach Westen fliegendes Flugzeug schließen ließen. Kurz darauf sei er auf den Rübenfeldern auf Kartoffelkäfer in großer Zahl gestoßen.

Längst hat sich herumgesprochen, wem die DDR-Bürger die plötzliche Plage zu verdanken haben. Denn seit Ende Mai berichten die Zeitungen über einen »ungeheuerlichen verbrecherischen Anschlag«, dem man auf die Spur gekommen sei. Amerikanische Flugzeuge, die sich außerhalb der üblichen Flugzone bewegten, hätten die Kartoffelkäfer abgeworfen. Am 16. Juni wird das sozusagen amtlich bestätigt. Das SED-Zentralorgan *Neues Deutschland* bringt auf der Titelseite die Schlagzeile: »Gemeinsame Abwehrmaßnahmen gegen Kartoffelkäfer. Außerordentliche Kommission stellt fest: USA-Flugzeuge warfen große Mengen Kartoffelkäfer ab.« Die Zeitung veröffentlicht den Bericht einer Regierungskommission; Paul Merker, Staatssekretär im Ministerium für Land- und Forstwirtschaft und Vorsitzender der Kommission, hatte ihn dem Ministerrat vorgelegt. Darin heißt es unter anderem: »Seit dem 22. Mai 1950 haben Flugzeuge, aus dem Westen kommend, über dem Gebiet der Republik Coloradokäfer in großen Massen abgeworfen. [...] Die ersten außergewöhnlichen Kartoffelkäferfunde wurden am 22., 23. und 24. Mai in Sachsen festgestellt. Aus den Kreisen der Bevölkerung wurde [...] Mitteilung gemacht, daß in der Zeit vom 22. bis 24. Mai Flugzeuge bemerkt worden sind, die teilweise auf einer außergewöhnlichen Flugstrecke aus der amerikanischen Zone in das Gebiet der Republik einflogen.« Anschließend werden die einzelnen Orte des Befalls aufgezählt, aus den Untersuchungen und Befragungen der Bürger zitiert sowie die Erkenntnisse einer Gutachtergruppe erläutert. Zusammenfassend kommt der Bericht zum Ergebnis: »Die Kommission stellte einwandfrei fest, daß amerikanische Flugzeuge über Sachsen, Thüringen und Mecklenburg Kartoffelkäfer in großen Mengen abgeworfen haben. Die außerordentlichen Funde an Coloradokäfern stimmen überall generell mit den durch Zeugenaussagen ermittelten Flugstrecken überein.«[2]

Die Medienberichte über die Kartoffelkäferplage und die eindeutige Schuldzuweisung verstärkten in der DDR-Bevölkerung das Misstrauen

**AMI-KÄFER** SOLLEN UNSERE ERNTE VERNICHTEN. SIE BEDROHEN DAMIT AUCH DEINE LEBENSGRUNDLAGE!

Die Kartoffelkäfer vernichten ist Kampf gegen die Kriegspläne der Imperialisten. Dein Kampf gegen die verderbenbringende Pest aus den USA ist

**KAMPF FÜR DEN FRIEDEN!**

Vom Amt für Information der Landesregierung Thüringen 1950 herausgegebenes Plakat gegenüber den USA. Der unmittelbar danach einsetzende Korea-Krieg schien den Eindruck der skrupellosen Amerikaner zu bestätigen. Verstärkt wurde ihr negativer Ruf durch die Verknüpfung der Meldungen über die Insektenplage mit den tatsächlich in US-Labors durchgeführten Arbeiten für biologische Kriegsführung. So stellte die DDR-Kommission in ihrem Bericht fest: »Die Kriegstreiber im amerikanischen Lager haben, den Fußspuren Hitlers und seiner japanischen Spießgesellen folgend, aus Furcht vor dem Anwachsen der Friedenskräfte und in Erkenntnis der Schwäche ihrer eigenen Position die Verschärfung des sogenannten Kalten Krieges auch durch Anwendung der Methoden bakteriologischer Kriegsführung aufgenommen. Der Abwurf der Coloradokäfer auf das Gebiet der Deutschen Demokratischen Republik ist dafür ein Beweis.« Bei mangelnder Wachsamkeit kämen nach dem Kartoffelkäfer die Pest und die Atombombe.

Die Plage bedrohte das Hauptnahrungsmittel in der DDR – und das in einer Phase, in der die Versorgungslage schon denkbar schlecht war. Deshalb wirkte der Aufruf der sächsischen Landesregierung Ende Mai, sich für Käfersammelaktionen zur Verfügung zu halten, alarmierend – und es schien Eile geboten, da das Amt für Information bei der DDR-Regierung für Abwürfe in der Nacht vom 24. zum 25. Mai 1950 schon am Morgen des 25. Mai in einer Mitteilung amerikanische Flugzeuge verantwortlich machte und weitere »Aktionen« nicht ausschloss. Einen Tag später war in nahezu allen Zeitungen von einem »ungeheuren verbrecherischen Anschlag« die Rede. Ein zweimotoriges amerikanisches Flugzeug habe beispielsweise Käfer in großen Mengen über dem Talsperrengebiet Sosa abgeworfen und sich dann Richtung amerikanische Zone entfernt. Andere Flugzeuge hätten ihre Fracht auch über Städten wie Zwickau oder Aue entladen. Das läge daran, dass die Piloten wegen des Windes »die beabsichtigte Begrenzung auf die Landgebiete offenbar nicht erreichen« konnten. Wiederum nur einen Tag später berichtete die *Tägliche Rundschau* ausführlich von einer Untersuchung der Kartoffelkäferabwürfe. In einigen Gebieten Sachsens seien bereits vor dem 22. Mai auffallende Häufungen gemeldet worden. Die lokalen Behörden hätten zunächst den Zusammenhang zwischen den einzelnen Funden und dem »scheinbar zufälligen Überfliegen des Gebietes durch vereinzelte amerikanische Flugzeuge« nicht feststellen können. Das sei erst durch die zentralen Behörden beim Überprüfen der Einzelmeldungen geschehen. Der Bericht betonte, dass es sich bei den gefundenen Käfern in den Stadtgebieten »ausschließlich um ausgewachsene Exemplare« gehandelt habe – ein Hinweis, der noch öfter folgen sollte.

Der Autor des Artikels, Jan Kulow, lieferte anschließend eine Begründung für das Vorgehen der USA: »Die ständig steigende Verbesserung der Versorgungslage in der Republik sowie das im Volkswirtschaftsplan 1950 festgelegte Ziel, die Lebensmittelrationierung (mit Ausnahme von Fleisch und Fett) noch in diesem Jahre aufzuheben, ist den amerikanischen Imperialisten gehörig auf die Nerven gegangen. Immer mehr müssen sie erkennen, daß ihr Gefasel von dem ›Niedergang der Wirtschaft in der Ostzone‹ auch in Westdeutschland keinen Glauben mehr findet, da die Tatsache des planmäßig und kontinuierlich steigenden Lebensstandards aus eigener Kraft in der Republik bereits zu offenkundig geworden ist.« Die USA versuchten, die Landwirtschaft der DDR zu schädigen, und da dies »naturgemäß auf legalem Wege niemals möglich ist, scheuen sie auch vor abscheulichsten Verbrechen nicht zurück«, behauptete Kulow weiter und schloss: Deshalb könne sich keiner mit einem »zufälligen« Zusammentreffen des Überfliegens deutschen Territoriums außerhalb der normalen Flugzone durch amerikanische Flugzeuge und dem massenhaften Auftreten des Kartoffelkäfers gerade in diesen Gebieten »herausschwindeln«.

Am 2. Juni berichtete die in Ost-Berlin erscheinende Zeitung *BZ am Abend* über erste Reaktionen der USA auf die »Enthüllungen« in der DDR. Das US-Hochkommissariat in Westdeutschland habe einen Bericht angefordert, eine Kommission prüfe die Vorwürfe. Die Zeitung wusste auch, dass für die Kartoffelkäfer-Einsätze über der DDR ein Sonderkommando mit Sitz in Wiesbaden verantwortlich sei und dass die zuständigen Militärs vor der Aktion absichtlich nichts unternommen hätten, »was ein natürliches Auftreten des Schädlings in den fraglichen Gebieten glaubhaft gemacht hätte«. Was die US-Militärs hätten unternehmen können, ließ der Bericht offen. Aber allein der Hinweis auf eine US-Kommission musste die Vorwürfe der DDR in den Augen ihrer Bevölkerung glaubhaft erscheinen lassen.

Es sollte noch bedrohlicher werden. Während bislang nur von vereinzelten Flugzeugen die Rede war, meldete die DDR-Nachrichtenagentur ADN, amerikanische »Kartoffelkäfer-Geschwader in Stärke von 45 Flugzeugen« seien mit unkenntlich gemachten Hoheitsabzeichen in das Kreisgebiet von Worbis in Thüringen eingeflogen. Bei der sofort in ganz Thüringen eingeleiteten Suche nach »feindlichen Kartoffelkäfern« seien 54 000 Käfer und 925 Ei-Gelege am Boden zerstört worden. Zur gleichen Zeit behauptete der Berliner Rundfunk, die Amerikaner hätten die Käfer über der DDR abgeworfen, um ein neues Kartoffelkäfer-Bekämpfungsmittel des Leverkusener Chemieunternehmens Bayer mit der Laborbezeichnung E 838 erproben zu können. Es sei den Urhebern also nicht nur um die Schädigung der Ernte gegangen, sondern auch noch ums Geschäft.

In der Zeitung der Vereinigung der gegenseitigen Bauernhilfe *Der freie Bauer* vom 11. Juni 1950 wurde ein Artikel aus *Harper's Magazine* über die Züchtung von Pflanzenschädlingen in den USA zitiert. »Unter den tausend oder mehr untersuchten Chemikalien war eine, die Kartoffelpflanzen weitgehend vernichtete«, hatte das Magazin geschrieben. »Diese hehren Errungenschaften der amerikanischen Wissenschaft«, polterte die Bauernzeitschrift, »haben jetzt ihre praktische Anwendung gefunden. Auch dafür gibt es unumstößliche Beweise.« Und unter der Überschrift »Klare Beweise für den amerikanischen Kartoffelkäferabwurf« präsentierte sie Fotos von Bauern, die ihre Felder von Kartoffelkäfern befreien. In den Bildtexten wurden Landarbeiter als Augenzeugen der Überflüge zitiert. Ein Bauer zeigt im Gespräch mit dem Finger nach oben. »Die Neubauern schildern ihrem Bürgermeister die Flugroute«, lautete die Legende dazu. Außerdem berichtete die Zeitschrift über täglich eingehende Proteste von Bauern und klagte: »Die amerikanischen Kriegstreiber haben für ihr Verbrechen eine der Verbreitung von Kartoffelkäfern besonders günstige Zeit ausgesucht. Damit hofften sie, ihre Untat verschleiern zu können.«

Angesichts dessen wirkte es sicherlich beruhigend auf die Bevölkerung, als Mitte Juni 1950 der Bericht einer Außerordentlichen Regierungskommission veröffentlicht wurde. Er erweckte den Eindruck einer tatkräftigen Regierung: Zum einen verkündete die Kommission, dass die DDR-Regierung der Sowjetunion sowie Polen und der Tschechoslowakei gemeinsame Aktivitäten vorgeschlagen habe und für »verstärkte Maßnahmen gegen den Coloradokäfer« einen zusätzlichen Betrag von 14,5 Millionen Mark zur Verfügung stelle. Zum anderen schilderte der Bericht der Kommission, der neben dem Agrarstaatssekretär Paul Merker auch Alfred

Welzer vom Innenministerium und Bruno Goldhammer vom Amt für Information sowie sechs namentlich genannte Spezialisten für Schädlingsbekämpfung angehörten, ausführlich die Ergebnisse der Überprüfungen. Akribisch wurden Käferzahlen und betroffene Kreise aufgelistet, immer wieder erfolgte bei Orten der Hinweis, dass diese »bisher noch nie einen Befall von Kartoffelkäfern« hatten. Die Experten wurden mit der Erkenntnis zitiert, dass der plötzliche Befall in höher liegenden Gebirgskreisen vom 22. bis 25. Mai 1950 zu einem Zeitpunkt erfolgt sei, zu dem mit einem Auftreten des Kartoffelkäfers aufgrund der Erfahrungen »überhaupt nicht zu rechnen war«. Ein natürlicher Befall hätte etwa um den 10. Juni herum erfolgen müssen. Auch seien die Fundorte in Städten oder an der Ostsee erstaunlich, weil den Käfern dort jegliche Lebensvoraussetzungen fehlten. Schließlich betonten die Experten, dass entgegen dem üblichen Verhältnis von Ei-Gelegen und Käferpopulation in den plötzlich befallenen Gebieten die Zahl der Käfer bis zu mehrere Tausend Prozent größer als die Zahl der Ei-Gelege gewesen sei. Fazit: »Diese, allen wissenschaftlichen und fachlichen Gesichtspunkten ins Gesicht schlagende Entwicklung des Kartoffelkäferbefalls« lasse nur den Schluss zu, »daß die Kartoffelkäfer in diesen Gebieten nicht durch natürlichen Einfluß aufgetreten sind, sondern auf mechanischem, unnatürlichem Wege dorthin gebracht sein müssen«.

Die DDR-Regierung schickte den Bericht nach Moskau, Warschau und Prag – nicht ohne darauf hinzuweisen, dass sie das »absichtliche Einschleppen des Coloradokäfers als einen verbrecherischen Anschlag gegen ihre friedliche Aufbauarbeit und groben Bruch des Völkerrechts« betrachte. Wenig später sandte die Sowjetunion eine Note nach Washington, in der sie die US-Regierung aufforderte, Maßnahmen zu ergreifen, die eine Wiederholung ähnlicher Dinge in Zukunft ausschlössen.[3] An mehreren Stellen des Berichts wurde die Bevölkerung zur Mithilfe, zum »Kampf gegen den internationalen Schädling« aufgerufen. Einen Tag nach Veröffentlichung des Papiers brachte das *Neue Deutschland* eine Sprachregelung unters Volk: »Viele Hände greifen zu und nehmen aktiv am Kampf gegen den Amikäfer teil, wie ihn die Bevölkerung zu nennen beginnt.« Damit hatte der Feind einen griffigen Namen; das Schlagwort »Amikäfer« stammte von Agrarstaatssekretär Merker. In einem Brief an das Politbüro hatte er vorgeschlagen, dass die »Coloradokäfer [...] nur noch ›Amikäfer‹

genannt werden sollten«. Bertolt Brecht griff die Wortschöpfung gleich in seinem Gedicht *Die Ammiflieger* [sic!] auf, in dem es am Schluss heißt: »Die Ammikäfer fliegen / silbrig im Himmelszelt / Kartoffelkäfer liegen / in deutschem Feld.«[4]

Auch im Juli 1950 setzte sich die Berichterstattung über die Schädlingsplage fort. »Wie das Ami-Käfer-Verbrechen entdeckt wurde – Amt für Information widerlegt Verlegenheitslüge ertappter Verbrecher«, vermeldete das *Neue Deutschland*. Erneut wurde auf den Bericht der Außerordentlichen Regierungskommission verwiesen. Die Zeitung kündigte eine Broschüre des Amtes mit Flugkarten und anderen Dokumenten an, »um genauer über die niederträchtigen Verbrechen des Coloradokäfer-Abwurfes durch amerikanische Flugzeuge zu informieren«. Zwei Tage später berichteten ostdeutsche Zeitungen über Abwürfe durch zwei Flugzeuge, »von denen eines genau als Doppelrumpfflugzeug mit USA-Hoheitsabzeichen festgestellt werden konnte«. Als Zeugen wurden unter anderen der Werkzeugmacher Heinz Tetzel, der Landwirt Rudolf Ditmar und der Polizei-Wachtmeister Hans Pirch sowie der Bürgermeister der Gemeinde Schallenburg, Walter Kanzler, genannt. Das *Neue Deutschland* vermeldete diesen Vorfall mit der Überschrift: »Wieder Abwurf von Kartoffelkäfern. Verbrecherischer USA-Anschlag auf unsere Ernährung geht weiter.« Mehrere Einwohner hätten kurz nach den Überflügen die nähere Umgebung abgesucht und faustgroße Klumpen von Larven gefunden. Im Gegensatz zu früheren Berichten, in denen die auffallend große Anzahl ausgewachsener Käfer Beweis für einen »gezielten Abwurf« war, sah es das SED-Zentralorgan nun als Beweis für einen verbrecherischen Anschlag an, »daß wenige Kartoffelkäfer, aber große Mengen von Larven« gefunden worden seien. Neben diesem Artikel vermeldete das Blatt, dass die DDR und die Tschechoslowakei ein Abkommen zur gemeinsamen Bekämpfung des Kartoffelkäfers abgeschlossen hätten. Auch dort sei es nun zu Abwürfen von »Amikäfern« gekommen, wogegen die Prager Regierung Protest eingelegt habe. In der Protest-Note wurde ausdrücklich auf Untersuchungen der DDR hingewiesen, die den Beweis erbracht hätten, dass große Mengen von Kartoffelkäfern über der DDR abgeworfen worden seien.[5]

Neben den regelmäßigen Zeitungsberichten, die sich häufig auf die Verlautbarungen des Amtes für Information der DDR-Regierung unter Leitung von Gerhart Eisler und den Bericht der Außerordentlichen Kommission beriefen, gab es auch besondere Plakataktionen. In Zusammenarbeit mit den Informationsämtern der Länder machte die Propagandastelle der Regierung so auf die angeblichen Hintergründe aufmerksam. Auf der Titelseite einer Broschüre mit »Beweisen« über den Kartoffelkäferabwurf kriechen »Amikäfer« in den Farben der US-Flagge auf eine Mauer zu, die durch das rot gedruckte Wort »Halt« gebildet wird. Mit Hilfe dieses Propaganda-Materials wurden Schüler im Unterricht mit dem Kartoffelkäfer und seiner Verbreitung vertraut gemacht.

Für Aufsehen sorgte Ende Juni 1950 ein Namensartikel des DDR-Finanzministers Hans Loch (LDPD) mit der Überschrift »Der biologische Krieg«. In dem Beitrag erhob Loch den Vorwurf, die Verteilung der Käfer sei Teil eines umfassenden, bereits im Zweiten Weltkrieg erprobten Biowaffen-Programms der USA. Nach der lapidaren Feststellung, »der Amerikaner ist also aus dem Kalten zum biologischen Krieg übergegangen«, hob Loch zu einer wüsten Beschimpfung der Amerikaner an: »Erinnern wir uns an die lebenssprühende Kunststadt Dresden, die nur eines militärischen Experiments wegen in Schutt und Asche gelegt wurde. Denken wir daran, wie ohne jede militärische Notwendigkeit, nur aus sadistischem Vernichtungstrieb anglo-amerikanische Freiheitsapostel unsere Frauen und Kinder, von dem Bombenhagel der Anglo-Amerikaner zerstampft, durch Phosphorkanister in lebende Brandfackeln verwandelt haben und unsere blühenden Städte und Dörfer zu rauchenden Trümmerfeldern wurden.« Anschließend ereiferte sich Loch und behauptete: »Ich bin in der Lage nachzuweisen, daß der Amerikaner schon reiche Erfahrungen im Kartoffelkäferabwurf als biologisches Kampfmittel im Zweiten Weltkrieg erworben hat.« Der Minister berief sich auf einen Vortrag eines deutschen Wissenschaftlers im Sommer 1944 in Wien, der im Oberkommando der Wehrmacht einer Abteilung zur Abwehr des biologischen Krieges angehört habe. Dieser Forscher, zuständig für die Kartoffelkäfer-Bekämpfung, habe von zahlreichen unnatürlichen Befallstellen in Deutschland berichtet und erzählt, dass in der Nähe Transportmittel amerikanischer Herkunft gefunden worden seien. Loch weiter, ohne Namen zu nennen: Ihm sei eine Reihe von Gelehrten in der DDR bekannt, die bestätigen könnten, dass die Amerikaner im Zweiten Weltkrieg zum Abwurf von Kartoffelkäfern gegriffen hätten, um die Ernährung des deutschen Volkes zu erschweren. Die *Berliner Zeitung* griff den Artikel auf und nannte als Zeugen für Lochs Vorhaltungen den Rektor der Universität Jena, der Mitglied in der wissenschaftlichen Abteilung der Wehrmacht gewesen sei, sowie den Besitzer des Gasthofs »Zum Posten« in Sondershausen.

Ende Juli 1950 ebbte die Berichterstattung über die Kartoffelkäferplage ab. So blitzartig, wie die Käfer gekommen waren, verschwanden sie im August völlig aus den Schlagzeilen. In den folgenden Jahren tauchten jeweils im Juni im Zusammenhang mit Kartoffelkäferfunden in Weimar (Thüringen) und Marienborn (Sachsen-Anhalt) kleinere Artikel in DDR-Zeitungen auf, die erneut die USA dafür verantwortlich machten. Aber es blieb bei Kurzmeldungen. Hatten die Amerikaner mit den fast flächendeckenden Abwürfen aufgehört? Waren die Berichte übertrieben gewesen, etwa nur eine Erfindung des Amtes für Information?[6]

Es scheint auf den ersten Blick ungewöhnlich, Käfer-Abwürfe als Vorboten eines Biowaffen-Einsatzes darzustellen. Doch gab es dafür einen realen Hintergrund: Kartoffelkäfer waren vor und während des Zweiten Weltkrieges tatsächlich als potenzielle Kampfmittel vorgesehen. Denn die Insekten (wissenschaftlicher Name: Leptinotarsa decemlineata), gelten als »dual-threat agents«, als »doppelt gefährliche Lebewesen« also: Es sind natürliche Feinde von Mensch und Natur, die aber ebenso als Waffe benutzt werden können. Schon während des Ersten Weltkrieges hatten Briten und Franzosen ihre Verwendung als biologische Waffen vor; das bestätigte Luftmarschall Sir Edward Ellington 1934 während einer Konferenz der Stabschefs des Britischen Verteidigungskomitees. Den Franzosen war vorgeschlagen worden, Kartoffelkäfer von Flugzeugen aus über den deutschen Feldern abzuwerfen. Schädlingsexperten rieten aber ab – aus Sorge, die eigene Landwirtschaft könnte beeinträchtigt werden.

Als 1936 tatsächlich Kartoffelkäfer auf deutschen Feldern gefunden wurden, kam die Ansicht auf, der »Erbfeind« Frankreich habe die Käfer verteilt. Zuvor war es wiederum in Frankreich aufgrund britischer Geheimdienstberichte zu der Vermutung gekommen, die Deutschen hätten in der Pariser Metro Versuche mit bakteriologischen Waffen unternommen; auch die Typhusepidemie, die 1933/34 wütete, habe man den deutschen Versuchen zu verdanken. Frankreich belebte daraufhin sein B-Waffen-Programm und gründete auf Beschluss des Kriegsministeriums vom 27. Januar 1938 in Vert-le-Petit bei Paris ein Biowaffen-Institut. Am

26. Mai 1939 billigte eine Kommission für Prophylaxe sogar den Vorschlag, Kartoffelkäfer im Kriegsfall von Flugzeugen aus über deutschen Feldern abzuwerfen. Ein entsprechendes militärisches Forschungsprogramm wurde aufgelegt und in Südfrankreich ein Feldversuch durchgeführt. Ungeachtet solcher wenig friedlicher Aktivitäten arbeiteten in Le Moutiers d'Ahun (am Zentralmassiv) seit 1937 deutsche und französische Wissenschaftler in einer gemeinsamen zivilen Feldstation im Kampf gegen den Kartoffelkäfer zusammen – bis zum Kriegsbeginn im September 1939.

Nach ihrem Sieg über Frankreich im Frühjahr 1940 entdeckten die deutschen Truppen das militärische B-Waffen-Labor in Vert-le-Petit. Ihnen fielen auch die Dokumente über die Einsatzpläne der Franzosen in die Hand. Auf Anfrage der Militärs beurteilte der Präsident der Biologischen Reichsanstalt, Dr. Eduard Riehm, im Mai 1941 die Gefahr eines Überfalls mit Kartoffelkäfern als gering. Gleichwohl begannen in Deutschland unter Leitung des B-Waffen-Experten Heinrich Kliewe Überlegungen zu einem entsprechenden Einsatz. Dies schien angebracht zu sein, denn im April 1942 wurden dem militärischen Geheimdienst Dokumente zugespielt, nach denen in den USA von Flugzeugen aus Abwurfversuche mit Texaszecken und Kartoffelkäfern durchgeführt worden waren. Die US-Experten seien zu der Einschätzung gekommen, dass die deutsche Nahrungsmittelproduktion wirksamer durch Insekten als durch Bakterien gestört werden könne. Dem Bericht zufolge sei ein Oberstleutnant Randall J. Hogan vom Chemical Warfare Service in den letzten Märztagen 1942 mit zwei Spezialisten in einem B-24-Bomber über Neufundland nach England gereist:»Sie nahmen mit: a) in einigen Kisten insgesamt ca. 15000 Stück Kartoffelkäfer (Coloradokäfer) und b) eine Kiste mit Texaszecken.« Eine weitere Geheimdienstquelle sprach davon, dass in Großbritannien bereits Käfer als Kampfmittel in Massen gezüchtet würden. Nach beiden Quellen stehe der Abwurf sowohl großer Mengen Kartoffelkäfer als auch der Texaszecke »sehr bald bevor«.

Die Deutschen nahmen die Berichte über die angeblichen Transporte von Kartoffelkäfern angesichts der Funde in Frankreich überaus ernst. Sie wurden Hitler vorgelegt, der daraufhin verstärkten B-Waffen-Schutz befahl, aber überraschenderweise den Einsatz eigener biologischer Waffen verbot – bis heute ist nicht klar, warum. Trotz des Verbots durch den »Führer« 1942 begann die Abteilung Wissenschaft des Allgemeinen Wehrmachtsamtes mit der Züchtung von Kartoffelkäfern; ein B-Waffen-Komitee diskutierte 1943 sogar den Einsatz gegen Großbritannien – man schätzte, dass 20 bis 40 Millionen Käfer gebraucht würden – und ließ einige Feldversuche durchführen. Dazu warf die Wehrmacht beispielsweise 14 000 gezüchtete Insekten über der Pfalz ab, um zu überprüfen, ob diese den Fall aus mehreren tausend Meter Höhe überstehen würden.[7]

Zum militärischen Einsatz von Schädlingen kam es während des Zweiten Weltkrieges nicht mehr. Doch der Kartoffelkäfer brauchte nicht den Krieg, um sich schließlich doch in Deutschland auszubreiten. Der schmalfüßige, zehnstreifige Käfer wurde erstmals 1824 beschrieben und 1859 im US-Bundesstaat Nebraska (nicht wie irrtümlich angenommen in Colorado) als besonders gefräßiger Schädling erkannt, der den Kartoffelanbau gefährdet. 30 Weibchen können mit ihren Nachkommen innerhalb eines Jahres einen Hektar kahlfressen. Während sich der Kartoffelkäfer in Nordamerika rasch ausbreitete, blieb sein Auftreten in Europa lange Zeit auf Einzelfälle beschränkt – nicht zuletzt dank strenger Einfuhrbestimmungen für US-Kartoffeln. Doch 1922 war es damit vorbei: Bei Bordeaux wurden Kartoffelkäfer entdeckt, die bereits ein Gebiet von 250 Quadratkilometern befallen hatten und nicht mehr auszurotten waren. Möglicherweise waren sie während des Ersten Weltkrieges mit US-Soldaten eingeschleppt worden. Die Käfer breiteten sich mit einer Geschwindigkeit von bis zu 175 Kilometern pro Jahr ostwärts aus; Ende 1935 erreichten sie die französisch-deutsche Grenze.

Deutschland ergriff zivile Maßnahmen. Als erstes wurde ein Kartoffelkäfer-Abwehrdienst (KAD) gegründet, der 1941 rund 650 Mitarbeiter hatte und über 20 000 Gemeinden mit fast einer Million Hektar Kartoffelanbaufläche überwachte. Zudem gründete die für die Schädlingsbekämpfung zuständige Biologische Reichsanstalt für Land- und Forstwirtschaft Berlin-Dahlem bei Koblenz eine spezielle Kartoffelkäfer-Forschungsstation, deren Leiter Dr. Martin Schwartz wurde. Sein Titel lautete »Generalsachbearbeiter für die Bekämpfung des Kartoffelkäfers«. Schwartz hatte schon 1914 einer von der Kaiserlichen Anstalt für Land- und Forstwirtschaft eilig zusammengerufenen Sachverständigenkommission angehört und 1925 eine »Anleitung zur Bekämpfung des Kartoffelkäfers« verfasst.

Ihm wurden neben seinem Wissen auch große organisatorische Fähigkeiten, Energie und Zähigkeit bei Verhandlungen mit Behörden nachgesagt. Um eine Ausbreitung des Kartoffelkäfers zu verhindern, setzte Schwartz auf Aufklärung und Propaganda. So erschienen im *Nachrichtenblatt des Deutschen Pflanzenschutzdienstes* spezielle Kartoffelkäfer-Nummern. Er sorgte für Wandtafeln mit Darstellungen des Käfers. Von Anfang an bezog man die Bevölkerung in die Bekämpfung ein, zunächst Arbeitslose und Soldaten, später vor allem die Schuljugend. Sie sammelten in Suchkolonnen die Felder ab. Wer auf einem bisher als nicht befallen geltenden Kartoffelfeld den ersten Käfer oder die erste Larve fand, erhielt als »Fangprämie« 20 Reichsmark und eine »Kartoffelkäfer-Ehrennadel«, ansonsten lag die Prämie bei fünf Pfennig je Käfer oder Blatt mit Käfereiern sowie bei zwei Pfennig je Larve. Stark befallene Felder wurden gerodet, der Boden mit Schwefelkohlenstoff entseucht und Nachbarfelder mit Kalkarsen besprüht. Das Sammeln der Käfer galt als Pflicht. An öffentlichen Gebäuden hing nicht selten die Parole: »Sei ein Kämpfer, sei kein Schläfer, acht' auf den Kartoffelkäfer.« Zum anderen verteilte auch die Biologische Reichsanstalt Merkblätter mit der Überschrift »Achtet auf den Kartoffelkäfer«. Doch die weitere »Ostwanderung« des Kartoffelkäfers konnte nicht verhindert werden, denn für eine lückenlose Überwachung und Bekämpfung fehlten am Kriegsende Menschen, Transportmittel und Pflanzenschutzmittel. So befielen Kartoffelkäfer 1945 bereits größere Flächen von Sachsen, Sachsen-Anhalt und Thüringen.[8]

Als 1950 in Korea erstmals nach dem Ausbruch des Kalten Krieges ein heißer Konflikt begann, wurden die USA von der Sowjetunion und ihren Verbündeten beschuldigt, Biowaffen gegen Nordkorea eingesetzt zu haben. Beweise gab es dafür zunächst nicht. Tatsächlich hatte aber US-Verteidigungsminister Louis A. Johnson in einem Jahresbericht an Präsident Harry S. Truman vorgeschlagen, die USA sollten sich die bakteriologische Kriegsführung ebenso wie den Einsatz von Atomwaffen überlegen. Jahrzehnte später bestätigte sich der Einsatz biologischer Mittel im Korea-Krieg. In jener aufgeheizten Phase von 1950 fiel die Meldung vom Abwurf von Kartoffelkäfern über dem Gebiet der DDR durch US-Flugzeuge auf fruchtbaren Boden. Doch stimmte sie auch?

Angesichts der Pläne während des Zweiten Weltkrieges war es nicht schwer, den Kartoffelkäfer in den Kalten Krieg hineinzuziehen. 1948 erhielt das Gerücht unverhofft Nahrung: Westdeutsche Zeitungen meldeten mysteriöse Funde von Käfer-Larven in Gummibeuteln in Nordrhein-Westfalen und Niedersachsen. 1949 veröffentlichte die in Hamburg und Berlin erscheinende wissenschaftliche Zeitschrift *Anzeiger für Schädlingskunde* einen kurzen Artikel über diese Funde, die mutmaßlich auf Abwürfe von Flugzeugen »unbekannter« Nationalität zurückgingen. Bis heute sind die Hintergründe unklar; wahrscheinlich stammten die Käfer aus deutschen Wehrmachtsbeständen. Die DDR-Zeitungen bezogen sich in ihren Berichten im Sommer 1950 immer wieder auf die mysteriösen Funde von 1948. Sie dienten ihnen als Beweis, dass die Amerikaner bereits deutsche Gebiete »als Experimentierfeld für ihren bakteriologischen Krieg« benutzt hatten. Auch sonst verstand es die SED-Propaganda, an frühere Erfahrungen mit dem Kartoffelkäfer anzuknüpfen. Dabei hatten sich die angeblichen Geheimpläne von 1942 über Vorbereitungen der USA auf eine Kartoffelkäfer-Attacke bereits während des Krieges als Falschmeldung entpuppt.

Unbestritten hatte die Verbreitung der Kartoffelkäfer 1950 in der DDR drastisch zugenommen. Waren 1949 von der Gesamtkartoffelanbaufläche nur 5,9 Prozent befallen, waren es 1950 mehr als dreimal so viel, nämlich 18,9 Prozent. Doch damit stand die DDR nicht allein. Mit der massiven Ausbreitung des Schädlings in Europa beschäftigten sich im Januar 1950 Experten in Florenz auf einer internationalen Konferenz, an der auch Fachleute aus der DDR teilnahmen – also drei Monate vor den angeblichen »Attentaten der US-Flieger«. Einhellige Meinung der Experten: Der Kampf gegen den Kartoffelkäfer ist nach Ende des Krieges von vielen Staaten vernachlässigt worden.[9]

Von der Abteilung Pflanzenschutz des Ministeriums für Land- und Forstwirtschaft der DDR wurden bis zum Juni 1950 in internen Arbeitspapieren drei Faktoren als Ursachen für die starke Ausbreitung des Kartoffelkäfers nach 1945 in der sowjetischen Zone genannt: Zusammenbruch der Organisation des Abwehrdienstes, Mangel an geeigneten chemischen Mitteln und Desinteresse an Pflanzenschutzarbeiten als allgemeine Folgen der chaotischen Nachkriegsverhältnisse – also »hausgemachte« Versäumnisse.

Auch die sowjetische Besatzungsmacht hatte die Entwicklung beobachtet, wegen der Gefährdung der Versorgung in ihrer Zone und wegen der Gefahr, dass die Käfer weiter ostwärts wandern. Zu den Maßnahmen, die ergriffen wurden, gehörte der Wiederaufbau des Kartoffelkäfer-Abwehrdienstes (KAD) aus der NS-Zeit durch Martin Schwartz, der im Januar 1946 zum »Generalbevollmächtigten für die Bekämpfung des Kartoffelkäfers« in der sowjetischen Zone ernannt wurde. Der bekannte Schädlingsexperte war Ende 1944 wegen des Vormarschs der US-Truppen mit der gesamten Forschungsstation und seinen Mitarbeitern nach Mühlhausen verlegt worden. 1946/47 erließ die Sowjetische Militäradministration (SMAD) spezielle Befehle »zur Bekämpfung des Colorado-Kartoffelkäfers«. Der Leiter der SMAD-Gruppe Pflanzenschutz, Korobizin, nahm regelmäßig an Tagungen des KAD teil und lud die deutschen Spezialisten auch in seinen Amtssitz nach Berlin-Karlshorst ein. Dr. Zimmermann von der Dienststelle des Generalbevollmächtigten stellte bereits am 11. September 1946 bei der 3. Arbeitstagung des KAD im Hotel »Russischer Hof« in Weimar fest, dass sich der Schädling über ganz Thüringen, einen großen Teil der Provinz Sachsen, den südwestlichen Teil von Mecklenburg und sogar über den Westen der Provinz Brandenburg hatte verbreiten können. Es müsse dringend etwas getan werden, so Zimmermann. 1947 starb sein Vorgesetzter Schwartz – damit fehlte ein energischer Organisator der überregionalen Bekämpfung des Kartoffelkäfers. Auf einer im selben Jahr durchgeführten Inspektionsreise fand ein Mitarbeiter der Pflanzenschutz-Abteilung, die damals der Deutschen Verwaltung für Land- und Forstwirtschaft unterstellt war, in Brandenburg »katastrophale Zustände« bei der Schädlingsbekämpfung vor: Keine Gemeinde im Kreis Templin habe über Mittel oder Geräte zur Bekämpfung verfügt, auch die Genossenschaften nicht. Zusammenfassend urteilte der Inspekteur nach der Überprüfung: Die Vermehrung der Kartoffelkäfer gegenüber 1946 zeige »klar und deutlich, daß noch größtenteils Nachlässigkeit und Nichtkenntnis der Gefahr die Ausbreitung dieses Schädlings fördern. [...] Die Gefahr für die nächsten Jahre ist zu groß, um achtlos darüber hinwegzugehen.« Auch Zimmermann monierte Mängel: Eine angestrebte generelle Bekämpfung »durch chemische Behandlung der gesamten Kartoffelanbaufläche [...] wird durch geringe Produktion von Kalkarsen und besonders durch die unzureichende Menge der herstellbaren Geräte sehr erschwert«. Die Propaganda sei ebenfalls nicht ausreichend. Der Experte warnte: Spätestens 1949 werde die sowjetische Zone nicht mehr nur Vordringungsgebiet, sondern zum Gebiet »allgemeiner Verbreitung« werden. Ähnlich sah das auch der SMAD-Gruppenleiter Korobizin. Er gab 1948 eine pessimistische Einschätzung: »Die in diesem Jahr angewandten Bekämpfungsmethoden werden für 1949 nicht ausreichen, um die immer bedrohlicher werdende Gefahr zu bannen.« Als Alternative blieb der Führung nur, die Bevölkerung in Massen aufs Feld zu schicken.[10]

Im Frühling 1950 war die Plage nicht mehr aufzuhalten. Verfolgt man aufmerksam die Zeitungsberichte von Mai bis Juli, finden sich Hinweise, dass es schon vor dem 22. Mai, dem Beginn der angeblichen US-Attacke auf die DDR-Felder, sogenannte Suchtage gab. Frühe Hinweise auf eine Käferplage gab außerdem eine im Gesetzblatt der DDR abgedruckte »Anordnung zum Gesetz über Maßnahmen zur Erreichung der Friedenshektarerträge (Bekämpfung des Kartoffelkäfers im Jahre 1950) vom 2. März 1950«. Paragraph 2 dieser Anordnung verpflichtete die Länder, 550 bewegliche Kolonnen zur Kartoffelkäferbekämpfung aufzustellen und die Zahl der Techniker zur Bekämpfung von Schädlingen zu erhöhen. Alle Kreise der DDR wurden in drei Bekämpfungsgruppen eingeteilt, wobei Sachsen, das die »Amiflieger« angeblich am stärksten »heimsuchten«, mit zwölf Kreisen zur Bekämpfungsgruppe I und mit 17 Kreisen zur Gruppe II gehörte. So war auch der Kreis Zwickau, der in den Zeitungsberichten immer wieder auftauchte, schon im März 1950 als einer der Kreise verzeichnet, in dem Kartoffelkäfer vorrangig bekämpft werden sollten. Schließlich wurde in der Anordnung erwähnt, dass vom Agrarministerium für Mai 1950 ein Sondersuchtag festgesetzt worden war. Ausgerechnet in jenem Monat begannen die USA angeblich ihre Angriffe. Anscheinend dienten die Meldungen über die »Amikäfer« dazu, für eine große Beteiligung bei den Sondersuchtagen zu sorgen.

1950 wurde die Ausbreitung der Schädlinge nicht nur durch organisatorische und technische Mängel in der DDR begünstigt, sondern zusätzlich durch verstärkte natürliche Wanderung aus Westdeutschland und durch das Wetter. Ein interner Bericht des Pflanzenschutzdienstes stellte fest, dass die für die Käfer günstige Witterung zur »vollen Entwicklung einer zweiten Generation im Jahre 1949« geführt habe. Die Folge sei eine massive Zunahme der Zahl – vor allem der Altkäfer – und die Ausweitung des Befalls 1950. So erklärt sich die von der DDR immer wieder als rätselhaft dargestellte Häufung erwachsener Tiere. Anders als die Regierungskommission fand der Pflanzenschutzdienst der DDR also für die Verbreitung der Kartoffelkäfer natürliche Ursachen. An anderer Stelle sah ein Mitarbeiter des DDR-Agrarministeriums die Schuld dafür im »Fehlen planmäßiger Bekämpfungsmaßnahmen in Westdeutschland«. Dies sei für die zunehmende Wanderung der Käfer aus Richtung Westen verantwortlich – nicht aber Abwürfe aus US-Flugzeugen.[11]

Wie lassen sich die von der Regierungskommission als Beleg angeführten Käfer-Funde in Städten und an der Ostseeküste erklären? Ebenfalls mit dem Wetter: Begünstigt durch kräftige Winde aus Süden oder Südwesten werden an der Küste fliegende Insekten häufig aufs Meer hinausgetrieben. Entkräftet fallen sie ins Wasser und werden an den Strand geschwemmt; so war es auch bei den Kartoffelkäfern in der DDR 1950. Das Auftauchen der Insekten in Städten war nicht ungewöhnlich. Ursache waren plötzlich auftretende Böen, die die Käfer niederdrückten und am Weiterfliegen hinderten. Auch das »zu frühe« Auftreten der Tiere im Frühling 1950 kann mit natürlichen Gegebenheiten erklärt werden. So wurde in der Wochenzeitung Der freie Bauer sachlich zur Situation in jenem Frühsommer festgestellt, »daß sich während der hohen Temperaturen der letzten Zeit die Kartoffelkäfer zu frühzeitigen Schwärmeflügen erhoben haben« und diese auf Feldern gefunden würden, wo man sie nicht erwarte. Das Amt für Information bei der DDR-Regierung hatte den Artikel offenbar nicht registriert – oder bewusst ignoriert.

Was aber war mit dem Urteil der Gutachter der Außerordentlichen Regierungskommission? Wer waren diese Experten eigentlich? Nach den Recherchen des Genetikers und Virologen Erhard Geißler, der sich seit Jahrzehnten mit biologischer Kriegsführung beschäftigt, hatte keiner der sechs namentlich aufgeführten Gutachter an einer der damals durchgeführten Konferenzen zur Kartoffelkäfer-Bekämpfung teilgenommen. Umgekehrt saß in der Regierungskommission nicht einer der ausgewiesenen Kenner der DDR. Das war kein Zufall. Längst hatte die Säuberungsmaschine der SED altgediente Experten – wie Dr. Zimmermann – aus Verwaltungen und Ministerien verdrängt und durch linientreue Mitarbeiter ersetzt. Fatalerweise war das Referat Kartoffelkäfer- und Schädlingsbekämpfung im zuständigen Ministerium durch diese Personalrochade

Anfang 1950 nahezu verwaist. Auffällig ist auch die Zügigkeit, mit der die Kommission gearbeitet hat: Am 9. Juni 1950 hatte Regierungschef Otto Grotewohl den Auftrag zu ihrer Gründung gegeben; am 14. Juni lag bereits ihr fertiger Bericht vor.

Wären es wirklich US-Flugzeuge gewesen, wäre das gewiss im DDR-»Jahresbericht des Pflanzenschutzes« 1951 oder zumindest in der Stellungnahme dazu aufgetaucht. Dieser Bericht befasste sich mit den Ursachen für die starke Zunahme des Befalls in den Jahren 1949 bis 1951. Doch findet sich darin kein Wort über die »Amiflieger«. Lediglich in einer Zuarbeit zum Bericht war von der »Mobilisierung der Bevölkerung durch umfassende Aufklärung über die Schädlichkeit des amerikanischen Kartoffelkäfers« sowie von der »Anwendung des Kartoffelkäfers als Angriffswaffe durch die amerikanischen Imperialisten« die Rede. Doch diese Formulierung blieb in der Endfassung unberücksichtigt – wahrscheinlich, weil es die Fachleute besser wussten.[12] Den Eindruck einer bewussten Manipulation vermittelt schließlich der Blick in die Unterlagen der SED-Spitze und des verantwortlichen Agrar-Staatssekretärs Merker. Die Kartoffelkäferplage und das Agieren der »Amiflieger« waren in keiner Tagung des Zentralkomitees, seines (viel wichtigeren) Sekretariats oder des Politbüros Tagesordnungspunkt. Das einzige Thema mit landwirtschaftlichem Bezug war in der 113. Sitzung des ZK-Sekretariats der SED vom 9. Juni 1950 der Punkt 7: »Beschaffung von Fahrrädern für die Instrukteure des Agrarministeriums«. Außerdem war für eine bevorstehende gesamtdeutsche Beratung der Land- und Forstwirtschaft in Eisenach der Beschluss vom 12. April 1950 in Punkt 11 durch die Forderung ergänzt worden: »Gemeinsame Bekämpfung von Tierseuchen und Pflanzenschädlingen«.

Der Nachlass Paul Merkers enthält eine Reihe von Aufsätzen und Reden von Januar bis Juli 1950. Aus diesen ist ersichtlich, dass es der DDR-Führung vor allem darum ging, bis zum Ende des Jahres die vorgegebenen Hektarerträge zu erreichen, es aber massive Probleme bei der Kartoffelproduktion gab. In einem Beitrag für die SED-Funktionärszeitschrift *Neuer Weg* kritisierte Merker laut Manuskript vom 31. Januar 1950 die Schlamperei in der Landwirtschaft, zum Beispiel im Umgang mit Düngemitteln. Zum Thema »Kartoffel« schrieb er: »Große Sorge verursacht unserer Partei die Bereitstellung von Pflanzkartoffeln, um die für

Kartoffeln vorgesehene Anbaufläche zu bestellen.«Das sei wichtig für die Ernährung der Bevölkerung und die Sicherung des Kartoffelpflanzgutes, denn, so Merker:»Die Regierung hat keine Kartoffelreserve. Sie hat mit großen Schwierigkeiten zu kämpfen, um der Bevölkerung die festgelegten Rationen zu liefern.« Merker rief zur gegenseitigen Hilfe auf. In einem weiteren Artikel vom 8. Februar für die theoretische SED-Monatszeitschrift *Einheit* erwähnte er erneut Schwierigkeiten:»Sie wurden durch die ungenügende Ernte 1949 und durch die Tatsache hervorgerufen, daß zahlreiche Wirtschaften nicht die ganze für Kartoffeln geplante Fläche bebauten.« Die Bauern hätten versucht, ihr Ablieferungssoll und den eigenen Bedarf mit weniger Anbaufläche als der planmäßigen zu decken. Aber die Witterungsverhältnisse hätten Wachstum und damit Ertrag der Kartoffeln beeinträchtigt. Das habe für gewaltige Unruhe gesorgt. Für 1950 müsse deshalb die Sicherung der vorgeschriebenen Kartoffelmenge als Losung ausgegeben werden.[13]

Doch offensichtlich wollten die Bauern nicht mitziehen. Deshalb entschloss sich die SED, mit verstärkter Propaganda gegen das aus ihrer Sicht mangelhafte politische Bewusstsein der Landwirte vorzugehen. In einem Manuskript vom 2. Mai 1950 mit der Überschrift»Die nächsten Schritte zur Erreichung der Friedensverträge«, in dem Merker den»anglo-amerikanischen Imperialismus« und seine»deutschen Helfershelfer« geißelte, notierte er knapp:»Alle Bauern sind gegen den Krieg; Sicherung des Friedens durch gute Arbeit auf Feldern – somit mit geschlossenen Augen, doch das genügt nicht.« Es müsse mit»offenen Augen« herangegangen werden, also»politisch bewußt«. Durch die SED und durch Instrukteure des Agrarministeriums solle das den Bauern vermittelt werden. Am 25. Mai 1950 legte Merker auf einem Kurzlehrgang der Abteilung Landwirtschaft im SED-Parteivorstand in Kleinmachnow vor führenden Funktionären der Landwirtschaft nach: Zu den»nächsten Aufgaben in der Landwirtschaft« zählte er, die Erträge zu überschreiten, die bisher in Westeuropa erzielt worden seien.»Wichtig ist in diesem Zusammenhang, daß wir das auf der Grundlage der heutigen Struktur unserer Landwirtschaft erreichen wollen.« Dieses Ziel könne nur durch stärkere Politisierung der Bauernschaft erreicht werden, indem das System der DDR als besser dargestellt werde. Merker nannte das: den»Bauern an die neue demokratische Ordnung binden«.[14]

Die Kampagne gegen den angeblichen Abwurf von »Amikäfern« sollte offensichtlich der angestrebten Politisierung der Bauern dienen. Das gelang nur teilweise. Als zum Beispiel die Bauern im Raum Dresden von der Polizei dazu aufgefordert wurden, zum Schutz der Ernte vor »amerikanischen Sabotageakten« auf Kirchtürmen Posten zu beziehen – die Frauen bei Tage, die Männer bei Nacht –, um nach US-Flugzeugen Ausschau zu halten, wurde das von den Landwirten als »schlechter Scherz« abgetan, worauf sie sich »mangelnde ideologische Klarheit« vorwerfen lassen mussten.

Dass die Käferplage andere Ursachen hatte, war nämlich auch Paul Merker klar, dem »Erfinder« des Schlagworts. In seinem Artikel für die *Einheit* vom 8. Februar 1950 kündigte er großzügige Maßnahmen zur Schädlingsbekämpfung an. In dem Beitrag heißt es: »Aber niemand soll glauben, daß der liebe Gott oder der Petrus das Unkraut beseitigt, die Pflegearbeiten wie Eggen und Hacken übernimmt, das Verziehen der Rüben und Häufeln der Kartoffeln bewerkstelligt sowie den Kartoffelkäfer, den Rapsglanzkäfer und die vielen anderen Schädlinge und Krankheiten bekämpfen« würde. »Es darf in kurzer Frist kein Dorf mehr geben, wo nicht genügend Chemikalien und Geräte zur Schädlingsbekämpfung vorhanden sind.«

Ein Bericht aus seinem Agrarministerium vom 15. Mai 1950 zur »Entwicklung im Ackerbau seit 1945« beschrieb das Ausmaß der Plage realistisch: »Besonderes Augenmerk wurde dem Pflanzenschutz hinsichtlich der Bekämpfung des Kartoffelkäfers gewidmet. Das Auftreten des Kartoffelkäfers in den Jahren 1945 und 1946 war verhältnismäßig schwach, steigerte sich dann aber sehr schnell, weil durch das säumige Verhalten Frankreichs in der Bekämpfung des Kartoffelkäfers scheinbar nichts getan wurde. Dadurch sind ganze Kartoffelflächen von dem Schädling vernichtet worden.« Anschließend wurden Zahlen aufgelistet. Danach stieg die Anzahl der vom Kartoffelkäfer befallenen Gemeinden in der Sowjetischen Besatzungszone von 3202 Ende 1946 auf 6101 Fälle Ende 1948 und bis Ende 1949 sogar auf 6594 Gemeinden. Die Anzahl der festgestellten Herde verdreifachte sich zwischen 1947 und 1949 von 19 922 auf 67 199. Infolge des vermehrten Auftretens des Kartoffelkäfers wurden auch die Aufwendungen für die Produktion von Pflanzenschutzmitteln wesentlich gesteigert: Betrugen sie im Jahre 1947 noch 12,3 Millionen Mark, wurden

1949 bereits fast 32 Millionen dafür ausgegeben. Grund für den Anstieg der Produktion war auch der Beschluss einer internationalen Konferenz in Paris, laut dem 1949 sämtliche Kartoffelanbauflächen an der polnischen Westgrenze in einer Breite von 25 Kilometern mit chemischen Mitteln zu bearbeiten waren – ohne Rücksicht darauf, ob ein Befall von Kartoffelkäfern vorlag oder nicht. So sollte die Ausbreitung der Schädlinge Richtung Osten verhindert werden. Doch diese Mittel fehlten ein Jahr später bei der Käferplage in Sachsen und Thüringen. Auf dieses Defizit wies Merker am 25. Mai 1950 in seinem Referat vor den SED-Funktionären in Kleinmachnow hin: »Bei den Schädlingsbekämpfungsmitteln handelt es sich um nicht so gängige Waren, und wir können ja die Schädlinge nicht planen. Wir müssen warten, bis sie auftauchen. Wenn sie auftauchen, und wir haben dann aber die Schädlingsbekämpfungsmittel nicht zur Hand, dann ist der Schaden doppelt groß. Wir müssen also immer einen großen Vorrat von Schädlingsbekämpfungsmitteln haben.«[15] Obwohl Merker in jener Zeit viel gegen den »Imperialismus« wetterte, brandmarkte er mit keiner Silbe die angeblichen Käfer-Abwürfe durch US-Flugzeuge. So sprach er am 28. Juni 1950 auf einer Landwirtschaftstagung in Dresden zwar über Atomwaffen und allgemein über biologische Waffen, aber nicht über die Abwürfe – dabei wäre dort die beste Gelegenheit dafür gewesen.

All das deutet darauf hin, dass es sich bei der Geschichte von den »Amifliegern« um eine von »oben« lancierte Falschmeldung gehandelt hat. Die Kartoffelkäferplage in der DDR hatte nichts mit einem Angriff amerikanischer Flugzeuge zu tun: Die Führung wollte zum einen wohl durch eine große Propaganda-Aktion vom Versagen bei der Bekämpfung des Kartoffelkäfers ablenken und die Bevölkerung zugleich für das Sammeln der Schädlinge mobilisieren. Mit Hilfe der Entrüstungskampagne, in der geschickt das angebliche Vorgehen der USA mit nationalsozialistischen Methoden verknüpft wurde, sollte aber nicht nur der »Volkszorn« gesteigert, sondern sollten zugleich die eigenen gesellschaftlichen Veränderungen vorbereitet werden – zum Beispiel die Gründung einer Armee. Dies legt eine Äußerung der SED-Führung im Jahre 1952 im Zusammenhang mit der »Stalin-Note« nahe, dem nicht ganz ernst gemeinten Angebot Moskaus für ein vereintes, neutrales Deutschland. So hieß es: »Es wird niemanden auf der Welt geben, der die Absicht vertritt, man könnte die bereits in frühen Jahren aus amerikanischen Militärflugzeugen erfolgten

Abwürfe von Kartoffelkäfern über Sachsen, Thüringen, Mecklenburg und Sachsen-Anhalt dadurch verhindern, daß das einige Deutschland völlig ohne eigenen nationalen militärischen Schutz bliebe. Dazu braucht man notfalls Luftstreitkräfte.« Der Vorwurf an die USA, sie wollten mit den Kartoffelkäfer-Abwürfen die geplante Abschaffung der Lebensmittelmarken in der DDR verhindern, war ebenfalls eine Finte, denn bereits vorher zeichnete sich eine Missernte ab, die die für Herbst 1950 versprochene Abschaffung der Karten unmöglich machte.

Dass die Meldungen über die »Amikäfer« geglaubt wurden, hat sicher mit der Vehemenz zu tun, mit der sie verbreitet wurden. Dabei hätte auch ungeübten Lesern auffallen können, dass bis auf einen »Augenzeugen« niemand verraten konnte, wie man die Flugzeuge als amerikanisch identifiziert hatte. Auch der häufig zitierte Bericht der offiziellen Untersuchungskommission gibt keine Antwort darauf. Die Bauern aus Schönfels, die ersten Augenzeugen, gaben an, sie hätten am Vorabend der ersten Funde Flugzeuge gesehen oder gehört und daraus den Schluss gezogen, »daß diese Flugzeuge uns die Kartoffelkäfer beschert haben müßten. Wozu sollten sie sonst diese ungewohnte Route benutzt haben, woher sollten sonst die Kartoffelkäfer gekommen sein?« Andere Kronzeugen berichteten lediglich von Kondensstreifen am Himmel – das bedeutet, die Flugzeuge waren entweder schon weitergeflogen oder befanden sich in sehr großer Höhe. In beiden Fällen wäre es unmöglich gewesen, ihre Nationalität festzustellen. Das Amt für Information verbreitete die Meldung, amerikanische Flugzeuge hätten ihre Käferfracht in der Nacht zum 25. Mai 1950 abgeworfen, ließ aber offen, wie im Dunkeln die Identität festgestellt werden konnte. Hinzu kommt: Keiner der Zeugen hatte je etwas aus den Flugzeugen fallen sehen, geschweige denn Behälter gefunden, von denen immer wieder berichtet wurde; sie wurden auch der Öffentlichkeit nicht präsentiert.

So liegt der Schluss nahe, dass die Aussagen, die im Bericht der Kommission dokumentiert wurden, den Bauern in den Mund gelegt worden waren. Dafür spricht der Hinweis in den Kommentaren, dass die Bauern und lokalen Behörden von selbst zunächst gar nicht auf die Idee einer Verdächtigung amerikanischer Flugzeuge gekommen seien und der Anstoß dazu erst von den zentralen Behörden erfolgte. Die Meldung der *BZ am Abend*, die amerikanische Militärregierung lasse ergründen, warum das »Kahlfraßunternehmen« gegen die DDR so schnell aufgedeckt werden konnte, ist nicht zu belegen und offenbar eine freie Erfindung. Die in der DDR-Presse betriebene Propaganda ähnelte auffällig den Szenarien während der NS-Zeit. Das ist nicht ungewöhnlich, denn der Krieg lag erst wenige Jahre zurück; zudem hatten Zeitungen der Sowjetischen Besatzungszone eine zwei Jahre zuvor aufgetretene Maul- und Klauenseuche als »böswillig vom Westen eingeschleppt« deklariert. Doch wer hatte die Idee für die Falschmeldung über die »Amikäfer«? Obwohl eine Reihe Wissenschaftler aus der NS-Zeit über die militärischen Einsatzpläne von Kartoffelkäfern Bescheid wussten und später in der DDR tätig waren, gibt es keinen Beleg, dass die Idee aus diesem Kreis kam. Auch die Mitarbeiter der Abteilung Pflanzenschutz scheinen angesichts ihrer überwiegend realitätsnahen Berichte eher unverdächtig. Erhard Geißler vermutet die Urheber des Gerüchts im Parteiapparat. Sie hätten die Mängel ihrer Arbeit vertuschen wollen. Allerdings geben die Unterlagen des Zentralkomitees der SED, Abteilung Landwirtschaft, keine entsprechenden Hinweise. Am ehesten ist die Urheberschaft dem Amt für Information zuzutrauen, das auffallend schnell die Deutungshoheit über die Vorgänge beanspruchte. Ganz aus dem Spiel ist auch die Sowjetunion nicht. Sie sah möglicherweise angesichts des Korea-Krieges eine günstige Gelegenheit, die USA zu verunglimpfen.

Aber selbst die DDR-Staatssicherheit fand keinen Beleg dafür, wie eine 1981 vorgelegte Studie zeigt. Im Geheimauftrag des Ministeriums hatten drei Ärzte und Tiermediziner Krankheitsausbrüche und Schädlingsvorkommen daraufhin untersucht, ob sie auf Sabotageakte zurückzuführen waren. In den Fünfzigerjahren gehörte die Sabotageabwehr zum täglichen Brot des MfS; der Geheimdienst hätte also angesichts der damaligen Meldungen ohne Zweifel eine Operation eingeleitet, die sich in Unterlagen hätte niederschlagen müssen. Doch offensichtlich hatte die Stasi 1950 darauf verzichtet, weil von Anfang an intern klar war, dass es sich um eine von der SED-Führung lancierte Falschmeldung handelte. Daher konnten die Forscher der Stasi auch nicht fündig werden. Sie erwähnten zwar die angebliche US-Aktion in ihrer Schrift über die Funktion biologischer Mittel und die Bedingungen ihres subversiven und militärischen Einsatzes. Sie zitierten aber lediglich ein Buch des Feuilletonisten Heinz Knobloch, der die »Amikäfer«-Story 1955 ungeprüft übernommen hatte, sowie den

Artikel des damaligen Finanzministers Hans Loch.[16] Dessen Behauptung, die USA hätten bereits im Zweiten Weltkrieg Kartoffelkäfer gegen Deutschland eingesetzt, war aber ebenso unzutreffend wie sein Vorwurf, die Amerikaner hätten Kartoffelkäfer über der DDR abgeworfen. Die einzigen »Käfer«, die der Westen über DDR-Gebiet abgeworfen hatte, waren aus Pappe; Absender waren im August 1950 das Gesamtdeutsche Ministerium und der US-Geheimdienst. Die Pappkäfer, als Antwort auf die Falschmeldungen per Ballons verstreut, waren mit politischen Sprüchen versehen und mit einem »F« auf der Rückseite. Es hätte durchaus für das Wort »Falschmeldung« stehen können – tatsächlich aber symbolisierte das »F« den Begriff »Freiheit«.

# »KZ-Baumeister«

## Die Kampagne gegen Bundespräsident Heinrich Lübke 1964 bis 1969

*»Es geht mir nicht darum, daß dieser Bundespräsident an Baracken
mitgebaut hat, die KZ-Häftlingen als Unterkunft dienten. Es geht darum,
daß er nicht den Mut fand, zu dieser Tatsache zu stehen.«*

Henri Nannen, 1968[1]

Albert Norden schätzt klare Worte: »Bundespräsident Lübke baute Hitlers
Konzentrationslager«, lautet der Titel seines Redemanuskripts für die internationale Pressekonferenz in Ost-Berlin am 24. Januar 1966. Der Chefpropagandist der SED sagt den anwesenden Journalisten, die vorwiegend
aus den Satellitenstaaten der Sowjetunion stammen, »daß der Bundespräsident Lübke, der heute die Konzeption der Haß- und Aufrüstungspolitik in hervorragendem Maße prägt, ein regelrechter Kriegsverbrecher ist,
dessen Gegenwartspolitik die Untaten fortsetzt, die er im Zweiten Weltkrieg beging«. Lübke sei »mitschuldig an dem Leid und dem Sterben, an
der Erniedrigung, brutalen Ausbeutung und physischen Vernichtung von
Deutschen, Polen, von Sowjetbürgern, Franzosen, Holländern und Angehörigen anderer europäischer Nationen«. Denn, so Norden weiter: »Er,
Lübke, hat höchstpersönlich die Stätten der Qual und des Grauens auf
dem Reißbrett entstehen lassen, die Pläne mit eigener Hand abgezeichnet, die Bauten in Angriff genommen, kontrolliert, fertiggestellt und den
Henkern und Sklavenhaltern der SS zur Nutzung übergeben.« Um seine
Vorwürfe zu untermauern, lässt Norden unter anderen den ehemaligen
Häftling Josef Fimbel sowie Ernst Tomischka, einen früheren Kollegen
Lübkes, als Zeugen auftreten; außerdem präsentiert er belastende Dokumente. Eines davon umfasst zehn Blatt Lichtpausen, die in einem Aktendeckel mit der Aufschrift: »Vorentwurf zur Erstellung eines KZ-Lagers für
2000 Häftlinge der Firma KALAG bei Schacht VI in Neu-Staßfurt« eingeheftet sind. Bei den Blättern handelt es sich um Pläne von Wohnbaracken; sie
tragen Heinrich Lübkes Unterschrift oder seine Paraphe und das Datum
16. September 1944. Kopien davon lässt Norden unter den Teilnehmern

der Pressekonferenz verteilen. Zum Abschluss der Pressekonferenz stellt der Sekretär für Agitation des Zentralkomitees der SED zehn rhetorische Fragen. Sie beginnen alle mit »Stimmt es« und enden inquisitorisch mit »Ja oder nein?«: »Stimmt es, Herr Lübke, daß Sie im Zweiten Weltkrieg als stellvertretender Bauleiter der Rüstungsfirma Schlempp eingesetzt waren? Ja oder nein?« Außerdem fragt Norden zum Beispiel, ob Lübke der »Gestapo Handlanger-Dienste« geleistet habe, ob er insgesamt drei KZs geplant und errichtet habe sowie ein Lager für Zwangsarbeiter. Die neunte Frage weist unmittelbar in die Gegenwart: »Stimmt es, daß Sie heute Ihren Einfluß geltend machen, um die Rüstungskonzerne zu bevorzugen, für die Sie damals Konzentrationslager errichteten? Ja oder nein?« Die letzte Frage lautet: »Stimmt es, daß Sie Ihre Fragebögen fälschten und bewußt die Bundesversammlung über Ihr Vorleben täuschten? Ja oder nein?«[2]

Das *Neue Deutschland* jubiliert Ende Januar 1966 über Nordens Auftritt: »Jetzt sind die Beweise vollkommen: Mit Lübke steht ein Kriegsverbrecher an der Spitze des aggressiven Bonner Staates.« Noch einmal zugespitzt verkündet das Blatt: »Lübke projektierte und errichtete Konzentrationslager in Leau, Neu-Staßfurt und Wolmirsleben. [...] Die Konzerne, die er damals bediente, schoben ihn jetzt auf seinen Posten. Totenlisten sind der fürchterliche Beweis für die Verbrechen des ersten Mannes im Bonner Staat.« Praktisch alle ostdeutschen sowie viele osteuropäische Blätter widmen Nordens Pressekonferenz und ihrer Aufbereitung durch das Zentralorgan der SED in den folgenden Tagen und Wochen viel Raum. Eine Broschüre darüber wird in 70 000 Exemplaren gedruckt und in mehrere Sprachen übersetzt; alle Transitreisenden von und nach West-Berlin sowie Ein- und Ausreisende erhalten Ende Januar und Anfang Februar 1966 an den DDR-Grenzkontrollpunkten Handzettel mit den zehn »Fragen« des ostdeutschen Chefagitators und der fettgedruckten Überschrift: »Antworten Sie, Herr Lübke!« Doch genau das tut der Bundespräsident nicht. Er ignoriert die Angriffe aus Ost-Berlin; er will Norden und die SED-Diktatur nicht dadurch anerkennen, dass er sie wahrnimmt. Damit folgt Lübke der Praxis aller Bundesregierungen seit 1949: Die DDR wird als nichtexistent betrachtet. Zu einem Freund sagt der Präsident, er habe wegen der »schweren Angriffe der Pankower Freunde« noch »keine Stunde weniger ruhig geschlafen«, weil er wisse, »daß erstunken und erlogen ist, was da geschrieben und gesprochen wird«.[3]

**DDR-Propagandaplakat an der innerdeutschen Grenze bei Vacha in Thüringen 1966**

Aus Nordens Sicht ist es vor allem wichtig, dass seine Vorwürfe in der Bundesrepublik aufgriffen werden. Deshalb lässt er das Ministerium für Staatssicherheit (MfS) unmittelbar nach seiner Pressekonferenz Kopien der Akte über Neu-Staßfurt und weitere Materialien dem *Spiegel* sowie ausgesuchten Zeitungen zuleiten, »die nicht zum Springer-Konzern« gehören. Das MfS setzt zudem einen »Inoffiziellen Mitarbeiter« auf liberale Journalisten in Westdeutschland an. Der IM bewegt den stellvertretenden Chefredakteur des *Kölner Stadtanzeigers* sowie das Fernsehmagazin *Report Baden-Baden* dazu, Beiträge über Nordens Vorwürfe gegen Lübke vorzubereiten. Doch obwohl die Vertreter des Südwestfunks laut DDR-Protokoll des Gesprächs sehr weit gehen (»Glauben Sie uns, mehr können wir Ihnen nicht bieten. Sie können über unseren Sender Ihre Politik vertreten.«), wird daraus nichts. Erst im Juli 1966 greift die Zeitschrift *konkret* das Thema auf. In dem Magazin, das mit seinen linken Kommentaren, freizügigen Themen (»Heißer Sex und kalte Küche«) und stets leicht bekleideten Mädchen auf den Titelbildern in Intellektuellen- und Studentenkreisen viel gelesen wird, schreibt der Vizepräsident des westdeutschen PEN-Zentrums, Robert Neumann, einen scharfen Artikel gegen Lübke.

Schon auf der Titelseite heißt es »Baute Lübke KZs?«; im Heft beantwortet der Autor anstelle des zu Nordens Vorwürfen schweigenden Bundespräsidenten die zehn Fragen. Fünfmal greift Neumann zum klaren, dreimal zum eingeschränkten Ja, einmal stellt er fest, es gebe keine Beweise. Nur eine Frage, die neunte, über Lübkes Unterstützung für bundesdeutsche Rüstungskonzerne, übergeht der Schriftsteller. Grundlage für den Artikel sind die auf Nordens Pressekonferenz verteilten Materialien.[4]

Die SED peilt eine länger wirkende Verbreitung der Vorwürfe gegen Lübke an. Ihr Kronjurist, Rechtsanwalt Friedrich Karl Kaul, beginnt Ende Oktober 1966 Verhandlungen mit Fritz J. Raddatz, dem Programmchef des linksliberalen Rowohlt-Verlages in Reinbek bei Hamburg. Ziel ist es, möglichst bald ein Taschenbuch mit Dokumenten über Lübke »in der literarisch gemäßen Form« zu publizieren. Gedacht ist an die politisch renommierte Reihe »rororo-aktuell« und an eine Startauflage von 75 000 Stück. Der MfS-Oberst Günter Halle schreibt in einem Bericht an seinen Minister Erich Mielke: »Eine Rowohlt-Ausgabe würde infolge des weltweiten Rufes die Lübke-Kampagne auf eine Ebene stellen, die beträchtliche internationale Auswirkungen verspricht und ein für allemal jegliche Versuche Bonns, die Lübke belastenden Dokumente als Fälschungen hinzustellen, aus der Welt schaffen.« Das zielt auf die einzige nennenswerte Reaktion der Bundesregierung auf Nordens Attacke: Ende Oktober 1966 veröffentlicht Bundesinnenminister Paul Lücke (CDU) ein umfangreiches Papier, in dem die »kommunistische Verleumdungskampagne gegen den Bundespräsidenten« zurückgewiesen wird. Die vorgelegten Dokumente seien teils fehlinterpretiert, teils verfälscht, teils »frei erfunden«. Zwar reagiert die SED umgehend mit einem »Gutachten« des Instituts für Kriminalistik der Humboldt-Universität, das laut Untertitel »das Lügengebäude des Bonner Innenministeriums zertrümmern« soll und das eine Fülle von weiteren Originaldokumenten aus der Zeit vor 1945 enthält. Doch Raddatz verlangt von seinen potenziellen Geschäftspartnern in Ost-Berlin mehr: ein Echtheitsgutachten eines neutralen Experten. Nur mit einer solchen Expertise will er die Dokumente aus der DDR als Buch in sein Verlagsprogramm aufnehmen. Kaul willigt ein und versucht über Monate hinweg, entsprechende Gutachten einzuholen. Doch ein Fachmann der Züricher Polizei muss den Auftrag zurückgeben, da seine Behörde vermutet, ihr guter Name könnte zu politischen Zwecken missbraucht werden. Trotzdem bekennt sich Raddatz noch in einem Brief an Kaul vom 30. Juni 1967 zu dem Projekt, sofern die belastenden Dokumente von einem ausländischen Gutachter seiner Wahl für echt erklärt würden; er garantiert nun eine Startauflage von 30 000 Stück und ein Honorar von 3000 (West-)Mark. Zwei Wochen später scheitert der geplante »rororo-aktuell«-Band dann doch: Raddatz sagt das Projekt ab, nachdem Kaul sich geweigert hat, mit den Dokumenten in »ein von mir [Raddatz] zu bestimmendes Land zu reisen«. Der DDR-Jurist tritt in einem Brief Ende Juli 1967 nach: »Wenn ich unsere so kurz geratenen Beziehungen überdenke, bleibt eigentlich nur – Sie werden dieses Werturteil einem Älteren zubilligen müssen – ein gewisses Wohlgefallen an Ihrer persönlichen Substanz.« Allerdings steht zu dieser Zeit für große Teile der westdeutschen Linken und vor allem für die stark wachsende Bewegung von Studenten, die später als »68er« bekannt werden, unumstößlich fest: Bundespräsident Heinrich Lübke ist ein Kriegsverbrecher und »KZ-Baumeister«.[5]

Die Vorwürfe gegen das zweite Staatsoberhaupt der Bundesrepublik Deutschland trugen wesentlich zu den gesellschaftlichen Eruptionen bei, die von West-Berlin aus ab Juni 1967 bald ganz Westdeutschland erfassten, das komplette Jahr 1968 andauerten und erst 1969 versiegten. Denn zu den zentralen Motiven von »68« gehörte die Überzeugung, die Bundesrepublik sei ein im Kern restaurativer Staat, in dem dieselben politischen und ökonomischen Eliten dominieren, die bereits das nationalsozialistische Deutschland geprägt hatten. Ohne diese Überzeugung ist die Studentenrevolte ebenso wenig denkbar wie ohne die Empörung über die brutale amerikanische Kriegsführung in Vietnam. Die »Überführung« des höchsten Repräsentanten der bundesrepublikanischen Politelite, eben Heinrich Lübkes, als »KZ-Baumeister« fügte der Reputation der westdeutschen Demokratie in linksintellektuellen Kreisen schweren Schaden zu, der bis heute reflexartig fortwirkt. Ein kleiner, besonders radikaler Flügel der verebbenden Studentenbewegung griff ab 1970 schließlich zu gezielter Gewalt und versuchte, die Bundesrepublik mit Bombenanschlägen und anderen Kapitalverbrechen zur Offenlegung ihres »wahren«, nämlich »faschistischen« Charakters zu zwingen. Zu den Führungsfiguren dieser selbsternannten »Rote Armee Fraktion« gehörte Ulrike Meinhof. Sie hatte das Magazin *konkret* von 1960 bis 1964 als Chefredakteurin geleitet und war ihm als ständige Kolumnistin verbunden, als Robert Neumann dort seine Anti-Lübke-Artikel veröffentlichte.

Das ganze Jahr 1967 über erschienen in Deutschland immer wieder Artikel über Lübkes angebliche Beteiligung an KZ-Bauten – allerdings entweder in DDR-Zeitungen oder in bekanntermaßen weit links angesiedelten bundesrepublikanischen Publikationen; sie wirkten daher noch nicht bis in die Mitte der westdeutschen Gesellschaft. Dass zum Beispiel Wolfgang Koppel, ein Aktivist des Sozialistischen Deutschen Studentenbundes (SDS), im August 1967 in Karlsruhe eine »Dokumentation« mit dem Titel *Heinrich Lübke – Präsident der Deutschen?* herausgab, überraschte niemanden; ebensowenig das in einer Meldung des *Neuen Deutschland* dazu abgedruckte Fazit der Broschüre: »Ein Bundespräsident, der an NS-Verbrechen beteiligt war und von seinem Tun auch nicht nachträglich abgerückt ist, bedeutet eine offene Verhöhnung der NS-Opfer und angesichts des Anspruchs, ganz Deutschland zu vertreten, eine Beleidigung aller gutwilligen und human gesinnten Deutschen überhaupt.« Resonanz fand diese »Dokumentation« außerhalb des SDS allerdings kaum.

Ganz anders einige Monate später, als das *Braunbuch* für Aufsehen sorgte. Dabei handelte es sich ebenfalls um eine »Dokumentation« über »Kriegs- und Naziverbrecher in der Bundesrepublik und Berlin (West)«. Es war erstmals 1965 erschienen und wurde von der DDR im Oktober 1967 in Westdeutschland öffentlich präsentiert – auf der Frankfurter Buchmesse. Neben mehr als tausend Funktionsträgern der Bundesrepublik wurde darin auch Lübke attackiert. Als »KZ-Bauausführer« gehöre er zu jenen, »die den Faschismus bis zur bedingungslosen Kapitulation ebenso bedingungslos unterstützten«. Der Bundespräsident drängte intern darauf, das Pamphlet auf der Buchmesse zu beschlagnahmen, ließ aber davon ab, nachdem die Bundesregierung die Provokation durch die DDR öffentlich scharf verurteilt hatte. Trotzdem kam es zum von der SED offenkundig angestrebten Skandal, als am 17. Oktober 1967 ein Frankfurter Amtsrichter das *Braunbuch* im Alleingang einziehen ließ – fünf Stunden vor dem Ende der Buchmesse. »Aus Protest« bauten alle DDR-Verlage umgehend ihre Stände ab; zahlreiche westliche Verlage »solidarisierten« sich mit ihren ostdeutschen Kollegen. Nun wirkten die Vorwürfe gegen Lübke allmählich über das linke Spektrum hinaus. Am 18. Dezember 1967 forderten nicht mehr nur Studenten, sondern nun auch schon einige Professoren der ehrwürdigen Universität Bonn in einer stürmischen Diskussion, dem Bundespräsidenten die Würde eines Ehrensenators abzuerkennen.[6] Zum Dammbruch kam es am 28. Januar 1968. Der *Stern*, damals die auflagenstärkste Illustrierte Europas, veröffentlichte ein Gutachten des US-Schriftexperten J. Howard Haring. Er hatte fünf Originalblätter aus dem von Norden 1966 präsentierten Konvolut untersucht und die darauf zu lesenden Lübke-Unterschriften von 1944 mit aktuellen Paraphen des Bundespräsidenten verglichen. Er hielt sie für eindeutig von derselben Hand geschrieben. Zwar widersprach das Bundeskriminalamt der Expertise des renommierten Amerikaners, der 1935 berühmt geworden war, als er den Chef einer Kidnapper-Bande überführte, die das Baby des Flugpioniers Charles Lindbergh entführt hatte. Auch das Bundesinnenministerium kritisierte »fachliche Mängel« des Gutachtens und stellte fest, Harings Schlussfolgerungen widersprächen »den Gesetzen der Logik«. Ungerührt davon verkündete der hochbetagte US-Fachmann:»Ich halte meine Expertise selbstverständlich aufrecht.«

*Stern*-Chefredakteur Henri Nannen ließ nun eine Reihe von Artikeln und selbst verfasste Editorials folgen, in denen er die Tonlage immer weiter verschärfte. Am 4. Februar 1968 schrieb er:»Wir haben einen greisen Bundespräsidenten, der in seinen Mannesjahren am Bau von KZ-Unterkünften beteiligt war.« Zwei Wochen später attestierte das Blatt dem 73-jährigen Staatsoberhaupt»Angst vor der Wahrheit« und nannte es die»entscheidende Frage, ob die Lübke-Unterschriften auf Bauplänen für KZ-Häftlingsbaracken echt sind«. Schließlich blies Nannen zum ganz großen Angriff: Unter der zynischen Überschrift»Eine Chance für Heinrich Lübke« bemitleidete er den Bundespräsidenten für die»bedauernswerte Figur, die Sie in Ihrem Amt bieten. Sie sind ganz einfach kleinkariert.« Höhnisch fuhr der *Stern*-Chef fort:»Darum treten Sie zurück, Herr Lübke. Tun Sie es sofort. Sie haben die Chance, Ihrem Land endlich einen wirklichen Dienst zu erweisen. Es könnte der erste Schritt zu einer Gesundung unseres Staates sein.« Denn, so kritisierte Nannen:»Studenten greifen diesen Staat an, der ihnen zum ersten Mal die Freiheit gibt, ohne Gefahr an Leib, Leben oder Fortkommen ›dagegen‹ zu sein. Die jugendlichen Demonstranten tragen die Embleme eines Regimes vor sich her, das ihnen keine Sekunde erlauben würde, in seinem Machtbereich Opposition auszuüben. Wir hätten dieser unausgegorenen Unruhe so gern etwas

entgegenzusetzen, einen sauberen Staat, eine glaubhafte Politik.« Die pro-
testierenden Studenten litten an der »Verlogenheit dieses Staates«, schrieb
Nannen, um dann eine rhetorische Volte anzuschließen: »Sie tragen die
Bilder von Che Guevara und Ho Chi Minh vor sich her. Sollten wir ihnen
mit den Bildern Heinrich Lübkes entgegentreten?«[7]

Im Februar 1968 fand sich kein anderes Thema so regelmäßig auf den
Politik- und Kommentarseiten deutscher Zeitungen. Die liberale *Süddeutsche Zeitung* zum Beispiel diagnostizierte der Bundesrepublik ein »Leiden
an Lübke«, die sozialdemokratische *Neue Rhein Zeitung* legte ihm den
Rücktritt nahe. In der konservativen *Rheinischen Post* (Düsseldorf) schrieb
der damalige Chefredakteur, Herbert Kremp, um den Bundespräsidenten
sei eine »Atmosphäre der Unsicherheit und des Gerüchts« entstanden, von
der auf jeden Fall »etwas hängenbleiben« werde. Ein Rücktritt bedeute allerdings eine große Gefahr, denn dieser Schritt könnte als »Eingeständnis
einer Schuld« interpretiert werden. Der *Spiegel* wurde zwar nicht ganz so
ausfallend wie der *Stern*, doch auch Rudolf Augsteins Magazin diagnostizierte im März auf seiner Titelseite die »Präsidenten-Krise« und zeigte
bitterböse Lübke-Karikaturen, die das Staatsoberhaupt der Lächerlichkeit
preisgaben. Selbst das Bundeskabinett beriet über die Attacken. Eine Ver-
leumdungsklage gegen Nannen könnte zum »Schauprozess« gegen das
Staatsoberhaupt werden, warnte Bundeskanzler Kurt Georg Kiesinger –
und Lübke damit weiter schwächen. Der Bundespräsident war – laut den
Tagebuchaufzeichnungen seines Staatssekretärs – tief enttäuscht; er stehe nun »praktisch ohne Rückhalt im Kabinett« da. Der Bundesvorstand
der SPD immerhin versicherte dem Staatsoberhaupt, ihm beizustehen,
um eine ähnliche Demontage wie jene des sozialdemokratischen Reichspräsidenten Friedrich Ebert 1924 / 25 zu verhindern.

Schließlich entschied sich Lübke für eine Fernsehansprache. Sie
dauerte fünf Minuten und war aus einer fast einstündigen Aufzeichnung
zusammengeschnitten worden. Allein das führte schon zu einer seltsamen
Wirkung der Erklärung. Zudem argumentierte der Bundespräsident auch
noch unglücklich, indem er die Vorwürfe pauschal zurückwies. Seine
Arbeitsgruppe habe nie »Einrichtungen geplant oder sonst wie bearbei-
tet«, die den »Charakter eines Konzentrations- oder Sträflingslagers hatten«. Allerdings, so räumte Lübke ein, könne er sich nicht mehr an jedes
Schriftstück erinnern, das er unterzeichnet habe. Dieses Zugeständnis war

als Ausweg aus dem Dilemma der Schriftgutachten und des befürchteten Dokumenten-Nachschubs aus Ost-Berlin gedacht. Aber es kam in der Öffentlichkeit als teilweises Schuldeingeständnis an. Nur 18 Prozent der repräsentativ ausgesuchten Deutschen einer Allensbach-Umfrage fanden Lübkes Auftritt »überzeugend« oder »gut«; 43 Prozent dagegen antworteten, die Ansprache habe sie »nicht überzeugt«. 17 Prozent waren unentschieden, und 22 Prozent hatten von der Ansprache nichts mitbekommen. Die *Welt am Sonntag* beschrieb Lübkes unglückliche Position treffend: »Wehrt sich der Bundespräsident, so begibt er sich der Würde seines Amtes. Schweigt er, so wird dies als Schuldbekenntnis genommen.«[8]

Ende März 1968 versetzte ein SPD-Bundestagsabgeordneter dem Präsidenten den bislang schlimmsten Schlag: Franz Marx weigerte sich, das ihm verliehene Bundesverdienstkreuz anzunehmen. Marx hatte im »Dritten Reich« im KZ Dachau gelitten und gab als Begründung für das Ausschlagen des Ordens an, Lübkes »Beteiligung an KZ-Bauten« sei nicht geklärt. Später legte Marx nach und betonte, er habe das Bundesverdienstkreuz abgelehnt, weil Lübke »an den Konstruktionsplänen für die KZ-Lager führend beteiligt« gewesen sei. Der spektakuläre Schritt erregte den Bundespräsidenten derartig, dass er intern seinen Rücktritt androhte, was jedoch dementiert wurde, als einige Zeitungen davon Wind bekamen.

Im Frühsommer 1968 begannen immer mehr CDU-Spitzenpolitiker und von ihnen angesprochene Vertrauenspersonen des Bundespräsidenten, auf Lübke einzuwirken und ihn zum vorzeitigen Amtsverzicht zu drängen. Tatsächlich baute das Staatsoberhaupt infolge der Kampagne körperlich stark ab; ein Rücktritt aus gesundheitlichen Gründen wäre geboten gewesen, hätte aber als Schuldeingeständnis gewertet werden können. Im Sommer spekulierten immer mehr gut informierte Blätter über einen vorzeitigen Amtsverzicht; der *Spiegel* zum Beispiel tippte auf den Mai 1969, die *Welt* auf den März. Sowohl linksliberale als auch konservative Leitartikler begrüßten Lübkes vermutete Bereitschaft, vorzeitig zu gehen. So kam es wenig überraschend, als der Bundespräsident bei einem Empfang am Abend seines 74. Geburtstages, am 14. Oktober 1968, seinen Rücktritt zum 1. Juli 1969 bekanntgab – zehn Wochen vor dem eigentlichen Ende seiner Amtszeit. Offiziell, um die Wahl seines Nachfolgers und die im September 1969 anstehende Bundestagswahl zeitlich zu entzerren. Doch diese reichlich konstruierte Begründung nahm niemand ernst. Und natürlich war auch niemand überrascht, als das *Neue Deutschland* Lübkes Ankündigung hämisch kommentierte:»Sein vorzeitiger Rücktritt ist das Ergebnis der Enthüllungen der DDR über seine Naziverbrechen.« Das Staatsoberhaupt der Bundesrepublik habe, so das SED-Zentralorgan, in der ganzen Welt dieselbe Frage aufgeworfen:»Was muß das für ein Staat sein, dessen oberster Repräsentant ein solcher Verbrecher ist.«[9]

Ohne Zweifel hatte der Vorwurf, er sei ein »KZ-Baumeister« gewesen, nicht nur Heinrich Lübke mürbe gemacht und schließlich zu seinem vorzeitigen Rücktritt geführt, sondern ebenso die beginnende Studentenbewegung in der Bundesrepublik wesentlich befördert. Zwar war von Anfang an klar, dass die Urheber der Kampagne in Ost-Berlin saßen. Doch diese Tatsache genügte nicht, ihre Attacken zu ignorieren, ihre »Beweise« als Fälschungen zu entlarven. War eventuell doch etwas dran an den Vorwürfen – auch wenn sie von der SED in erkennbarer Absicht benutzt wurden? Hatte Heinrich Lübke während des Zweiten Weltkrieges tatsächlich Konzentrationslager geplant und errichtet? Vielleicht sogar wissentlich? Oder waren alle vorgelegten Dokumente Fälschungen und hatten für den Bauleiter Heinrich Lübke niemals KZ-Häftlinge und Zwangsarbeiter schuften müssen?

In der Auseinandersetzung zwischen den beiden deutschen Staaten spielte die NS-Vergangenheit von Anfang an eine entscheidende Rolle. In der Bundesrepublik wurde im Sinne der Totalitarismustheorie die Ähnlichkeit des nationalsozialistischen Regimes vor 1945 mit jenem der SED nach 1945 betont; die DDR verwies dagegen ständig auf den angeblich »restaurativen Charakter« Westdeutschlands. Dieser Gegensatz verschärfte sich nach dem Volksaufstand vom 17. Juni 1953, den die SED-Führung als »konterrevolutionären, von Westen aus gesteuerten Putsch« wahrnahm und dessen Teilnehmer laut Parteilinie angeblich »zum größten Teil ehemalige aktive Faschisten und Anhänger des Nazi-Regimes« gewesen seien. Das damalige Staatssekretariat für Staatssicherheit zog aus dem Aufstand den Schluss, künftig auf jede mögliche Art »vorbeugend« tätig zu werden. Dazu gehörte, die bereits seit Jahren ziemlich wahllos in den regionalen Verwaltungen der Stasi gesammelten Unterlagen aus der Zeit vor 1945 in Berlin zu konzentrieren. Anfang Januar 1954 nahm der heute als »NS-Archiv« bekannte »Sonderspeicher« in der Freienwalder Straße in Berlin-Hohenschönhausen die Arbeit auf; vier Monate später wurde seine Aufgabe in der entsprechenden Richtlinie so beschrieben:»In den Bezirksverwaltungen des Staatssekretariats für Staatssicherheit ist eine große Anzahl von Akten und Unterlagen über Angehörige und ehemalige führende Funktionäre der Gestapo, der SS, des SD, der NSDAP, der SA sowie anderer faschistischer Organisationen [...] zentralisiert. Aufgrund der Nichtauswertung der vorhandenen Materialien, die auch für die gegenwärtige operative Arbeit von großer Bedeutung sein können, war es bisher nicht möglich, die Vergangenheit dieser Personen zu erkennen und diese Kenntnis entsprechend auszuwerten.«

Zunächst beschränkte sich die Staatssicherheit vor allem darauf, NS-Belastete als »geheime Mitarbeiter« anzuwerben – also zu Spitzeldiensten zu drängen oder zu zwingen. Nach der entsprechenden Richtlinie Nr. 21 vom 20. November 1952 sah man in ihnen ein geeignetes, weil erpressbares Rekrutierungsreservoir.»Wie die Praxis der folgenden Jahre zeigen sollte, wurden die Dienstrichtlinien in dieser Hinsicht tatkräftig umgesetzt«, urteilte der Historiker Henry Leide, ein Mitarbeiter der Stasi-Unterlagen-Behörde. Das änderte sich ab Mitte der Fünfzigerjahre – nun wurden auch NS-belastete Personen in die DDR-Gesellschaft integriert, wobei man allerdings nach außen hin weiter Unnachsichtigkeit demonstrierte. Damit rückte der »praktische Nutzen« der NS-Vergangenheit in den Vordergrund – natürlich nur der der Verstrickung von bundesdeutschen Funktionsträgern. Verantwortlich war von Anfang an Albert Norden, KPD-Mitglied seit 1921 und inzwischen Chefpropagandist der SED mit Sitz im Politbüro. Ab März 1954 wurden in einer nahezu ununterbrochenen Folge Propagandaschriften zum Beispiel über die »Faschisierung des Justizapparates der Bundesrepublik«, das »Paradies für Kriegsverbrecher« oder »SS-Mörder in der Bundeswehr« veröffentlicht. Erstes breit wahrgenommenes Ergebnis der Kooperation von Staatssicherheit und Nordens Apparat im ZK der SED war die Broschüre *Gestern Hitlers Blutrichter – Heute Bonner Justizelite*, die am 23. Mai 1957, wenige Monate vor der dritten Bundestagswahl, erschien. Anlass war das Verbot der KPD in der Bundesrepublik durch das Bundesverfassungsgericht im August 1956. In den folgenden zweieinhalb Jahren steigerte Norden die Zahl der attackierten und namentlich genannten westdeutschen Juristen von anfangs 118 über 600 auf 800 und schließlich auf die runde Zahl von

1000 »Blutrichtern«. Da es in der westdeutschen Justiz tatsächlich eine weitgehende personelle Kontinuität gegeben hatte, waren die Vorwürfe mindestens teilweise begründet, wenn auch Nordens daran geknüpfte politische Behauptungen von Beginn an vollkommen überzogen waren.[10] Die Aufregung, die die »Blutrichter«-Kampagne ausgelöst hatte, bewies dem SED-Agitator und der inzwischen wieder zum eigenständigen Ministerium aufgestiegenen Staatssicherheit, dass sie ein »erfolgversprechendes« Feld für Attacken auf die Bundesrepublik gefunden hatten. Also erweiterten sie systematisch ihre Tätigkeit: mit Angriffen gegen den tatsächlich höchst zweifelhaften Industriebaron Friedrich Flick und den ehemaligen Stabschef von Hitlers Lieblings-General Erwin Rommel, Hans Speidel, nunmehr hoher NATO-General, gegen Generalbundesanwalt Wolfgang Fränkel, den Vertriebenenminister Theodor Oberländer und gegen Adenauers Staatssekretär Hans Globke. Ungefähr zur gleichen Zeit, Anfang 1960, ließ die Stasi Hakenkreuze an jüdische Einrichtungen in Westdeutschland schmieren, wie der Historiker Michael Lemke belegen konnte. Während in der geteilten Stadt Berlin Monat für Monat erst 12 000, dann 15 000 und schließlich (im August 1961) in nur 13 Tagen 47 433 Menschen dem »Arbeiter-und-Bauern-Staat« buchstäblich den Rücken kehrten, versuchte sich die DDR als das »bessere Deutschland« zu profilieren.

Nordens Kampagnen hatten durchaus unterschiedlichen Erfolg. Generalbundesanwalt Fränkel zum Beispiel wurde binnen zehn Tagen nach der ersten Veröffentlichung in den Ruhestand versetzt. Oberländer dagegen hielt den offenkundig organisierten Druck und sogar einen inszenierten Schauprozess in Ost-Berlin (natürlich in Abwesenheit des Angeklagten) fast ein Jahr lang aus, bis er unmittelbar nach Erreichen der Pensionsberechtigung als Bundesminister ausschied. Flick und Speidel dagegen kümmerten sich um die Vorwürfe nicht weiter, und Globke blieb an Adenauers Seite bis zu dessen Rücktritt im Oktober 1963. Doch ein besseres Mittel als die braune Vergangenheit hatte die SED im Kampf gegen die offenkundig überlegene demokratische Marktwirtschaft der Bundesrepublik nicht. Also entschied das Politbüro, diese Taktik mit noch mehr Aufwand fortzusetzen. Der Entwurf einer Richtlinie »Aufgaben und Zusammensetzung der Westkommission des Nationalrates«, unterzeichnet von Gerhard Dengler, hielt am 27. März 1962 ausdrücklich als Aufgabe

»die Gewährleistung der ständigen und systematischen Offensive durch die tägliche aktive politische Einmischung in Westdeutschland« fest. Das SED-Politbüro beschloss als Parteilinie, die »antifaschistische, humanistische Friedenspolitik der DDR einerseits und die aggressive, neonazistische, friedensfeindliche Politik der Bonner Regierung andererseits« besonders zu betonen.[11]

Das nächste Ziel war Heinrich Lübke, seit 1959 als Nachfolger von Theodor Heuss zweiter Bundespräsident. Lübke war 1894 in Enkhausen (Sauerland) geboren worden, hatte Agrarwissenschaften studiert und seit 1923 für zahlreiche Verbände von Klein- und Mittelbauern gearbeitet. Der Katholik wurde 1930 Mitglied der Zentrumspartei, für die er 1932 in den Preußischen Landtag einzog. In den letzten Jahren der Weimarer Republik war Lübke ein einflussreicher »Multifunktionär«, wie ihn sein Biograf Rudolf Morsey treffend nennt; zugleich profilierte er sich als Gegner des reaktionären Zentrumsflügels und ersetzte auf der westfälischen Landesliste für die Wahl 1932 sogar dessen Exponenten Franz von Papen. Noch wenige Tage vor der Ernennung Hitlers zum Reichskanzler entwarf Lübke einen Brief an Reichspräsident Hindenburg, in dem er genau vor dieser Entwicklung warnte. Das Schreiben wurde offenbar nie ausgefertigt. Doch dass der Sauerländer ein erklärter Feind der NSDAP war, blieb Goebbels nicht verborgen. Unter unklaren Umständen wurde Lübke am 1. April 1933 zum ersten Mal verhaftet, jedoch noch am selben Tag wieder entlassen. Mitte Mai bezeichnete ihn ein NS-Blatt als »typisches Beispiel des politischen Fassadenkletterers und Mandatsjägers«. Gleichzeitig verlor er nach und nach die meisten seiner verschiedenen Ämter. 1934/35 saß Lübke unter fadenscheinigen Vorwürfen insgesamt 20 Monate in Untersuchungshaft; schließlich wurde das Verfahren ergebnislos eingestellt. Der gelernte Vermessungsingenieur bemühte sich nach der Haftentlassung zunächst erfolglos um eine Anstellung. Erst 1937 arbeitete er wieder bei einer Siedlungsgesellschaft.

Nach Kriegsbeginn wechselte er in das Berliner Büro des Architekten Walter Schlempp – als Experte für den Schriftverkehr mit Ministerien und Behörden. Zu den wichtigsten Aufgaben des offiziell »Baugruppe Schlempp« genannten Büros gehörten Planung und Bauleitung beim Ausbau von Rüstungsfabriken. Von 1941 an war Lübke an Bauten in der »Heeresversuchsanstalt Peenemünde« beteiligt, wo die Rakete V-2 als »Vergeltungswaffe« gegen Großbritannien entwickelt wurde. Zu seinen Aufgaben zählte der Kontakt mit dem Rüstungsministerium. Ab Anfang 1944 gehörte Lübke als Vertreter Schlempps zur Sonderorganisation »Jägerstab«, die den bevorzugten Bau von Fabriken für Jagdflugzeuge koordinierte, wofür häufig Zwangsarbeiter und KZ-Häftlinge eingesetzt wurden. Ob die Gestapo nach dem gescheiterten Anschlag auf Hitler 1944 tatsächlich auch Lübke verhaften wollte (wie nachweislich zum Beispiel den ehemaligen Kölner Oberbürgermeister Konrad Adenauer), ist unklar. Anfang 1945 jedenfalls arbeitete Lübke mit einem engen Vertrauten von Rüstungsminister Albert Speer zusammen und eröffnete sofort nach dem Einmarsch alliierter Truppen in Höxter ein Baubüro, das sich mit der Vorbereitung des Wiederaufbaus befasste. Schon bald aber kehrte er als Agrarexperte in die Politik zurück: Ab Anfang 1947 hatte er in Nordrhein-Westfalen als Landwirtschaftsminister die »undankbarste Aufgabe der Landesregierung« inne; Deutschland hatte gerade den zweiten extremen Hungerwinter in Folge hinter sich. Lübke profilierte sich als begabter Organisator und verbesserte die Versorgungslage entscheidend. 1953 wechselte er gegen Adenauers Willen ins Bundeskabinett und etablierte eine erfolgreiche Agrarpolitik. Doch ein Mann des geschliffenen Wortes war Lübke nie; daher kam seine Nominierung als Nachfolger für Bundespräsident Theodor Heuss im Frühjahr 1959 überraschend. Eigentlich hatte Adenauer selbst kandidieren wollen, doch seine Meinung plötzlich geändert. So wurde Heinrich Lübke, der effiziente Minister, am 1. Juli 1959 zum Staatsoberhaupt der Bundesrepublik Deutschland gewählt. Seine erste Amtszeit verlief ereignisarm, und rasch wurde klar, dass er keine Idealbesetzung war.

Unmittelbar vor Lübkes Wiederwahl am 1. Juli 1964 in West-Berlin – eine besondere Herausforderung für die DDR-Regierung, die in den drei westlichen Sektoren der geteilten Stadt stets eine »selbständige politische Einheit Westberlin« sah – ging Albert Norden zum Angriff über. Das Politbüro hatte die Attacke am 9. Juni abgesegnet, und so griff der Chefpropagandist das westdeutsche Staatsoberhaupt am 29. Juni erstmals direkt an. Bereits seit 1959 hatte es immer wieder Angriffe gegen Lübke gegeben, doch sie waren mit halber Kraft organisiert und schlecht vorgetragen worden. Nun aber wollte Norden das ganze Gewicht des vergangenheitspolitischen Apparates der DDR einbringen. Neben dem »NS-Archiv« der Staatssicherheit war das die neugegründete »Dokumentationsstelle beim Innenministerium«. Sie sollte alle noch nicht systematisch erfassten Archivbestände aus der Zeit vor 1945 durchsehen und potenziellen Kampagnenstoff gegen Amtsträger in Westdeutschland auf Karteikarten verzeichnen. Zu ihren ersten Aufgaben gehörte die Suche nach »Belastungsmaterial« gegen Heinrich Lübke.[12]

Der Nachschub von spektakulären Archivmaterialien gegen den Bundespräsidenten funktionierte allerdings nicht so reibungslos, wie von Norden und MfS-Chef Erich Mielke erhofft. Das zeigen mehrere erhaltene Protokolle von gemeinsamen Sitzungen der »Dokumentationsstelle« und des MfS-»Sonderspeichers«. So musste Heinz Schumann, erster Chef der »Dokumentationsstelle«, einräumen, dass sich in den wissenschaftlichen Archiven »arbeitshemmende Diskussionen über den Zweck des Ganzen unter den Mitarbeitern« ereigneten. In einem Bericht einer »Forschungsgruppe« beim »Deutschen Zentralarchiv Potsdam« heißt es über die »nochmalige Durchsicht einiger Aktenbände des Generalbauinspekteurs für die Reichshauptstadt betreffs Heinrich Lübke« mit deutlich enttäuschtem Unterton: »Insgesamt kann gesagt werden, daß kein wesentliches und besonderes Material über Lübke aufgefunden werden konnte. Die gefundenen Dokumente bestätigten lediglich bereits bekannte Tatsachen [...] nochmals.«

Trotzdem inszenierte Albert Norden 1964/65 mehrere Auftritte vor der internationalen Presse so, als ob er ständig neue Vorwürfe präsentieren könne, und verschärfte jeweils die Tonlage. So ließ er die DDR-Nachrichtenagentur ADN Ende Dezember 1964 melden, die USA hielten belastendes Material über Lübke aus staatspolitischen Gründen zurück, was Washington umgehend dementierte. Am 27. Januar 1965 gab er bekannt, Lübke sei 1934/35 nicht aus politischen Gründen inhaftiert worden, sondern wegen »Veruntreuung und Unterschlagung von Geldern und wegen Urkundenbeseitigung« – damit wiederholte der Kommunist Norden beinahe wortwörtlich die konstruierten Vorwürfe der Gestapo, die schon Ende 1935 weder die Berliner Generalstaatsanwaltschaft noch das zuständige Landgericht überzeugt hatten. Am 2. Juli 1965 legte Norden dann bei einer weiteren Pressekonferenz in Ost-Berlin die erste Ausgabe des *Braunbuchs* vor. Darin fanden sich die Namen von über 1800 angeblich »schwerbelasteten führenden Nazifunktionären und Kriegsverbrechern, die sich heute ungehindert in entscheidenden Stellungen im westdeutschen

Staats- und Wirtschaftsapparat betätigen«. Darunter seien 21 Minister und Staatssekretäre der Bundesregierung, 100 Generale der Bundeswehr, 828 hohe Justizbeamte, Richter und Staatsanwälte, 245 leitende Beamte des Auswärtigen Amtes sowie 297 mittlere und hohe Beamte der Polizei.

Über den Bundespräsidenten sagte Norden:»Ja, als höchster Repräsentant der Bundesrepublik fungiert mit Heinrich Lübke ein Mann, der sich bei der Verwirklichung der geheimsten Rüstungsvorhaben der obersten Naziführung hervortat und als Bauleiter des Göring-Himmler-Speerschen Jägerstabes an der Ermordung vieler hundert KZ-Häftlinge mitschuldig wurde.«[13]

An der Rolle der DDR, der Staatssicherheit und insbesondere Albert Nordens bei der Verbreitung der Meldung, Heinrich Lübke sei ein»Kriegsverbrecher«und»KZ-Baumeister«gewesen, kann kein Zweifel bestehen. Die entscheidende Frage ist allerdings, ob die Vorwürfe zutrafen oder nicht. Grundsätzlich verdient die aus Ost-Berlin gesteuerte Kampagne Misstrauen. Doch allein die Herkunft von Belastungsdokumenten aus dem SED-Agitationsapparat sagt wenig aus über die Substanz der Unterlagen.

Eindeutig ist zunächst, dass der größte Teil von Nordens Vorwürfen erkennbar unsinnig war. Natürlich»prägte«Heinrich Lübke nicht die»Konzeption der Hass- und Aufrüstungspolitik«der Bundesrepublik»in hervorragendem Maße«, denn es gab keine»Hasspolitik«der westdeutschen Demokratie, und mit der Wiederbewaffnung hatte Lübke auch nichts zu tun – die Entscheidung dazu war bereits gefallen, bevor er als Landwirtschaftsminister ins Bundeskabinett eintrat. Der»Bonner Staat«war auch nicht»aggressiv«, wie das SED-Zentralorgan *Neues Deutschland* fabulierte; im Gegenteil zeichnete sich die Bundesrepublik ab Mitte der Sechzigerjahre durch ihre Konzentration auf die eigenen ökonomischen und politischen Interessen aus. Erst recht unsinnig waren *ND*-Attacken gegen Lübke wie die folgende:»Die Konzerne, die er damals bediente, schoben ihn jetzt auf seinen Posten.«Ein einziger Blick in die westdeutschen Zeitungen des Jahres 1959 beweist die Absurdität dieses Vorwurfs. Denn von allen Bundespräsidenten war Heinrich Lübke mit Sicherheit derjenige, der sich am wenigsten nach dem höchsten Amt gedrängt hatte; er fügte sich unwillig in die Nominierung als»Ersatzmann«, nachdem Konrad Adenauer in einer überraschenden Volte seine eigene Kandidatur rückgängig gemacht hatte. Aber derlei störte die SED-Propagandisten nicht.[14] Jedoch sind all diese den Zuständen im deutsch-deutschen Kalten Krieg geschuldeten Einschränkungen irrelevant gegenüber der einzig wichtigen Frage: Hatte Lübke tatsächlich während des Zweiten Weltkrieges KZs gebaut oder sie zumindest geplant? War er ein Kriegsverbrecher? Mit anderen Worten: Waren die Dokumente, die Albert Norden am 24. Januar 1966 präsentierte, echt oder gefälscht? Logen die auf der Pressekonferenz präsentierten Zeugen oder sprachen sie die Wahrheit?

Prüft man die »Belege« für Lübkes »Schuld« detailliert, so zeigt sich Erstaunliches: Die meisten erweisen sich bei genauerem Hinsehen als Fehlinterpretationen, eindeutig unglaubwürdig oder manipuliert. Mindestens drei der angeblichen Unterschriften und Paraphen Lübkes auf den vorgelegten Plänen waren mittels Lichtpausen nachträglich aufgebracht. Das erwies das Gutachten des Bundeskriminalamtes. Es dürfte kein Zufall gewesen sein, dass dem US-Schriftsachverständigen J. Howard Haring zwei Jahre später nur fünf originale Zeichnungen vorgelegt wurden, nicht alle 19 Pläne. Außerdem zeigten die Entwürfe zwar tatsächlich Baracken, wie sie auch in KZs benutzt wurden, aber eben auch für jede andere Art von behelfsmäßiger Unterbringung. In den Standardbaracken konnten sowohl (halbwegs freiwillige) Zivilarbeiter als auch gewaltsam verschleppte Zwangsarbeiter untergebracht werden, ebenso Wehrmachtssoldaten oder Einwohner ausgebombter Städte. Wofür sie schließlich eingesetzt wurden, war an der Planung nicht ablesbar, sondern höchstens an der Inneneinrichtung: In den KZs stellte die SS grob gezimmerte, drei- bis vierstöckige Pritschen in die Barackenstuben. Details der vorgesehenen Inneneinrichtung sind auf den meisten Plänen aber nicht zu erkennen. Andere Pläne, die offenbar tatsächlich KZ-Baracken zeigen (jedenfalls sind sie so beschriftet), tragen nicht Lübkes Unterschrift, sondern die eines Bauleiters namens Sander.

Auch Josef Fimbel, Vorsitzender des Komitees der KZ-Häftlinge von Neu-Staßfurt, der bei Nordens Pressekonferenz am 24. Januar 1966 als Zeuge aufgetreten war, relativierte seine Aussage drei Wochen später. Er sei nach Ost-Berlin gefahren, ohne zu wissen, dass Norden einen Angriff auf Lübke habe starten wollen. Auf den von Norden vorgelegten Plänen habe er das KZ-Außenlager Neu-Staßfurt nicht wiedererkennen können. Man habe ihm daraufhin geantwortet, es handele sich bei den Zeichnungen um eine geplante Erweiterung. Außerdem fiel Fimbel auf, dass auf dem Plan die Bezeichnung »Konzentrationslager Neu-Staßfurt« aufgeklebt gewesen sei. Ein von Norden organisierter Ortstermin in Neu-Staßfurt am 8. und 9. Februar 1966 erwies sich als Rohrkrepierer: Der auf der Pressekonferenz so prominent präsentierte Zeuge Ernst Tomischka musste auf Nachfragen westdeutscher Journalisten einräumen, weder er selbst noch sein Vorgesetzter Lübke hätten das KZ-Außenlager jemals betreten. Nicht einmal er als verantwortlicher Bauleiter vor Ort habe genau gewusst, wie die Haftbedingungen im Lagerbereich gewesen seien: »Herr Lübke wußte darüber noch weniger.«[15]

Als Idee geradezu genial war schließlich die wichtigste Manipulation der originalen, teilweise mit Lübkes Namenszug »verbesserten« Pläne: Sie wurden in zwei eigens aus alter Pappe und mit alten Schreibmaschinen hergestellten Aktendeckeln mit eindeutigen Beschriftungen eingeheftet. In ihrem Buch *Auftrag: Irreführung* bekannten die beiden Stasi-Desinformationsexperten Günter Bohnsack und Herbert Brehmer 1992, wie das geschah: »Über Lübke fanden sich im Archiv der Abteilung IX/11 [der mit der NS-Vergangenheit befaßten Abteilung des MfS] Akten, die seine Tätigkeit in einer Baugruppe namens Schlempp während der Nazizeit dokumentierten. Es gab auch Baupläne für Baracken; aber daß diese für Gefangene in Konzentrationslagern gedacht waren, ging aus den Zeichnungen nicht hervor, auch aus jenen nicht, an denen Lübke mitgearbeitet hatte. So konnte nur unterstellt werden, daß er von der späteren Nutzung wußte. Beweisen ließen sich diese Behauptungen aufgrund der Akten jedoch nicht. Also ergänzten wir das vorliegende Material, so daß es zweifelsfrei ›bewies‹, was wir beweisen wollten: daß Bundespräsident Lübke dereinst mitgebaut hatte an den KZs der Nazis.« Laut Bohnsack und Brehmer waren »die Verfälschungen [...] mit großer Sorgfalt angefertigt, damit sie einer Prüfung standhielten«. Im Wesentlichen bestand die Verfälschung aus der Anfertigung von Aktendeckeln, die um die originalen Baupläne herumgelegt wurden und auf die »KZ Staßfurt« geschrieben wurde.

Allerdings unterliefen den Stasi-Fälschern schwerwiegende Fehler. Sie hefteten ein Deckblatt mit der Aufschrift »KZ Staßfurt« um das Material, verteilten an die Journalisten aber Kopien eines scheinbar identisch beschrifteten, in Winzigkeiten wie Zeilenabständen und Leerzeichen zwischen Wörtern jedoch abweichenden Blattes – was den Spezialisten des

Bundeskriminalamtes natürlich auffiel, als sie die Unterlagen einer Untersuchung unterzogen. Zudem gab es eine Ausfertigung des Deckblattes, die unten die Unterschrift Lübkes trug; eine angeblich vom selben Dokument angefertigte Fotokopie aber hatte diesen wichtigen Zusatz nicht, wie das Bundesinnenministerium genüsslich in einem Pressedienst zur »Inneren Sicherheit« ausbreitete. Am meisten ärgerten sich darüber die Urheber der Manipulation. Auf einer im ehemaligen SED-Archiv erhaltenen Kopie dieses Deckblattes steht handschriftlich geschrieben: »Warum haben wir zwei [Versionen des Deckblatts] in Umlauf gebracht?« Der Lübke-Biograf Rudolf Morsey vermutet, dass es die Handschrift von Nordens Mitarbeiter Wolfgang Steinke sein könnte. In jedem Fall bestätigt diese Notiz unabhängig vom zweifelhaften Zeugnis der beiden Desinformationsspezialisten Bohnsack und Brehmer, dass es sich bei dem brisanten Aktendeckel um eine Fälschung handelte. Es kann daher zweifelsfrei festgestellt werden, dass die wirklich belastenden »Dokumente«, die Albert Norden 1966 gegen Heinrich Lübke vorgelegt hatte und die zwei Jahre später vom *Stern* in seiner Kampagne erfolgreich eingesetzt wurden, das Ergebnis von bewussten Verfälschungen darstellen.[16]

Unabhängig davon bleibt die Frage, wie Lübkes Tätigkeit während des Zweiten Weltkrieges zu bewerten ist. Denn als verantwortlicher Mitarbeiter der Baugruppe Schlempp hat er tatsächlich an verschiedenen Projekten mitgearbeitet, die für die NS-Rüstung von besonderer Bedeutung waren. Zumindest in Peenemünde arbeiteten im September 1943 KZ-Häftlinge für die Baugruppe Schlempp. Das ergibt sich aus einem Schreiben des zuständigen Häftlingsvorarbeiters (»Kapo«) an den örtlichen Bauleiter Hofman und den SS-Lagerführer Strippel, das im Archiv des Internationalen Suchdienstes Arolsen entdeckt worden ist. Der Brief stellt dagegen keine Verbindung zu Lübke her und bestätigt auch nicht den Vorwurf, der Bundespräsident sei ein »KZ-Baumeister«, wie der *Spiegel* 2001 suggerierte. Denn schon am 31. März 1965, also bevor Nordens Angriffe in Westdeutschland aufgegriffen wurden, räumte Lübke vor einer internationalen Delegation von ehemaligen KZ-Häftlingen ein, dass auf von ihm geleiteten Baustellen Insassen von Konzentrationslagern arbeiten mussten. In diesem Zusammenhang gebrauchte Lübke allerdings auch Pauschalentschuldigungen – etwa jene, er habe nach Möglichkeit für eine bessere Versorgung der Gefangenen mit Essen gesorgt.

Die Behauptungen von Albert Norden, der zweite Bundespräsident sei ein »KZ-Baumeister«, waren gezielt gestreute Gerüchte, untersetzt mit gefälschten, verfälschten und durch unsachgemäße Zusammenstellung manipulierten Dokumenten. Gleichzeitig muss festgehalten werden, dass Lübke an Bauprojekten gearbeitet hat, für die auch Zwangsarbeiter und KZ-Häftlinge schuften mussten. Das ist verurteilenswert, erscheint aber im Lichte der 1999 beschlossenen Wiedergutmachung für Zwangsarbeiter und der in diesem Zusammenhang ermittelten Erkenntnisse als übliche Praxis der deutschen Wirtschaft während des Zweiten Weltkrieges. Über diese indirekte Verstrickung in die Verbrechen des nationalsozialistischen Deutschlands hinaus hat sich Lübke nachweislich keiner Zusammenarbeit mit dem NS-Regime schuldig gemacht. Dass sein Name bis heute als »Beweis« für den angeblich restaurativen Charakter der Bundesrepublik herhalten muss, gehört zu den Triumphen der SED über das Ende der DDR hinaus.[17]

# »Isolationsfolter und Vernichtungshaft«

## Baader-Meinhof im Gefängnis 1972 bis 1977

> »Baader hat das Gesicht eines gefolterten Menschen. [...]
> Es ist nicht die Folter wie bei den Nazis. Es ist eine andere Folter.
> Eine Folter, die psychische Störungen herbeiführen soll.«
> Jean-Paul Sartre, 1974[1]

Die Attacke trifft die Behörden unvorbereitet: »Ab heute fresse ich nichts mehr, bis sich die Haftbedingungen geändert haben«, kündigt der Strafgefangene Andreas Baader am 17. Januar 1973 vor dem Berliner Landgericht an. Geladen ist er als Zeuge der Verteidigung im Prozess gegen den Linksextremisten Horst Mahler. Baader, der noch eine Reststrafe aus einem früheren Urteil wegen Brandstiftung abzusitzen hat und gegen den gleichzeitig eine Anklage wegen weiterer Kapitalverbrechen vorbereitet wird, nutzt die Gelegenheit für einen öffentlichkeitswirksamen Auftritt – mit Erfolg. Mahler kündigt sofort an, ebenfalls zu hungern: »Wir werden uns hier anschließen. Obwohl wir sitzen, ist der Kampf nicht zu Ende. Wir werden ihn fortsetzen, solange Menschen auf diese Weise kaputtgemacht werden. Hier wird Menschen auf viehische Weise alles genommen, was das Leben lebenswert macht.« In den folgenden Tagen verweigern weitere inhaftierte Terroristen die Nahrungsaufnahme. Von nun an räumen Vollzugsbeamte in fast einem Dutzend Gefängnissen in der Bundesrepublik regelmäßig nicht angerührte Mahlzeiten aus Einzelzellen. Bald essen insgesamt 18 Gefangene, von denen die meisten wegen des Vorwurfs mehrerer Banküberfälle, Sprengstoffanschläge, Mordversuche und vollendeter Morde in Untersuchungshaft sitzen, nichts mehr.

Die Begründung für den ersten kollektiven Hungerstreik der deutschen Justizgeschichte erfährt die Öffentlichkeit aus einer Erklärung, die mehrere Verteidiger der Gefangenen an eben diesem 17. Januar 1973 veröffentlichen: »Die Existenz von Folter ist Ausdruck des schleichenden Faschismus, der sich in das Gewand von Rechtmäßigkeit zu hüllen sucht. [...] Gegen Folter helfen Rechtsmittel nicht. Unsere Forderung ist:

Aufhebung der Isolation als Folter für die politischen Häftlinge in der BRD.«Gleichzeitig gehen die Anwälte den sprichwörtlichen »Weg nach Karlsruhe« und legen im Namen ihrer hungernden Mandanten Beschwerde vor dem Bundesverfassungsgericht ein. Binnen einer Woche, also sehr schnell, akzeptiert das höchste deutsche Gericht die Beschwerde und kündigt an, innerhalb der kommenden drei Monate zu entscheiden – auch das eine ungewöhnlich kurze Frist. Geprüft werden soll, ob die Untersuchungs- und Strafgefangenen der Baader-Meinhof-Gruppe, die sich selbst »Rote Armee Fraktion« (RAF) nennt, in menschenrechtswidriger Form gefangen gehalten werden. Wird gegen die Grundrechte der Untersuchungshäftlinge verstoßen? Während die Verfassungsrichter ihre Entscheidung noch vorbereiten, veröffentlichen die Anwälte der Gefangenen am 5. Februar eine weitere Erklärung. Die »brutale Isolierung«, so teilen die Verteidiger mit, gleiche dem »Vollzug der Todesstrafe an der Psyche der Gefangenen«.[2]

Drei Tage später können Deutschlands Linksintellektuelle in der Zeitschrift *konkret* einen Leitartikel von Klaus Rainer Röhl in gewissermaßen eigener Sache lesen. Unter der Überschrift »Recht für Ulrike Meinhof« plädiert der Herausgeber für die Interessen seiner ehemaligen Chefredakteurin, geschiedenen Ehefrau und Mutter der gemeinsamen Zwillingstöchter: »Die angeordneten Maßnahmen, insbesondere die totale soziale Kontaktlosigkeit, gehen weit über das hinaus, was auch bei weitester Auslegung des Sicherheitsbedürfnisses notwendig wäre.« Röhl wundert sich: »Umso erstaunlicher ist es, daß weder die linke Öffentlichkeit noch die liberale Presse, weder Schriftsteller noch Gewerkschaftskongresse bisher gegen diesen Zustand protestiert haben.« Einen weiteren Tag später treten sogar die Anwälte der Baader-Meinhof-Inhaftierten in einen kurzen Hungerstreik – symbolträchtig auf den Stufen zum Bundesgerichtshof in Karlsruhe, dem obersten Strafgericht Deutschlands. Die Mutter des Banden-Chefs, Anneliese Baader, schreibt einen Leserbrief an den *Spiegel* und klagt: »Andreas Baader hungert mit vielen anderen Gruppenmitgliedern. [...] Er hungert, weil es die einzige Möglichkeit für sie ist, zu versuchen durchzusetzen, daß sie wie alle anderen Häftlinge behandelt werden.« Erst Ende Februar 1973 essen alle Baader-Meinhof-Häftlinge wieder.

Doch schon Anfang Mai beginnen die Inhaftierten einen weiteren Hungerstreik – als Begleitung zur bevorstehenden Entscheidung des

Freunde und Verwandte des Terroristen Holger Meins, der am 9. November 1974 nach einem Hungerstreik verstarb, demonstrieren nach dessen Beerdigung am 18. November 1974 in Hamburg.

Bundesverfassungsgerichts. Noch einmal verschärfen ihre Anwälte die Tonlage. Sie gründen in Universitätsstädten der ganzen Bundesrepublik, zum Beispiel in Hamburg, München, Berlin, Heidelberg und Tübingen, »Komitees gegen Isolationsfolter in den Gefängnissen der BRD«. Zentraler Auftakt ist eine Veranstaltung in Frankfurt am Main am 11. Mai; Christian Sigrist, Professor für Soziologie in Münster, wählt dabei harsche Worte:»Es ist die Aufgabe aller demokratischen Kräfte, diese mit den Blutmalen des Faschismus befleckte Justiz daran zu hindern, die Vernichtungsstrategie der herrschenden Klasse zu Ende zu führen und an diesen antiimperialistischen Kämpfern ein Exempel zu statuieren, das auf Jahre hinaus zur Lähmung des Widerstandspotenzials in Westdeutschland führen könnte.« Um die Kritik an den Haftbedingungen zu untermauern, tritt der holländische Psychiater Sjef Teuns in Frankfurt auf. Er spricht über »sensorische Deprivation« und ihre möglichen Folgen; der Entzug äußerer Sinneseinflüsse sei »wohl zur Zeit das geeignetste Mittel zur Zerstörung spezifisch menschlicher Vitalsubstanz«. Eine Notiz von Ulrike Meinhof aus der Haft wird bei vielen Treffen dieser Komitees verlesen. Die ehemalige Journalistin hatte einige Monate zuvor ihre Empfindungen aufgeschrieben:»Das Gefühl, es explodiert einem der Kopf. Das Gefühl, die Schädeldecke müßte eigentlich zerreißen, abplatzen. Das Gefühl, es würde einem das Rückenmark ins Gehirn gepreßt. [...] Rasende Aggressivität, für die es kein Ventil gibt. Das ist das Schlimmste. Klares Bewußtsein, daß man keine Überlebenschance hat.«

Das Bundesverfassungsgericht entscheidet jedoch, dass die Haftbedingungen der Untersuchungsgefangenen rechtens sind. Am 17. Mai lehnt der Zweite Senat des Gerichts bei einer Gegenstimme die Verfassungsbeschwerden von Andreas Baader, Ulrike Meinhof und anderen ab. Trotzdem setzen die Gefangenen ihren Hungerstreik noch weitere fünf Wochen fort; doch am 29. Juni 1973, nach 52 Tagen, geben sie auf. Ihre Anwälte verbreiten eine Pressemitteilung, in der es heißt:»Der Bundesgerichtshof und andere Gerichte haben sich geweigert, die Isolationshaft aufzuheben.« Allerdings erreichen sie, dass nun in einer breiteren Öffentlichkeit über ihre Inhaftierung diskutiert wird – sogar der Evangelische Kirchentag in Düsseldorf beschließt eine Resolution zu den Haftbedingungen der Terroristen:»Wir fordern im Interesse der Gefangenen und im Interesse der Rechtsstaatlichkeit, die Isolierung aufzuheben und den Folterverdacht zu zerstreuen.«[3]

Ungefähr zur selben Zeit taucht in den Aufzeichnungen der hungernden RAF-Mitglieder ein neues Motiv auf – die Gleichsetzung ihrer Situation mit jener der Opfer des Nationalsozialismus.»Der politische Begriff für den toten Trakt, Köln, sage ich ganz klar, ist: das Gas. Meine Auschwitzphantasien drin waren, kann ich nur sagen, realistisch«, schreibt Ulrike Meinhof. In Presseerklärungen und Kassibern der RAF-Gefangenen taucht nun regelmäßig das Wort»Sonderbehandlung« auf; es verweist neben der wörtlichen Bedeutung einer»besonderen«, in diesem Fall ihrer Ansicht nach besonders schlechten Behandlung zugleich auf den Holocaust. Denn die Ermordung von Millionen Juden 1941 bis 1945 hieß im internen NS-Jargon ebenfalls»Sonderbehandlung«. Auch Gudrun Ensslin spielt mit der Gleichsetzung ihrer Haftbedingungen und der Nazi-Verbrechen:»Unterschied toter Trakt und Isolation: Auschwitz zu Buchenwald, Unterschied ist einfach: Buchenwald haben mehr überlebt als Auschwitz.

[...] Wie wir uns drin ja nur darüber wundern können, daß wir nicht abgespritzt werden.«

Ganz im Gegenteil setzen die Gefängnisärzte im Frühjahr 1973 auf ein neues Mittel: Um die hungernden Häftlinge am Leben zu halten, werden sie ab sofort bei medizinischer Notwendigkeit mit einem kalorien- und vitaminreichen Brei zwangsernährt, der per Sonde in ihre Mägen gepumpt wird. So hoffen die Behörden, die gefangenen Terroristen von weiteren Hungerstreiks abbringen zu können. In einem Kassiber schreibt Gudrun Ensslin daraufhin:»Aus dem Hungerstreik ist die Hefe raus. [...] Aber Scheiß drauf. [...] Wir werden mit dem Streik die Aufhebung der Isolation nicht erreichen, und wie es aussieht, nicht mal das KZ.« Vielleicht hatten die Baader-Meinhof-Mitglieder tatsächlich gehofft, so weit abzumagern, dass sie den ausgemergelten Gefangenen der KZs ähnlich sehen. Auf das Mittel, den eigenen Körper als Waffe im Kampf gegen den Staat einzusetzen, wollen die Inhaftierten nicht verzichten – trotz Zwangsernährung und ihrer Ansicht nach ungenügender Resonanz in der Öffentlichkeit. Ab Mitte September 1974 hungern alle mutmaßlichen RAF-Terroristen; Andreas Baader kündigt in einer Botschaft an seine Mitgefangenen und die Unterstützer in Freiheit an:»Ich denke, wir werden den Hungerstreik diesmal nicht abbrechen. Das heißt, es werden Typen dabei kaputtgehen.« Bald beginnen die Vollzugsbeamten mit der Zwangsernährung; häufig aber wehren sich die Patienten gegen die Einführung der Sonde in die Nase oder den Mund, mit der die Nährlösung eingeflößt wird.[4]

Als der inhaftierte Terrorist Manfred Grashof Ende Oktober 1974 freiwillig wieder Nahrung zu sich nimmt, schreibt ihm Holger Meins, einer der radikalsten RAF-Gefangenen:»Du blöder Idiot. [...] Du machst nicht mehr weiter mit, bringst Dich in Sicherheit, gibst den Schweinen damit einen Sieg, heißt lieferst uns aus, bist Du das Schwein, das spaltet und einkreist, um selbst zu überleben.« Er fährt in der für RAF-Texte typischen Kombination von grammatikalisch falscher Sprache und inhaltlicher Maßlosigkeit fort:»Entweder Schwein oder Mensch, entweder überleben um jeden Preis oder Kampf bis zum Tod, entweder Problem oder Lösung – dazwischen gibt es nichts.« Es folgt ein Bekenntnis zum Terrorismus:»Naja, es stirbt allerdings ein jeder. Frage ist nur wie und wie Du gelebt hast und die Sache ist ja ganz klar: Kämpfend gegen die Schweine als Mensch für die Befreiung des Menschen: Revolutionär, im Kampf – bei aller Liebe zum Leben: den Tod verachtend. Das ist für mich: dem Volk dienen – RAF.« Nach Erhalt des Kassibers verweigert Grashof erneut die Nahrungsaufnahme.

Nicht bei allen hungernden Gefangenen hilft die Zwangsernährung; besonders vom Typ her hagere Menschen sind akut gefährdet. Unter den RAF-Mitgliedern ist der 33-jährige Meins der Schlaksigste, und er wehrt sich besonders heftig gegen die Zwangsernährung. Offensichtlich beherrschen zudem die Beamten im Gefängnis Wittlich (Rheinland-Pfalz) das Verfahren der Zwangsernährung nicht. Sie benutzen statt spezieller, dünner Sonden relativ dicke Schläuche, die eigentlich für Magenspülungen gedacht sind. Doch so ein Schlauch reizt den Magen und kann zu starken vegetativen Reaktionen führen, vor allem zum Erbrechen. Mehrfach misslingt die Versorgung von Meins völlig, der immer weiter abmagert; deshalb wird zeitweise der Gehalt der Nährlösung bis auf 400 Kalorien täglich herabgesetzt, damit sein ausgezehrter Organismus nicht überfordert wird. Die anderen Baader-Meinhof-Mitglieder erfahren von Meins' schlechtem Zustand über ihre Anwälte. Anfang November wiegt der 1,83 Meter große Mann nur noch 40 Kilo – und dennoch ermuntert Gudrun Ensslin ihn in einem Kassiber, weiter zu hungern:»Du bestimmst, wann Du stirbst. Freiheit oder Tod.«

Am 9. November 1974, einem Samstag, spitzt sich Meins' gesundheitliche Situation dramatisch zu, doch der Anstaltsarzt ist ins Wochenende gefahren. Einen Vertreter gibt es nicht. Nachmittags rufen Vollzugsbeamte einen Notarzt aus Wittlich ins Gefängnis, der um 17.15 Uhr nur noch den Tod von Holger Meins feststellen kann. Bereits am selben Abend beginnen gewalttätige Demonstrationen. In Berlin zum Beispiel ziehen 800 überwiegend Vermummte über den Kurfürstendamm, schreien »Nieder mit den Mördern von Meins«, werfen Schaufenster ein und liefern der Polizei eine Straßenschlacht; in Bayern sprühen Sympathisanten an Kirchen Losungen wie »Isolation ist Mord« oder »Rache für Holger«. Bei der Beerdigung neun Tage später in Hamburg versammeln sich rund tausend überwiegend jugendliche Trauernde auf dem Friedhof. Der ehemalige Anführer der West-Berliner Studentenproteste, Rudi Dutschke, erhebt über dem offenen Grab symbolisch die Faust und ruft:»Holger, der Kampf geht weiter!« In einem Gastbeitrag für den *Spiegel* nennt Ensslins

Verteidiger Otto Schily die Haftbedingungen seiner Mandantin »Verwesung bei lebendigem Leibe«.[5]

Die »Rote Armee Fraktion« hat mit Meins ihren ersten echten Märtyrer: gestorben in staatlicher Verwahrung an den Folgen seines »Kampfes« gegen die »Isolationsfolter«. Der Begriff »Vernichtungshaft« gehört ab sofort völlig selbstverständlich zum Vokabular der linksextremen Szene. Das Muster wird sich mehrfach wiederholen: Als Ulrike Meinhof am Morgen des 9. Mai 1976 im Hochsicherheitsgefängnis Stuttgart-Stammheim erhängt gefunden wird, behaupten ihre Anwälte umgehend, der Selbstmord sei »nichts anderes als Mord«; vor Gericht verkündet der Mitangeklagte Jan-Carl Raspe zwei Tage später: »Wir glauben, daß Ulrike hingerichtet worden ist. Wir wissen nicht, wie, aber wir wissen, von wem.« In der ganzen Bundesrepublik kommt es zu Straßenschlachten; in Frankfurt am Main fügen RAF-Sympathisanten mit Molotow-Cocktails zwei Polizisten schwere Brandverletzungen zu; in Paris, Rom, Toulouse und Nîmes explodieren Sprengsätze in den Filialen deutscher Firmen. Zur Beisetzung am 16. Mai pilgern 4000 Anhänger; eines der Plakate lautet: »Ulrike Meinhof, wir werden Dich rächen.« Der Dichter Erich Fried schickt ein Telegramm, das am Rand des Grabes verlesen wird; Ulrike Meinhof sei »die bedeutendste Frau in der deutschen Politik seit Rosa Luxemburg« gewesen, heißt es darin. Eine (allerdings nicht gerade prominent besetzte) »Internationale Untersuchungskommission« behauptet zweieinhalb Jahre später: »Ulrike Meinhof war mehrere Male und über lange Zeiträume Haftbedingungen unterworfen, die man gezwungen ist, als Folter zu bezeichnen. Es handelt sich um jene Art von Folter, die man soziale Isolation und sensorische Deprivation nennt. [...] Die Behauptung der Behörden, Ulrike Meinhof habe sich durch Erhängen selbst getötet, ist nicht bewiesen, und die Untersuchungen der Kommission legen den Schluß nahe, daß sich Ulrike Meinhof nicht selber erhängen konnte.«

Als anderthalb Jahre später, nach der Befreiung der entführten Lufthansa-Boeing »Landshut« in Mogadischu, die drei verbliebenen Köpfe der RAF, Baader, Ensslin und Raspe, am Morgen des 18. Oktober 1977 in ihren Zellen tot aufgefunden werden, steht für viele ihrer Sympathisanten unumstößlich fest, dass sie vom Staat umgebracht worden sind. Beim kollektiven Begräbnis in Stuttgart ruft ein vermummter Mann: »In diesen Kisten, die hier herabgelassen werden, wird nicht der Widerstand beerdigt.« Er legt einen Kranz nieder, auf dessen Schleife steht »Den Ermordeten«. Auf einem Plakat, das bei der anschließenden Protestdemonstration gezeigt wird, ist zu lesen:»Gudrun, Andreas + Jan – gefoltert und ermordet in Stammheim.«[6]

Die Berichte über »Isolationsfolter« gegen die Gefangenen der Baader-Meinhof-Gruppe sorgten dafür, dass der Linksterrorismus Zulauf bekam und zur größten politischen Herausforderung der Bundesrepublik wurde. Der Vorwurf der »Vernichtungshaft« gegen Baader, Meinhof und Genossen führte direkt zu mehreren weiteren mörderischen Anschlägen und indirekt zur Stärkung der »zweiten Generation« der RAF, die das Land im »Deutschen Herbst« 1977 mit einer beispiellosen Terrorwelle überzog. Nach der Festnahme der meisten frühen RAF-Mitglieder im Sommer 1972 hatten die Behörden gehofft, ihr Amoklauf könnte nach gut zwei Jahren, sieben ermordeten Bürgern und drei toten Terroristen beendet sein. Doch die Hungerstreiks und die »Komitees gegen Isolationsfolter« verschafften den inhaftierten RAF-Mitgliedern in großen Teilen der deutschen und europäischen Linken eine Bedeutung, die sie während ihrer Zeit im Untergrund niemals gehabt hatten. Als Gefangene wurden sie nun von Anwälten unterstützt, die ihre Ansichten in die Öffentlichkeit trugen. Die bekanntesten waren Otto Schily, Hans-Christian Ströbele und Rupert von Plottnitz; noch größere Bedeutung für die Baader-Meinhof-Mitglieder hatten Juristen wie Klaus Croissant, Siegfried Haag und Kurt Groenewold. Diese drei wurden Ende der Siebzigerjahre sogar wegen Unterstützung der RAF rechtskräftig verurteilt.

Ein Coup gelang den RAF-Anwälten mit der Gründung der »Anti-Folter-Komitees«. Innerhalb eines Jahres schlossen sich den Gruppen in ganz Deutschland 450 Mitglieder an. Sie verfassten und verteilten Flugblätter gegen die »Isolationsfolter«, organisierten Demonstrationen und Besetzungen. Zu den frühen Mitgliedern gehörte zum Beispiel Karl-Heinz Dellwo, zum Umkreis der Komitees unter anderem Susanne Albrecht, Wolfgang Beer, Christa Eckes, Bernhard Rößner – alles spätere Mitglieder der RAF. Am 30. November 1974 stürmten Baader-Meinhof-Sympathisanten das Hamburger Büro der Hilfsorganisation Amnesty International. Zu den Besetzern zählten der spätere Buback-Mörder Christian Klar, die spätere Schleyer-Entführerin Monika Helbing sowie Wolfgang Grams, der erst Jahre nach dem »Deutschen Herbst« 1977 zur Kommandoebene der RAF stieß, 1991 am Mord an Treuhand-Chef Detlev Rohwedder beteiligt war und 1993 bei seiner Festnahme auf dem Bahnhof von Bad Kleinen unter nicht restlos geklärten Umständen ums Leben kam.

Der dritte Hungerstreik ab Mitte September 1974 brachte den inhaftierten Mitgliedern der RAF den Aufstieg zu Symbolfiguren der linken Öffentlichkeit. So unterschrieben Ensemble-Mitglieder von drei West-Berliner Theatern, der Schaubühne, des Forum- und des Grips-Theaters, eine am 9. Oktober erschienene Zeitungsanzeige gegen die »totale Isolation« der Gefangenen. Schauspieler wie Bruno Ganz, Claus Theo Gärtner, Otto Sander und Gerd Wameling sowie Theatermacher wie Volker Ludwig, Peter Stein und Botho Strauß forderten darin unter anderem: »Abschaffung der Briefzensur! Besuchsfreiheit ohne Überwachung! Abschaffung der Vollzugsmedizin! Ärztliche Versorgung nach freier Wahl! [...] Keine Camera-Silens-Zellen mit Dauerhitze, Dauerlicht, Dauerton und TV-Überwachung!« Die namhaften Unterzeichner störten sich nicht daran, dass Briefzensur, Überwachung bei Verwandten-Besuchen (natürlich nicht bei Gesprächen mit Verteidigern) sowie die medizinische Versorgung durch Anstaltsärzte und Haftkliniken für jeden Untersuchungsgefangenen vorgeschrieben waren. Zudem hatte keiner der Schauspieler und Theatermacher den Versuch unternommen, sich ein eigenes Bild von den Haftbedingungen zu machen und einen entsprechenden Antrag auf Auskunft bei den Behörden gestellt. Ihre »Informationen« über angebliche Folterzellen, in denen Gefangene mit überhöhten Temperaturen, dauerhaftem Licht oder dauerhaften Geräuschen drangsaliert würden, waren ebenso gegenstandslos wie die Fiktion von »Camera-Silens«-Zellen, also akustisch total isolierten Zellen. All das hatten die Initiatoren der Anzeige weitgehend wörtlich aus der »Hungerstreikerklärung« der RAF-Gefangenen vom 13. September 1974 übernommen. Der *Tagesspiegel,* in dem die Anzeige erschienen war, reagierte am 11. Oktober mit einem ausführlichen Artikel unter der Überschrift »Agitation gegen Folterzellen in Berlin nur vom Hörensagen«. Das Blatt stellte zudem klar, dass es zwar mit Kameras überwachte Zellen gab, dass sie aber ausschließlich für Häftlinge »in einer besonderen psychischen Ausnahmesituation« benutzt wurden, die »zu spontanen Aggressionshandlungen gegen sich oder andere« neigten. RAF-Gefangene seien in solchen – rechtlich zulässigen – Zellen nicht untergebracht.

In diesen Wochen malten Hausbesetzer unter anderem an Fassaden der Hamburger Hafenstraße meterhohe Bekenntnisse zum Hungerstreik der RAF-Häftlinge. Ende Oktober 1974 bildete sich in West-Berlin eine »Gruppe Hungerstreik«, zu der beispielsweise die Schriftsteller Peter Schneider und Ingeborg Drewitz sowie der Theologe Helmut Gollwitzer gehörten. Sie traten aus Protest gegen die »saubere Folter« (Otto Schily) in einen »Solidaritätshungerstreik« und verlangten: »Abschaffung der Isolationshaft für alle Gefangenen« und »Aufhebung der Sonderbehandlung von politischen Gefangenen«. Ganz ähnliche Forderungen stellten gleichzeitig per Zeitungsanzeige 128 West-Berliner Gerichtsreferendare. Selbst informiert hatten sich die Aktivisten nicht – sie folgten der Darstellung der RAF-Anwälte. Umgehend verwahrte sich die Gewerkschaft ÖTV, in der unter anderem die Justizvollzugsbeamten organisiert waren, gegen die Vorwürfe. Die Interessenvertretung erklärte sich solidarisch mit ihren attackierten Mitgliedern – denn wenn gefoltert würde, hätte ja das Gefängnispersonal diese Folter durchführen müssen.[7]

Ungefähr zeitgleich beantragte der französische Philosoph Jean-Paul Sartre, den Gefangenen Andreas Baader besuchen zu dürfen; Ulrike Meinhof hatte ihm geschrieben und ihn um die aufsehenerregende Geste gebeten, »weil die Bullen beabsichtigen, Andreas zu ermorden«. Nach einigem Hin und Her genehmigte das zuständige Gericht die Visite. Der Schriftsteller gab dem Magazin *Der Spiegel* ein Interview, das zwei Tage vor seinem Besuch in Stammheim erschien. Darin erklärte Sartre bereits, worunter die Häftlinge zu leiden hätten: Isolationshaft, sagte der Schriftsteller, sei Folter »nicht im Sinne der klassischen Folter, bei der das Opfer direkt einem bestimmten Folterknecht ausgeliefert ist. Aber das, was da so anonym und indirekt mit den Gefangenen geschieht, kommt auf dasselbe raus.« Grundlage für Sartres Wissen über die Haftbedingungen war eine »Dokumentation« über die »Isolationsfolter«, die kurz zuvor in seiner eigenen Zeitschrift *Les Temps Modernes* veröffentlicht worden war; einer der Verfasser war RAF-Verteidiger Klaus Croissant. Derartig vorbereitet, traf der französische Philosoph am 4. Dezember 1974 in der Haftanstalt ein, sprach eine Stunde mit Andreas Baader und fuhr danach zu einer internationalen Pressekonferenz in ein Stuttgarter Hotel. Dort erhob der 69-jährige Denker schwere Vorwürfe. »Baader und die anderen leben in einer weißen Zelle. In dieser Zelle hören sie nichts außer dreimal am Tag die Schritte der Wächter, die das Essen bringen. 24 Stunden lang brennt das Licht. Abends um elf Uhr wird bei Baader das Licht gelöscht, bei anderen Häftlingen überhaupt nicht.« Die zuständigen Behörden und die meisten Zeitungen wiesen Sartres Beschreibung als völlig unzutreffend zurück, doch in der linken Öffentlichkeit verfestigte sich dank des prominenten »Kronzeugen« die Überzeugung, die RAF-Gefangenen litten unter unmenschlichen Haftbedingungen.

Längst aber lösten die Berichte über »Isolationsfolter« nicht mehr nur Solidaritätsbekundungen aus, sondern neue Gewalt. 28 Stunden nach dem Tod von Holger Meins machten in West-Berlin mehrere Anhänger der »Bewegung 2. Juni«, einer anderen linken Terrorgruppe, Ernst. Sie überfielen am 10. November 1974 den höchsten Richter der Inselstadt, Günter von Drenkmann, und versuchten, ihn zu entführen. Doch als der Präsident des Kammergerichts sich wehrte, schossen die Terroristen. Getroffen von zwei Kugeln, brach Drenkmann zusammen. Die Täter flüchteten, der Richter starb wenig später im Krankenhaus.[8]

Die Ereignisse des Spätherbstes 1974 brachten mehrere Sympathisanten dazu, in die Illegalität abzutauchen und einen neuen »harten Kern« der RAF zu bilden. Volker Speitel erinnerte sich: »Der Tod von Holger Meins und der Entschluß, die Knarre in die Hand zu nehmen, waren eins. Ein Nachdenken war nicht mehr möglich, es reagierte nur noch der emotionale Schub der letzten Monate.« Als »Kommando Holger Meins« bezeichneten sich am 24. April 1975 sechs ehemalige Unterstützer, darunter Siegfried Hausner und Karl-Heinz Dellwo, als sie die deutsche Botschaft in Stockholm besetzten. Sie erschossen den deutschen Militärattaché, nahmen die übrigen elf Botschaftsmitarbeiter als Geiseln und verminten das Gebäude, um insgesamt 26 RAF-Gefangene freizupressen. Die Bundesregierung blieb hart, obwohl eine weitere Geisel erschossen wurde. Als plötzlich die Sprengladungen detonierten, endete die Geiselnahme – ein Terrorist kam sofort ums Leben, mehrere Diplomaten wurden schwer und Hausner lebensgefährlich verletzt. Kurz darauf starb der angebliche »Bombenexperte« der RAF auf der Intensivstation in Stammheim, doch wieder suchten die Terroristen die Schuld beim Staat. Sein nach der Explosion festgenommener Mittäter Karl-Heinz Dellwo schrieb an die Wand seiner Zelle: »Siegfried Hausner, in Kriegsgefangenschaft ermordet«.

Mit dem Tod von Hausner und Meins begründete wenig später der bisherige RAF-Anwalt Siegfried Haag sein Abtauchen. In den folgenden anderthalb Jahren organisierte er die »zweite Generation« der RAF und das Projekt »Big Raushole«, die Entführung von Hanns-Martin Schleyer, um alle RAF-Gefangenen freizupressen. Zu den wesentlichen Motiven von Haags Anhängern gehörte die »Vorstellung, daß die gefangenen Guerilleros (wie sie es sahen) in den Gefängnissen langsam zu Tode gefoltert wurden« – so erklärte es der damals bereits vom Linksterrorismus abtrünnige Horst Mahler in der Haft. Ähnlich sah später RAF-Gründungsmitglied Klaus Jünschke den Zusammenhang: »RAF-Mitglieder haben 1977 mit einem Massaker an den Polizeibeamten des Begleitschutzes von Schleyer eine Entführung begonnen, weil sie felsenfest davon überzeugt waren, daß die Gefangenen durch die Isolationshaft vernichtet werden.«[9]

Auch nach der Terrorwelle 1977, der einschließlich des Generalbundesanwalts Siegfried Buback und des Arbeitgeberpräsidenten Hanns-Martin Schleyer zehn Menschen zum Opfer fielen, blieb der Vorwurf der »Vernichtungshaft« brisant. Im Februar 1981 begannen die RAF-Gefangenen zum achten Mal einen Hungerstreik – erneut sollte so eine »Verbesserung der Haftbedingungen« erreicht werden. Mitte März befanden sich einige der Terroristen in einer kritischen gesundheitlichen Lage; die Behörden ordneten Zwangsernährung an. Besonders gefährdet erschien das Leben des 38-jährigen Industriekaufmanns Sigurd Debus, der als Mitglied des RAF-Umfeldes wegen mehrerer Raub- und Sprengstoffdelikte zu zwölf Jahren Haft verurteilt worden war und in Hamburg-Fuhlsbüttel einsaß. Aus der West-Berliner Hausbesetzer-Szene erreichten die Polizei Hinweise, dass es zu »Aktionen« kommen werde, falls Debus sterben sollte. »Die Drohungen waren massiv«, erinnerte sich der damalige Leiter des Staatsschutzes, Manfred Kittlaus. Die *Frankfurter Allgemeine Zeitung* warnte, die Situation in Berlin sei so explosiv wie »Pulverfässer«; »linke Chaoten« würden »nur darauf warten, daß sie unter fadenscheinigen Vorwänden die Lunte legen können«. RAF-Sympathisanten zündeten am 8. und 9. April zwei Bomben in Hamburg; im Bekennerschreiben hieß es: »Sigurd Debus liegt seit zwei Tagen besinnungslos im allgemeinen Krankenhaus. [...] Sigurd hat Blutgerinsel im Gehirn, welche wahrscheinlich als Folge der Fehler bei der Zwangsernährung entstanden sind.«

Angesichts der Spannungen in West-Berlin stand Kittlaus in ständigem Kontakt mit seinen Hamburger Kollegen für den Fall, dass sich Debus' Zustand verschlechtert:»Sie versicherten mir, es könne nichts passieren, er hänge an Geräten, werde unter ärztlicher Kontrolle zwangsernährt, könne also gar nicht sterben.« Am 12. April 1981 kursierte in der linksextremen Berliner Szene dennoch die Mitteilung, Debus sei gestorben. Durch eine Telefonkette waren die Sympathisanten miteinander verknüpft. Als Kittlaus von Informanten über die so durchgegebene Todesmeldung unterrichtet wurde, rief der Staatsschützer empört in Hamburg an:»Ihr habt behauptet, Debus kann nicht sterben, und hier wird behauptet, er sei tot!« Seine Kollegen hatten ihm jedoch nichts Neues mitteilen können, denn Debus befand sich zwar in kritischem Zustand, aber er lebte. Kittlaus ließ seine V-Leute diese Gegeninformation in die Telefonkette einspeisen, und auch ein Anwalt des Gefangenen dementierte dessen Tod. Dennoch waren die Folgen der Falschmeldung nicht mehr zu verhindern.»Man wollte ja dieses Ereignis, um einen Anlaß zu haben loszuschlagen«, urteilte Kittlaus rückblickend. Auf handgeschriebenen Flugblättern, die offensichtlich vorbereitet waren und vor allem im Berliner Bezirk Kreuzberg verteilt wurden, wurde Debus' angeblicher Tod mitgeteilt und zum Losschlagen aufgerufen: Treffpunkt um 21 Uhr in der City. Pünktlich zogen rund 500 Terror-Sympathisanten mit Schubkarren voller Pflastersteine über den Kurfürstendamm. Als die Polizei in genügender Stärke anrückte, kam sie zu spät. Die reihenweise zerstörten Schaufenster sorgten für Entsetzen, Geschäftsleute und Anwohner beschwerten sich lauthals. Auch in den folgenden Tagen bestimmten die West-Berliner Krawalle die Schlagzeilen. Es seien so viele Scheiben zu Bruch gegangen »wie seit dem Zweiten Weltkrieg nicht mehr«; ein Geschäftsmann ließ sich mit dem Satz zitieren, er fühle sich an die »Reichskristallnacht« 1938 erinnert. Für den Berliner Senat unter SPD-Bürgermeister Hans-Jochen Vogel erwiesen sich diese Ereignisse als schwerer Schlag: Die CDU hatte das passende Thema für die letzte Phase des Wahlkampfes und errang bei der Abgeordnetenhauswahl am 10. Mai einen klaren Sieg. Die Berliner Polizeiführung, so diagnostizierte die *Frankfurter Rundschau*, hatte nicht bedacht, dass »statt eines konkreten Vorganges bereits ein Gerücht genügen würde, um schwere Krawalle auszulösen«. Auf der Internetseite einer linksextremen Gruppe wird bis heute behauptet, Debus – der einige Tage später als fälschlich verbreitet, nämlich am 16. April 1981, tatsächlich verstarb – sei nicht an den Folgen seines freiwilligen Hungerns gestorben, sondern »weil er von willfährigen Ärzten und Knastschließern zu Tode behandelt wurde«. Der Fall Debus hatte noch ein gewaltsames Nachspiel: Das RAF-Kommando, das am 31. August 1981 einen Bombenanschlag auf das Hauptquartier der US Air Force in Ramstein verübte und 20 Menschen zum Teil schwer verletzte, trug seinen Namen.[10]

Noch einmal trieben Berichte über »Isolationsfolter« und »Vernichtungshaft« acht Jahre später Demonstranten auf Deutschlands Straßen: Am 1. Februar 1989 begannen rund 20 RAF-Gefangene einen weiteren, den inzwischen zehnten kollektiven Hungerstreik. Nach sechs Wochen, am 17. März, debattierte der Bundestag über die von den Terroristen geforderte Zusammenlegung in zwei oder drei Gefängnissen. Die Grünen-Abgeordnete Antje Vollmer forderte, der Staat solle »endlich einen humanen Strafvollzug« herstellen. Sie verglich das angeblich »hygienisch saubere Wegschließen der RAF-Gefangenen« mit der Inquisition und den Scheiterhaufen des 16. Jahrhunderts. Isolation sei unmenschlich; darunter verstand die gelernte Pfarrerin ausdrücklich die »uneinsichtige Trennung von den Menschen, mit denen gerade diese Gefangenen eine gemeinsame Geschichte teilen und ohne die kein einziger Schritt der Veränderung für sie möglich sein wird«. Der Staat dürfe auf »menschliche Hoffnungen« nicht mit einem »tödlichen und doch so nichtssagenden ›Wir-lassen-uns-nicht-erpressen‹« reagieren. Die Politiker sollten klug genug sein, »diese Todesspirale nicht noch einmal bis zum bitteren Ende durchzuprobieren«. Der ehemalige Bundeskanzler Helmut Schmidt, nun Herausgeber der Wochenzeitung *Die Zeit*, erklärte dagegen: »Ein Privileg für ›politische Gefangene‹ aber kann es nicht geben. [...] Der Konflikt kann schlimm enden – aber er ist unvermeidlich.« Wie um den eigenen Herausgeber zu desavouieren, ließ das *Zeit-Magazin* kurz darauf die engsten Verwandten einiger hungerstreikender Gefangener zu Wort kommen – und über den »brutalen Reiz-Entzug in den Zellen« klagen, in denen die Gefangenen »lebendig begraben seien«.

Diese Vorwürfe entbehrten nach Einschätzung von Generalbundesanwalt Kurt Rebmann jeder Grundlage. Aus den Fehlern der ungeschickten Informationspolitik seiner Vorgänger über die Haftbedingungen der RAF klug geworden, veröffentlichte Rebmann eine detaillierte Aufstellung der

Kontakte und Informationsmöglichkeiten der 25 wichtigsten Gefangenen. Sie wurde auf zwei ganzen Seiten der *Frankfurter Rundschau* dokumentiert. Rebmanns Liste bewies, dass jeder Gefangene im Jahr 1988 zwischen 18 und 96 Besucher empfangen hatte. Die fleißigsten der Häftlinge schrieben bis zu 917 Briefe, und selbst der »faulste« verfasste immerhin 72 Schreiben. Zwischen 210 und 967 Briefe erhielt jeder einzelne Gefangene – innerhalb von 366 Tagen! Alle verurteilten Terroristen verfügten zudem über ein eigenes Radio und einen eigenen Plattenspieler, viele über einen eigenen Fernseher und Hunderte Bücher. Alle hielten mehrere Tageszeitungen und Zeitschriften im Abonnement und konnten sich regelmäßig mit anderen Häftlingen treffen, viele auch mit anderen Terroristen. Doch diese nüchternen Zahlen beruhigten die empörten Wortführer der Sympathisantenszene kaum.[11]

Der linksextreme Terrorismus in Deutschland erlebte seine Geburtsstunde in West-Berlin. An der Freien Universität verteilten Bewohner der anarchistischen Wohngemeinschaft »Kommune 1« am 24. Mai 1967 Flugblätter, in denen es um einen Großbrand im Brüsseler Kaufhaus »À l'Innovation« ging. Obwohl dabei mehr als 300 Menschen gestorben waren, hieß es in einem der Handzettel zynisch: »Ein ungewöhnliches Schauspiel bot sich am Montag den Einwohnern der belgischen Metropole. Ein brennendes Kaufhaus mit brennenden Menschen vermittelte zum ersten Mal in einer europäischen Großstadt jenes knisternde Vietnamgefühl (dabeizusein und mitzubrennen), das wir in Berlin bislang noch missen müssen.« In einem weiteren Flugblatt unter der Überschrift »Wann brennen die Berliner Kaufhäuser?« wurden die Anarchisten um Dieter Kunzelmann, Rainer Langhans und Fritz Teufel noch deutlicher: »Bisher krepierten die Amis in Vietnam für Berlin. [...] Unsere belgischen Freunde haben endlich den Dreh heraus, die Bevölkerung am lustigen Treiben in Vietnam wirklich zu beteiligen: Sie zünden ein Kaufhaus an, dreihundert saturierte Bürger beenden ihr aufregendes Leben und Brüssel wird Hanoi.« Die Kommunarden, die sich selbst als Avantgarde verstanden, verkündeten: »Wenn es irgendwo brennt in der nächsten Zeit, wenn irgendwo eine Kaserne in die Luft geht, wenn irgendwo in einem Stadion die Tribüne einstürzt, seid bitte nicht überrascht.« Und sie schlossen ihr Flugblatt mit den Worten: »Burn, warehouse, burn!« Gemeint war wohl

»Brenn, Kaufhaus, brenn!«, hieß aber in Wirklichkeit:»Brenn, Lagerhaus, brenn!«Ein Berliner Gericht sprach im März 1968 Fritz Teufel und Rainer Langhans von der Anklage der»Aufforderung zur Brandstiftung«frei; die Flugblätter wurden als»Satire«gewertet.

Wie um dieses Urteil Lügen zu strafen, ließen einige besonders radikale Mitglieder der West-Berliner Anarchoszene der Drohung Taten folgen. Am 2. April 1968 legten Andreas Baader, ein charismatischer 24-Jähriger, die hochbegabte Pfarrerstochter Gudrun Ensslin und zwei Mittäter Brandsätze in Kaufhäusern in Frankfurt am Main. Sie warnten die Feuerwehr mit einem Anruf bei der Deutschen Presseagentur:»Gleich brennt's bei Schneider und im Kaufhof. Es ist ein politischer Racheakt.«Menschen wurden nicht verletzt, der Sachschaden betrug knapp 700 000 Mark, die bald gefassten Brandstifter wurden zu mehrjährigen Haftstrafen verurteilt. Doch schon im Sommer 1969 waren sie wieder auf freiem Fuß, dank eines Revisionsantrages ihrer Anwälte. Ensslin tauchte erfolgreich unter, Baader wurde im April 1970 wieder festgenommen. Trotzdem durfte er schon fünf Wochen später die Haftanstalt für einen Tag verlassen, um unter polizeilicher Begleitung mit der Journalistin Ulrike Meinhof in einer Bibliothek in Berlin-Dahlem Literatur für ein gemeinsames Buchprojekt auszuwerten. In Wirklichkeit ging es Meinhof und Ensslin darum, Baader für immer aus der Haft zu holen; die beiden hatten auf dem Schwarzmarkt Pistolen für je 1000 Mark gekauft. Sie setzten sie ein: Am 14. Mai 1970 erlitten ein Mann schwere und zwei weitere leichte Verletzungen, als Baader gewaltsam befreit wurde.

Zwei Wochen später kursierte in radikalen Kreisen West-Berlins eine Erklärung von Gudrun Ensslin:»Es hat keinen Zweck, den falschen Leuten das Richtige erklären zu wollen. Das haben wir lange genug gemacht. Die Baader-Befreiungs-Aktion haben wir nicht den intellektuellen Schwätzern, den Hosenscheißern, den Allesbesser-Wissern zu erklären, sondern den potentiell revolutionären Teilen des Volkes. Das heißt denen, die die Tat sofort begreifen können, weil sie selbst Gefangene sind. [...] Denen – und nicht den kleinbürgerlichen Intellektuellen – habt ihr zu sagen, daß jetzt Schluß ist, daß es jetzt los geht, daß die Befreiung Baaders nur der Anfang ist!«Sie beschrieb die Strategie der Baader-Befreier:»Macht das klar, daß die Revolution kein Osterspaziergang sein wird. Daß die Schweine die Mittel natürlich so weit eskalieren werden, wie sie können, aber auch nicht weiter. Um die Konflikte auf die Spitze treiben zu können, bauen wir die Rote Armee auf. [...] Die Konflikte auf die Spitze treiben heißt: Daß die nicht mehr können, was die wollen, sondern machen müssen, was wir wollen.« Kurz darauf reisten Baader, Ensslin, Meinhof und andere über den Ost-Berliner Flughafen Schönefeld nach Beirut und weiter in ein Ausbildungslager in Jordanien, wo sie zwei Monate lang das praktische Handwerk des Terrorismus lernten.[12]

Nach ihrer Rückkehr folgten Banküberfälle und Einbrüche, um das Leben im Untergrund zu ermöglichen. Gleichzeitig begannen die Behörden, intensiv nach Baader, Meinhof und ihren Anhängern zu fahnden. Nach mehreren Festnahmen, darunter Horst Mahler, und ersten Toten reagierte die Gruppe im Mai 1971 mit einem weitschweifigen »Konzept Stadtguerilla«. Darin hieß es: »Es ist richtig, wenn behauptet wird, mit dem immensen Fahndungsaufwand gegen uns sei die ganze sozialistische Linke in der Bundesrepublik und West-Berlin gemeint. Weder das bißchen Geld, das wir geklaut haben sollen, noch die paar Auto- und Dokumentendiebstähle, derentwegen gegen uns ermittelt wird, auch nicht der Mordversuch, den man uns anzuhängen versucht, rechtfertigen für sich den Tanz.« Zwar regierten zu diesem Zeitpunkt sowohl in West-Berlin als auch in Bonn Sozialdemokraten, aber das störte Baader und Ensslin nicht: »Wir behaupten, daß die Organisierung von bewaffneten Widerstandsgruppen zu diesem Zeitpunkt in der Bundesrepublik und West-Berlin richtig ist, möglich ist, gerechtfertigt ist.« Dieser Ankündigung folgte auf über einem Dutzend Seiten eine wirre Melange aus maoistischer Revolutionstheorie, Zitaten von Marx, Engels und Lenin, Forderungen der Studentenbewegung und apodiktischen Behauptungen: »Stadtguerilla machen heißt, den antiimperialistischen Kampf offensiv führen. Die Rote Armee Fraktion stellt die Verbindung her zwischen legalem und illegalem Kampf, zwischen nationalem und internationalem Kampf, zwischen politischem und bewaffnetem Kampf.«

Die Baader-Meinhof-Gruppe überfiel vorerst weiter Banken, stahl Autos und lieferte sich Schießereien mit der Polizei. Erst im Frühling 1972 trieb sie ihren Wahn vom »antiimperialistischen Kampf« auf die Spitze: Zwischen dem 11. und dem 24. Mai detonierten in Frankfurt, Augsburg, Karlsruhe, München, Hamburg und Heidelberg insgesamt zehn Bomben, die vier Menschen töteten und 41 weitere verletzten. Es war die seit dem

Zweiten Weltkrieg schlimmste Gewaltserie in Deutschland. In einem der »Bekennerschreiben« hieß es:»Kampf der SS-Praxis der Polizei!«, in einem anderen wurden die US-Angriffe gegen Nordvietnam mit dem Holocaust gleichgesetzt:»Das ist Genozid, Völkermord, das wäre die ›Endlösung‹, das ist Auschwitz.« In einem weiteren Brief nach dem Anschlag auf Wolfgang Buddenberg, Ermittlungsrichter beim Bundesgerichtshof, klagte die Baader-Meinhof-Gruppe über die Haftbedingungen ihrer bereits festgenommenen Anhänger:»Die strenge Isolation, in der die Gefangenen gehalten werden, um sie psychisch fertig zu machen: Einzelhaft, Einzelhofgang, Redeverbot mit Mitgefangenen, [...] körperliche Mißhandlungen, das sind nicht die Schikanen von kleinen, frustrierten Gefängniswärtern, das sind Buddenbergs Anordnungen, um die Gefangenen zur Aussage zu erpressen. Das ist der bereits institutionalisierte Faschismus in der Justiz. Das ist der Anfang von Folter.« Das Weltbild der »ersten RAF-Generation« stand fest: Die USA begingen in Vietnam Völkermord, die deutsche Polizei entspräche im Kern der SS, und in bundesdeutschen Gefängnissen würden Gefangene gefoltert.[13]

Anfang Juni 1972 erzielte die Polizei mit Hilfe zahlreicher Hinweise aus der Bevölkerung nach der Anschlagsserie große Fahndungserfolge. Innerhalb von zwei Wochen wurden nahezu alle Mitglieder der Baader-Meinhof-Gruppe festgenommen, darunter die fünf meistgesuchten Personen: zuerst Andreas Baader, Jan-Carl Raspe und Holger Meins in Frankfurt, dann Gudrun Ensslin in Hamburg und schließlich Ulrike Meinhof in Hannover. Politiker und Bürger hofften, dass der mörderische Spuk der »Stadtguerilla« nun vorüber sei. Sie täuschten sich: Die RAF setzte ihren Krieg »aus dem Knast« fort.

In den Achtziger- und Neunzigerjahren, das ist inzwischen weitgehend unbestritten, hat es so etwas wie »Isolationshaft« für RAF-Häftlinge nicht gegeben. Anders sieht es aus für die Siebzigerjahre, die Zeit des großen linksterroristischen Angriffs auf die bundesdeutsche Demokratie: Bis heute hält sich die Vorstellung, die Mitglieder der Baader-Meinhof-Gruppe seien 1972 bis 1977 unter unmenschlichen, mindestens aber rechtsstaatswidrigen Bedingungen eingesperrt gewesen. Begriffe wie »Isolationsfolter« oder »Vernichtungshaft« führen zwar heute nur noch Anhänger der extremen Linken im Munde, aber die damaligen Proteste namhafter Persönlichkeiten wie Jean-Paul Sartre, Peter Stein oder Otto Sander wirken fort. Dahinter steht die Vorstellung, der bundesdeutsche Staat, vor allem die in der NS-Zeit geprägte Generation, die in den Siebzigerjahren an allen wesentlichen Stellen von Politik und Verwaltung dominierte, habe mit unangemessener Härte auf die Herausforderung durch den Linksradikalismus reagiert. Trifft das zu? Wurden die RAF-Häftlinge tatsächlich in unzumutbarer Weise isoliert? Waren sie »sensorischer Deprivation« ausgesetzt?

Aufgerüttelt wurde die »kritische Öffentlichkeit« durch Ulrike Meinhofs Aufzeichnungen aus der Untersuchungshaft. In ihren Briefen aus dem Herbst 1972 und dem Frühjahr 1973 klagte sie immer wieder, sie werde in einem »toten Trakt« gehalten. Tatsächlich saß sie in der einzigen Zelle ein, die in einem Seitenflügel des kurz zuvor errichteten Gefängnisses in Köln-Ossendorf belegt war. Um sie herum befanden sich insgesamt sechs Hafträume, die unbelegt blieben. Offiziell hieß das »stille Abteilung«; der Direktor von Ossendorf berichtete der zuständigen Staatsanwaltschaft in Frankfurt am Main kurz vor Weihnachten 1972: »Während die Untersuchungsgefangene [Astrid] Proll im Männertrakt dieser Untersuchungsabteilung zumindest akustisch an dem Leben in dieser Haftanstalt teilnehmen kann, ist die Gefangene Meinhof auch akustisch isoliert.« Der Bericht wurde veröffentlicht und galt den RAF-Sympathisanten fortan als Eingeständnis des Staates, dass Baader und Genossen in »Isolationshaft« gehalten würden; in Broschüren der »Anti-Folter-Komitees« wurde das Zitat als schlagender Beweis für »Isolationsfolter« angeführt. In Wirklichkeit handelte es sich nur um eine unglückliche Formulierung: Da sich Ulrike Meinhof wie fast alle inhaftierten RAF-Mitglieder buchstäblich mit Händen und Füßen gegen die Vollzugsbeamten wehrte, ordneten die zuständigen Haftrichter über die bei Untersuchungshäftlingen laut Paragraf 119 der Strafprozessordnung ohnehin immer vorgeschriebene separate Verwahrung von mutmaßlichen Komplizen ausdrücklich »strenge Einzelhaft« an.

Das war ein übliches Vorgehen bei gewalttätigen Gefängnisinsassen und bei den RAF-Terroristen tatsächlich geboten: Meinhof hatte sich zum Beispiel bei einer Gegenüberstellung mit Tritten und Schreien gewehrt, kurz darauf sogar einmal auf dem Kopf einer Wärterin eine Klobürste zertrümmert und einen Arzt geohrfeigt. Andreas Baader hatte schon während seiner 14 Monate Haft 1968/69 wegen der Kaufhausbrandstiftung insgesamt neunmal verlegt werden müssen, weil er in jeder Haftanstalt Wärter angegriffen hatte; auch in den fünf Wochen Haft im April und Mai 1970 sowie ab 1972 beschimpfte er die Vollzugsbeamten wiederholt. Holger Meins griff in der Untersuchungshaft einen Beamten an und wurde nach Darstellung seines Vaters daraufhin »grün und blau getreten«; ob das stimmte, blieb unklar. Jan-Carl Raspe beschrieb sein Verhalten nach der Festnahme unmissverständlich: »Als ich hier reinkam, hatte ich nur einen Gedanken im Kopf: Widerstand leisten, wo es geht, um nicht kaputtgemacht werden zu können.« Da die Vollzugsbeamten den um sich schlagenden Gefangenen nun einmal ruhigstellen mussten, fassten sie ihn hart an. Gudrun Ensslin hatte sich nach ihrer Festnahme zusammengerollt, um ihr Gesicht zu verdecken, und die Hände zu Fäusten geballt, damit ihr nicht die Fingerabdrücke genommen werden konnten; schließlich musste ihr jeder Finger einzeln gerade gebogen werden. Ein Polizist kitzelte sie im Nacken, damit ihr Gesicht fotografiert werden konnte; als das später bei einer Zeugenvernehmung im Prozess zur Sprache kam, monierte Ensslins Anwalt, der Richter habe den Beamten nicht darauf hingewiesen, dass er sich damit möglicherweise strafbar gemacht habe. Das Kitzeln sei eine körperliche Behandlung, die durch ihre Wirkung die freie Willensentscheidung einer festgenommenen Person aufheben könne. Das Vorgehen des Polizisten sei »Nötigung im Amt«. Diese Argumentation ist widersinnig, denn unter Nötigung versteht man eigentlich, einen Menschen mit Gewalt oder »Drohung mit einem empfindlichen Übel« zu etwas zu zwingen. Kitzeln fällt nicht darunter.

Horst Mahler, der bereits seit 1970 in Untersuchungshaft saß, »stank« nach eigenen Worten der »passiv-masochistische Widerstand«; er schlug vor: »Wir können schreien, singen, gegen die Tür treten, mit Tassen und Schüsseln schmeißen, beim Polizei-Inspektor den Schreibtisch umschmeißen und vieles mehr. Wir riskieren, daß sie uns dabei auch zusammenschlagen. Das nehmen wir in Kauf.« In Einzelfällen mag es anfangs zu Überreaktionen von Beamten gekommen sein, doch keinesfalls wurden RAF-Gefangene regelmäßig oder gar systematisch misshandelt. Die stets richterlich verhängte und auf Beschwerde der RAF-Anwälte vielfach überprüfte »strenge Einzelhaft« entsprach der Vorschrift des Paragrafen 119 der Strafprozessordnung und war keine »Sonderbehandlung« für

»politische Gefangene«, sondern dem gewalttätigen Verhalten der Untersuchungsgefangenen geschuldet.[14]

Gravierender war jedoch der Vorwurf, die RAF-Gefangenen würden isoliert gefangen gehalten und litten unter »totaler sozialer Kontaktlosigkeit« (Klaus Rainer Röhl) sowie dem »Entzug äußerer Sinneseinflüsse« (Sjef Teuns). Auch die »Internationale Untersuchungskommission« zum Tode von Ulrike Meinhof befand: »Schon am Tage ihrer Verhaftung wurde Ulrike Meinhof unter extremen Isolationsbedingungen [...] gefangengehalten. Diese erste Periode in extremer Isolation (es folgten weitere) dauerte 237 Tage.« In Wirklichkeit bekam die angeblich isolierte Gefangene in den ersten neun Monaten ihrer Untersuchungshaft 48 Besuche; 18 davon, nämlich genau wie zulässig einen alle zwei Wochen, von Verwandten, darunter mehrfach von ihren Zwillingstöchtern. Die übrigen 30 Gespräche führten Meinhofs Anwälte mit ihrer Mandantin. Andreas Baader bekam in der gleichen Zeit 26-mal Besuch, davon 22-mal von Verteidigern; der weniger bekannte Terrorist Gerhard Müller erhielt insgesamt 35 Besuche. Kein normaler Untersuchungsgefangener bekam derartig häufig Besuch. Auch standen den RAF-Häftlingen bereits 1972/73 Radios und Schreibmaschinen, Zeitungen, Zeitschriften und Bücher zur Verfügung. Von »totaler sozialer Kontaktlosigkeit« oder gar »sensorischer Deprivation« konnte also keine Rede sein.

In Wirklichkeit litten vor allem Meinhof, in geringerem Maße auch die anderen Terroristen unter »Knast-Koller«, einem bekannten Phänomen. Als ruhe- und rastlose Menschen, die vor ihrer Verhaftung in der extremen Situation der Illegalität gelebt hatten, war für sie das Eingesperrtsein eine kaum erträgliche Belastung. Angesichts ihrer schweren Straftaten und ihres aggressiven Verhaltens in der Haft konnte die Justiz darauf keine Rücksicht nehmen. Die einigen RAF-Häftlingen immer wieder gewährten kurzfristigen Erleichterungen, zum Beispiel gemeinsamer Hofgang mit anderen Gefangenen (allerdings nie mit anderen Terrorverdächtigen) mussten nach Konflikten oder Widerstand gegen die Beamten zurückgenommen werden.[15]

Zwischen den RAF-Gefangenen bestand bald ein reger, wenn auch illegaler Kontakt – über die Anwälte, die Kassiber aus den verschiedenen Haftanstalten heraus- und wieder hineinschmuggelten. Das erste derartige Papier entstand sogar noch während der Großfahndung im Frühsommer 1972: Gudrun Ensslin schrieb unmittelbar nach ihrer Festnahme, nämlich am 10. oder 11. Juni, einen zweiseitigen geheimen Brief mit Anweisungen an die noch nicht gefasste Ulrike Meinhof. Der Kassiber wurde aus der Haftanstalt Essen herausgeschmuggelt, erreichte seine untergetauchte Empfängerin binnen 72 Stunden und wurde bei Meinhofs Festnahme am 15. Juni gefunden. Der einzige Besucher, den Ensslin zwischen ihrer eigenen Festnahme und der von Meinhof hatte, war ihr Verteidiger Otto Schily; doch dieses Indiz genügte nicht, um ihn von der Verteidigung auszuschließen.

Ensslins Kassiber blieb kein Einzelfall. Nach der tragisch verlaufenen Geiselnahme israelischer Sportler im Olympischen Dorf in München im September 1972 verfasste Ulrike Meinhof im Namen der RAF eine Stellungnahme. Sie lobte darin die »Aktion« der »palästinensischen Genossen«. Das Schreiben erreichte illegal Gudrun Ensslin, die daraufhin Horst Mahler, den sie irrtümlich für den Autor hielt, scharf attackierte: »Einfach Scheiße ... Es wäre besser gewesen, wenn es vorher andere gelesen hätten ... Haben uns mal kurz gefragt, warum Du's nicht vorher mal rüberreichst.« Es war also im Herbst 1972 offenbar selbstverständlich für die inhaftierten Terroristen, miteinander Papiere auszutauschen. Ensslins Kritik ging in Kopie auch an Ulrike Meinhof, die ihren Text in einer weiteren Schrift verteidigte, aber auch »Selbstkritik« übte. Ermöglicht wurde dieses Kassibersystem zwischen den RAF-Häftlingen von ihren Verteidigern – ein klarer Verstoß gegen geltendes Recht, denn Untersuchungshäftlinge, die wegen zusammenhängender Taten verhaftet sind, dürfen nicht miteinander kommunizieren. Als Staatsanwälte und Richter versuchten, RAF-Anwälte auszuschließen, klagten diese, in der Verteidigung ihrer Mandanten »behindert« zu werden.

Ab 1973 bauten die Anwälte die Kassiberverteilung zu einem Kommunikationsnetz der Gefangenen untereinander und mit der Sympathisantenszene aus. Zentrale des »Info« genannten Systems war die Kanzlei von Kurt Groenewold in Hamburg; hier ordneten mehrere Mitarbeiter die Notizen und kopierten sie, bevor sie wieder in die Gefängnisse geschmuggelt wurden. Insgesamt dürften in den fünf Jahren der Haft der ersten RAF-Generation mehrere hundert Botschaften mit tausenden einzelnen Seiten auf diesem Weg ausgetauscht worden sein. Eine 1976/77 von den RAF-Gefangenen in Stammheim selbst getroffene Auswahl, die 1987 als

Buch erschien, umfasst für die Zeit zwischen April 1974 und November 1976 allein 106 mehrseitige Botschaften; aus der früheren Zeit sind nur vier Briefe in dieser Sammlung enthalten. Die Behörden wussten spätestens im Juli 1973, dass ein illegales Postsystem die über die ganze Bundesrepublik verteilten Gefangenen miteinander verband; bei Zellendurchsuchungen waren fast drei Dutzend Papiere aus dem »Info« beschlagnahmt worden. Doch statt daraus eine Abwehrkampagne gegen die angebliche »Isolationsfolter« zu machen, veröffentlichte das Bundesinnenministerium die Dokumente 1974 in einer Broschüre unter dem abschreckenden Titel *Dokumentation über Aktivitäten anarchistischer Gewalttäter in der Bundesrepublik Deutschland*. Die Resonanz war gleich null.[16]

Es gab 1972/73 weder eine totale Isolation noch eine im negativen Sinne besondere Behandlung der RAF-Gefangenen. Wenn gegen sie verschärfte Haftmaßnahmen angeordnet wurden, so wegen ihrer renitenten Aktionen. Einzelne Übergriffe von Vollzugsbeamten können nicht mit Sicherheit ausgeschlossen werden, doch so etwas wie systematische Misshandlungen gab es nach Auswertung aller bekannter Umstände ganz offensichtlich nicht. Alle Gefangenen konnten regelmäßig Besuch von Verwandten und Verteidigern bekommen und machten davon weit überdurchschnittlichen Gebrauch. Anderslautende Behauptungen der RAF-Anwälte und der »Anti-Folter-Komitees« waren Teil einer Kampagne.

Auch die Anschuldigungen des »Kronzeugen« Jean-Paul Sartre erweisen sich bei genauerem Hinsehen als Teil dieser Kampagne. Der Philosoph attestierte nach seinem Kurzbesuch in Stammheim am 4. Dezember 1974 Andreas Baader das »Gesicht eines gefolterten Menschen«, weil er »völlig abgeschnitten« worden sei »von allem«. In Wirklichkeit hatte der RAF-Anführer allein in den vorangegangenen 27 Tagen insgesamt 35 Besuche seiner Anwälte empfangen; zusammen dauerten die Besuche 42 Stunden. Außerdem konnte er inzwischen vier Stunden pro Tag mit seinen Mitgefangenen Gudrun Ensslin, Ulrike Meinhof und Jan-Carl Raspe verbringen; in bewusster Verletzung der Strafprozessordnung hatten die Behörden die vier Untersuchungshäftlinge kurz zuvor im neuen Hochsicherheitstrakt Stammheim zusammengelegt. Zudem stand Baader in ständigem Kontakt mit verschiedenen Ärzten. Die Zelle, in der Sartre dem inhaftierten Terroristen in Stammheim begegnete, war zwar tatsächlich weiß und kahl; doch handelte es sich um eine Besuchszelle, nicht um einen der Räume, in denen Baader und seine Genossen lebten. Die waren jedoch, wie der *Spiegel* dem Philosophen vorhielt, »cremefarben gestrichen«. Neben Bett und Schrank stehen Schreibtische und Bücherregale, Radio und Schreibmaschine, und Landkarten hängen an den Wänden. Zeitschriften und Zeitungen werden nach Wahl geliefert, Hunderte von Büchern stehen zur Verfügung, Lenins Werke ebenso wie Ausarbeitungen über Aufgabe und Arbeitsweise des Bundeskriminalamtes.« Das Magazin berichtete, dass Ensslins Zelle »20,08 Quadratmeter groß« sei und sie zudem über eine weitere »Bücherzelle« für ihre 500 Bände umfassende Bibliothek verfüge. Auch hatten alle RAF-Gefangenen in Stammheim einen eigenen Fernseher – Mitte der Siebzigerjahre traf das noch längst nicht für alle bundesdeutschen Haushalte zu. Zehn Tage nach Sartres Besuch kam der anglikanische Pfarrer Paul Oestreicher, der Vorsitzende der britischen Sektion von Amnesty International, nach Deutschland, um im andauernden Hungerstreik zu vermitteln. In seiner »privaten Mission« konnte er in Stammheim mit Baader, Meinhof und anderen Häftlingen persönlich sprechen, und zwar ohne Zeugen. Er traf auch die Justizminister von drei Bundesländern und Bundesjustizminister Hans-Jochen Vogel (SPD) sowie die RAF-Anwälte Klaus Croissant, Hans-Christian Ströbele, Otto Schily und Kurt Groenewold. Die *Frankfurter Allgemeine* berichtete über Oestreichers Eindrücke: »Beschuldigungen der Folter, insbesondere durch Isolation, die nach Oestreichers Beobachtungen zum gegenwärtigen Zeitpunkt unberechtigt sind, könnten seiner Ansicht nach die Fronten nur verhärten.« Außerdem empfand der Londoner Geistliche die Terroristen als »äußerst selbstgerecht und von ihrer eigenen moralischen und intellektuellen Überlegenheit überzeugt«.[17]

Alle RAF-Gefangenen konnten (offizielle) Briefe schreiben, die selbstverständlich wie bei jedem Untersuchungshäftling und jedem Strafgefangenen überwacht wurden; auch durften sie (kontrollierte) Briefe empfangen. Alle konnten Zeitungen und Zeitschriften abonnieren. Das entsprach normalen Haftbedingungen; Bundeskanzler Helmut Schmidt sagte 1974 vor laufenden Kameras der *Tagesschau* über die Forderungen der RAF-Gefangenen nach einer Verbesserung ihrer Situation: »Sie müssen schon die Unbequemlichkeiten eines Gefängnisses auf sich nehmen.« Schon in der ersten Bundestagsdebatte über den Hungerstreik der RAF-Gefangenen hatte Justizminister Vogel den Vorwurf der »Isolationsfolter« als »Teil eines geplanten Kampfes gegen den Rechtsstaat« bezeichnet. Ziel sei es, »entgegen den gesetzlichen Bestimmungen die Entlassung aus rechtmäßiger Haft zu erzwingen«.[18]

In Stammheim hatten die RAF-Gefangenen seit Ende 1974 unter den »Unbequemlichkeiten eines Gefängnisses« sogar weitaus weniger zu leiden als »normale« Untersuchungsgefangene; vielmehr lebten sie unter ungewöhnlich guten Haftbedingungen. Der ehemalige Verantwortliche für den Hochsicherheitstrakt im siebten Stock des Gefängnisses Stammheim, Vollzugsleiter Horst Bubeck, kann die wirklichen Verhältnisse in der schlecht beleumundeten Haftanstalt bezeugen. Die RAF-Gefangenen wohnten jeweils allein in einer Standardzelle, die für drei Inhaftierte gedacht war. Sie hatten zudem eine eigene »Bücherzelle«, eine für Sportgeräte und einen Aktenraum, in dem die Unterlagen für den Prozess aufbewahrt wurden. Sie durften täglich eine halbe Stunde allein duschen – »normale« Gefangene hatten pro Woche eine Viertelstunde Duschzeit, und auch das gruppenweise. Die Wärter beschafften ihnen immer wieder Sonderverpflegung; Obst bestellte Vollzugsleiter Bubeck extra in einer Stuttgarter Feinkosthandlung. Übrigens hatten Baader, Meinhof, Ensslin und Raspe durchaus eigenwillige, politisch unkorrekte Wünsche: »Wenn die Häftlinge zur Weihnachtszeit Trauben und Erdbeeren bestellten, dann konnten die zur damaligen Zeit ja nur aus Chile, Israel oder Südafrika stammen – nicht gerade Freundesländer der RAF«, erinnerte sich der Vollzugsleiter.

Wie in Freiheit fiel Andreas Baader auch in Stammheim durch Rücksichtslosigkeit gegenüber seiner Umgebung auf, bis hin zu Aktionen, die seine Privilegien gefährdeten. Einmal drehte er seine Musikanlage so weit auf, dass sich die »normalen« Strafgefangenen zwei Stockwerke darunter beschwerten und fragten, ob die Insassen des Hochsicherheitstrakts Partys feierten. Horst Bubeck ging zu Baader und sagte: »Wenn Sie unbedingt wollen, daß die anderen Gefangenen erfahren, wie Sie hier wirklich leben, stellen Sie Ihre Anlage nur noch lauter.« Fortan benutzte der Terrorist häufig Kopfhörer. Gegenüber Vertretern der Strafbehörden hielt Baader so viel »Taktik« nicht für nötig. Am 21. April 1977 besuchte ihn Kurt Rebmann, damals oberster Verantwortlicher für Stammheim, und fragte den Gefangenen: »Herr Baader, besonders in der internationalen Presse ist häufig zu lesen, daß die Gefangenen im siebten Stock gefoltert würden. Stimmt das denn?«Baader schwieg zunächst, drehte sich dann zu Horst Bubeck, der neben ihm saß, klopfte ihm auf die Schulter und sagte kumpelhaft:»Na, Herr Bubeck, werden wir hier gefoltert?« Dem Justizbeamten verschlug es die Sprache. So fuhr Baader fort:»Ne, ne, der Vorwurf der Folter, meine Herren, ist nicht wörtlich zu nehmen. Wir sehen das eher sportlich und raufen uns immer wieder zusammen, nicht wahr, Herr Bubeck?«[19]

An den Privilegien der RAF-Gefangenen in Stammheim änderte sich nach ihrer Verurteilung zu lebenslanger Haft Ende April 1977 wenig. Erst als Arbeitgeberpräsident Hanns-Martin Schleyer am 5. September entführt wurde, um die Stammheimer und weitere RAF-Gefangene freizupressen, reagierte der Staat. Es wurde eine totale Kontaktsperre verhängt, um die Steuerung der Kidnapper aus dem Gefängnis zu unterbinden; im Eildurchgang und in rechtsstaatlich fragwürdiger Weise erließ der Bundestag ein entsprechendes Gesetz. Nun lebten die inhaftierten RAF-Mitglieder tatsächlich in jener Isolation, über die sie sich seit Jahren so lautstark beklagt hatten. Allerdings nicht lange, denn die Gefangenen umgingen diese Sperre mit einem heimlichen Drahtfunksystem, das Jan-Carl Raspe über die Kabelradioanlage zwischen den Zellen eingerichtet hatte. Es diente ihnen auch dazu, in der Nacht vom 17. auf den 18. Oktober 1977 ihren kollektiven Selbstmord zu verabreden.

Im Wesentlichen entsprach die Behandlung der inhaftierten Terroristen 1972 bis 1977 den Regeln des Rechtsstaates. Warum kamen die von Baader und Ensslin bereits vor ihrer Festnahme gestreuten Behauptungen über angebliche »Isolationsfolter« trotzdem so gut an bei der deutschen und der internationalen Linken? Man kann es wohl nur mit der Last der deutschen Vergangenheit erklären. Der Journalist Richard Herzinger hat treffend bemerkt:»Der entscheidende Punkt war wohl die Faschismuskeule, mit der die RAF-Propagandisten ausgiebig herumfuchtelten. Indem sie wildgewordene Polit-Pistoleros zu Widerstandskämpfern gegen eine angebliche Reinkarnation des NS-Staates verklärten, rührten sie am historischen Gewissen der nachgeborenen Deutschen.« Das Muster funktioniert noch im vereinigten Deutschland, zum Beispiel beim bekannten Psychoanalytiker Horst-Eberhard Richter. Er nahm sich 1996 der letzten gefassten RAF-Terroristin der »dritten Generation«, Birgit Hogefeld, an. Sie hatte in einem autobiografischen Text geschrieben:»Das Bild des toten

Holger Meins werden die meisten, die es kennen, ihr Leben lang nicht vergessen – sicher auch deshalb, weil dieser ausgemergelte Mensch so viel Ähnlichkeit mit KZ-Häftlingen, mit den Toten von Auschwitz hat.« Richter schrieb dazu:»Die Brücke zwischen Bildern der Auschwitz-Opfer [...] und des verhungerten Holger Meins markiert die assoziative Verbindung zwischen Nazi-Greueln [...] und dem Haftelend der RAF-Gefangenen.« Diese Fiktion kommentierte Jan Philipp Reemtsma spitz:»Das assoziiert man, wenn man die Parallele bereits gezogen hat. Wenn nicht, erinnert das bärtige Gesicht von Meins an alles Mögliche, nur nicht an ein KZ-Opfer.«[20]

Eine erhebliche Mitschuld an der Verbreitung des Gerüchts trifft die RAF-Anwälte. Sie wussten aus eigener ständiger Anschauung, dass an ihren lautstark vorgetragenen Vorwürfen nie etwas dran war. Nur wenige dieser Juristen wurden wegen Unterstützung einer kriminellen Vereinigung belangt; andere wurden wie Rupert von Plottnitz stellvertretender Ministerpräsident eines Bundeslandes oder wie Hans-Christian Ströbele Bundestagsabgeordnete. Otto Schily, von 1998 bis 2005 selbst als Bundesinnenminister der rot-grünen Regierung von Gerhard Schröder für Terrorabwehr in der Bundesrepublik verantwortlich und in dieser Zeit zum SPD-Rechtsaußen geworden, äußert sich bis heute nicht zu seinem damaligen Verhalten – unter Hinweis auf seine Schweigepflicht als Anwalt, die über den Tod seiner Mandanten hinaus weiter gilt.

Ein weiterer Grund für den Erfolg der Gerüchte über»Isolationsfolter« und»Vernichtungshaft« war die ungeschickte Reaktion der Behörden auf die Vorwürfe der RAF-Anwälte. Nur selten gaben sie umfassend Auskunft über die tatsächlichen Haftbedingungen. Auch bekamen unabhängige Journalisten so gut wie nie Einblick in die tatsächlichen Zustände im sogenannten Hochsicherheitstrakt in Stammheim oder anderen Gefängnissen. Zwar erhielten Redakteure des *Spiegel* und des *Stern* durchaus Insider-Informationen, reichten Vollzugsbeamte und in mindestens einem Fall sogar ein Richter interne Berichte an Zeitungen weiter (wofür er umgehend abgelöst wurde). Aber mit einer Ausnahme nach dem Selbstmord von Ulrike Meinhof kamen nie Kamerateams in die siebte Etage von Stammheim, um über die Lebensbedingungen der Häftlinge berichten zu können. Über die Gründe kann man nur spekulieren; wahrscheinlich ist, dass die Behörden nicht wollten, dass die Vorzugsbehandlung der Baader-

Meinhof-Gruppe öffentlich bekannt würde – um einerseits die Wahrnehmung des »starken Staates« in der breiten Öffentlichkeit nicht zu stören und andererseits andere Gefangene nicht auf teure Ideen zu bringen.

Wenig durchdacht erscheint die Zurückhaltung der Behörden im Kampf gegen die Falschmeldungen über »Isolationsfolter« auch, weil einer der beschlagnahmten Kassiber eine eindeutige Widerlegung der RAF-Propaganda enthielt – und zwar aus deren Sympathisantenkreis. Ein Schreiben, das von der linksradikalen Solidaritätsorganisation »Rote Hilfe« stammte, stellte fest: »Der Hungerstreik [von Anfang Mai bis Ende Juni 1973] spaltet, weil er auf einer Lüge aufgebaut ist. Der Hungerstreik lügt, wenn er ›Gleichbehandlung‹ der politischen Gefangenen fordert. In Wirklichkeit ist er ein Hungerstreik zur Durchsetzung von Privilegien der politischen Gefangenen. Die Aufhebung der Isolationsbeschlüsse würde in der Knastrealität zu einer Bevorzugung (Besuch, Bücher, Briefverkehr usw.) der mit Genossen, Anwälten und Anverwandten reich ausgestatteten politischen Gefangenen führen.« All das traf exakt zu. Aber der Einblick der »Roten Hilfe« ging noch weiter: »Der Hungerstreik lügt, wenn er von ›Folter‹ spricht: Kein politischer Gefangener kommt so leicht in den ›Bunker‹ (mit Todesrisiko) oder wird so leicht zusammengeschlagen wie die ›Normalen‹.« Dafür sorgten die Anwälte und die Öffentlichkeit. »Der Hungerstreik lügt, wenn er behauptet, das letzte Kampfmittel der Genossen im Knast zu sein: Kein ›Normaler‹ hat die Möglichkeit, sich seitenweise wie die Knastgenossen in der gesamten Presse darzustellen.« Doch statt dieses echte Schreiben im Meinungskrieg mit der RAF wirksam zu nutzen, publizierte das Bundesinnenministerium es in einer unscheinbaren Broschüre, die praktisch nicht wahrgenommen wurde.

Aus der Distanz von vier Jahrzehnten scheint sich nun eine realistischere Sicht der Dinge durchzusetzen. So sagte eine ehemalige RAF-Sympathisantin, als sie die Wahrheit über die angebliche »Isolationsfolter« in Stammheim erfuhr, über ihre ehemaligen Idole Baader, Ensslin und Meinhof: »Mein Gott, haben die uns damals verarscht!«[21]

# »Ökologisches Hiroshima«

## Das Waldsterben in Deutschland 1979 bis 1988

>*»Die ersten großen Wälder werden schon in den nächsten*
>*fünf Jahren sterben. Sie sind nicht mehr zu retten.«*
>Bernhard Ulrich, 1981[1]

1979 ist der Solling schon fast zehn Jahre das zweite Zuhause von Bernhard Ulrich. Unzählige Male hat der Bodenkundler in dem bergigen Waldstück bei Göttingen gemessen, was zu messen ist: die Zusammensetzung des Regens oberhalb und unterhalb der Baumkrone, die Bestandteile des Nebels, der sich auf die Blätter legt, die Inhaltsstoffe im Sickerwasser. Er hat Proben aus Wurzeln, Stamm, Blättern und Rinde genommen sowie bis zu zwei Meter tief aus dem Boden. Nun wertet der Direktor des Instituts für Bodenkunde in Göttingen in einem Forschungssemester die Daten aus.

Ulrich ist gespannt: Seit Mitte der Siebzigerjahre registrieren die Forstleute eine auffällige Erkrankung der Tannen in der Bundesrepublik; in Fachkreisen ist schon vom »Tannensterben« die Rede. Der Professor vermutet als Ursache die zunehmende Belastung der Umwelt mit Luftschadstoffen, speziell mit Schwefelverbindungen und Stickoxiden, und hat bereits im *Forstwirtschaftlichen Zentralblatt* darüber geschrieben.

Ulrichs Auswertung bringt Erschreckendes zutage. Die Messwerte für Schwermetalle wie Blei, Cadmium und Zink sowie für Schwefelsäure sind hundertfach bis tausendfach höher als normal – und das, obwohl der Solling ein Reinluftgebiet ist, weit ab von Industriezentren und Autobahnen. Ulrich will handeln. Er grenzt sich von der bis dahin dominierenden Hypothese ab, wonach an Blättern und Nadeln direkte »Rauchschäden« vermutet werden, und formuliert eine neue These: Luftschadstoffe führen aufgrund ihres hohen Gehaltes an Schwefel- und Stickstoffverbindungen mit Wasser zur Bildung von Säuren und gelangen bei Niederschlägen in den Boden. Durch diesen Säureeintrag, auch »saurer Regen« genannt, werden mineralische Nährstoffe ausgewaschen und giftige Metall-Ionen freigesetzt, die nützliche Bodenorganismen und die Feinwurzeln schädigen, was wiederum die Nährstoff- und Wasseraufnahme stört. Damit wird der Baum anfälliger gegenüber Faktoren wie Frost und Parasiten. Außerdem gelangen die giftigen Stoffe über den Wasserkreislauf in den Baum. Betroffen ist jede Baumart, unabhängig vom Standort. Beim permanenten Überschreiten einer gewissen Sättigungsgrenze gehen die Bäume unweigerlich zugrunde. Wenn sich das bestätigt, fährt es dem Wissenschaftler durch den Kopf, und die Luftverschmutzung nicht unverzüglich drastisch reduziert wird, »dann geht es für den Wald ums Ganze«. Ulrichs Sorgen verhallen nicht ungehört. Noch 1979 beauftragt ihn das Umweltbundesamt, einen Bericht zu schreiben; 1980 lädt ihn das Niedersächsische Ministerium für Landwirtschaft und Forsten zu einer Tagung ein. Seine Warnung vor der zunehmenden Versauerung von Waldböden gibt Anlass zur Sorge.

Fachkollegen reagieren skeptisch. Heinrich Spiecker von der Forstlichen Versuchsanstalt in Freiburg dringt zwar wie Ulrich darauf, die Schadstoffe zu reduzieren, doch er ist von dessen These nicht überzeugt. Spiecker sieht in den Schädigungen an Tannen die normale Folge einer schlechten Wasserversorgung während der trockenen Sommer. Für Ulrich gibt es jedoch keinen Zweifel: Fünf Jahre zuvor hatte er mit seiner Familie bei einem Ausflug auf den Bruchberg im Harz Fotos geschossen; jetzt fährt er erneut dorthin, da hier nach seiner Schätzung ebenfalls massive Schäden festzustellen sein müssten. Und tatsächlich: Wo er einst einen gesunden Wald fotografiert hatte, ragen nun kahle Stümpfe in den Himmel; ähnliche Bilder kennt er aus Süddeutschland. Sein Schluss: Die in unterschiedlichen Regionen anzutreffenden Waldschäden sind Vorboten eines großflächigen Waldsterbens.[2]

Auch der Münchner Forstbotaniker Peter Schütt hat Baumschäden registriert, für die er keine Erklärung findet. Seit dem Kälteeinbruch zur Jahreswende 1978/79, als die Temperatur mancherorts binnen Stunden um fast 30 Grad Celsius fiel, kränkeln auch Fichten in Höhenlagen. Am 15. Mai 1981 wird im Forstamt Sauerlach in Bayern darüber diskutiert; Schütt spricht über »neuartige Waldschäden«. Doch einige Experten halten dagegen: Die beschriebenen Schäden würden seit Jahrzehnten durch Pilze hervorgerufen, argumentieren die einen. Andere halten sie für »klassische Rauchschäden«, die durch nahegelegene Industrieanlagen hervor-

Titelblatt des Nachrichtenmagazins *Der Spiegel* vom 16. November 1981

gerufen würden; es gebe daher kein neues Problem. Der Forstexperte Otto Kandler meint: »Eine sorgfältige Berücksichtigung der bisherigen waldbaulichen Erfahrung und einschlägiger Literatur läßt die Schüttsche Behauptung, es handle sich generell um ›bisher unbekannte Krankheitsbilder‹, fragwürdig erscheinen.« Andererseits lassen sich mit herkömmlichen Ansätzen die zunehmenden Schäden weit entfernt von Kraftwerken und Chemieanlagen nicht erklären. Immer häufiger wird daher auf Tagungen und Symposien Ulrichs Warnung diskutiert, ab und zu berichten Zeitungen über Baumschäden, ohne dass dies Aufmerksamkeit erregt.

Doch kurz darauf setzt sich Ulrichs These durch. Sein Ansatz, es handele sich um eine neue, durch Luftschadstoffe hervorgerufene komplexe Krankheit, erlaubt es auf verblüffende Weise, ähnliche Erkrankungen bei verschiedenen Baumarten plausibel zu machen. Ulrich publiziert seine Überlegungen erneut im *Forstwirtschaftlichen Zentralblatt*. Wieder assistiert ihm Schütt. Bei mehreren Gelegenheiten verweist er auf die Komplexität der Erkrankung. Und Schütt zeichnet ein düsteres Bild vom baldigen Absterben ganzer Wälder. Manchmal nehme er bei Spaziergängen ein Fernglas mit in den Wald und spähe in die Kronen der Kiefern und Fichten. Was er dort erkenne, mache ihm Angst: Er sehe »lauter Kranke und Tote«.[3]

Mitte 1981 erreicht das Problem der Luftverschmutzung schlagartig die Öffentlichkeit: durch eine spektakuläre Aktion der neugegründeten deutschen Sektion der Umweltorganisation Greenpeace. Am 24. Juni rollt ein unauffälliger Lieferwagen auf das Gelände des Hamburger Werks der Pharmaziefirma Boehringer Ingelheim. Der Wagen hält in der Nähe eines Schornsteins; zwei Männer steigen aus, gehen ohne Hast auf den Schornstein zu und klettern zügig hoch. Oben angekommen, entrollen sie ein Transparent. Weit sichtbar ist zu lesen: »Erst wenn der letzte Baum gerodet, der letzte Fluß vergiftet, der letzte Fisch gefangen, werdet ihr feststellen, daß man Geld nicht essen kann.« 26 Stunden harren die beiden Männer in luftiger Höhe aus – als Protest gegen die Verseuchung der Umwelt mit Dioxin. Das Medienecho ist enorm, und nun richtet sich die Aufmerksamkeit auch auf die Waldschäden. Im Juni 1981 verlangt die FDP-Fraktion im Bundestag Auskunft über das Baumsterben durch Schwefelemissionen, im Juli schickt Landwirtschaftsminister Josef Ertl (FDP) Experten in die Wälder.

Die SPD erbittet im Oktober Informationen über den gehäuften Nadelabfall bei Tannen, Fichten und Kiefern; die Union stellt im November eine Große Anfrage zur generellen Problematik des »sauren Regens«. Diese Reaktion der Politik folgt unmittelbar auf die ersten dramatischen Berichte über Waldschäden. So veröffentlicht der *Stern* am 24. September 1981 einen Artikel mit dem Titel »Über allen Wipfeln ist Gift«, in dem Ulrich und Schütt zu Wort kommen. Allein der Bildtext neben dem Aufmacher-Foto lässt Schlimmes erahnen: »In allen Bundesländern werden die Wälder von geheimnisvollen Krankheiten bedroht. Forstbeamte schätzen, dass bereits zwei Drittel der Nadelhölzer davon befallen sind. Für die Erforschung der Ursachen fehlt das Geld.« In der Reportage »durchforstet« der Autor wie auf einer »Deutschlandreise« die erkrankten Wälder. Sein Befund: In Nordrhein-Westfalen stehe der Wald »in einem schweren Existenzkampf«, der Sachsenwald bei Hamburg sterbe, im Harz und im Hunsrück sehe es »schlimm aus«. Es wird aus alarmierenden Berichten regionaler Forst- und Umweltbehörden zitiert, ein Forstwirt äußert sich mit den Worten, er werde sich von seinem Wald »demnächst offiziell verabschieden«. Kritisiert wird die Haltung der Politik: Bayern wolle für die Ursachenforschung bis 1983 rund 1,5 Millionen Mark zur Verfügung stellen, habe aber allein für den Ankauf eines Rokoko-Silberservices für ein Museum 5,7 Millionen ausgegeben. Bissig schließt der *Stern*-Journalist: Die Politik werde wohl erst mehr in die Forschung investieren, wenn der Wald als natürliche Deckung für geheime Militäranlagen verschwunden sei.

Eine Erklärung für die tödliche Erkrankung der Wälder liefert der Artikel nicht. »Saurer Regen‹, also Niederschläge, die durch Schwefeldioxid verseucht waren, sollen die Ursache gewesen sein.« Diese Vermutung greift der *Spiegel* in seiner dreiteiligen Serie auf, die am 16. November 1981 startet. Der Text, überschrieben mit »Säureregen: Da liegt was in der Luft«, beginnt mit einer schrecklichen Beschreibung: »In Westdeutschlands Wäldern, warnen Forstexperten, ›tickt eine Zeitbombe‹: Ein großflächiges Tannen- und Fichtensterben ist, wie Fachleute befürchten, erstes Vorzeichen einer weltweiten ›Umweltkatastrophe von unvorstellbarem Ausmaß‹. Denn der Auslöser des stillen Waláuntergangs, saure Niederschläge aus den Schloten von Kraftwerken und Raffinerien, bedroht nicht nur Flora und Fauna, sondern auch die menschliche Gesundheit.« Wieder tauchen Ulrich und Schütt als Kronzeugen auf; zitiert wird auch Hessens Landesbeauftragter für Naturschutz, Karl Friedrich Wentzel. Ihr Urteil: Die vielen Schadensmeldungen addieren sich zu einem Krankheitsbild, das den »Zusammenbruch des gesamten Ökosystems befürchten läßt«. Zu Weihnachten 1981 veröffentlicht die Wochenzeitung *Die Zeit* ihre erste Reportage zum Thema. »Oh Tannenbaum, wo sind deine Blätter«, fragt der Autor und zerstört gleich zu Beginn das Idyll: »Wintersonne im dunklen Tann. Nadelduft und Weihnachtsstimmung: Das romantische Stimmungsbild aus dem Bayerischen Wald trügt. Wer mit geschärftem Blick hinauf in die Wipfel der Tannen und Fichten schaut, entdeckt Anzeichen einer Waldkatastrophe.«[4]

Die Berichte und Aussagen über alarmierende Waldschäden haben in der Bundesrepublik ein Umweltbewusstsein erwachen lassen, das bis heute unvermindert besteht. Das »Waldsterben« wurde zum Symbol für den leichtfertigen Umgang mit der Natur; Umweltprobleme werden seitdem sensibler wahrgenommen. Politik, Wirtschaft, Behörden, aber auch die Bevölkerung fühlten sich ertappt, die Gefahr der Luftverschmutzung unterschätzt zu haben. Unter dem Druck der Öffentlichkeit erließ die Politik neue Verordnungen für den Einbau von Filtern, wurden Grenzwerte gesenkt und umweltschonende Verfahren wie die Rauchgasentschwefelung eingeführt; Autos bekamen Abgaskatalysatoren. Die so erreichte wesentlich reinere Luft ist ohne Debatte um das »Waldsterben« nicht denkbar.

Zu Beginn der Achtzigerjahre schien die Bundesrepublik von solchen Erfolgen weit entfernt. Bis zu den ersten ausführlichen Berichten der als Meinungsführer geltenden Magazine *Stern* und *Spiegel* hatte die Öffentlichkeit von der Lage in deutschen Wäldern wenig wahrgenommen. Und offenbar auch die Mehrzahl der Forstkundigen nicht. Als Ursache komme nur die zunehmende Luftverschmutzung in Frage, insbesondere durch Schwefeldioxid, stellte der *Spiegel* fest und konnte sich einen Ausflug in die Mystik nicht verkneifen: »Schwefel – jener Stoff, an dessen Geruch im Mittelalter der Teufel zu erkennen war, wird freigesetzt. [...] Zunehmend wird deutlich, was die satanische Substanz an toter und lebender Materie anzurichten vermag.« Das Magazin bildete auch Bernhard Ulrich in seinem Freiluftlabor im Solling ab. Die Bäume hinter ihm waren für Messungen verkabelt, und wirkten im Kontext des düsteren Textes wie Patienten auf einer Intensivstation. Auch andere Zeitungen verbreiteten Aufnahmen von kahlen Baumgruppen, abgestorbenen und verkrüppelten Exemplaren, häufig mit einem Kreuz oder Totenkopf versehen, sowie Grafiken mit Verlaufskurven, die an Fieberakten erinnerten.

Diese Bilder setzten sich in den Köpfen der Leser fest und rüttelten Wissenschaft und Politik wach. Am 22. und 23. April 1982 fand die Tagung »Stirbt der Wald? – Energiepolitische Voraussetzungen und Konsequenzen« statt. Das 12. Kaiserslauterner Gespräch war von der Stiftung Mittlere Technologie unter Leitung von Hermann Graf Hatzfeldt organisiert worden, dem Besitzer eines Forstbetriebes und Vorstand des Öko-Instituts Freiburg. Zu den Rednern gehörten selbstverständlich Ulrich, Schütt und Wentzel. Kritik an ihnen wurde kaum geübt. Zwar maulte ein Repräsentant des Kohlebergbaus, ihm dränge sich der Eindruck auf, dass die öffentliche Diskussion den Erkenntnisstand der Wissenschaft weit hinter sich gelassen habe. Der Umfang der Diskussion lasse auf großflächige Schädigung der Wälder schließen; das bestätigten die lokalen Beobachtungen verschiedener Ämter und Experten aber gar nicht. Doch für Tagungsleiter Hatzfeldt lautete die Frage längst nicht mehr, ob der Wald stirbt, sondern nur noch, warum er stirbt. Für ihn hatten die Waldschäden ein »alarmierendes Ausmaß« angenommen, die sichtbaren Schäden seien nur die Spitze des Eisberges. Hatzfeldt stellte fest: »Ob man es wahrhaben will oder nicht: Der deutsche Wald liegt im Sterben.« Im Bundestag nahm in dieser Zeit die Zahl der mündlichen und schriftlichen Anfragen über die Folgen des »sauren Regens« zu. Nach dem Regierungswechsel vom 1. Oktober 1982 fragte der aus der SPD ausgeschlossene und nun fraktionslose Abgeordnete Karl-Heinz Hansen am 15. Oktober 1982 das Innenministerium sogar nach Erkenntnissen über »Todesfälle durch den sauren Regen in der Bundesrepublik Deutschland«. Die Anfrage mag völlig überzogen gewesen sein, erschien aber seinerzeit nicht unbegründet. Immerhin hatte Wochen zuvor schon die SPD/FDP-Bundesregierung ihre defensive Haltung zum Problem »saurer Regen« aufgegeben und eine massive Reduktion von Luftschadstoffen verlangt. Am 11. November 1982 fand im Berliner Reichstag die Herbsttagung der Landesumweltminister statt, auf der eine im Jahr zuvor in Auftrag gegebene Studie zum Krankheitsbild des Waldes vorgelegt werden sollte. Der *Stern* zitierte am 28. Oktober in dem Artikel »Der saure Tod« aus dem ihm vorab zugespielten Dokument. Danach hätten die von 40 Wissenschaftlern angeleiteten Förster Alarmierendes zusammengetragen. Auf 562 000 von 7,3 Millionen Hektar Wald, also auf etwas über sieben Prozent der Gesamtfläche, stünden nur noch Baumskelette, lautete die Hochrechnung. Die Gutachter seien sich bei der Bestandsaufnahme über die Schadstoffbelastung in den Wäldern zudem einig, dass Schwefeldioxid der Hauptfeind des Baumes sei. Sieben Millionen Tonnen davon rieselten, gebunden mit Wasser und Sauerstoff, als schweflige Säure und Schwefelsäure jährlich auf die Bundesrepublik herab. Angesichts dieser unvorstellbaren Zahlen wies Agrarminister Ertl an, jährlich einen Bericht über den Zustand und die Schäden des Waldes anzufertigen.[5]

Die Nachbarstaaten Schweiz und Österreich reagierten beunruhigt auf die Berichte aus der Bundesrepublik. Am 6. Oktober 1982 reichten Doris Morf und 92 weitere Schweizer Parlamentarier einen Antrag ein, in dem sie den Aufbau eines Messnetzes für Luftschadstoffe, die Einrichtung eines Fonds für Waldpflege, einen Bericht, der alle vier Jahre über den Zustand der Wälder zu erstellen ist, sowie nationale Programme zur Ursachenforschung forderten. Am 29. November veranstaltete das Gottlieb-Duttweiler-Institut bei Zürich eine Tagung. Aus Deutschland reiste das Experten-Trio Ulrich, Schütt und Wentzel an. Vor allem Karl Friedrich Wentzel propagierte die immer bekannter werdende »Waldsterbenthese« und erteilte allen Debatten über Schadensursachen eine Abfuhr: Für ihn kam nur das Schwefeldioxid der Großindustrie in Frage.

1983 erfolgte der endgültige Durchbruch des Themas. Sowohl in Deutschland als auch in der Schweiz standen Parlamentswahlen bevor, und das »Waldsterben« wurde im Wahlkampf ein zentrales Thema; nach der Wahl war es Ende März zum allgemeinpolitischen Problem ersten Ranges geworden. Mit Slogans wie »Der Regen stößt uns sauer auf«, »Stoppt den sauren Regen«, »Taten statt Worte« machten vor allem die Grünen zuvor im Wahlkampf mobil. Die anderen Parteien wollten nicht nachstehen. SPD-Kanzlerkandidat Hans-Jochen Vogel schlug eine Sonderkonferenz der Bundes- und Landesregierungschefs zum »Waldsterben« vor. »Wenn man die Flächen sieht, die noch vor einem halben Jahr bewaldet waren und jetzt kahl sind, dann weiß man, was uns droht«, warnte Vogel und sah eine Volksbewegung heranwachsen, »wenn es um den Wald geht«. Die SPD zeigte einen eigens für den Wahlkampf gedrehten Film mit dem Titel ... *dann stirbt der Wald und du bist weg.* Der Sozialdemokrat Freimut Duve sprach davon, Deutschland stehe vor einem »ökologischen Hiroshima«. Selbst die Union erklärte den Kampf gegen den »sauren Regen« zur »wichtigsten Aufgabe der Menschheit«. Knapp ein Jahr zuvor hatte Bayerns Ministerpräsident Franz Josef Strauß (CSU) dem Bundesinnenminister Gerhart Baum (FDP) noch »nutzlose Übertreibungen« vorgeworfen und von »Panikmache« gesprochen. Jetzt, unmittelbar vor der Wahl, polterte Strauß, die SPD/FDP-Regierung sei auf dem Gebiet der Luftreinhaltung völlig »untätig« gewesen.[6] Die Medien heizten die Stimmung an. Am 14. Februar 1983 hatte der *Spiegel* unter dem von Duves Zitat abgeleiteten Titel »Wir stehen vor einem ökologischen Hiroshima« einen schaurigen Zustandsbericht gedruckt. Nach Schätzung des Bundesverbandes Bürgerinitiativen Umweltschutz seien inzwischen 30 Prozent des Waldes geschädigt; im Gutachten der Bundesregierung ein Vierteljahr zuvor war lediglich von knapp acht Prozent die Rede. »Wie die Pocken« breite sich die Krankheit aus, Deutschland drohe die »Verkarstung«, für dieses Sterben sei der Ausdruck »ökologischer Holocaust« nicht zu stark. Im Jahr 2000 werde Deutschland eine Steppe sein. Schließlich zitierte das Magazin eine neue amtliche Bestandsaufnahme des Stuttgarter Umweltministeriums. Danach sei nur noch ein Prozent der Tannen des Landes gesund. »Es ist kaum zu fassen«, klagte der *Spiegel,* der »Symbolbaum der deutschen Weihnacht ist praktisch ausgestorben.« Der *Stern* überschrieb fünf Wochen später eine Fotoserie: »Schauen Sie ihn noch mal an ... Bald gibt es diesen Wald nicht mehr!« Die Zeitschrift *Quick* nahm das wörtlich. Sie lud Bundes- und Landespolitiker in Hubschrauber, flog mit ihnen über Wälder, ließ sie mit dem Revierförster durch das Dickicht streifen und setzte sie anschließend mit Lokalpolitikern und Experten an einen Tisch. Im April 1983 nahm die Illustrierte Bundesinnenminister Friedrich Zimmermann (CSU) mit auf Tour, im Mai Baden-Württembergs Ministerpräsidenten Lothar Späth (CDU). In den Gesprächen mit ihnen sahen traurige Förster ein Stück Heimat wegsterben, Bürgermeister klagten über zurückgehende Touristenzahlen und boten an, einen höheren Strompreis zu zahlen, »damit endlich die Kraftwerke entgiftet werden können«. Allenthalben herrschte Ratlosigkeit. Der Staufener Forstdirektor Heinz Dertinger sagte: »Vor vier Jahren hörte ich zum erstenmal die Behauptung, vor allem Schwefeldioxid und Stickoxide aus Hausheizungen, Industrieanlagen, Kraftwerken und Auspufftöpfen der Autos seien an der Waldkrankheit schuld. Aber damals wurden solche Dinge verharmlost und verdrängt. Heute sehe ich für die älteren Bäume ringsherum schwarz.«[7]

Obwohl noch keine bundesweite Aufstellung der Waldschäden vorlag, die über Schätzungen hinausging, leitete die neue CDU/FDP-Regie-
rung 1983 erste Gegenmaßnahmen ein – gestützt auf das Urteil des Rates
von Sachverständigen für Umweltfragen, der im März festgestellt hatte:
»Nach Abwägung aller Argumente kommt der Rat zu dem Urteil, daß die
Luftverunreinigungen auch bei der Entstehung dieser Waldschäden eine
wichtige Rolle spielen; alle Anhaltspunkte sprechen dafür, daß es diese
neuartigen Waldschäden ohne die Luftverunreinigungen nicht gäbe.« Die
erst ein Jahr zuvor gegründete Interministerielle Arbeitsgruppe (IMA)
wurde um Ländervertreter aus den Bereichen Forsten, Umweltschutz und
Forschung erweitert und erhielt als Beratungsorgan den Beirat »Wald-
schäden/Luftverunreinigungen«. Im Sommer 1983 wurde erstmals für
das gesamte Bundesgebiet eine Waldschadensinventur durchgeführt. Die
Bundesregierung legte ein Sofortprogramm »Rettet den Wald« auf, das
die Förderung von Projekten zur Erforschung der Luftschadstoffe und ihrer Wirkung vorsah. Geld spielte jetzt kaum noch eine Rolle: Angesichts
der Unersetzlichkeit des zu schützenden Waldes müsse umfangreiche For-
schungsarbeit auf diese zentrale ökologische Bedrohung gerichtet werden.
Die Regierung ging außerdem zügig daran, die Vorschriften zur Luftreinhaltung zu verschärfen. Grundlage für Innenminister Zimmermann
waren die Arbeiten seines Vorgängers Baum an einer Großfeuerungsanlagen-Verordnung. Danach sollten neue Kraftwerke nur dann genehmigt werden, wenn sie bei Leistungen von über 175 Megawatt höchstens
400 Milligramm Schwefeldioxid je Kubikmeter Abluft ausstoßen. Alte
Anlagen sollten innerhalb von zehn Jahren mit Entschwefelungsanlagen
nachgerüstet oder binnen fünf Jahren stillgelegt werden. Zimmermann
brachte getreu seinem mehrfach geäußerten Motto »Ich kann doch nicht
ewig warten, bis der letzte Baum verreckt«, die Verordnung auf den Weg
und ließ zudem die »Technische Anleitung zur Reinhaltung der Luft«,
auch TA Luft genannt, novellieren. Zusätzlich kündigte er die Erprobung
der umweltfreundlichen Wirbelschichtfeuerung in Kohlekraftwerken an.
Angesichts dessen konnte in der Bevölkerung kein Zweifel über den Ernst
der Lage bestehen, zumal das Innenministerium durchblicken ließ, dass
die Schäden bei gleichbleibender Emission und konstanter Belastung un-
aufhaltsam zunähmen.

Umweltschützern ging all das nicht weit genug. Sie störten sich an zu laschen Grenzwerten und langen Übergangszeiten. Unterstützung erhielten sie von den Grünen. Mit ihnen hatte der Begriff »Waldsterben« 1983 auch im Bundestag Einzug gehalten, nachdem zuvor meist nur vom »Baumsterben« die Rede gewesen war. Die Grünen führten harte Debatten im Parlament, vor allem mit jenen, die nicht an ein generelles »Waldsterben« glauben mochten, sondern verschiedene Ursachen für die einzelnen Schäden für möglich hielten. Die Grünen forderten ein Notprogramm und Maßnahmen gegen das »Waldsterben« durch Geschwindigkeitsbegrenzungen bei Autos und Stilllegung von Kohlekraftwerken. Auch CDU-Politikern wie Ministerpräsident Späth ging alles zu langsam. Auf einer Tagung zum »Waldsterben« in Karlsruhe forderte er vor 600 Wissenschaftlern aus 14 Ländern, die eben erst verabschiedete Großfeuerungsanlagen-Verordnung erneut zu verschärfen. Und die Medien drängelten: Als das Bundesforschungsministerium am 15. August 1983 bei Vorlage einer umfangreichen Bestandsaufnahme der bisherigen Ursachenforschung bekennen musste, dass es eine wissenschaftlich eindeutige Erklärung nicht gebe, forderte die *Zeit* vier Tage später kurz und knapp: »Hypothese über Ursachen formulieren, technische Möglichkeiten nutzen, aktive Umweltpolitik betreiben«. Zweifel an der These vom bevorstehenden großflächigen Sterben wurden nicht laut, nur Zweifel an der Fähigkeit der Forscher. Kritische Stimmen, wie in einem Aufsatz der Zeitschrift *Feld und Wald*, warnten vor blindem Aktionismus nach dem Motto »Hauptsache, wir tun etwas, auch wenn es falsch sein sollte«. Doch diese Stimmen gingen unter. Die Mehrheit argumentierte wie der Direktor des Institutes für Forstpolitik in Freiburg, Erwin Nießlein: »Bei der Bekämpfung einer Krankheit müssen Erkenntnisse über vermutete Krankheitsursachen auch dann ernsthaft berücksichtigt werden, wenn diese Erkenntnisse noch lückenhaft sind.«[8]

Auch in Österreich und der Schweiz wuchs im Laufe des Jahres 1983 die Sorge. Die wichtigsten Waldforschungseinrichtungen in Österreich schlossen sich zu einer »Forschungsinitiative gegen das Waldsterben« zusammen. In der Schweiz hatte eine »Blitzerhebung« im Frühherbst in den meisten Kantonen auffällige Baumschäden ergeben. Die eidgenössische Forstwissenschaft vertrat die Meinung ihrer deutschen Kollegen, dass ein »Waldsterben« mit katastrophalen Folgen im Gange sei. Am 1. September veranstaltete das Bundesamt für Forstwesen in Zusammenarbeit mit der Eidgenössischen Anstalt für das forstliche Versuchswesen eine Pressekonferenz zum »Waldsterben« – in Form eines Waldspaziergangs bei Zofingen im Kanton Aargau. Mit dabei: Parlamentarier und Bundesrat Alphons Egli, der sichtlich beeindruckt war von den Schäden, die ihm die Forstbeamten dort vor Augen führten. Diese »Staatsvisite« bestätigte das »Waldsterben« sozusagen offiziell. Es folgte eine Flut von Artikeln. Allein im Züricher *Tages-Anzeiger* erschienen pro Woche durchschnittlich drei Beiträge zum Thema, dazu zwei Dutzend Leserbriefe. Das Schweizer Fernsehen strahlte 1983 zehn Sendungen zu Waldschäden aus, 1982 waren es nur zwei gewesen. Umweltorganisationen veröffentlichten ein Sofortprogramm »Zur Rettung des Schweizer Waldes«. Der Forstverein verlangte notrechtliche Maßnahmen. Die Sozialdemokraten regten eine Volksinitiative für umfassenden Umweltschutz an. Die Grünen forderten Tempolimits und bleifreies Benzin sowie den Verzicht auf Christbäume. Ein Pfarrer rief zu einer »Autofastenkur« auf. Das Eidgenössische Departement des Innern gab den Bericht »Waldsterben und Luftverschmutzung« in Auftrag und appellierte schon einmal an die Bevölkerung, zur Bekämpfung der übermäßigen Luftverschmutzung künftig auf Kurzstreckenfahrten mit dem Auto zu verzichten sowie die Wohnungen kurz und effektiv zu lüften.[9]

Parallel zur Debatte um das »Waldsterben« in der Bundesrepublik, Österreich und der Schweiz wurde das Thema auch in der DDR aufgegriffen. Dort waren seit einigen Jahren Umweltschäden ebenfalls nicht mehr zu übersehen. Unter dem Dach der Kirche hatten sich überall im Land kleine, aber rührige Scharen von Gemeindemitgliedern und Oppositionellen zu Umweltgruppen zusammengeschlossen, die – in enger Bindung an die Friedensbewegung – zivilisationskritisch motiviert waren und sich zunächst vor allem der Frage widmeten: »Leben wir gegen das Leben?« Im Zentrum stand zu Beginn das Kirchliche Forschungsheim in der Lutherstadt Wittenberg, das bereits 1975/76 durch Seminare und Veranstaltungen ökologische Gesichtspunkte in das Denken, Reden und Handeln von Christen und Kirchen hineinbrachte. Die Umweltgruppen reagierten ursprünglich mit ihren Aktionen auf unmittelbar regionale und lokale Probleme, zu Beginn der Achtzigerjahre aber zunehmend auch auf die offizielle Politik des SED-Staates, die trotz erkennbarer Umweltschäden die Probleme verschwieg. Dabei waren in Teilen des Erzgebirges, des Harzes, des Zittauer Gebirges und der Dübener Heide massive Baumschäden unverkennbar. Doch statt darüber zu beraten, erließ der Ministerrat 1982 ein Gesetz zur Umweltdatengeheimhaltung, was den Verdacht nährte, der Staat wolle das Ausmaß der Schäden verbergen. Die SED-Führung war der Meinung, dass die Umweltproblematik im Sozialismus grundsätzlich lösbar sei und die Ausbeutung der Natur durch den Menschen beherrscht werden könne. Der staatlichen Informationsverweigerung wollten die Umweltgruppen entgegenwirken. Sie machten die Umweltschäden öffentlich und lösten damit Betroffenheit und Nachdenklichkeit aus.

Nicht zufällig wuchs die Zahl dieser Gruppen Anfang der Achtzigerjahre während der Hochzeit der westdeutschen Debatte. Die Themen, die nun immer stärker ins Zentrum der Aktivitäten rückten, wie Atomkraft, Luftverschmutzung und »Waldsterben«, deuteten auf einen direkten Bezug zu Bewegungen in der Bundesrepublik hin. Tatsächlich waren diese Gruppen durch die Berichte im West-Fernsehen sensibilisiert und tauschten sich über ihre Verbindungen zu den West-Kirchen aus. Intensive Kontakte unterhielt die DDR-Opposition auch zu den Grünen, da beide eine Reihe gemeinsamer Interessen verband, sowie zu Initiativen und Bewegungen wie Greenpeace und Robin Wood. Immer stärker wurde von 1983/84 an das »Waldsterben« auf Synoden erörtert und in Ausstellungen der Kirchen dargestellt. Auf den Schautafeln dienten Fotos von Baumskeletten als Symbolbilder für die Umweltzerstörung in der DDR. Zu diesen innerkirchlichen Ausstellungen kamen auch Nicht-Christen, ebenso zu Diskussionen. Der Ökologische Arbeitskreis der Dresdner Kirchenbezirke veranstaltete beispielsweise offene Abende und startete 1983 die Aktion »Saubere Luft für Ferienkinder«, die Kindern aus stark belasteten Gebieten helfen sollte. Mit der Zeit wurden auch selbstverlegte Broschüren mit Titeln wie *Die Erde ist zu retten* und *Wie man in den Wald rußt* verbreitet. Im Raum Zittau, wo die Wälder besonders unter der Luftverschmutzung aus Polen und der Tschechoslowakei zu leiden hatten, gab es eine sehr aktive Umweltbewegung, die in Eingaben an die offiziellen Stellen eine Verbesserung der Luftsituation forderte und regelmäßige Gemeindeabende zum »Waldsterben« veranstaltete. Wie sehr dieses Thema die Gruppen beschäftigte, zeigten später auch Veranstaltungen wie ein »Saures Wochenende« und eine Exkursion ins Zittauer Gebirge, die in der oppositionellen Umweltzeitschrift *Arche Nova* mit einem Text angekündigt wurde, der einer bundesdeutschen Broschüre hätte entnommen sein können: »Völlige Unregelmäßigkeiten des Nadelwuchses, Nadelverkürzungen, sogenannte Angsttriebe an den Astoberseiten, Absterben der Nadeln bereits nach zwei bis drei Jahren, alles Folgen des ›sauren Regens‹: Zuerst stirbt der Wald, dann stirbt der Mensch!« Die vielleicht spektakulärste Aktion von DDR-Umweltgruppen war das unter strikter Geheimhaltung gedrehte Video *Bitteres aus Bitterfeld*, das die Umweltschäden der Chemieregion darstellte und nach der Ausstrahlung in westdeutschen Medien vor allem die DDR-Bürger schockierte.[10]

Laut einer Umfrage konnten 1983 fast 96 Prozent der Westdeutschen mit dem Wort »Waldsterben« etwas anfangen. Und wie in der Schweiz überwog eine pessimistische Stimmung. Häufig waren Einschätzungen zu hören wie: »Die Vorstellung, der Wald könnte, vor allem infolge der Luftverschmutzung, wirklich zugrunde gehen, war für mich ein eigentliches Schockerlebnis, es schien mir plötzlich wie nie zuvor deutlich zu werden, wie nahe am Abgrund wir schon sind.« Eine Befragte erzählte: »Eine Freundin von mir ist Biologin, und die hat sich sehr intensiv mit diesem Thema beschäftigt. Wir wollten einmal spazieren gehen, und dann hat sie zu mir gesagt: Komm, wir gehen noch ein wenig in den Wald, solange er noch da ist. Das hat mich wahnsinnig erschreckt und betroffen gemacht. Die Vorstellung, daß es tatsächlich im Bereich des Möglichen liegt.« Und ein Befragter meinte: »Das Waldsterben paßte in mein Weltbild. Es war nun der Beweis für den sträflichen Umgang mit der Umwelt. Es hat mich sehr beunruhigt. Es hat mich sogar moralisch ziemlich angegriffen.«

1984 blieb das Thema präsent. Eine Karikatur zeigte, wie Besucher eines Museums im Jahre 1989 einen riesigen Glaskasten mit Bäumen betrachten. Der Deutsche Forstverein organisierte Exkursionen. Zeitungen druckten Sonderbeilagen, in Forstzeitschriften erschienen Dokumentationen, Umweltverbände gaben Broschüren heraus, das Bundesministerium für Forschung und Technologie bereitete eine Reihe »Umweltforschung zu Waldschäden« vor. Es wurden etliche Bücher publiziert, die sich an Laien richteten. Im Juli berichtete der *Stern* über neue Zahlen: 41 Prozent der Fichten, 25 Prozent der Buchen und 70 Prozent der Tannen seien geschädigt. Nicht nur die Höhenzüge des Harzes würden zur Mondlandschaft, auch Fichtelgebirge, Hochtaunus, das Obstbaugebiet am Neckar und vor allem die Alpen. Das Magazin machte auch alarmierende

Zeitangaben: 1990 gebe es keinen Nadelwald mehr, 1994 seien alle Buchen tot, und 2002 existiere »praktisch kein Wald mehr«. Die *Zeit* behauptete am 19. Oktober 1984: »Am Ausmaß des Waldsterbens kann heute nicht einmal der ungläubige Thomas zweifeln, allenfalls ein pathologischer Ignorant.« Die Grünen sprachen von der »größten Waldvernichtung seit der Eiszeit«. Greenpeace besetzte wieder Abluftkamine und Schornsteine von Kohlekraftwerken und entrollte Transparente mit dem Spruch: »Stop: Was lebt, braucht Luft« beziehungsweise »So Nicht!« Das »Waldsterben« schaffte es sogar ins deutsche Unterhaltungsfernsehen. Der Moderator der Ratesendung *Dalli, Dalli,* Hans Rosenthal, leitete die Live-Sendung *Wer hat dich, du schöner Wald* ..., eine Mischung aus Spiel-Show und Aufklärung über die Ursachen des »Waldsterbens«, die Verantwortung der Industriebosse und über umweltfreundliche Produkte. Zur Begründung für diese Sendung sagte Rosenthal der *Bildwoche:* »Erschreckt haben mich die horrorähnlichen Berichte, die ich vorher gelesen hatte, daß es zum Beispiel in 20 Jahren keinen Wald mehr geben wird.«[11]

Auf eine belastbare Analyse wartete die deutsche Öffentlichkeit seit drei Jahren. Dann legte die Bundesregierung am 16. Oktober 1984 den ersten »Waldschadensbericht« vor, in dem der Zustand des Waldes nach einem bundesweit einheitlichen Verfahren erfasst war. Zum Maßstab der Schädigungen waren die Verluste der Bäume an Nadeln und Laub gewählt und diese für Bäume in allen Regionen in Schadensstufen zusammengefasst worden. Schadensstufe 0 galt für Bäume mit 0 bis 10 Prozent Verlust im Vergleich zu gesunden Bäumen, Schadensstufe 1 für leicht geschädigte Bäume mit 11 bis 25 Prozent Verlust, 2 für mittelstark geschädigte Bäume, die 26 bis 60 Prozent der Blätter verloren haben, und Schadensstufe 3 für stark geschädigte Bäume mit Verlusten über 60 Prozent. Schadensstufe 4 bezeichnete abgestorbene Bäume. Der erste »Waldschadensbericht« übertraf alle vorhergegangenen Kurz- und Stichpunktuntersuchungen. Danach waren 50 Prozent der deutschen Waldflächen den Schadensstufen 1 bis 4 zuzuordnen und galten damit als geschädigt. Besonders besorgniserregend sei, dass es neben einer absoluten Zunahme der schwach geschädigten Flächen eine Verschiebung zu den Stufen mit mittleren und schwereren Schäden gegeben habe. »Der halbe deutsche Wald ist krank«, klagte das *Hamburger Abendblatt*. Die Zeitung zitierte Bundesagrarminister Ignaz Kiechle, der den zunehmenden Befall auch von Laubbäumen wie Eichen und Buchen als »neue Dimension« bezeichnete. Das einzige Mittel, das Waldsterben zu stoppen, so der CSU-Politiker, sei der Kampf für eine saubere Luft. Nun gab es an der Hauptschuld der Luftschadstoffe überhaupt keine Zweifel mehr. Darin stimmten der Forschungsbeirat »Waldschäden/Luftverunreinigungen« der Bundesregierung und der Länder in seinem Bericht vom Dezember 1984 und die Teilnehmer eines Seminars »Ursachenforschung Waldschäden« in Göttingen überein. Der Beirat definierte auch, was das Besondere an diesem Waldsterben war: »Neuartig sind die weite geographische Verbreitung der Schadsymptome bei den einzelnen Baumarten, das nahezu gleichzeitige, nur um wenige Jahre verschobene Auftreten der Schäden an mehreren Baumarten sowie das rasche Fortschreiten und das lange Anhalten der Erkrankung.«[12]

1985 flaute die Diskussion über das »Waldsterben« plötzlich ab. Was war geschehen? Hatte der verregnete Sommer die Gemüter abgekühlt? Sicherlich liegt ein Grund für das Abflauen darin, dass umfangreiche Maßnahmen gegen die Luftverschmutzung eingeleitet worden waren. Weiterhin ergaben Messungen, dass entgegen der Prognosen das Ausmaß der Schäden stagnierte. Auch ließ sich eine noch so spektakuläre Sache wie das »Waldsterben« nicht über Monate in den Schlagzeilen halten. Schließlich war spätestens von April 1986 an das Reaktorunglück in Tschernobyl das beherrschende Thema. Zugleich wurden die »Waldsterbens-Szenarien« immer offener abgelehnt. Am 1. Februar 1985 veröffentlichte der Autogewerbeverband der Schweiz die Presseerklärung »Waldsterben: Desinformation!« Es sei nicht erwiesen, dass die Luftverschmutzung Hauptursache ist, behauptete der Verband. Die These entbehre seriöser Grundlage und sei nichts anderes als eine Zusammenstellung »von Tatsachen, Halbwahrheiten, Vereinfachungen, nicht überprüften Laboratoriumshypothesen und Ideologien, die mehr politisch als ökologisch abgestützt sind«. Angesichts der massiven Vorwürfe, die gegen die Autoindustrie und den Verkehr erhoben worden waren, kam das nicht unerwartet. Eine Pressemitteilung des Verbandes Deutscher Biologen mit dem Titel »Krankt der Wald an der falschen Diagnose?« unterstützte den Autoverband allerdings in seinen Auffassungen. Außerdem häuften sich zum Jahresende wesentlich zurückhaltendere Prognosen zum »Verschwinden« der Wälder. So schrieb der Freiburger Forstwissenschaftler Erwin Nießlein in dem populär aufgemachten Buch *Was wir über das Waldsterben wissen*: »Der größte Teil der erkrankten Bestände ist in geringem Ausmaß geschädigt, weshalb gegenwärtig von keinem großflächigen landschaftszerstörenden Waldsterben gesprochen werden kann.« Das widersprach allen bisherigen Szenarien. War übertrieben worden? Noch wollte das keiner so deutlich sagen. So schränkte auch Nießlein sein Eingeständnis gleich wieder ein und sprach vom »gefährlichen Trend dieser Erkrankung«. Zudem verteidigte er die Methoden seiner Kollegen: »Die Zahlen über den Umfang der Waldschäden basieren auf wissenschaftlich abgesicherten Inventurmethoden. Es ist möglich, daß die Einstufung von Bäumen in den Grenzbereich zweier Schadklassen subjektive Fehler enthält. Die Richtigkeit der Ergebnisse in ihrer grundsätzlichen Struktur kann aber nicht angezweifelt werden.«

Wie zum Beweis veröffentlichte das Umweltbundesamt 1986 eine Studie, wonach bis Anfang der Neunzigerjahre mit einem Rückgang des jährlichen Zuwachses an Holz um 20 Prozent zu rechnen sei. Auch der *Spiegel* wollte vom »Waldsterben« nicht lassen. Das Magazin setzte inzwischen zwar häufiger Anführungszeichen, etwa wenn vom »flächenhaften« Verschwinden der Wälder die Rede war, ließ aber im September 1987 Hubert Weinzierl vom Bund für Umwelt und Naturschutz Deutschland (BUND), der sich als Vorkämpfer gegen das »Waldsterben« und Erfinder griffiger Bilder einen Namen gemacht hatte, einen gewagten Vergleich anbringen: »Das Sterben der Wälder wird unsere Länder stärker verändern als der Zweite Weltkrieg.« Doch auch die Bundesregierung ging inzwischen von einer anderen Entwicklung aus. Von 1988 an hieß der jährliche »Waldschadensbericht« abgeschwächt »Waldzustandsbericht«, was zunächst bei den Umweltschützern für Aufregung sorgte. Doch auch die angesehene britische Wissenschaftszeitschrift *Nature* plädierte 1988 dafür, »auf den Gebrauch des Begriffes ›Waldsterben‹ zu verzichten«. Die deutsche Diskussion sei höchst emotional und durch »vorgefaßte Meinungen« geprägt. Die Luftschadstoffe seien keineswegs die einzige Ursache der Walderkrankungen, die »verfrühte Schlußfolgerung« behindere die öffentliche Meinung. Hatten die deutschen Forstexperten tatsächlich übereilt Schlussfolgerungen gezogen? Gab es doch andere Ursachen für die Schäden, und führten diese doch nicht zum Tod der deutschen Wälder? Wie ist dann die Hysterie um den Wald zu erklären?[13]

Als zu Beginn der Achtzigerjahre die Untergangsszenarien für den Wald aufkamen, war längst eine Debatte um die »Grenzen des Wachstums« entfacht. Es herrschte außerdem weltpolitisch wie innenpolitisch eine hoch emotionalisierte Atmosphäre. 1977/78 hatte die Nachricht von der Entwicklung einer Neutronenbombe in den USA die Weltöffentlichkeit aufgeschreckt, die »nur« Lebewesen tötet, aber Gegenstände verschont. 1979 waren sowjetische Truppen in Afghanistan einmarschiert, der Westen hatte auf die Stationierung sowjetischer SS-20-Atomraketen in Osteuropa mit dem NATO-Doppelbeschluss geantwortet, der beim Scheitern von Abrüstungsverhandlungen die Stationierung adäquater Raketen vorsah und der von der SPD/FDP-Regierung unter Bundeskanzler Helmut Schmidt gebilligt worden war. Die Sorge vor einem Atomkrieg ging um, denn die angehäuften Atomwaffen konnten die Welt theoretisch mehrfach zerstören. Globale Gefahren drohten auch von der zivilen Atomindustrie und erweckten wie das Elend in den Entwicklungsländern den Eindruck, überall sei es fünf vor zwölf. In dieses Gefühl der Hilflosigkeit fügte sich das Szenarium vom sterbenden Wald nahtlos ein – schien es doch ein weiterer Beleg für das selbstzerstörerische Verhalten der Menschheit zu sein.

Friedensbewegungen demonstrierten weltweit gegen Atomkrieg, die Dritte-Welt- und die Umweltbewegungen mobilisierten ihre Anhänger. Auch in Deutschland: So nahmen am 28. Februar 1981 rund 100 000 Menschen vor dem Kernkraftwerk Brokdorf in Schleswig-Holstein an einer Demonstration gegen die Atompolitik teil, zu einer Friedensdemonstration am 10. Oktober 1981 in Bonn versammelten sich gar mehr als 250 000 Menschen. Diese Aktionen stärkten auch die erst im Januar 1980 in Karlsruhe gegründete Bundespartei Die Grünen. Sie waren in den Augen des Berliner Politikwissenschaftlers Ulrich Albrecht Ausdruck einer Krise im Verhältnis von weiten Teilen der Bevölkerung zur Regierung auf der anderen Seite: »Bei der Nagelprobe des Doppelbeschlusses, Nachrüstung zu betreiben, um Verhandlungen zu erreichen, versagte ein gewichtiger Teil der politischen Öffentlichkeit [...] den Regierenden den Gehorsam.« Die SPD-Basis verweigerte Bundeskanzler Schmidt die Gefolgschaft und schwächte ihn damit entscheidend. Diese Krise führte in der Konsequenz Anfang Oktober 1982 zum konstruktiven Misstrauensvotum, durch das eine CDU/FDP-Koalition unter Helmut Kohl ins Amt kam; bei Neuwahlen im März 1983 wurde Kohl bestätigt. Aber es gab noch einen Gewinner:

Mit 5,6 Prozent der Stimmen zogen die Grünen erstmals in den Bundestag ein. Sie erklärten Maßnahmen gegen den »sauren Regen« neben Rüstungsstopp und Atomausstieg zu zentralen Zielen. Das zwang das Kabinett Kohl zu schnellem Handeln.

Dabei war die Tatsache von Waldschäden seit Jahrhunderten bekannt. Bereits 1341 wurde im sächsischen Zwickau das Schmieden verboten, weil es der Vegetation schade. Im 18. und 19. Jahrhundert starben ganze Waldbestände ab, in der Regel nahe Industrieanlagen, beispielsweise im Ruhrgebiet und im Erzgebirge. 1872 veröffentlichte der britische Wissenschaftler Robert A. Smith sein Buch *Air and Rain*, in dem er erstmals den Begriff »Acid Rain«, also »saurer Regen«, verwendete. 1927 erstellte der Siedlungsverband Ruhrkohlenbezirk eine Denkschrift, in der es heißt: »Diese Denkschrift soll in letzter Stunde zeigen, wie weit das Sterben der Wälder im Ruhrbezirk bereits fortgeschritten ist und wie dringend notwendig sofortige Abhilfe im öffentlichen Interesse liegt.« Etwa zur gleichen Zeit tauchte die Verbindung zur Luftverschmutzung auf, und bereits 1930 galten übersäuerte Böden als Ursache für »Waldsterben«.

Mit dem Wiederaufbau der deutschen Industrie nach dem Zweiten Weltkrieg nahm die Luftbelastung zu. 1960 verabschiedete der Deutsche Forstverein eine Resolution und forderte, Politik und Industrie sollten endlich aktiv werden, um die Luftbelastung in Industriegebieten zu senken. Erste Zeitungen berichteten über Schädigungen deutscher Wälder. Die *Mainzer Allgemeine Zeitung* bezifferte im November 1971 die gefährdete Fläche auf 100 000 Hektar, warf der Industrie »Täuschungsmanöver« und der Politik »Lippenbekenntnisse« vor. Die Industrie hatte auf die Kritik mit dem Bau von Hochschornsteinen geantwortet, die Abgase weiter wegtrugen. Das schonte zwar die unmittelbare Umgebung, belastete aber größere Flächen. Die »Hochschornsteinpolitik« wurde 1972 zum Schlagwort der ersten UN-Umweltkonferenz in Stockholm. Schweden hatte eingeladen, weil seine Gewässer durch Luftschadstoffe aus Mitteleuropa und Großbritannien »versauert« waren. Wer zu dieser Zeit nach Skandinavien in den Urlaub fuhr, erhielt dort an der Grenze eine Informationsschrift, die mit der Aufforderung endete: »Stop acid rain«. Bereits im ersten Umweltprogramm der Regierung von Bundeskanzler Willy Brandt (SPD) waren diese Probleme aufgegriffen. Von 1974 an gab es neue Vorschriften, die allerdings nur für neue Kraftwerke galten und für ältere von über

400 Megawatt Leistung, die ihren Ausstoß auf 650 bis 850 Milligramm Schwefeldioxid je Kubikmeter begrenzen mussten. Die Folge: Lediglich acht der mehr als 100 Großanlagen arbeiteten mit einer Entschwefelungsanlage, da die anderen unter der Leistungsgrenze lagen. Trotzdem sank die Schwefeldioxid-Emission bis Anfang der Achtzigerjahre drastisch. Bis dahin hatten sich nur wenige Forschungsgruppen intensiv mit den Auswirkungen der Luftverunreinigungen beschäftigt. Am 8. Oktober 1975 erschien beispielsweise in der *Neuen Zürcher Zeitung* ein Artikel über »Unsichtbare Pflanzenschädigung durch Abgase« von Theodor Keller, einem Immissionsforscher der Eidgenössischen Anstalt für das forstliche Versuchswesen. Danach könnten Abgase von Industrie, Verkehr und Hausfeuerung den Stoffwechsel in Pflanzenzellen beeinträchtigen und die Pflanzen bei hohen Konzentrationen sogar abtöten. In der Regel seien diese Schäden sichtbar. Niedrige, über lange Zeiträume wirkende Konzentrationen schädlicher Gase verursachten dagegen ein langsames Siechtum, ohne dass die Pflanzen typische Symptome ausbildeten. Es fänden sich nur unspezifische Anzeichen geschwächter Vitalität. Dem folgte die Arbeitsgruppe um Bernhard Ulrich aus Göttingen, die sich bereits in den Sechzigerjahren mit schadstoffhaltigen Niederschlägen beschäftigte und deshalb in der Diskussion, die Ende der Siebziger begann, einen gewissen Vorsprung hatte. Basierend auf diesen Forschungen formulierte er seine durchschlagende These von Luftschadstoffen und »saurem Regen« als Verursacher des unmittelbar bevorstehenden totalen »Waldsterbens«.[14]

Die Horrorszenarien der frühen Achtzigerjahre haben sich nicht bestätigt. Es kam weder zu einem »ökologischen Hiroshima« noch zur »Versteppung« der Bundesrepublik, auch nicht zu einem »Zusammenbruch des Ökosystems«. Unverändert ist ein Drittel der Bundesrepublik mit Wald bedeckt. Trotz vieler Baumgerippe und kahler Bergkuppen, die sich noch immer finden lassen, sind keine großen Waldflächen verschwunden. Im Gegenteil: Der deutsche Wald wächst langsam, aber stetig – jedes Jahr kommen rund 10 000 Hektar hinzu. Mit einem Holzvorrat von 3,4 Milliarden Kubikmetern liegt Deutschland im europäischen Vergleich mit an der Spitze. Forstexperten wie Otto Kandler nennen als Gründe für dieses Wachstum vor allem den Anstieg von Temperatur und Niederschlag, die langfristigen Auswirkungen der verbesserten waldbaulichen Maßnahmen wie Bodenmelioration und Durchforstungspraktiken sowie die Einstellung der Humusentnahme aus den Wäldern. Auch Maßnahmen gegen Forstschädlinge und gezielte Aufforstungen zählen dazu. »Das europaweite Waldsterben war ein übertriebenes Konstrukt«, sagt der Umweltforscher Reinhard Hüttl. Zahlreiche seiner Kollegen, aber auch Journalisten und Autoren, die den Wald einst nach Kräften »totschrieben«, haben ihre damalige Haltung inzwischen revidiert.

Wissenschaft, Medien und Politik hätten die Öffentlichkeit in einem »blindwütig-verbissenen Zusammenspiel« mit apokalyptischen Prognosen aufgeschreckt, schreibt Burkhard Müller-Ullrich in seinem Buch *Medienmärchen*. Die Überspitzung führte zu einer »Wahrnehmungsänderung«. Bei einer Umfrage unter der Schweizer Bevölkerung, was sie mit dem Begriff Wald verbinde, standen 1978 Schönheit, Erholung, Ruhe und Freizeit an vorderer Stelle. Lediglich vier bis sechs Prozent entfielen auf Luftreinhaltung und Schutz des Waldes. Bei der Wiederholung 1983 stand der Schutz im Vordergrund: Knapp ein Drittel sahen den Wald als vernachlässigt und krank an. Sechs bis acht Prozent brachten mit ihm den Begriff Angst, zwei bis sechs Prozent gar mit Tod in Verbindung. Auch wenn die Untergangsszenarien auf falschen Annahmen beruhten, verhalf die Mobilisierung der öffentlichen Meinung weitgehenden Umweltgesetzen zum Durchbruch, dank derer die Schwefeldioxid-Konzentration in der Luft gesenkt wurde und die zu technischen Neuheiten führten – zum Beispiel zum Katalysator für Autos. Das ist unbestritten ein Gewinn. Der Schweizer Historiker Curdin Vincenz sieht für die »Karriere des Waldsterbens« vier Gründe: Erstens sei das Thema »frisch« gewesen. Waldschäden habe es zwar schon früher gegeben – sie wurden aber jetzt als etwas Neues empfunden. Zweitens war die Wissenschaft, die das Thema lanciert hatte, ein Berufsstand mit hoher Akzeptanz. Drittens schien das »Waldsterben« grundlegende Werte der menschlichen Existenz zu bedrohen, und viertens schließlich war es schnell an die Spitze der Prioritätenliste in Öffentlichkeit und Politik gerückt. Als weiterer Punkt könnte man hinzufügen, dass eine klare Begrifflichkeit fehlte, denn es gab keine verlässliche Definition für »Waldsterben«.[15]

Der Wald ist für die Deutschen nicht einfach ein Stück Natur: Er wird in Liedern besungen und in Gedichten gefeiert. So schrieb Elias Canetti: »Der Engländer sah sich gern auf dem Meer, der Deutsche sah sich gern im Wald; knapper ist, was sie in ihrem nationalen Gefühl trennte, schwerlich auszudrücken.« Entsprechend emotional wurde die »Waldsterbens-Debatte« geführt. Bewusst suchte man die Seelenverwandtschaft mit dem Menschen. »Es liegt nahe, daß wir das humanmedizinische Verständnis von der Entstehung und vom Verlauf menschlicher Erkrankungen auch auf Krankheiten des Waldes und der Bäume anwenden«, schrieb der Forstbotaniker Nießlein. Dabei gehört die Ökologie des Waldes zu den kompliziertesten Systemen der Natur. Selbstverständlich führen Luftschadstoffe in großer Konzentration zum Absterben von Wäldern, vor allem Schwefelverbindungen aus der Industrie oder Stickstoffverbindungen aus Verkehr und Landwirtschaft. Aber natürliche Faktoren wie Standort, Boden, Nährstoffangebot, Temperatur und Feuchtigkeit bestimmen die Vitalität des Waldes gleichermaßen. Sie müssen berücksichtigt werden, um beurteilen zu können, inwieweit Luftschadstoffe tatsächlich Einfluss auf diese Vitalität haben. Das ist Anfang der Achtzigerjahre nicht geschehen. Und bis heute können Experten nicht endgültig erklären, wo die natürliche Schwankungsbreite des Waldzustandes endet, wo Erkrankung und Siechtum beginnen.

Obwohl die einschlägigen Experten wussten, dass vergleichende Untersuchungen fehlten und dass ein Vergleich der Baumkronen nicht möglich war, weil vor 1982 nie Werte erfasst worden waren, legte sich eine Handvoll Wissenschaftler auf Luftschadstoffe als Hauptursache fest. Sie übertrugen simple Modelle vom Labor auf die Natur und gaben vor, sie könnten hieb- und stichfeste Kausalketten entwickeln. Zwar wurde regelmäßig betont, dass wichtige Zusammenhänge noch ungeklärt seien, beispielsweise im Sondergutachten des Rates von Sachverständigen für Umweltfragen. Im Verlauf der aufgeregten öffentlichen Diskussion geriet das jedoch in den Hintergrund – auch weil man hoffte, die Probleme der Ursachenforschung schnell lösen zu können. Kritik gab es durchaus: Bereits 1983 relativierte die Kommission »Reinhaltung der Luft« des Vereins Deutscher Ingenieure die angebliche Bedeutung der sauren Niederschläge mit einer Auswertung von 800 Veröffentlichungen, die bereits zum Thema vorlagen. Auch das blieb weitgehend unbeachtet. Viele Forscher hätten ebenso gedacht, erinnerte sich Reinhard Hüttl, heute Leiter des Deutsches GeoForschungsZentrums in Potsdam und Professor für Bodenschutz und Rekultivierung an der Brandenburgischen Technischen Universität (BTU) in Cottbus. Doch statt diese Zweifel selbstkritisch klarzustellen, habe man an einer Mainstream-Forschung festgehalten, die Katastrophenprognosen untermauerte: »Das paßte in die politische Landschaft und sicherte Forschungsgelder.« Und zwar nicht zu knapp: Die von der Politik forcierte Erforschung der Waldschäden verschlang zwischen 1982 und 1998 rund 500 Millionen Mark. Das Umweltbundesamt wertete 850 geförderte Projekte und Fallstudien zu »neuartigen« Waldschäden aus. Danach zielten die Forschungen primär darauf, den Zusammenhang zwischen Luftverschmutzung und »Waldsterben« nachzuweisen. Frühere Erfahrungen der Forstpraxis und der Waldforscher blieben weitgehend unbeachtet, widersprüchliche Untersuchungen wurden nicht gegeneinander gewichtet.[16]

Konsens ist heute, dass die Waldschäden der Siebziger- und Achtzigerjahre, die tatsächlich auftraten, verschiedene Gründe hatten, die häufig zusammenwirkten, aber auch je nach Standort unterschiedlich waren. Deutschlands Wälder sind schon lange keine natürlichen Wälder mehr, sondern bereits vor Jahrhunderten zu Nutzarealen umgewandelt worden: Der Mensch pflanzte etwa zur Grubenholzgewinnung anspruchslose Baumarten wie die Kiefer, deren Saatgut oft aus Gegenden mit anderen Standortbedingungen stammte. Er pflanzte zu dicht, versäumte die nötige Auslichtung und trieb massenhaft Vieh in den Wald, das junge Triebe und Rinde fraß. Witterungsstress durch Frost oder Trockenheit kam hinzu. »Entscheidend für die Gesundheit des Waldes ist der Wasserhaushalt«, sagt der Freiburger Forstexperte Heinrich Spiecker. Bei Trockenheit werfen Bäume vorzeitig Blätter und Nadeln ab, um sich vor weiterer Verdunstung zu schützen. Mindestens fünf Jahre brauchten Bäume, um sich von extremer Trockenheit zu erholen, so Spiecker – vorausgesetzt, die Trockenperiode hört auf. Und Mitte der Siebzigerjahre herrschte eine starke Trockenheit. Es war also nicht überraschend, dass Tannen und Fichten »nadelten« und lichte Baumkronen entstanden. Münchner Forstwissenschaftler stellten einige Jahre später in den Bayerischen Alpen ähnliche Befunde fest. Ihr Fazit: »Die beobachteten Kronenverlichtungen stellen kein Krankheitsbild dar, sondern spiegeln den Normalzustand wider, wie er wahrscheinlich schon vor 100 oder 200 Jahren bestanden hat.« Das sieht der Freiburger Forstpathologe Horst Courtois ähnlich: In Deutschland gebe es kaum Standorte, an denen alles stimme. Deshalb fühle sich eine Tanne selbst bei sauberer Luft permanent unter Stress. Und Michael

Müller von der Forstakademie in Tharandt fasst zusammen: »Der gesunde Wald ist eine idyllische Vorstellung, eine Projektion. Es hat ihn nie gegeben. Wo der Wald lebt, kränkelt er auch. Aber er muß nicht gleich sterben.«[17] In der Debatte um das »Waldsterben« hat die Wissenschaft jedoch Politik und Medien vor sich hergetrieben. Politiker versuchten zunächst, das Thema klein zu halten, wurden aber durch öffentlichen Druck gezwungen, Handlungsfähigkeit zu demonstrieren – besonders nach der Bundestagswahl 1983. Die Bundesregierung machte sich die Diagnose der Wissenschaftler zu eigen, ließ sie durch Gutachter und Behörden »bestätigen« und verschaffte ihr damit einen offiziellen Status. Mitunter bediente sich die Politik auch bewusst der Medien: Das schlagartige Interesse der Schweizer Öffentlichkeit am »Waldsterben« im Herbst 1983 war das Ergebnis einer gezielten Medienkampagne. Wie Bundesrat Alphons Egli zugab, hatte das Schweizer Innenministerium sie durch die Pressekonferenz im Wald bewusst eingeleitet, in der Überzeugung, »daß behördliche Erfahrungen und Aufrufe ungehört verhallen, solange sich nicht die Medien dieses Themas annehmen«.

Die Medien griffen nach zögerlichem Start das Thema sehr intensiv auf. Es setzte geradezu ein Wettbewerb um die griffigste Formulierung ein. Dabei standen die Journalisten vor zwei Problemen: Weil die Luftverschmutzung im Alltag kaum wahrzunehmen war, fiel es schwer, sich ein Urteil zu bilden. Zugleich mussten sie ein kompliziertes Thema, über das sich noch nicht einmal die Forscher einig waren, verständlich erklären. In dieser Situation fanden jene leicht Zugang zu den Medien, »die mit möglichst drastischen Zahlen, markigen Worten und schlüssigen Erklärungen aufzuwarten vermochten«, urteilte der Agrarwissenschaftler Rudi Holzberger. Die Medien übernahmen die Aussagen, die wenigsten Journalisten machten sich die Mühe, in den Wald zu gehen und mit Förstern zu sprechen. Holzberger, der fast 100 Artikel von führenden deutschen Zeitungen zum Thema »Waldsterben« ausgewertet hat, stellte fest, dass lediglich fünf Prozent der Artikel eindeutig vor Ort entstanden, also das Ergebnis eigener Recherche waren. Der Großteil sei am Schreibtisch formuliert und mit Zitaten der »Waldsterbens-Theoretiker« gewürzt worden. Im Drang, unbedingt durch »sauren Regen« getötete Wälder abzubilden, griffen die Medien auch öfter daneben. Kahle Bäume vor einem

Kraftwerk entpuppten sich als völlig gesund – sie waren nur wegen des Winters unbelaubt. Immer wieder gezeigte abgestorbene Bäume waren in Wirklichkeit Opfer von Borkenkäfern.

Die Schuld am Fotomangel wurde auf die Krankheit und die Förster geschoben – der Waldtod sei eben erst im Endstadium sichtbar, und Förster würden die kranken Bäume rasch fällen, um das Ausmaß zu verschleiern. Damit schürten die Medien das Gefühl, dass alles noch schlimmer als angenommen sei, und bedienten das politische Empörungspotenzial.[18] Zweifel wuchsen erst, als die Wälder keineswegs ganzheitlich abstarben.

Die *Neue Zürcher Zeitung* urteilte 1986: »Unter dem Druck und der Verlockung der Öffentlichkeit haben verschiedene Waldsterbeforscher Daten verbreitet, die inzwischen durch Nachuntersuchungen widerlegt worden sind. Allerdings haben die Widerlegungen bisher kaum Beachtung in der Öffentlichkeit gefunden.« Die Zeitung kritisierte Forscher, die mediale Präsenz suchten, ehe sie in wissenschaftlichen Kreisen publizierten, um sich der Kontrolle durch Fachkollegen auszusetzen, und folgerte: »Das dürfte einer der Gründe gewesen sein, weshalb das Ökosystem Wald nicht nur mit Schadstoffen, sondern auch mit Falschaussagen belastet wurde, die zudem noch die Eigenschaft haben, sich besonders hartnäckig in den Köpfen von Politikern, Journalisten und Bürgern festzusetzen.« Hans Schuh fand es 1988 in der *Zeit* unter dem Titel »Mythenreiches Waldsterben« bemerkenswert, »wie einerseits immer wieder auf die Komplexität und die Vernetzung sensibler Ökosysteme hingewiesen wird, andererseits die Diskussion um das Waldsterben in der Öffentlichkeit von äußerst einfachem kausalen Denken geprägt ist«.

Ein Großteil der Medien berief sich jedoch weiterhin auf amtliche Dokumente. Nur wenige konnten sich offenbar vorstellen, dass ausgerechnet die »Waldzustandsberichte« der Regierung Kohl den Zustand der Wälder wissentlich zu pessimistisch zeichneten. Tatsächlich offenbarte der jährlich vorgelegte »Bericht« das gesamte Dilemma. Von Beginn an zogen Experten das Verfahren in Zweifel, weil allein mit der Beobachtung des Zustandes von Baumkronen keine Rückschlüsse auf Ursachen für Veränderungen der Bäume zu gewinnen seien. Wesentliche Indikatoren der Vitalität würden nicht berücksichtigt, Befunde unterschiedlicher Arten und Gebiete seien einfach zusammengerechnet worden. Nach dem Verfahren galt ein Baum bei Blatt- oder Nadelverlust von mehr als 25 Prozent als mittelstark geschädigt. Tatsächlich können viele Bäume mit solchen Verlusten sehr gut leben. Wachstumskundler hatten herausgefunden, dass sogar ein Nadelverlust von 30 Prozent nur geringfügige Auswirkungen auf den Zuwachs hat. Laut dem »Waldzustandsbericht« waren 52 Prozent der Bäume geschädigt, nach der anderen Berechnung lediglich 15 Prozent – ein vergleichsweise undramatischer Wert. Tatsächlich waren die Schadensstufen willkürlich und provisorisch eingeteilt worden, weil man sofort eine Generaldiagnose brauchte. Der Plan, nach einem Jahr ein besseres Verfahren einzuführen, scheiterte dann am Protest der Umweltverbände und Medien. Sie warfen der Politik vor, den Wald gesundreden zu wollen. Obwohl klar war, dass die provisorische Blatt-Nadel-Verlust-Methode falsche Werte lieferte, behielt man sie bei. Aus der Gesamtzahl der geschädigten Bäume jene der Schadensstufe 1 herauszurechnen, was sachgemäß gewesen wäre, wagte man nicht, wie Peter Splett, Leiter des Referates Neuartige Waldschäden im Agrarministerium von Ignaz Kiechle (CSU), im November 1991 eingestand – obwohl der Forschungsbeirat Waldschäden / Luftverunreinigungen genau das mehrfach vorgeschlagen hatte. »Die Regierung saß hilflos in der selbst gestellten Falle. Um die Umweltverbände zu beschwichtigen, hatte sie leichtsinnig die dauerhafte Waldschadenserhebung beschlossen – und zum Dank wurde sie nun alljährlich für neue und stets falsche Schreckenszahlen geprügelt«, schrieb Günther Keil, von 1990 bis 2002 im Bundesforschungsministerium zuständig für die Waldschadens- und Waldökosystemforschung. Zudem hatte die Wiedervereinigung das Thema neu belebt. In der DDR waren die Waldschäden im Wesentlichen auf »klassische Rauchschäden« durch Braunkohlekraftwerke und benachbarte Industriegebiete zurückzuführen.[19]

Im Februar 1993 veröffentlichte das Bundesforschungsministerium eine Zwischenbilanz nach zehn Jahren. Das Gremium kam zu dem Schluss, »daß ein Absterben ganzer Wälder in Zukunft nicht mehr zu befürchten« sei. Dem Gremium gehörte auch Bernhard Ulrich an, der einräumte, mit seiner Prognose vom schnellen Siechtum zu weit gegangen zu sein. In Interviews gab er offen zu: »Es war ein großer Fehler, solche Spekulationen als wissenschaftliche Erkenntnis zu verkaufen.« Er gestehe seinen Irrtum. »Die Politiker waren aufgeschreckt, waren unsicher.« In den Bonner Amtsstuben hätten überforderte Beamte gesessen, deren Dienstherren nach schnellen Rezepten verlangten. 1995 schrieb Ulrich in einem

Aufsatz:»Die Hypothese von einem großflächigen Waldsterben für die nahe Zukunft ist nicht mit Daten gedeckt und kann verworfen werden.« Auch sein Mitstreiter Peter Schütt ruderte zurück:»Ich meine, ich habe mich geirrt.« Wie hätte er wissen sollen, dass Fichten, die zu zwei Dritteln entnadelt waren, sich erholen und zehn Jahre später noch leben würden? Für einen Forstbotaniker eine dürftige Entschuldigung. Die Waldschadensforschung hat also ihr Bild vom »Waldsterben« revidiert. Trotzdem sind noch immer die Kommentare zum jährlich vorgelegten »Waldzustandsbericht« nahezu unverändert negativ, und mitunter werden weiterhin Horrorszenarien beschworen.»Obwohl der Begriff Waldsterben wissenschaftlich erodiert war, hat er sich umso trotziger im eigenen Bewusstsein und in der Geschichte unserer Kultur eingenistet«, begründete der Schweizer Umweltforscher Wolfgang Zierhofer dieses Verhalten. Gleichwohl hat sich selbst bei Grünen-Politikern ein realistisches Bild durchgesetzt. Im Juli 2003 sagte die damalige Agrarministerin Renate Künast:»Wir haben den Trend umgekehrt. Der Wald wächst wieder gesünder, die Flächen nehmen zu, die Holzwirtschaft hat in Deutschland eine gute Zukunft. Unsere Wälder sind schöner geworden. Ich kann nur dringend empfehlen, am Sonntag einen Waldspaziergang zu unternehmen.«[20]

# »DDR öffnet Grenzen«

## Der Fall der Mauer 1989

*»Völlig überraschend machte SED-Politbüromitglied –*
*mitten in einer internationalen Pressekonferenz am*
*Donnerstag abend in Ost-Berlin – die sensationelle Mitteilung:*
*Die DDR-Grenze zur Bundesrepublik und nach West-Berlin ist offen.«*

dpa, 1989[1]

Um 18.53 Uhr meldet sich Riccardo Ehrman zu Wort. Seit knapp einer Stunde hört der Chefkorrespondent der italienischen Nachrichtenagentur ANSA an diesem 9. November 1989 den monoton vorgetragenen Ausführungen von Günter Schabowski zu. Das Mitglied des SED-Politbüros fungiert als Sprecher des Zentralkomitees (ZK) der SED und informiert Presse und Funk über den Verlauf der an diesem Tag stattfindenden ZK-Tagung. Manfred Banaschak, Chefredakteur der SED-Theoriezeitschrift *Einheit*, ergänzt. Das ist nicht besonders aufregend, einige Journalisten im überfüllten Saal des Internationalen Pressezentrums in der Mohrenstraße in Berlin-Mitte sind schon eingenickt. Riccardo Ehrman möchte etwas zu dem drei Tage zuvor veröffentlichten Entwurf eines neuen Reisegesetzes wissen, den viele DDR-Bürger als ungenügend kritisiert hatten. Der Journalist, der zu Füßen des Podiums sitzt, stellt sich vor und fragt in leicht gebrochenem Deutsch:»Herr Schabowski, Sie haben von Fehlern gesprochen. Glauben Sie nicht, daß es war ein großer Fehler, diesen Reisegesetzentwurf, das Sie haben jetzt vorgestellt vor wenigen Tagen?«Schabowski stutzt für einen Augenblick. Dann setzt er zu einer ausschweifenden Erklärung an:»Nein, das glaube ich nicht. Wir wissen um diese Tendenz in der Bevölkerung, um dieses Bedürfnis der Bevölkerung, zu reisen oder die DDR zu verlassen. Und wir haben die Überlegung, daß wir alle die Dinge, die ich vorhin beantwortet habe oder zu beantworten versucht habe auf die Frage des TASS-Korrespondenten [sowjetische Nachrichtenagentur], nämlich eine komplexe Erneuerung der Gesellschaft zu bewirken und dadurch letztlich durch viele dieser Elemente zu erreichen, daß Menschen sich nicht genötigt sehen, in dieser

Verwirrend antwortet SED-Politbüromitglied Günter Schabowski (r.) am
9. November 1989 auf Fragen zur neuen Reiseregelung der DDR. Die Nachrichtenagenturen interpretieren es auf ihre Weise. Stunden später stürmen
Ost-Berliner in den Westteil der Stadt.

Weise ihre persönlichen Probleme zu bewältigen.«Schabowski redet weiterhin von einer notwendigen Abfolge der Schritte zur Vereinfachung der Ausreise, von den Problemen der Bundesrepublik, alle Flüchtlinge unterzubringen. Trotzdem wolle man dem Bürger die»Chance der souveränen Entscheidung«einräumen,»zu reisen, wohin er will«. Dazu soll das neue Reisegesetz dienen, das bislang nur ein Entwurf sei.»Allerdings«, kommt der SED-Funktionär zum Ende,»ist heute eine Entscheidung getroffen worden. Es ist eine Empfehlung des Politbüros aufgegriffen worden, daß man aus dem Entwurf des Reisegesetzes den Passus herausnimmt und in Kraft treten läßt, der die ständige Ausreise regelt, also das Verlassen der Republik. [...] Und deshalb haben wir uns dazu entschlossen, heute eine Regelung zu treffen, die es jedem Bürger der DDR möglich macht, über Grenzübergangspunkte der DDR auszureisen.« In den Wochen zuvor war das nur auf dem Umweg über Ungarn oder die Tschechoslowakei möglich.

Plötzlich setzt ein Stimmengewirr ein:»Das gilt ...?«,»Ohne Paß?«,»Ab wann tritt das ...?«,»Ab sofort?«Schabowski kratzt sich verlegen am Kopf, stammelt:»Also Genossen, mir ist das hier also mitgeteilt worden, daß eine solche Mitteilung heute schon verbreitet worden ist«; setzt sich seine Brille auf, während er weiterredet und in seinen Unterlagen kramt, und liest dann sehr schnell von einem Blatt ab:»Die zuständigen Abteilungen Paß- und Meldewesen der VP – der Volkspolizeikreisämter – in der DDR sind angewiesen, Visa zur ständigen Ausreise unverzüglich zu erteilen, ohne daß dafür noch geltende Voraussetzungen für eine ständige Ausreise vorliegen müssen.« Schabowski spricht aber auch von Privatreisen, die ohne Voraussetzungen beantragt werden könnten. Wieder wird er mit Fragen bestürmt. Die entscheidende lautet:»Wann tritt das in Kraft?« Der SED-Funktionär blättert erneut in seinen Papieren.»Das tritt nach meiner Kenntnis ... ist das sofort, unverzüglich.«[2]

Während einige Journalisten eilig den Saal verlassen, beantwortet Günter Schabowski die letzte Frage. Es ist 19.00 Uhr, und die Frage lautet:»Herr Schabowski, was wird mit der Berliner Mauer jetzt geschehen?« Das Politbüromitglied hat sich wieder im Griff:»Es sind dazu schon Auskünfte gegeben worden im Zusammenhang mit der Reisetätigkeit. Die Frage des Reisens, die Durchlässigkeit also der Mauer von unserer Seite, beantwortet noch nicht und ausschließlich die Frage nach dem Sinn, also dieser, ich sag's mal so, befestigten Staatsgrenze der DDR. Wir haben immer gesagt, daß dafür noch einige andere Faktoren mit in Betracht gezogen werden müssen.«

Dann verlässt Schabowski den Saal und gibt dem US-Sender NBC ein Interview. Anchorman Tom Brokaw bittet ihn, den Zettel noch einmal vorzulesen, und fragt dann mehrfach nach, ob er richtig verstanden habe, dass Bürger der DDR das Land an einem Grenzübergang ihrer Wahl verlassen könnten und ob das die Reisefreiheit bedeute. Schabowski bejaht das, schränkt aber im Gegensatz zu seinen Äußerungen im Saal ein:»Es geht nicht um Tourismus. Es ist eine Erlaubnis, die DDR zu verlassen.« Brokaw eilt nach dem Interview zum Brandenburger Tor. Vor der fast menschenleeren Kulisse berichtet der Journalist live in die USA:»Tom Brokaw an der Berliner Mauer. Dies ist eine historische Nacht. Die ostdeutsche Regierung hat soeben erklärt, daß die ostdeutschen Bürger von morgen früh an die Mauer durchqueren können – ohne Einschränkung.«[3]

Wie Brokaw sind auch seine deutschen Kollegen in den Nachrichtenagenturen, Zeitungen und Fernsehstationen zunächst unsicher, wie die neuen Reiseregelungen zu bewerten sind. Die ersten Agenturmeldungen konzentrieren sich auf die technische Abwicklung der ständigen Ausreise. »Ausreise über alle DDR-Grenzübergänge ab sofort möglich«, meldet um 19.02 Uhr die britische Agentur Reuters in einer Eilmeldung und schiebt eine Minute später eine etwas ausführlichere Fassung über die Neuregelung für»ausreisewillige DDR-Bürger« nach. Um 19.04 Uhr verbreitet die DDR-Agentur ADN den Beschluss des Ministerrates zu den neuen Reiseregelungen im Wortlaut, aber ohne Erläuterung. Wiederum eine Minute später tritt jedoch eine Wendung ein: Die amerikanische Nachrichtenagentur Associated Press (AP) überschreibt ihre Meldung um 19.05 Uhr: »DDR öffnet Grenzen«.

Wie den Journalisten geht es auch den Zuschauern des DDR-Fernsehens, das die Pressekonferenz live übertragen hat: Sie bleiben etwas ratlos zurück, zumal die anschließenden Nachrichtensendungen – *Heute* im ZDF sowie die *Aktuelle Kamera* des DDR-Fernsehens – den Beschluss der DDR-Regierung nicht als Spitzenmeldung verkünden und auch nicht mit der prägnanten Deutung von AP. Das macht erst Berlins Regierender Bürgermeister Walter Momper, als er sich um 19.35 Uhr mit einer Erklärung in der auch im Ostteil der Stadt viel gesehenen *Abendschau* des

Senders Freies Berlin (SFB) an die Zuschauer wendet:»Privatreisen werden für Bürger der DDR nun auch ohne weiteres genehmigt. Ich glaube, man darf für alle Berlinerinnen und Berliner sagen, es ist ein Tag, den wir uns lange ersehnt haben, seit 28 Jahren. Die Grenze wird uns nicht mehr trennen. Wir sind froh, daß wir reisen können. Wir können hin- und herreisen, und alle Bürger der DDR können zu uns kommen.« Der SPD-Politiker rechnet nicht mit einem sofortigen Ansturm am selben Abend. Ab morgen gehe es praktisch los, sagt er und schließt:»Das bedeutet, für das nächste Wochenende werden wir schon viele Besucher haben.« Das wären der 11. und der 12. November.

Inzwischen haben auch die anderen Nachrichtenagenturen die Meldung von AP registriert. Die Deutsche Presse-Agentur (dpa) will hinter den Kollegen nicht zurückstehen und die Deutungshoheit zurückgewinnen. Sie meldet um 19.56 Uhr als Eilnachricht:»Sensation: Die DDR hat am Donnerstag ihre Grenzen zur Bundesrepublik und West-Berlin geöffnet. So können DDR-Bürger künftig kurzfristig und ohne große Formalitäten ausreisen und Privatreisen unternehmen. Am Ende einer einstündigen Pressekonferenz nach dem zweiten Sitzungstag des Zentralkomitees (ZK) in Ost-Berlin verkündete SED-Politbüromitglied Günter Schabowski diese sensationelle Nachricht.«[4] Davon geht auch die Chefredaktion der Bild-Zeitung aus, nachdem sie von ihrem Reporter in der DDR, Hans Hennes Schulz, die Regelung erläutert bekommen hat. Sofort werden die Druckmaschinen gestoppt, eine neue Schlagzeile entworfen und diese in einer Eilmeldung um 19.45 Uhr an die Agenturen gegeben. Die Schlagzeile lautet:»Geschafft! Die Mauer ist offen«.

Die zugespitzten Meldungen über eine sofortige Öffnung der Grenze für jeden DDR-Bürger haben zu einem plötzlichen Ansturm auf die Grenzübergangsstellen und damit zum friedlichen Mauerfall in dieser Nacht vom 9. zum 10. November geführt – einem der bewegendsten Momente der deutschen Geschichte. Nach der auf diese Weise erzwungenen generellen Grenzöffnung waren die Überlegungen für einen Umbau des sozialistischen Staates bald überflüssig geworden.

Walter Mompers Äußerung, am Wochenende rechne West-Berlin mit vielen Besuchern, wirkte wie ein Signal. Wenn schon der Regierende Bürgermeister von einem Besucheransturm ausging, mussten die Nachrichten von der Maueröffnung ja stimmen. Zugleich elektrisierte die in den Medien immer wieder gebrauchte Formulierung »ab sofort«. Wieso aber redete Momper von »morgen«, wenn die Regelung laut Schabowski sofort gilt, fragten sich viele. In der ARD-*Tagesschau* um 20.00 Uhr war die neue Reiseregelung zur Top-Nachricht geworden. Der Sprecher verlas die Spitzenmeldung, im Hintergrund flimmerte der Schriftzug: »DDR öffnet Grenze«. Den anschließenden Filmbericht über Schabowskis Pressekonferenz kommentierte der Reporter: »Also auch die Mauer soll über Nacht durchlässig werden.« Zur gleichen Zeit sendete der Hörfunksender RIAS die Meldung: »Die DDR hat ihre Grenzen zur Bundesrepublik mit sofortiger Wirkung für Westreisen und Übersiedlungen geöffnet.« Weil man in der DDR nur das glaubte, wovon man sich selbst überzeugen konnte, machten sich die ersten auf den Weg. Laut Lagebericht der Volkspolizei hatten sich bis 20.30 Uhr insgesamt rund 80 Ost-Berliner an den Grenzübergängen Bornholmer Straße, Invalidenstraße und Heinrich-Heine-Straße eingefunden. Die Menschen wurden von den Grenztruppen auf den nächsten Tag vertröstet und weggeschickt. Zur gleichen Zeit fuhr Robin Lautenbach, ein Reporter der ARD-*Tagesthemen*, vom Westteil der Stadt her zur Grenze. Nachdem er den Ministerratsbeschluss gelesen hatte, war er sicher, dass die Möglichkeit, ein Visum zu erhalten, erst am nächsten Tag nach regulärer Öffnung der Volkspolizeikreisämter möglich sein würde – ordnungsgemäß, wie es sich gehörte. Er hatte sich deshalb darauf eingerichtet, am Morgen mit Kamera und Mikrofon an der Grenze zu stehen. Aber seine Chefredaktion in Hamburg war begeistert von der Aussicht, dass die Mauer aufgeht, und schickte ihren Reporter sofort an einen Übergang. Viel Hoffnung, jemandem zu begegnen, hatte er nicht. Lautenbach fuhr mit zwei Kollegen zunächst zur Invalidenstraße, dem Übergang nach Berlin-Mitte, danach gegen 21.00 Uhr zum Brandenburger Tor. Außer einigen Fernsehkollegen und Schaulustigen auf der West-Seite konnte der Reporter dort nichts Besonderes ausmachen. Auch an der S-Bahn-Station Lehrter Bahnhof, dem ersten Halt nach dem Grenzbahnhof Friedrichstraße, war alles ruhig.[5]

Aber die Meldungen hielten an, und damit blühten weiterhin die Spekulationen. Nicht jeder hatte die Pressekonferenz von Günter Schabowski live gesehen. An jenem Abend fanden, wie in den Tagen zuvor, zahlreiche Veranstaltungen statt, in denen Ost-Berliner über die aktuelle politische

Lage diskutierten. Das war Monate zuvor noch undenkbar, deshalb waren die Veranstaltungen gut besucht. Auch dort verbreitete sich die Nachricht wie ein Lauffeuer. Viele schnappten auf dem Rückweg in der S-Bahn Gesprächsfetzen auf, hörten Stichworte wie »Die Grenze soll aufgemacht werden«, »Nicht nur für Rentner, sondern für alle«; »Wir fahren jetzt zur Invalidenstraße«. Andere wurden mit diesen Nachrichten zu Hause empfangen oder erhielten Anrufe von Freunden und Bekannten, die erzählten, was sie gehört und gesehen hatten. Wieder andere erfuhren davon in der Kneipe, wie eine Gruppe junger Leute in einem Tanzcafé am S-Bahnhof Baumschulenweg, denen die Kellnerin von Schabowskis Äußerungen erzählte. Sie schalteten daraufhin Radio und Fernsehen an, um die Nachrichten zu verfolgen. Die ersten Stellungnahmen aus Washington, London und Paris liefen ein. Alle begrüßten die Öffnung der Mauer. Die Abgeordneten des Bundestages, denen gegen 21.00 Uhr während einer Sitzung die Nachricht verlesen wurde, stimmten spontan die Nationalhymne an. Die Rundfunkanstalten im Westteil Berlins änderten ihr Programm und strahlten Sondersendungen aus. So verstärkte die Berichterstattung den Eindruck, die Grenze sei tatsächlich offen. Mehr und mehr Ost-Berliner entschlossen sich, selbst nachzusehen.

Gegen 21.30 Uhr hatten sich bereits 500 bis 1000 Menschen am Grenzübergang Bornholmer Straße eingefunden und verlangten lautstark die Öffnung. Ein Offizier erklärte den Wartenden über Lautsprecher: »Es ist nicht möglich, Ihnen jetzt und hier die Ausreise zu genehmigen.« Die Bürger verwiesen auf Schabowskis Aussage sowie auf die Fernseh- und Rundfunknachrichten. Der stellvertretende Leiter der MfS-Passkontrolle, Oberstleutnant Harald Jäger, ließ nach Rücksprache mit seinen Vorgesetzten besonders Lautstarke ausreisen – allerdings bekamen sie neben das Foto im Ausweis einen sogenannten Entwertungsvermerk gestempelt, was die Ausbürgerung bedeutete. Was als »Ventillösung« gedacht war, entpuppte sich als Fehler. Denn die anderen Wartenden sahen, dass einige ausreisen durften – sie aber nicht. Umso energischer verlangten sie die Öffnung des Schlagbaums. Auch an anderen Übergängen sammelten sich Ost-Berliner. Am Checkpoint Charlie telefonierte der Passkontrolleur Oberstleutnant Manfred Gruß ebenfalls mit seinen Vorgesetzten, erhielt aber nur die unschlüssige Auskunft: »Ja, es ist so etwas durchgegeben worden im Fernsehen, aber wie es weitergehen soll, weiß keiner.« Die Situation wurde immer unübersichtlicher, weil sich Meldungen von einzelnen Grenzübergängen und Anweisungen der Vorgesetzten überschnitten. In den Spätnachrichten der *Aktuellen Kamera* des DDR-Fernsehens wurde gegen 22.28 Uhr ein letzter Versuch gestartet, die Entwicklung aufzuhalten. Der Nachrichtensprecher verlas noch einmal die Reiseregelung, machte aber deutlich:»Also: Die Reisen müssen beantragt werden!« Außerdem wies er darauf hin, dass die Abteilungen Pass- und Meldewesen »morgen um die gewohnte Zeit geöffnet haben«.

Doch dann begannen die ARD-*Tagesthemen*. Moderator Hanns Joachim Friedrichs eröffnete die Sendung um 22.42 Uhr mit folgenden Worten:»Das Brandenburger Tor heute abend. Als Symbol der Teilung Berlins hat es ausgedient. Ebenso die Mauer, die seit 28 Jahren Ost und West trennt. Die DDR hat dem Druck der Bevölkerung nachgegeben. Der Reiseverkehr in Richtung Westen ist frei. Guten Abend, meine Damen und Herren. Im Umgang mit Superlativen ist Vorsicht geboten, sie nutzen sich leicht ab, aber heute abend darf man einen riskieren: Dieser 9. November ist ein historischer Tag: Die DDR hat mitgeteilt, daß ihre Grenzen ab sofort für jedermann geöffnet sind, die Tore in der Mauer stehen weit offen.« Der anschließende Einspielfilm, um 22 Uhr fertiggestellt, zeigte das Gegenteil – die Tore waren noch geschlossen. Überall herrschte Ruhe. Friedrichs' Urteil kam eindeutig verfrüht. Auch als sich Robin Lautenbach um 22.47 Uhr live vom Übergang Invalidenstraße meldete, war dieser unübersehbar geschlossen. Um das zu kaschieren, bezeichnete Lautenbach die Lage als konfus und unübersichtlich und berichtete allgemein über »viele Schaulustige und West-Berliner«, die auf die ersten DDR-Bürger warteten,»die hier zu einem ersten kurzen Besuch herüberkommen«. Dann liefen ihm drei West-Berliner vor die Kamera, die zuvor am Grenzübergang Bornholmer Straße gewesen waren. Einer berichtete, dass ihnen ein Pärchen aus dem Osten in Tränen aufgelöst um den Hals gefallen sei, dass sie »'ne Menge Leute kommen« gesehen hätten und tausend weitere warteten. Die beiden anderen Augenzeugen schilderten, Ost-Berliner gingen dort bereits zwischen den Stadthälften hin und her, sie brauchten nur den Personalausweis, in den es einen Stempel gebe.

Lautenbach, dankbar, endlich etwas Konkretes melden zu können, erklärte den geschlossenen Grenzübergang, an dem er stand, kurzerhand zum Ausnahmefall und beendete seine Reportage mit der Einschätzung:

»Hier in der Invalidenstraße auf der anderen Seite haben die Grenzpolizisten offenbar diese Weisung noch nicht bekommen, oder sie haben sie nicht verstanden. [...] Aber, wie gesagt, an sehr vielen Grenzübergängen, nicht nur an der Bornholmer Straße, wir haben es auch gehört von der Sonnenallee und vom Ausländer-Grenzübergang Checkpoint Charlie, ist es offenbar bereits möglich, mit dieser neuen Regelung völlig komplikationslos nach West-Berlin zu kommen.«[6]

Tatsächlich hatten lediglich die Grenztruppen an der Bornholmer Straße gegen 22.30 Uhr ihren Übergang geöffnet. Es hatten sich nicht nur immer mehr Neugierige auf der Ostseite versammelt, vom Westen her wollten die ersten nach der Stippvisite wieder zurück und merkten, dass man sie mit dem Stempel im Ausweis heimlich ausgebürgert hatte. Die Lage wurde langsam bedrohlich, die Menschenmassen wurden an die Grenzzäune gedrückt. Immer lauter schallten die Rufe:»Tor auf! Tor auf! Wir kommen wieder! Wir kommen wieder!« Angewiesen, jeden Konflikt zu vermeiden, meldete Passkontrolleur Oberstleutnant Harald Jäger schließlich seinem Vorgesetzten:»Ich stelle die Kontrollen ein und lasse die Leute raus.« Sein Kollege, Oberstleutnant Edwin Görlitz, pflichtete ihm bei:»Wir fluten jetzt!« Und so öffneten sie den Schlagbaum.

Viele der Ost-Berliner *Tagesthemen*-Zuschauer waren von den Worten überzeugt worden,»die Tore der Mauer stehen weit offen« und man könne»völlig komplikationslos nach West-Berlin kommen«. Nach der Sendung setzte ein wahrer Massenansturm auf die Grenzübergänge ein. Dass der Reporter die Einschränkung»offenbar« verwendet hatte und vom»Hörensagen« sprach, wurde nicht registriert. Vielen ging es so wie Stephan Schwalbe, Experimentalphysiker an der Humboldt-Universität. Er war bei der Rückkehr von einer Veranstaltung von seiner Tochter mit der überraschenden Mitteilung begrüßt worden:»Die Mauer ist offen.« Dies erschien ihm so unwahrscheinlich, dass er den Fernseher einschaltete, um in den *Tagesthemen* Genaueres zu erfahren. Als er dort hörte, dass die ersten Personen den Übergang an der Bornholmer Straße passiert hätten, machten sich die Schwalbes umgehend auf den Weg. Sie nahmen ihre Nachbarn mit, die ebenfalls noch unsicher waren. Gegen 23.30 Uhr schätzte Oberstleutnant Jäger, dass 20 000 DDR-Bürger»im Hinterland« des Grenzübergangs standen. Bis gegen Mitternacht waren dann alle Berliner Übergänge geöffnet. Was Stunden vorher noch unvorstellbar schien, war eingetreten: Ungehindert passierten Tausende die Kontrolleinrichtungen, liefen in den Westteil Berlins, wurden von den West-Berlinern begeistert empfangen, und bis in den Morgen wurde auf den Straßen – vor allem auf dem Kurfürstendamm – gefeiert. Niemand bekam mit, dass die Nationale Volksarmee gegen 0.20 Uhr für die 12 000 Soldaten starken Ost-Berliner Grenzregimenter »Erhöhte Gefechtsbereitschaft« ausgelöst hatte. Da aber weitere Befehle von Armee- und Staatsführung ausblieben, stellten die Kommandeure die Vorbereitungen für einen Einsatz auf eigene Verantwortung wieder ein.

Der Zusammenbruch des SED-Regimes war schon lange vor dem 9. November 1989 absehbar. Die zunehmenden ökonomischen Schwierigkeiten, die politische Bevormundung und der mangelnde Reformwille der Partei- und Staatsführung hatten zur wachsenden Unzufriedenheit mit dem System geführt. Nach der offensichtlichen Manipulation der Kommunalwahlen vom 7. Mai 1989 kam es zu anwachsenden oppositionellen Demonstrationen, und die Zustimmung der SED-Führung zur brutalen Niederschlagung der Studentenunruhen in Peking am 4. Juni löste – auch innerhalb der Partei – weithin Empörung aus. Im Sommer 1989 entlud sich die seit Jahren angestaute Unzufriedenheit vieler DDR-Bürger in einer Massenflucht: Rund 120 000 stellten Ausreiseanträge. Tausende flüchteten in ihrem Urlaub in die Botschaften der Bundesrepublik in Warschau, Budapest und Prag. Der Flüchtlingsstrom nahm zu, nachdem Ungarn seine Grenze zu Österreich im August endgültig geöffnet hatte. Alle Bemühungen der DDR bei ihren Genossen in Budapest und Moskau, dies rückgängig zu machen, scheiterten, und so setzte die SED am 3. Oktober einfach den pass- und visafreien Reiseverkehr in die benachbarte Tschechoslowakei aus, um den Weg nach Ungarn zu versperren. Nach dieser Grenzschließung nahmen die Konflikte in den Dienststellen des »Paß- und Meldewesens« zu, es wurde nach den rechtlichen Grundlagen für die Einschränkungen im Reiseverkehr gefragt. Sich mit den Gründen der Flucht auseinanderzusetzen, kam der DDR-Führung nicht in den Sinn; sie verunglimpfte stattdessen die Flüchtlinge: »Wir weinen ihnen keine Träne nach«, ließ SED- und Staatschef Erich Honecker verbreiten.

Dabei ging aus den zahlreichen Berichten des Ministeriums für Staatssicherheit klar hervor, wie groß die Unruhe in der Bevölkerung war. So hieß es in einem Stasi-Bericht vom 9. September 1989 über die Motive der Ausreise:»Die überwiegende Anzahl dieser Personen wertet Probleme und Mängel in der gesellschaftlichen Entwicklung, vor allem im persönlichen Umfeld, in den persönlichen Lebensbedingungen und bezogen auf die sogenannten täglichen Unzulänglichkeiten, im wesentlichen negativ und kommt, davon ausgehend, insbesondere durch Vergleiche mit den Verhältnissen in der BRD und in West-Berlin, zu einer negativen Bewertung der Entwicklung der DDR. Die Vorzüge des Sozialismus, wie zum Beispiel soziale Sicherheit und Geborgenheit, werden zwar anerkannt, im Vergleich mit auftretenden Problemen und Mängeln jedoch als nicht mehr entscheidende Faktoren angesehen. Das geht einher mit der Auffassung, daß die Entwicklung keine spürbaren Verbesserungen für die Bürger bringt. Derartige Auffassungen zeigen sich besonders auch bei solchen Personen, die bisher gesellschaftlich aktiv waren, aus vorgenannten Gründen jedoch ›müde‹ geworden seien, resigniert und schließlich kapituliert hätten.« Ähnlich eindeutig sahen die Reaktionen auf die Reisebeschränkungen ins sozialistische Ausland aus: Mit Verärgerung werde festgestellt,»daß diese Entscheidung wiederum diejenigen benachteilige, die ordentlich arbeiten und fest zu ihrem Staat stehen«, notierte die Stasi und berichtete weiter:»Nahezu übereinstimmend wird der Standpunkt vertreten, mit dieser Entscheidung kläre man nicht das Gesamtproblem des massenhaften Verlassens der DDR.« Meinungsäußerungen wie jene, die Entscheidung sei eine»Bankrotterklärung der Regierung«, man könne überhaupt nicht mehr ins Ausland reisen und man sei eingesperrt; das sei ein»schönes Geschenk« zum Republikgeburtstag, und jetzt bleibe nur noch die Ausreise, hätten die Alarmglocken schrillen lassen müssen. Doch nichts geschah.[7]

Das ohnehin zerrüttete Verhältnis zwischen der DDR-Führung und Teilen der Bevölkerung verschlechterte sich durch die brutalen Übergriffe von Polizei und Stasi am Rande der Feierlichkeiten zum 40. Jahrestag der DDR in Ost-Berlin am 6. und 7. Oktober 1989. Wahllos waren Demonstranten und Unbeteiligte stundenlang festgehalten, gedemütigt und misshandelt worden. Dies steigerte die Staatsverdrossenheit enorm, die Stimmung im Land erreichte den Siedepunkt. Auf der ungewöhnlich kontrovers verlaufenen zweitägigen Krisensitzung des SED-Politbüros am 10. und 11. Oktober gestanden sich die Funktionäre erstmals ein, dass die

Ursachen für die Fluchtbewegung auch in der DDR zu suchen seien. Die Partei erklärte sich zu einem Dialog mit der Bevölkerung bereit, dabei sollte es auch um die Frage der Reisemöglichkeiten gehen. Eine Woche später, Honecker war entmachtet und durch Egon Krenz ersetzt worden, versprach Letzterer in seiner Antrittsrede, einen Gesetzentwurf über Reisen von DDR-Bürgern ins Ausland vorzubereiten. Wörtlich sagte Krenz: »Wir gehen davon aus, daß dieser Entwurf nach öffentlicher Aussprache in der Volkskammer behandelt und beschlossen werden sollte. Im Zusammenhang damit könnten ebenfalls die zeitweilig getroffenen einschränkenden Maßnahmen zum Reiseverkehr in sozialistische Bruderländer aufgehoben beziehungsweise modifiziert werden.«

Krenz wusste, dass er die Grenze ein Stück weit öffnen musste, wenn die geplante Erneuerung des Systems Aussicht auf Erfolg haben sollte. Immer deutlicher wurde auf nun regelmäßigen Demonstrationen Reisefreiheit gefordert, und zwar uneingeschränkt, wie ein Plakat mit der Aufschrift »Visafrei bis Hawaii« verdeutlichte. Doch das Reisen sollte nach Vorstellung der DDR-Spitze weiterhin kontrolliert erfolgen, durch Antrag und Genehmigung der Staatsorgane und vor allem zeitlich limitiert, weil nach ersten Schätzungen klargeworden war, dass für ungehindertes Reisen nicht genügend Devisen zur Verfügung standen. Die »harte« Währung aus dem Zwangsumtausch westlicher Besucher in der DDR reiche dafür nicht aus, gestand Krenz Anfang November dem sowjetischen Parteichef Michail Gorbatschow in Moskau. Gleichwohl teilte er ihm mit, dass die DDR noch vor Weihnachten ein Reisegesetz verabschieden wolle. Während man am Entwurf für dieses Reisegesetz bastelte und immer wieder die baldige Veröffentlichung ankündigte, verschärfte sich der Druck von innen und außen: Nachdem der Ministerrat die Reisebeschränkungen in die ČSSR zum 1. November aufgehoben hatte, strömten erneut Tausende DDR-Bürger in die bundesdeutsche Botschaft in Prag, um ihre ständige Ausreise zu erwirken. DDR-Botschafter Helmut Ziebart wurde am 3. November im Prager Außenministerium mitgeteilt, daß die ČSSR keine Flüchtlingslager für politische Flüchtlinge aus der DDR einzurichten gedenke und dass die Genossen in Berlin Maßnahmen einleiten sollten, um entweder den Zustrom zu beenden oder dafür zu sorgen, »daß jeden Tag so viele ehemalige DDR-Bürger in die BRD ausreisen könnten, wie täglich in die BRD-Botschaft neu hinzukommen«.[8] Weil das unmöglich zu steuern war, teilte der stellvertretende DDR-Innenminister Dieter Winderlich am Abend des 4. November in der *Aktuellen Kamera* mit, dass die Anträge auf ständige Ausreise »unbürokratisch und schnell« entschieden würden. Doch nach den Erfahrungen der vergangenen Jahre glaubte das kaum jemand. Da sich die Führung zugleich entschieden hatte, die DDR-Bürger direkt von Prag in die Bundesrepublik ausreisen zu lassen, zogen weiter viele den Umweg einem förmlichen Ausreiseantrag vor. So verließen allein am Wochenende 4. und 5. November mehr als 23 000 Bürger die DDR.

Am Montag, dem 6. November, veröffentlichte die SED-Führung endlich den angekündigten Reisegesetz-Entwurf. Er wurde ausdrücklich »zur öffentlichen Diskussion« gestellt, mit Angabe der Adresse des Ministerrates für schriftliche Meinungsäußerungen: ein Novum in der DDR-Geschichte. Die Regierung erwartete, dass die Diskussion bis Ende November abgeschlossen sein würde. Doch beim Lesen trat schnell Ernüchterung ein: Der Gesamtreisezeitraum war auf 30 Tage pro Jahr beschränkt, er sah Ablehnungsgründe vor, die aber nicht eindeutig definiert waren und den Behörden viel Spielraum ließen, schließlich blieb die Finanzierung der Reisen ungelöst. Was Wochen zuvor noch als Fortschritt begrüßt worden wäre, löste Empörung aus und verstärkte den Protest auf der Straße. In einer Fernsehdiskussion am Abend bezeichnete Gregor Gysi, Vorsitzender des Rates der Rechtsanwaltskollegien der DDR, den Entwurf als »halbherzig und völlig unzulänglich«; selbst der Rechtsausschuss der Volkskammer wies ihn als »unzureichend« zurück. Auf der Montagsdemonstration nannte ein Sprecher das geplante Reisegesetz »Verdummung schwarz auf weiß«, andere höhnten »In dreißig Tagen um die Welt – ohne Geld«, fordernd hieß es schließlich: »Wir brauchen keine Gesetze, die Mauer muß weg.« Innerhalb kürzester Zeit gingen zum Entwurf 16 000 zumeist wütende Briefe bei der Regierung und im SED-Zentralkomitee ein. Die Lage für Krenz und Co. wurde aussichtslos. Alle Bemühungen, mehr konvertierbare Währung zu bekommen, scheiterten. DDR-Devisenbeschaffer Alexander Schalck-Golodkowski hatte bei Gesprächen mit Kanzleramtsminister Rudolf Seiters und Bundesinnenminister Wolfgang Schäuble um zusätzlich 3,8 Milliarden DM Kredit zur Finanzierung des mit dem Reisegesetz erwarteten Tourismus der DDR-Bürger gebeten. Dafür sei die SED-Führung auch bereit, die Mauer Stück für Stück zu öffnen. Doch die bundesdeutschen Gesprächspartner blieben reserviert.

Am Dienstag, dem 7. November, beschloss das SED-Politbüro, das Hauptanliegen des Reisegesetz-Entwurfes – den Ausreiseteil – vorzeitig in Kraft zu setzen und eine entsprechende Regelung ausarbeiten zu lassen, um den Druck zu vermindern. Die Sowjetunion und die Bundesrepublik wurden darüber informiert. Am folgenden Tag trat in Ost-Berlin das Zentralkomitee zu einer dreitägigen Sitzung zusammen, die sich einerseits mit der desolaten wirtschaftlichen Lage beschäftigen und andererseits ein Aktionsprogramm beschließen sollte, um politisch wieder »in die Offensive« zu kommen. Das Reise-Problem wurde zum Thema, nachdem die ČSSR ein Ultimatum gestellte hatte. Innerhalb der vorangegangenen fünf Tage waren fast 45 000 DDR-Bürger über Prag in die Bundesrepublik ausgereist. DDR-Botschafter Ziebart wurde erneut ins Außenministerium einbestellt, wo man ihm deutlich zu verstehen gab, die DDR möge die Ausreise ihrer Bürger künftig direkt und nicht über das Territorium der ČSSR abwickeln. Ansonsten würde man die Grenze schließen.

Am Donnerstag, dem 9. November, kamen vier Offiziere zusammen, die mit reiserechtlichen Fragen vertraut waren: Oberst Gerhard Lauter und Generalmajor Gotthard Hubrich, Leiter der Hauptabteilungen Paß- und Meldewesen beziehungsweise Innere Angelegenheiten des Innenministeriums, sowie Oberst Hans-Joachim Krüger, stellvertretender Leiter der Hauptabteilung VII des MfS, und Oberst Udo Lemme, Leiter der Rechtsstelle des MfS. Im Auftrag des Politbüros sollten sie den gesonderten Passus zur ständigen Ausreise aus der DDR formulieren, um das »ČSSR-Problem« zu lösen.

Schnell war sich der kleine Kreis einig, dass es nicht nur um die ständige Ausreise gehen könne. Die Offiziere wollten die DDR erhalten, was ihrer Ansicht nach nur gelingen konnte, wenn man den Bürgern stärker als bisher private Reisen erlauben würde. Allerdings sollten diese Reisen nach wie vor beantragt werden müssen und an ein Visum gebunden sein. So formulierten sie in dem Ministerratsbeschluss auch das Recht auf private Besuchsreisen. Die genaue Formulierung lautete: »Beschluß zur Veränderung der Situation der ständigen Ausreise von DDR-Bürgern nach der BRD über die ČSSR. Es wird festgelegt:
1. Die Verordnung vom 30. November 1988 über Reisen von Bürgern der DDR in das Ausland findet bis zur Inkraftsetzung des neuen Reisegesetzes keine Anwendung mehr.

2. Ab sofort treten zeitweilige Übergangsregelungen für Reisen und ständige Ausreisen aus der DDR in das Ausland in Kraft:

a) Privatreisen nach dem Ausland können ohne Vorliegen von Voraussetzungen (Reiseanlässe und Verwandtschaftsverhältnisse) beantragt werden. Die Genehmigungen werden kurzfristig erteilt. Versagungsgründe werden nur in besonderen Ausnahmefällen angewandt.

b) Die zuständigen Abteilungen Paß- und Meldewesen der Volkspolizeikreisämter in der DDR sind angewiesen, Visa zur ständigen Ausreise unverzüglich zu erteilen, ohne daß dafür noch geltende Voraussetzungen für eine ständige Ausreise vorliegen müssen. Die Antragstellung auf ständige Ausreise ist wie bisher auch bei den Abteilungen Innere Angelegenheiten möglich.

c) Ständige Ausreisen können über alle Grenzübergangsstellen der DDR zur BRD bzw. zu Berlin (West) erfolgen.

d) Damit entfällt die vorübergehend ermöglichte Erteilung von entsprechenden Genehmigungen in Auslandsvertretungen der DDR über Drittstaaten.

3. Über die zeitweiligen Übergangsregelungen ist die beigefügte Pressemitteilung am 10. November zu veröffentlichen.«⁹

Bis zu der aufsehenerregenden Pressekonferenz von Günter Schabowski am 9. November um 18.00 Uhr durchlief der Entwurf mehrere Beratungen, ohne substanziell verändert zu werden: Um 12.00 Uhr hatte ein Teil des Politbüros den Entwurf bestätigt und an den Ministerrat weiterleiten lassen, von wo aus er ins sogenannte Umlaufverfahren geschickt wurde. Gegen 16.00 Uhr verlas Krenz den Entwurf im SED-Zentralkomitee. Er war zudem den Ministern zugegangen und danach auch an die Bezirksleitungen geschickt worden. Gegen 17.30 Uhr händigte Krenz die Ministerrats-Beschlussvorlage und die dazugehörende Pressemitteilung Günter Schabowski aus, der zur internationalen Pressekonferenz in die Mohrenstraße wollte. Der steckte die Papiere ein, ohne überhaupt einen Blick darauf zu werfen. Anderthalb Stunden später löste der ZK-Sprecher mit einem kleinen Missverständnis große Folgen aus. Seine Äußerung, die neue Regelung, die erst am kommenden Tag in Kraft treten sollte, gelte ab sofort, machte alle Pläne zunichte, Reisen zwar zuzulassen, diese aber weiterhin geordnet und kontrolliert zu genehmigen. Mit der von der Bevölkerung am Abend entschlossen und selbstständig vollzogenen

»Reisefreiheit« gab die SED-Führung ihr wirkungsvollstes Druckmittel aus der Hand: die Abschottung der Bürger von der demokratischen Welt. Die Mauer war das Fundament der DDR, sie war für die Machthaber der Garant für ihr sozialistisches Modell, das nur in einer geschlossenen Gesellschaft funktionieren konnte. Der unkontrollierte Fall der Mauer leitete den endgültigen Zusammenbruch des SED-Regimes und schließlich der DDR ein – das Letzte, was Krenz und Schabowski gewollt haben. Wieso konnte es trotzdem geschehen?

Wesentliche Gründe für die Dramatik des Tages waren die Eile, mit der die Reiseregelung entworfen wurde, die zudem entgegen den ursprünglichen Intentionen und einer anderslautenden Überschrift auch Privatreisen ohne Einschränkung erlaubte, sowie eine seit Jahren eingefahrene Verwaltung, die mit den neuen politischen Verhältnissen überfordert war – auch aufgrund personeller Veränderungen. So gehörten dem Politbüro eine Reihe neuer Mitglieder an, die weder mit den bisherigen Gepflogenheiten in diesem Gremium noch mit der speziellen Vorgeschichte des Reisegesetzes vertraut waren und daher an diesem Tag keinen Einwand gegen das Abstimmungsverfahren erhoben. Die vier Autoren der Regelung wussten, was sich täglich in den Dienststellen zwischen unzufriedenen, ausreisewilligen Bürgern und Polizisten abspielte. Die Offiziere waren daher froh, den Auftrag für eine rechtliche Regelung erhalten zu haben, um das Problem der ständigen Ausreise und damit einen großen Teil des Drucks auf den Staat loszuwerden. Aber: »Es war für mich nach der Jurisdiktion, die wir zu dieser Zeit hatten, auch ganz eindeutig, daß in keiner Weise die allgemeinen Reisemöglichkeiten gemeint waren«, sagte Oberst Gerhard Lauter rückblickend. Eine einseitig auf ständige Ausreise zielende Regelung jedoch, so ihre Meinung, hätte die Welle der Ausreiseanträge angesichts der geladenen Atmosphäre enorm ansteigen lassen. Denn es wäre nicht zu erklären gewesen, jemanden, der die DDR auf Dauer verlassen wollte, sofort fahren zu lassen, aber jenen, die eine kurze Privatreise machen und zurückkehren wollten, das zu verbieten. Nur deshalb entschlossen sie sich dazu, eine Teilregelung für Privatreisen als Zwischenlösung in den Entwurf einzuarbeiten. Ihnen kam entgegen, dass ihr Auftrag so allgemein gehalten war, dass er dies nicht ausdrücklich ausschloss. Als Reaktion rechneten die vier Experten mit einem Ansturm auf die Polizeiämter, nicht jedoch auf die Grenze. Ihrer Ansicht nach hatten sie einem sofortigen Aufbruch einen Riegel vorgeschoben, indem sie Pass und Visum zur Bedingung machten. Pässe besaßen etwa vier der rund 17 Millionen DDR-Bürger. Angesichts der Wartezeiten von vier bis sechs Wochen und der Formulierung »können beantragt werden« sicherten sie den Sicherheitsbehörden sowohl einen gewissen Zeitpuffer als auch Spielraum für Auslegungen. Die Experten legten zudem als Sperrfrist für die Bekanntgabe des Beschlusses durch die amtliche DDR-Nachrichtenagentur ADN den 10. November, 4.00 Uhr früh, fest. Dass die vier Offiziere die Überschrift »Beschluß zur Veränderung der Situation der ständigen Ausreise von DDR-Bürgern nach der BRD über die ČSSR« beibehalten hatten, obwohl die Überschrift überhaupt nicht mehr zum Inhalt passte, fiel niemandem auf. Das trug wesentlich dazu bei, dass die Verantwortlichen die Tragweite nicht erfassten und den Entwurf »durchwinkten«. Igor F. Maximytschew, sowjetischer Gesandter, sagte, die vier hätten den ihnen gestellten Rahmen gesprengt und seien weit über das festgesetzte Ziel hinausgeschossen, das nach Absprache der DDR-Führung mit der Sowjetunion lediglich die Öffnung eines (!) Grenzübergangs im Süden der DDR zur Bundesrepublik Deutschland vorgesehen habe.[10]

Gegen 12.00 Uhr ließ Krenz den Entwurf von seinen Politbüro-Kollegen absegnen. Die Umstände zeigen, wie wenig das Gremium wusste, was es tat: Zum einen las Krenz den Entwurf in der Pause der ZK-Tagung nur einem Teil des Politbüros vor, Günter Schabowski zum Beispiel war nicht anwesend. Zudem unterband Krenz möglichen Widerspruch mit der Bemerkung, das Vorhaben sei mit der sowjetischen Seite abgesprochen. Schließlich waren die SED-Funktionäre so mit dem eigenen Überleben beschäftigt, dass das Reisegesetz nur ein Problem unter vielen zu sein schien. So war der designierte DDR-Ministerpräsident Hans Modrow gedanklich bereits bei seiner nach der Pause anstehenden programmatischen Rede. Er habe verstanden, dass es um Ausreisen und Reisen ging, aber er sei davon ausgegangen, »daß es sich um einen Vorgang handelt, der einen geregelten Ablauf hat und nicht eine spontane Situation erzeugt«, erinnerte er sich. Nach der Absegnung durch das Politbüro wagte niemand mehr, an den Formulierungen zu zweifeln. Auch Innenministerium und Staatssicherheit nicht, die während des sogenannten Umlaufverfahrens zwischen 12.30 Uhr und 16.00 Uhr an den Durchführungsbestimmungen des Ministerratsbeschlusses feilten. Das Umlaufverfahren sah vor, dass alle 44 Minister dem Entwurf zustimmen mussten. Ein Großteil von ihnen saß jedoch in der ZK-Tagung und bekam den an ihre Ministerien gesandten Entwurf nicht zu Gesicht. Das hielt sie nicht davon ab, der Vorlage in der ZK-Tagung nach einer kurzen Debatte um einzelne missverständliche Formulierungen wie »zeitgemäß« und »Übergangsregelung« zuzustimmen. Krenz hatte die Tagung unterbrochen, um die Vorlage vorzulesen, und bezeichnete sie korrekt als »Vorschlag« des amtierenden Vorsitzenden des Ministerrates, Willi Stoph. Keiner der folgenden Redner kam auf die neue Reiseregelung zurück. »Das Plenum hatte die ganze Tragweite des Beschlusses nicht erkannt«, registrierte Siegfried Lorenz, der neben Krenz saß, die Reaktion im Saal. Das bestätigte auch Politbüromitglied Gerhard Schürer: »Die Formulierungen waren ja so, daß diejenigen, die ausreisen wollten, sich einen Ausreiseantrag besorgen sollten, und diejenigen, die reisen wollten, eine entsprechende Eintragung in ihrem Personalausweis haben mußten, und die holt man ja bei den Paß- und Meldestellen der Volkspolizei und nicht unmittelbar an der Grenze.« Dass sich die DDR-Bürger die Erlaubnis selbst geben würden, lag außerhalb der Vorstellungskraft der Funktionäre. Einspruch hatte es an diesem 9. November aus dem gesamten Apparat nur vom Staatssekretär im Justizministerium gegeben. Siegfried Wittenbeck hatte den Entwurf in Vertretung seines Ministers Hans-Joachim Heusinger durchgelesen, der als Mitglied der Liberal-Demokratischen Partei Deutschlands (LDPD) an einer Fraktionssitzung seiner Partei in der Volkskammer teilnahm, und in einer schriftlichen Stellungnahme die Zustimmung verweigert. Grund: Ihm fehlten darin die Möglichkeit einer Beschwerde, feste Bearbeitungsfristen und klar definierte Ablehnungsgründe. Er habe diese Einwände als juristische Feinheiten und Ergänzungen im Interesse des Bürgers betrachtet, sagte Wittenbeck später, und: »An eine Grenzöffnung haben wir an diesem Tag nicht gedacht – und ich glaube, niemand weit und breit.«[11]

Offensichtlich auch der Bundestag in Bonn nicht. Nachdem die Meldung verlesen wurde, dass DDR-Bürger ab sofort über alle Grenzstellen zwischen der DDR und der Bundesrepublik ausreisen können, hallte zwar minutenlang der Applaus der Abgeordneten durch den Saal. Doch dann hielt der CSU-Politiker Karl-Heinz Spilker wie vorgesehen seine Rede zum Vereinsförderungsgesetz. Zum Singen der Nationalhymne kam es erst, nachdem Kanzleramtschef Rudolf Seiters (CDU) und die Fraktions-vorsitzenden Alfred Dregger (CDU/CSU), Wolfgang Mischnick (FDP) und Hans-Jochen Vogel (SPD), die im Kanzleramt über den massiven Zustrom von DDR-Übersiedlern beraten hatten, ins Plenum geeilt waren und den Ost-Berliner Reisebeschluss in knappen Erklärungen würdigten. Völlig überrascht wurde auch Bundeskanzler Helmut Kohl, der zu einem Besuch in Polen weilte. Während eines Essens mit dem polnischen Minis-terpräsidenten Tadeusz Mazowiecki in Warschau erreichte Kohl ein Anruf seines Beraters Eduard Ackermann aus dem Kanzleramt in Bonn. Den Inhalt des Telefonats hat Ackermann überliefert.»Ich sagte: ›Herr Doktor Kohl, halten Sie sich fest, die DDR-Leute machen die Mauer auf.‹ Er woll-te es nicht glauben: ›Sind Sie sicher, Ackermann?‹ Ich erzählte ihm, daß ich die Pressekonferenz von Schabowski im Fernsehen verfolgt hätte und daß in Berlin bereits Menschen aus dem Ostteil herübergekommen seien. ›Das gibt's doch nicht. Sind Sie wirklich sicher?‹ Ich sagte: ›Das Fernsehen überträgt live aus Berlin, ich kann es mit eigenen Augen sehen.‹ Kohl: ›Das ist ja unfaßbar!‹«[12]

Der Bekanntmachung durch Günter Schabowski in der Pressekonfe-renz war ein folgenschwerer Fehler von Egon Krenz vorausgegangen. Ob-wohl es sich bei dem Papier zu diesem Zeitpunkt nur um einen Vorschlag über die vorgezogene Grenzöffnung und nicht um einen Beschluss des Ministerrates handelte, hob der SED-Chef in der ZK-Tagung fast beiläufig die vereinbarte Sperrfrist auf, indem er Schabowski die Vorlage überließ, obwohl der an den Beratungen und Abstimmungen nur zeitweise teilge-nommen hatte. Ursprünglich sollten nach der Zustimmung von Politbüro und Ministerrat die entsprechenden Durchführungsbestimmungen erlas-sen und bis zum Morgen des 10. November an die örtlichen Dienststel-len gesandt werden. Weil sich Krenz jedoch entschlossen hatte, mit der Verkündung der Vorlage noch am Abend öffentliches Aufsehen zu erre-gen, waren bis dahin weder Grenztruppen noch Passkontrolle, weder Zoll noch Polizei informiert. Da Schabowski bis zum Verlesen vor der Presse keinen Blick auf das Papier geworfen hatte, wusste er auch nicht, dass in dieser Vorlage der Regierung als Veröffentlichungstermin der 10. Novem-ber vorgesehen war. Krenz hatte ihn auf die Terminierung nicht hingewie-sen, ebenso wenig auf die Sperrfrist der Pressemitteilung von 4.00 Uhr, in der zudem der Hinweis auf den 10. November fehlte. Schabowski, irritiert durch die Nachfrage der westlichen Journalisten, ab wann die Regelung gelte, las in Krenz' Vorlage die Stelle »ab sofort« und glaubte, damit die Neugier der Journalisten befriedigen zu können. Den Hinweis, die Regelung gelte ab dem 10. November, übersah Schabowski in diesem Augenblick. Ein weiterer Fehler: Schabowski nahm an, dass die Pressemitteilung über den Ministerratsbeschluss zuvor an die Journalisten verteilt worden war. Das traf jedoch nicht zu, die Nachrichtenagentur ADN gab die Pressemitteilung erst nach der Konferenz heraus, allerdings ohne Hinweis auf die Sperrfrist und ohne eine Korrektur der Schabowski-Äußerung. Damit wurde aber die Chance einer »Schadensbegrenzung« vergeben, denn zu den Abnehmern der ADN-Verlautbarungen gehörten auch Medien-Kunden im Westen. Bis auf eine Meldung um 22.55 Uhr schwieg die Agentur den ganzen Abend zum Thema Reiseregelung, weil Schabowski nach Aussage von ADN-Generaldirektor Günter Pötschke ausdrücklich untersagt hatte, korrigierende oder aktuelle Meldungen zu bringen, um die Lage nicht noch mehr anzuheizen.

Im Nachhinein hat Krenz zunächst versucht, Schabowski allein die Schuld zu geben. Schabowski habe ihn kurz vor der Pressekonferenz gefragt, ob es noch ein Problem gebe, das er behandeln solle. Daraufhin habe er, Krenz, den Beschlussentwurf und die Pressemitteilung zur Reiseregelung übergeben. Schabowski oder einer seiner Mitarbeiter hätten nun die Pressemitteilung ändern müssen. »Statt ›ab sofor‹ hätten sie schreiben müssen: ›ab morgen‹ oder ›ab 10. November‹. Niemand im ZK konnte ahnen, daß sie dies unterließen«, schrieb Krenz in seinen Erinnerungen und kritisierte Schabowski: »Ich denke natürlich nicht daran, daß er zur Pressekonferenz fährt und den Satz, der am 10. richtig gewesen wäre, am 9. vorliest und sagt: ›Ab sofort!‹«Schabowski wiederum gab an, er habe sich keine Gedanken gemacht, weil er ja Deutsch könne und in der Lage sei, »einen Text fehlerfrei abzulesen«.[13] Laut einer anderen Version hätten beide die Regelung bewusst als »Extraknüller« und »Weltnachricht« verkaufen wollen. Doch dagegen sprechen sowohl die Vorgeschichte der Regelung als auch der Verlauf der Pressekonferenz. Diese Reiseregelung war ja nicht das Ergebnis selbstsicheren Handelns, sondern die Folge des Drucks der eigenen Bevölkerung und der Nachbarstaaten. Damit war der von vier Offizieren eilig zusammengeschusterte Text das Ergebnis eigener Schwäche und kein Grund, sich damit zu schmücken. Schabowski hätte die Meldung an den Anfang der Pressekonferenz stellen müssen, wenn er sie wirklich als »Weltnachricht« verbreiten wollte. Nun könnte man einwenden, Schabowski habe sich die Nachricht gerade deshalb bis zum Schluss aufheben wollen. Erst die Frage des ausländischen Journalisten Riccardo Ehrman brachte ihn auf das Thema. Dabei wollte Ehrman eine zuvor angemeldete Frage zum alten Reisegesetz-Entwurf loswerden, der gar nicht mehr relevant war. Sie wurde für Schabowski zum Stichwort. Ansonsten hätte er angesichts der fortgeschrittenen Zeit der Pressekonferenz den Entwurf vielleicht gar nicht mehr vorgelesen. Wolfgang Spickermann vom SED-Zentralorgan *Neues Deutschland,* der Schabowski sehr gut kannte, urteilte im Rückblick: »Diese Art von Öffentlichkeitsarbeit war neu. So etwas hatte es auf allen vorausgegangenen ZK-Tagungen nicht gegeben. Das schien clever, aber man spürte förmlich die Ungeübtheit, Ratlosigkeit und Unsicherheit. So auch in jenem Moment, als Günter Schabowski so ganz nebenbei und verschwommen von einer neuen Reisegesetzlichkeit sprach und, von einer scharfen Nachfrage voll erwischt, über deren sofortige Wirksamkeit druckste. Ein kleiner Betriebsunfall scheinbar, der aber die bekannte Veränderungsflut ins Rollen brachte.«[14] Das musste auch Schabowski zugestehen: »Ich konnte mir natürlich nicht vorstellen, daß am Abend und in der Nacht der Run auf die Mauer losgehen würde«, sagte er wenige Monate später. Auch dass mit der Maueröffnung das Ende der DDR seinen Anfang genommen hatte, habe er nicht geahnt: »Im Gegenteil, wir hatten einen Stabilisierungsprozeß erwartet.« Hätte ihm jemand angekündigt, er würde sich »in weniger als zwölf Monaten zu einem Bundesbürger mausern, ich hätte das als eine lächerliche Prophezeiung zurückgewiesen«.[15]

Ungeachtet der Fehler der SED-Führung lag die Grenzöffnung in jener Zeit durchaus im Bereich des Vorstellbaren. Der Unmut der Bevölkerung und der Druck durch die Massenflucht hatten seit dem Sommer 1989 zu einer Reihe von bis dahin nicht für möglich gehaltenen Zugeständnissen des Staates geführt. Dazu gehörte das Zulassen von Demonstrationen und oppositionellen Parteien sowie freie Meinungsäußerung. Das Verhalten der Bevölkerung gerade am Abend des 9. November zeigte, dass die DDR-Bürger nahezu jeden Respekt vor Uniformen verloren hatten. Die Ankündigung einer neuen Reiseregelung schien nur eine logische Konsequenz dieser Entwicklung zu sein. Auch wenn es weiterhin restriktive

Elemente geben sollte, war klar, dass es noch im laufenden Jahr zu grundlegenden Veränderungen des Reiseverkehrs und auch des Grenzregimes kommen würde.

Der West-Berliner Senat war über die SED-Pläne informiert. Ende Oktober hatte der Regierende Bürgermeister Walter Momper von Günter Schabowski erfahren, dass die DDR bis zum ersten Advent eine Reiseregelung treffen würde, die »diesen Namen auch verdient«. Allerdings meinte das Politbüromitglied damit noch die mangelhafte Regelung, die am 6. November veröffentlicht und mehrheitlich abgelehnt worden war – und nicht die weitgehende Regelung vom 9. November. Der Senat ließ nach der Ankündigung von den Verkehrsbetrieben Notmaßnahmen vorbereiten. Daher war Momper am 9. November zwar überrascht, aber nicht unvorbereitet. Bereits Stunden vor Schabowskis Pressekonferenz hatten ihn zudem erste Gerüchte erreicht, dass sich das ZK an diesem Tag mit einer neuen Reiseregelung befasse. Mehrere Journalisten hatten beim Senat angerufen. Einer wollte wissen, was der Senat zu tun gedenke, »wenn heute abend die Mauer fällt«. Die Bemerkung zielte nicht auf die konkreten abendlichen Ereignisse, sondern war eher rhetorisch gemeint. Eine andere Journalistin meldete sich mit dem vagen Hinweis, dass sich in der SED-Führung irgendetwas tue, was mit Reisen zusammenhänge.[16]

Gerade die Medien spielten eine wesentliche Rolle. Nach Ansicht des Historikers Hans-Hermann Hertle, der die detaillierteste Schilderung des 9. November vorgelegt hat, hatte der unvorbereitete Schabowski mit seinen Äußerungen unwissentlich einen Interpretationsspielraum geschaffen, »den die Journalisten in Ermangelung einer präzisen Information zu füllen begannen, womit sie auf ihre Weise das Heft des Handelns in die Hand nahmen«. So schilderte Frieder Reimold, Leiter des West-Berliner Büros von AP: »Aufgrund der vorhergehenden Tage waren wir in der ganz konkreten Erwartung, daß eine Regelung mit dem Reisegesetz unmittelbar bevorstehen mußte; anders – so meinten wir – wäre der Deckel nicht mehr auf dem Staat zu halten.« Da Nachrichtenagenturen schnell arbeiten, bleibt oft nicht viel Zeit für die erste Meldung. Reimold überlegte daher: Sollte er schreiben »DDR regelt Ausreise, schaltet aber noch Genehmigungen der Volkspolizei-Kreisämter davor«? Oder sollte er sich darauf festlegen, was die Aufhebung des Reiseverbotes in die ČSSR und die ungehinderte Ausreise über die DDR-Grenzübergänge in die Bundesrepublik augenscheinlich wirklich bedeuteten – die Öffnung der Mauer? Reimold entschied sich für die zweite Variante. Später gab der Agentur-Journalist zu, dass die Schlagzeile »DDR öffnet Grenzen« eigentlich ein handwerklicher Schnitzer war. Die journalistisch saubere, weil distanziertere Lösung, so Reimold, wäre vorsichtiger: »DDR öffnet offenbar Grenzen. Dies ging aus den Angaben hervor, die Günter Schabowski zum Abschluß einer Pressekonferenz in Berlin machte.« Aber den Schluss, dass die DDR ihre Grenzen öffnet, hielt er für völlig gerechtfertigt, sagte Reimold. Auch der US-Journalist Tom Brokaw hatte die widersprüchlichen Ausführungen Schabowskis auf die für ihn kürzestmögliche Aussage verdichtet. Den letzten Anstoß gaben die *Tagesthemen*, die über etwas berichten wollten, was es noch gar nicht gab. Das belegen die Äußerungen von Bert Pflüger, damals Chef vom Dienst bei ARD-*Aktuell*, der mit Hajo Friedrichs die Moderation der Sendung durchgegangen war. »Wir waren voller Spannung und Hoffnung. Dann begann die Sendung, für die wir unsere Beiträge und Liveschaltungen vorbereitet hatten. Wir waren furchtbar enttäuscht, weil nicht das passierte, was wir erwartet hatten: daß zuhauf Menschen von Ost nach West und von West nach Ost gehen. Das war in unserer Sendung leider noch nicht zu sehen«, gestand Pflüger ein.[17] Es wurde erst danach zur Realität – durch das von den Medien verbreitete Gerücht über die »Maueröffnung«.

# »Serbischer Genozid«

## Der Hufeisenplan und der Kosovo-Krieg 1999

> »Die Auswertung des Operationsplans ›Hufeisen‹ liegt vor.
> Endlich haben wir einen Beweis dafür, daß schon im Dezember 1998
> eine systematische Säuberung des Kosovo und die Vertreibung der Kosovo-
> Albaner geplant worden waren, mit allen Einzelheiten und unter Nennung
> aller dafür einzusetzenden jugoslawischen Einheiten.«
> Rudolf Scharping, 1999[1]

Am Abend des 24. März 1999 unterbricht das deutsche Fernsehen sein Programm für eine offizielle Erklärung von Bundeskanzler Gerhard Schröder. Der Kanzler sitzt im Bibliothekssaal des Hotels »InterContinental« in Berlin. Dort tagen die Staats- und Regierungschefs der Europäischen Union, doch Schröder geht es nicht um den EU-Gipfel. Mit todernster Miene und belegter Stimme erklärt der designierte SPD-Vorsitzende: »Liebe Mitbürgerinnen und Mitbürger, heute Abend hat die NATO mit Luftschlägen gegen militärische Ziele in Jugoslawien begonnen. Damit will das Bündnis weitere schwere und systematische Verletzungen der Menschenrechte unterbinden und eine humanitäre Katastrophe im Kosovo verhindern. Der jugoslawische Präsident Milošević führt dort einen erbarmungslosen Krieg. Die jugoslawischen Sicherheitskräfte haben ihren Terror gegen die albanische Bevölkerungsmehrheit allen Warnungen zum Trotz verschärft. Die internationale Staatengemeinschaft kann der dadurch verursachten Tragödie in diesem Teil Europas nicht tatenlos zusehen.« Auch Verteidigungsminister Rudolf Scharping äußert sich an diesem Abend zu den Luftschlägen, allerdings erst gegen 23.35 Uhr, nachdem er sicher ist, daß alle Tornado-Jets wohlbehalten vom ersten Kampfeinsatz deutscher Soldaten seit 1945 zurückgekehrt sind. »Sie wissen, daß der ganze Einsatz dazu dient, eine humanitäre Katastrophe zu vermeiden«, schärft er den Journalisten ein.[2]

Zur Erleichterung der rot-grünen Bundesregierung fallen die Kommentare der deutschen Zeitungen in den kommenden Tagen überwiegend zustimmend aus – und das, obwohl die NATO den Krieg ohne Mandat der Vereinten Nationen begonnen hat. So stellt die *Frankfurter*

*Rundschau* fest: »Zuzulassen, wie ein europäischer Staat seine Bürger massakriert, wäre die Aufgabe aller Verantwortung. Das Bündnis hat sich dieses Mandat – mit guten und überzeugenden Gründen – selbst erteilt.« Die *Welt* analysiert: »Milošević hat diesen Krieg gewollt, an diesem Ort und zu diesem Zeitpunkt. Der serbische Diktator könnte zur größten Gefahr Europas seit 1945 werden.« Die *Süddeutsche Zeitung* argumentiert: »Im Falle des Kosovo spricht fast alles dafür, daß ohne die Interventionen der NATO der letzte Diktator in Europa die Politik der verbrannten Dörfer und der ethnischen Säuberungen bis zum blutigen Ende fortgesetzt hätte. Der Westen meint es ernst, wenn er die Intervention mit einer drohenden humanitären Katastrophe begründet.« Die *Frankfurter Allgemeine Zeitung* greift dieses Bild auf. »Gewalt ist – wieder einmal – die Ultima ratio [...], um zu beenden, was seit Hitlers Verbrechen in Europa als nicht mehr hinnehmbar gilt: Die Vertreibung und Ermordung von Menschen aufgrund ihrer Volkszugehörigkeit.« Auch die *Berliner Zeitung* bezeichnet die Waffengewalt gegen Serbien als »nützlich«, bezweifelt aber die vorgegebene humanitäre Begründung: »Alle, vom Bundeskanzler bis zum philanthropischen Taubenzüchter, haben die Menschenrechte auf den Lippen, deren endgültige, universelle Durchsetzung ihnen dringend geboten erscheint. Ist diese Moral der unteilbaren Menschenrechte wirklich die einzige Triebfeder für den NATO-Einsatz im Kosovo und für die deutsche Beteiligung? Warum stand dann aber das westliche Bündnis bei den russischen Schlächtereien in Tschetschenien beiseite, warum registriert es ungerührt die Verfolgung der Kurden in der Türkei und verweigert den Einsatz auf Borneo?« In anderen NATO-Staaten ist die Skepsis größer. »Der Westen ist in eines seiner risikoreichsten Unternehmen seit dem Zweiten Weltkrieg gestolpert«, schreibt der britische *Economist*.[3]

Auch im Bundestag wird der Militäreinsatz überwiegend mit Zustimmung aufgenommen. Forderungen einiger Abgeordneter, über den Kriegseinsatz deutscher Soldaten zu diskutieren, blockt Schröder in einer Regierungserklärung am 26. März 1999 ab – mit Verweis auf die mehr als 250 000 Flüchtlinge, die im Kosovo herumirrten: »Es wäre zynisch und verantwortungslos gewesen, dieser humanitären Katastrophe weiter tatenlos zuzusehen.« Belgrad habe der NATO keine andere Wahl gelassen. Außenminister Joschka Fischer geißelt die serbische Gewaltpolitik, »die bereit ist, über Leichen zu gehen, auch wenn es Tausende, Zehntausende

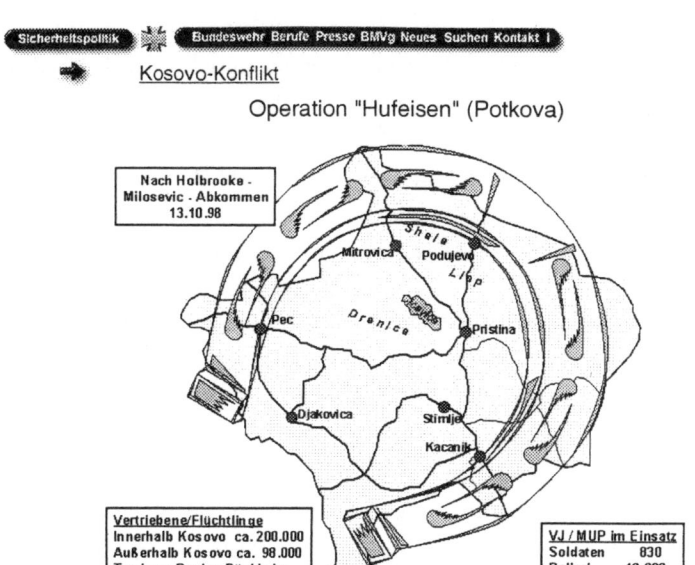

Operation "Hufeisen" (Potkova)

Nach Holbrooke -
Milosevic - Abkommen
13.10.98

Vertriebene/Flüchtlinge
Innerhalb Kosovo ca. 200.000
Außerhalb Kosovo ca. 98.000
Tendenz: Beginn Rückkehr

VJ / MUP im Einsatz
Soldaten 830
Polizei 10.000

**Bildschirmfoto von der Website des Bundesverteidigungsministeriums, April 2000**

oder Hunderttausende Tote bedeutet«. Nachfragen aus dem Parlament sind spärlich: Die Situation scheint so klar, dass sich eine präzise Begründung erübrigt. Schröder und Fischer gehen von einem schnellen Ende des Einsatzes aus. Doch diese Hoffnung schwindet rasch. Die jugoslawische Führung lenkt nicht nach den ersten Militärschlägen ein. Auch scheint es der NATO nicht zu gelingen, die von ihr angeprangerten Gewaltakte im Kosovo zu unterbinden. Im Gegenteil: Armee, Sicherheitskräfte und Paramilitärs gehen weiter gegen die Befreiungsarmee UÇK vor und rächen sich für die NATO-Bombardierung besonders brutal an der Bevölkerung. Zu Zehntausenden fliehen die Kosovo-Albaner nach Mazedonien und Albanien. Wie dramatisch sich die Situation verschlechtert, erleben die Mitarbeiter der Transport- und Servicegesellschaft HCC aus Berlin. Ein kleines Team der Hilfsorganisation arbeitet im Auftrag der UN-Flüchtlingsorganisation im nordalbanischen Städtchen Kukës, unweit der Grenze zum Kosovo. Es soll Flüchtlinge, die seit Wochen vereinzelt über die Grenze gekommen sind, betreuen und auf eine Rückkehr vorbereiten. In den ersten drei Tagen des Krieges strömen jedoch rund 60000 Menschen über die Passstraße nach Kukës. »Es ist die Hölle. Die Kapazitäten sind erschöpft. Niemand hat mit diesem Ansturm gerechnet«, erzählt Projektleiter Rüdiger Luchmann. Die Lebensmittelrationen – gedacht für vier Monate – waren nach 24 Stunden aufgebraucht. Die deutsche Öffentlichkeit ist schockiert über den Strom der Flüchtlinge. Während hektisch Auffanglager eingerichtet werden, klagt Verteidigungsminister Scharping: »Es ist zum Verzweifeln; die Leute glauben am Ende, die NATO habe den Exodus ausgelöst.« Der Minister wird nicht müde, das Eingreifen der NATO zu verteidigen. Es seien einem Völkermord vergleichbare Entwicklungen im Gange gewesen, sagt er. Und ihm wird klar: Dieser Krieg »ist auch eine Schlacht um Informationen und Propaganda«.[4]

Der Verteidigungsminister ergänzt deshalb in der täglichen Pressekonferenz seine Ausführungen über die militärische Lage im Kosovo mit Berichten von Flüchtlingen über Gräueltaten und präsentiert militärische Luftaufnahmen der NATO. In der Talk-Show *Sabine Christiansen* am 28. März sagt er: »Wenn ich höre, daß im Norden von Pristina ein Konzentrationslager eingerichtet wird, wenn ich höre, daß man die Eltern und die Lehrer von Kindern zusammentreibt und die Lehrer vor den Augen der Kinder erschießt, wenn ich höre, daß man in Pristina die serbische Bevölkerung auffordert, ein großes ›S‹ auf die Türen zu malen, damit sie bei den Säuberungen nicht betroffen sind, dann ist da etwas im Gange, wo kein zivilisierter Europäer mehr die Augen zumachen darf, außer er wollte in die Fratze der eigenen Geschichte schauen.« Wenige Tage später wiederholt er die Schilderung und sieht darin »eine systematische Ausrottung, die in schrecklicher Weise an das erinnert, was zum Beispiel am Beginn des Zweiten Weltkrieges und während des ganzen Zweiten Weltkrieges auch in deutschem Namen angerichtet worden ist«. Die Medien sind beeindruckt. So lobt die *Süddeutsche Zeitung*: »Es war Rudolf Scharping vorbehalten, dieser Stunde den Stempel der Glaubwürdigkeit aufzudrücken.« In der Bevölkerung zeigen die Schilderungen nicht die erhoffte Wirkung. Während zu Kriegsbeginn noch 64 Prozent der Deutschen den Einsatz gegen Serbien für richtig hielten, sind es Anfang April laut Umfragen nur noch 50 Prozent. 64 Prozent sprechen sich nun dafür aus, die Angriffe einzustellen und eine Verhandlungslösung anzustreben.

Demonstrationen werden angekündigt. Auch an der Basis der Regierungsparteien SPD und Grüne brodelt es. Der SPD-Landesverband Bremen beispielsweise verlangt eine offene Diskussion. Immer häufiger wird kritisch nach dem Sinn des Krieges gefragt. Am deutlichsten positioniert sich *Die Woche* mit der Schlagzeile »Stoppt den Krieg«. Die Hamburger Wochenzeitung schreibt: »Die viel beschworene humanitäre Katastrophe, sie wurde nicht verhindert, sondern durch den Angriff des Westens auf blutige Weise angefacht. [...] Wenn der Krieg eine Berechtigung hatte – jetzt hat er sie verloren.«[5]

In dieser Phase beginnen Scharping und Fischer, eine neue Sprachregelung einzuführen. Sie nennen die Vertreibungen der Kosovo-Albaner »von langer Hand geplant«. Außenminister Fischer erwähnt dies erstmals Ende März und sagt am 3. April auf einer Pressekonferenz: »Was wir jetzt erleben, ist keine Spontanreaktion auf Bombenangriffe, sondern was wir jetzt erleben, ist ein kalt ins Werk gesetzter militärischer Plan, der lange vor Beendigung der letzten Gespräche und Vermittlungsversuche bereits angelaufen ist und begonnen hat.« Fischer spricht von »ethnischer Kriegsführung« und betont mit Nachdruck: »Diese Politik hat begonnen, bevor die erste Bombe der NATO gefallen ist.« Außerdem rät er den Journalisten, nicht immer von Flüchtlingen zu reden: »Wir haben es hier mit der Deportation eines ganzen Volkes zu tun.« Fischers Worte werden von den meisten Kommentatoren nicht in Frage gestellt, viele übernehmen sogar den Begriff »Deportation«. Am 6. April nennt der Außenminister den Plan beim Namen: »Über sogenannte ethnische Säuberungen soll eine Neuzusammenfassung der Bevölkerungsstruktur und damit auch eine Neuorientierung der politischen Geographie in dieser Region erreicht werden. Dieses Ziel kennen wir bereits aus dem Bosnien-Krieg. Dort ging es um mehrere Hunderttausend Tote und mehrere Millionen Flüchtlinge. [...] Ganz offensichtlich sind beide Vorgänge auf eine zentrale Planung und Anordnung in Belgrad zurückzuführen. Es ist der Versuch, mit den Mitteln brutalster Gewalt, eine großserbische Lösung auf dem Balkan zu erreichen. Die Behauptung, dieses wäre eine Antwort, eine barbarische, aber eine Antwort auf die NATO-Luftschläge, ist schlicht falsch. Uns liegen mittlerweile gesicherte Erkenntnisse vor, daß diese Operation unter dem Operationsnamen ›Potgova‹ (Hufeisen) geplant war und daß sie am 26. Februar 1999 anlief.«[6]

Ausführlicher äußern sich zwei Tage später der neuernannte Generalinspekteur der Bundeswehr, General Hans-Peter von Kirchbach, und Verteidigungsminister Scharping.

Kirchbach beginnt mit der militärischen Einordnung:»Die gegenwärtige Lage im Kosovo stellt sich nach unseren Erkenntnissen weitgehend auch als Ergebnis eines Operationsplans dar – nach mehreren Hinweisen übrigens –, der offenbar bereits im letzten Jahr im Umfeld von Milošević erarbeitet wurde. Ein strategischer Plan, der die Bezeichnung ›Hufeisen‹ trägt, serbisch ›Potkova‹. Die Elemente dieses Plans, der in seinen Details nicht bekannt ist – in seinen Grundzügen ja, in seinen Details nicht –, dürfte teilweise wie jeder Operationsplan an sich verändernde politische Vorgaben und militärische Lageentwicklungen angepaßt worden sein. [...] Dislozierung und Stoßrichtung der serbisch-jugoslawischen Kräfte im Kosovo in den letzten Monaten bieten jedoch genug Indizien, die auf ein im Prinzip hufeisenförmiges Vorgehen im Kosovo hindeuten. Hauptziel der ›Operation Hufeisen‹ war/ist aus unserer Sicht die Zerschlagung beziehungsweise Neutralisierung der UÇK im Kosovo. Vertreibung der kosovo-albanischen Bevölkerung mit dem Ziel gewaltsamer regionaler demographischer Veränderungen ist offensichtlich ein Bestandteil des Plans.« Kirchbach demonstriert das Vorgehen anhand von vier Grafiken, auf denen eine Landkarte des Kosovo zu sehen ist und Pfeile das Vorrücken der jugoslawischen Streitkräfte verdeutlichen. Ein riesiges Hufeisen umschließt die Darstellungen. Kirchbach fasst zusammen:»Noch mal zur Erläuterung, was wir getan haben: Wir haben die Grundzüge dieses Plans erfahren und haben die Grundzüge dieses Plans mit dem tatsächlichen Ablauf dessen, was im Kosovo geschehen ist, mal übereinandergelegt, und es ergibt sich da offensichtlich eine Übereinstimmung.« Verteidigungsminister Scharping nimmt anschließend eine politische Einordnung vor. Der Einblick in den»Hufeisenplan« bestätige leider alles,»was wir an politischer Einschätzung schon während der Verhandlungen hatten, nämlich daß Milošević die Zeit nutzen wollte, um eine systematische Vertreibung vorzubereiten«. Diese beinhalte nach Ansicht von Scharping auch, so viele Albaner wie möglich zu töten; der Minister spricht von Völkermord. Anschließend beantwortet er Fragen. Der französische Journalist Arnaud Leparmentier von *Le Monde* möchte wissen, ob der Plan aus Belgrad stamme oder ob es sich um eine Rekonstruktion der Bundeswehr handele, ob es ein Dokument oder mehrere gebe und was die Quelle sei. Scharping weicht den Fragen aus, redet von Informationen aus dem Kosovo, von nachrichtendienstlichen Hinweisen aus der Luftaufklärung und dem Abhören des Funkverkehrs der jugoslawischen Streitkräfte. Es sei aber der Einblick in den Operationsplan »Hufeisen« hinzugekommen. »Wie der im einzelnen abläuft, das kann ich Ihnen nicht schildern, denn dann würde ich Quellen in Gefahr bringen«, vertröstet er die Journalisten. Auf eine erneute Frage von Leparmentier, wann der konkrete Plan vorlag, sagt Scharping: »Den haben wir erst seit wenigen Stunden – wenigen Tagen, um ganz präzise zu sein.« Und dann, an alle Journalisten gewandt: »Ich fürchte auch, wenn wir die Möglichkeit haben, mal genau im Kosovo zu sehen, was wirklich alles passiert ist, dann wird's ein ziemlich großes Erschrecken geben.«[7]

Die Präsentation des »Hufeisenplans« erfolgte in einer kritischen Phase des Krieges, als die öffentliche Zustimmung für den Einsatz angesichts der emporschnellenden Flüchtlingszahlen zu bröckeln begann. Mit der Präsentation durch gleich zwei Minister entkräftete die Bundesregierung nicht nur das Argument, eine humanitäre Katastrophe im Kosovo sei erst durch die Luftangriffe ausgelöst worden. Sie beruhigte zugleich die unsicher gewordene Öffentlichkeit und dämmte Kritik am Kampfeinsatz deutscher Soldaten ein.

Nach der Präsentation beriefen sich die zuständigen Minister der Bundesregierung immer wieder auf den »Hufeisenplan«. Noch am Abend des 8. April führte Scharping den Plan als Argument in einer ARD-Diskussionsrunde gegen Vorwürfe des serbischen Schriftstellers Ivan Ivanji an. Bundeskanzler Schröder erklärte in einem Interview: »Es gibt die systematisch geplante Deportation eines Teils der jugoslawischen Bevölkerung.« Auf dem Parteitag der SPD vom 12. bis 13. April erhielten die Delegierten eine Dokumentation zum Kosovo ausgehändigt, in der sich Darstellungen zum »Hufeisenplan« befanden. Darin war zu lesen: »Es ist eindeutig zu beweisen, daß die jugoslawischen Kräfte seit Januar 1999 planmäßig gegen die Bevölkerung im Kosovo vorgehen.« In seiner Rede ging der Verteidigungsminister ebenfalls auf den Operationsplan als Beweis für die »systematische Vorbereitung von Mord und Vertreibung« ein. Trotz mancher Unruhe vor dem Parteitag sprachen sich die Delegierten unter dem Eindruck dieser Rede mehrheitlich für die Unterstützung der Regierung aus. Ähnlich reagierten die Grünen-Abgeordneten Wochen später auf ihrem Parteitag, auch wenn Außenminister Fischer bei seiner Rede lautstark als »Kriegstreiber« beschimpft und von einem radikalen Pazifisten mit einem Farbbeutel beworfen wurde. Verständnis für die Bundesregierung äußerten am 15. April auch die Abgeordneten im Bundestag. Inzwischen hatten im Kosovo über 750 000 Menschen ihre Heimatorte verlassen. SPD-Fraktionschef Peter Struck folgte der Argumentation der Regierung, dass während der Verhandlungen im Vorfeld des Krieges »der Vertreibungsplan ›Hufeisen‹ entworfen und in die Tat umgesetzt worden« sei. Grünen-Fraktionschef Rezzo Schlauch attestierte: »Es kann kein Zweifel daran bestehen, daß die Verbrechen von Milošević gegen die Menschlichkeit von langer Hand geplant waren.« Protest gegen den Militäreinsatz kam von der PDS. Fraktionschef Gregor Gysi wies zudem darauf hin, dass die angebliche Originalbezeichnung des Planes »Potkova« nicht das serbische, sondern das kroatische Wort für »Hufeisen« sei: »Kann man sich ernsthaft vorstellen, daß das serbische Militär in kroatischer Sprache einen solchen Plan verfaßt? Da sind doch Zweifel geboten. Man weiß einfach nicht mehr, was man glauben und was man nicht glauben soll.« Fischer und Scharping reagierten erbost: »Heute machen Sie sich zum Weißwäscher für eine Politik eines neuen Faschismus, der auf Vertreibung setzt, auf ethnische Reinheit, für eine großserbische Politik«, wetterte Fischer. Die heftige Reaktion schien verständlich: Tage zuvor war Gysi mitten im Krieg nach Belgrad gereist und hatte Milošević die Hand geschüttelt. Auf seinen Hinweis zum Namen des Plans reagierten beide jedoch nicht. Fischer meinte nur: »Sie mögen den Plan nennen, wie Sie wollen. Entscheidend ist doch die Frage, daß es bereits im letzten Jahr angefangen hat.« Politiker aller Parteien benutzten den »Hufeisenplan« bei ihren Auftritten als Beleg für das Vorgehen der Serben.[8]

Parallel zu den politischen Debatten verstärkte das Verteidigungsministerium seine Informationspolitik. Es stellte vier Grafiken mit der Überschrift »Operation Hufeisen (Potkova)« sowie Begleittexte ins Internet und veröffentlichte eine 43-seitige Broschüre *Der Kosovo-Konflikt*, die breit gestreut wurde. Sie enthielt neben Augenzeugen-Berichten der Vertreibung eine Reihe von Kinderzeichnungen, die in Flüchtlingslagern angefertigt worden waren und Gewalt im Kosovo zeigten. Diese Emotionalisierung praktizierte auch Verteidigungsminister Scharping: So berichtete er, Serben hätten schwangeren Frauen »nach ihrer Ermordung die Bäuche aufgeschlitzt und die Föten gegrillt« sowie mit abgeschlagenen Köpfen Fußball gespielt. Ende April präsentierte der Minister Fotos von einem »Massaker, das schon am 29. Januar 1999 stattgefunden hat«. Die Journalisten bereitete er auf die Präsentation der Fotos aus dem Ort Rogovo, auf denen etwa 25 Leichen wie nach einer Massenerschießung zu sehen waren, mit der Empfehlung vor: »Ich rate dazu, gute Nerven mitzubringen.«[9] Nahezu alle Medien ordneten den »Hufeisenplan« bei der Berichterstattung wie selbstverständlich in den tatsächlichen Handlungsablauf der Vorkriegs- und Kriegszeit ein. Zweifel an der Authentizität gab es angesichts der Flüchtlingsbilder nicht; vielfach wurde die offizielle Sprachregelung übernommen. So verbreitete die Deutsche Presse-Agentur am 11. April: »Inzwischen ist bekannt, daß die Aktion ›Hufeisen‹ zu jener Zeit [während der Verhandlungen vor dem Krieg] in Belgrad bereits detailliert geplant wurde.« Der *Spiegel* druckte am 12. April eine der Ministeriumsvorlage nachempfundene Skizze ab und versah diese mit der Überschrift »Operation ›Hufeisen‹ – Der serbische Angriffskrieg im Kosovo«. Dargestellt wurden die Bewegungen der Streitkräfte und »Orte von Massakern, Deportationen und anderen Kriegsverbrechen (nach Augenzeugenberichten)«. Eine Ausgabe später berichtete das Magazin erneut über das hufeisenförmige Vorgehen der jugoslawischen Armee, »der keiner entkommen sollte«. Der Moderator der täglichen Sondersendung *ZDF-Spezial*, Peter Frey, leitete die Ausgabe am 19. April ebenfalls mit der offiziellen Sprachregelung ein: »Der Plan, abgestimmt zwischen Staatspräsident Milošević und der jugoslawischen Militärführung, ist die operative Grundlage für die Vertreibung der albanischen Bevölkerung.« Anschaulich ging es dann im nachfolgenden Beitrag zu: »Sie werden vertrieben, zu Hunderttausenden aus ihrer Heimat gejagt. Sie sind verprügelt und gefoltert worden. Man wollte, daß sie körperlich und seelisch zerbrechen. Schließlich begann man sie zu töten – so sieht Völkermord an den Kosovaren aus. Ein Genozid, der lange geplant und exakt vorbereitet wurde, obwohl ein frühes Erkennen möglich gewesen wäre.«[10]

Deutliche Zweifel an der offiziellen Darstellung äußerte während des Krieges Karl Grobe-Hagel, Auslandschef der *Frankfurter Rundschau*. Seiner Ansicht nach lag die Herkunft der Unterlagen im Dunkeln, zudem fand er sie wenig detailreich. Aus dem vorliegenden Material auf eine strategische Planung zu schließen, musste in »jedem Fall extrapolierte Kalkulation sein«, urteilte Grobe-Hagel. Doch da er das Original-Papier nicht einsehen konnte, ließ er es dabei bewenden. In die gleiche Richtung argumentierte wenig später der pensionierte Brigadegeneral Heinz Loquai in der Hörfunksendung *Streitkräfte und Strategien*. Loquai war bis Kriegsbeginn als leitender Militärberater der deutschen Vertreter bei der Organisation für Sicherheit und Zusammenarbeit in Europa (OSZE) in Wien tätig und dort maßgeblich mit dem Kosovo-Konflikt beschäftigt. Seine Einschätzung zum »Hufeisenplan«: »Das Bekanntwerden eines solchen Planes kurz nach Beginn der Luftangriffe könnte schon zu denken geben. [...] In keinem Lagevortrag, weder des Auswärtigen Amtes, des Verteidigungsministeriums, der NATO in Brüssel oder der OSZE in Wien, ist vor dem 24. März von einer großangelegten, systematischen und planmäßigen Vertreibung die Rede gewesen.« Doch gingen diese Stimmen Ende Mai unter. Für viele stand fest: »Die Einsatzpläne für die ethnische Säuberung lagen seit langem in den nun bombardierten Kommandozentralen. Sonst verliefe die Logistik der Vertreibungen jetzt nicht so reibungslos.« Für eine Auseinandersetzung mit den Einwänden blieb keine Zeit. Wenige Tage später war der Krieg zu Ende: Nun rückten der Einzug deutscher Soldaten als Schutztruppe in das Kosovo und der Wiederaufbau in den Mittelpunkt des öffentlichen Interesses. Der »Hufeisenplan« und sein angebliches Ziel blieben für Politiker wie Medien eine Tatsache; selbst die linke Wochenzeitung *Freitag* konstatierte: »Er wurde durchgeführt und umgesetzt. Warum daran zweifeln?« Großbritanniens Premierminister Tony Blair sprach von Miloševićs »rassistischem Genozid«. Im Herbst 1999 erschien Rudolf Scharpings Buch *Wir dürfen nicht wegsehen. Der Kosovo-Krieg und Europa*. In einer Collage aus Tagebuch-Eintragungen und politischen Bewertungen geißelte er auf knapp 270 Seiten noch einmal die »serbische Mordmaschinerie dieser Verbrecher in Belgrad«, die nur »einen Waffenstillstand auf dem Friedhof« wollten, während die Flüchtlinge »buchstäblich an Bergen von Leichen« vorbeiziehen mussten. Außerdem schilderte er, wie erleichtert er über die Entdeckung des »Hufeisenplans« gewesen sei, den Außenminister Fischer ihm persönlich übergeben habe. Scharping wich nicht von seiner Argumentation der Vormonate ab: Die Serben hätten schon im Januar die »Operation Hufeisen« begonnen, und einen Zusammenhang zwischen den Luftangriffen der NATO und den Vertreibungswellen bis zum Juni 1999 gebe es nicht.[11] Wahrscheinlich wäre es dabei geblieben, hätte nicht OSZE-Mitarbeiter Loquai der Bitte von Dieter S. Lutz, Direktor des Hamburger Instituts für Friedensforschung und Sicherheitspolitik, nachgegeben und eine Studie über den Kosovo-Krieg angefertigt. Schwerpunkt war die Vor-Phase. Die Nachforschungen bestätigten Loquais Zweifel am »Hufeisenplan«, dem er ein gesondertes Kapitel widmete. Die Studie erschien zum ersten Jahrestag der Luftschläge im März 2000 und löste eine – verspätete – Debatte um den Plan aus. Bereits im Januar hatte der *Spiegel* in seiner Serie »Der etwas andere Krieg« seine Echtheit in Frage gestellt. Die Quelle des Papiers sei dubios. Der Plan sei den Deutschen von Sofias Außenministerium zugespielt worden und stamme aus der »Giftküche des bulgarischen Geheimdienstes«. Schließlich gelangte das Magazin zu dem Urteil: Der Beleg für die Echtheit des Dokuments »ist nach den Worten Scharpings, daß sich ›im nachhinein alle Einzelheiten verifizieren ließen‹. [...] Ob es allerdings eine schriftlich fixierte Belgrader ›Operation Hufeisen‹ gab, wie vom deutschen Verteidigungsminister behauptet, bleibt mehr als fraglich.« Rudolf Scharping blieb jedoch bei seiner Darstellung. So sagte er Mitte Mai 2000 auf den Mainzer Tagen der Fernseh-Kritik des ZDF: »Was den Hufeisenplan angeht – es gibt ihn. Er besteht aus einer ganzen Reihe von Seiten mit Informationen darüber, wie die Art des Vorgehens zu bewerkstelligen sei, welche Einheiten daran zu beteiligen sind und so weiter und so weiter.« Scharping vertrat diese Darstellung auch gegenüber den Abgeordneten des Bundestages, lehnte es jedoch ab, das Dokument vorzulegen. Durch das tatsächliche Geschehen seien die nachrichtendienstlichen Quellen bestätigt worden; ein ausreichender Beweis seien auch die Bilder der Flüchtlingslager. Auf kritische Nachfragen der PDS und der Liberalen reagierte er »sehr arrogant«, wie die FDP-Politikerin Sabine Leutheusser-Schnarrenberger fand. Außenminister Fischer und der SPD-Politiker Gernot Erler sprangen dem Verteidigungsminister bei. Erler sprach von einer »gespenstischen Debatte« und warf den Kritikern vor, sie würden nur an einer Verschwörungstheorie basteln. Der *Berliner Morgenpost* antwortete Scharping erstmals nach Erscheinen der Loquai-Studie auf Fragen zum »Hufeisenplan«. Zunächst verteidigte er das Vorgehen der NATO: »Im März 1999 waren schon Hunderttausende

221

Kosovaren vertrieben, viele ermordet.«Anschließend entschuldigte er die vereinfachte Darstellung des Plans in den offiziellen Dokumenten damit, dass »detaillierte Angaben über militärische und andere Verbände« doch nichts nützen, »wenn man einen viele Seiten umfassenden Plan für Laien darstellen will«. Schließlich antwortete er auf die Frage »Was sagen Sie zu Vorwürfen, der ›Hufeisenplan‹ habe so nicht existiert?« kurz: »Wer das sagt, ist ahnungslos oder böswillig.«[12]

Der Konflikt zwischen Serben und Albanern im Kosovo reicht weit in die Geschichte zurück. In den Jahrzehnten nach dem Zweiten Weltkrieg unterstand die Provinz der direkten Kontrolle Belgrads. Die serbokroatische Sprache dominierte das öffentliche Leben, Albaner waren in Wirtschaft, Verwaltung und Militär stark unterrepräsentiert, obwohl sie die Bevölkerungsmehrheit stellten. 1966 wurde die Nationalitätenpolitik in Jugoslawien reformiert und bis 1974 die Verfassung geändert. Das Kosovo erhielt einen Autonomiestatus und ein eigenes Provinzparlament, Kosovo-Albaner durften Schlüsselpositionen übernehmen, die albanische Sprache wurde offiziell anerkannt. Allerdings erhielt das Kosovo entgegen allen Hoffnungen nicht den Status einer jugoslawischen Teilrepublik. Nach dem Tod des jugoslawischen Machthabers Josip Tito im Jahre 1980 starteten die Kosovo-Albaner einen neuen Versuch: Aus Studentenprotesten gegen die Verhältnisse an der Universität in Pristina entwickelte sich 1981 eine Bewegung für eine »Republik Kosovo«, und als die Demonstrationen in einen nationalen Aufruhr zu münden drohten, verhängte Belgrad den Ausnahmezustand. »Dies war der schwerste Konflikt im Nachkriegs-Jugoslawien, und die Obrigkeit erlangte nur unter massivem Einsatz von Polizei- und Militärkräften aus dem übrigen Jugoslawien die Kontrolle über die Provinz«, schreibt der schwedische Wissenschaftler Kjell Magnusson, ein Kenner des Kosovo-Konflikts. Danach schwelten die Konflikte unter der Oberfläche weiter. Sie verschärften sich, als Slobodan Milošević im Frühjahr 1989, damals noch jugoslawischer Ministerpräsident, die bisherige Autonomieregelung einseitig aufhob. Damit bereitete er den Nährboden für militante Separatisten. Zunächst schufen die Kosovo-Albaner eine Parallelgesellschaft: Nahezu alles, von den Medien über das Gesundheits- und Bildungswesen bis hin zu Wirtschaftsbeziehungen wurde neben den offiziellen Strukturen noch einmal autonom aufgebaut, 1991 die

»Republik Kosova« ausgerufen und 1992 der gemäßigte Ibrahim Rugova heimlich zum Präsidenten gewählt. Dies unterstrich den wachsenden Wunsch der Kosovo-Albaner nach Unabhängigkeit, der vom Nachbarn Albanien noch geschürt wurde. Die jugoslawische Zentralregierung reagierte ungehalten: Verstärkt fanden Razzien statt, bei denen serbische Sicherheitskräfte brutal vorgingen. Mit der Bildung der »Befreiungsarmee« UÇK entstand als Reaktion darauf eine radikale Gruppierung, die sich 1997 erstmals öffentlich zeigte.[13]

Zu dieser Zeit registrierte man in den anderen europäischen Staaten, dass sich im Kosovo ein weiterer blutiger Konflikt auf dem Balkan anbahnte. Der 1989 einsetzende Zerfall Jugoslawiens war in den Wirren des Umbruchs in der DDR und in Osteuropa zunächst kaum wahrgenommen worden. Danach sorgten die Kriege zwischen Serbien und den nach Unabhängigkeit strebenden jugoslawischen Teilrepubliken Slowenien und Kroatien sowie Bosnien-Herzegowina mit Zehntausenden Toten und Hunderttausenden Vertriebenen auf allen Seiten für Aufmerksamkeit. Zum Trauma für die Europäer wurde vor allem das Massaker an Tausenden Bosniern in Srebrenica, das die UN-Friedenstruppen, zur Zurückhaltung angewiesen, nicht verhinderten. Mit der Unterzeichnung des Daytoner Abkommens 1995 konnte die Region zwar halbwegs befriedet werden, im Westen blieb jedoch das Gefühl zurück, bei der Konfliktlösung versagt zu haben. Allerdings hatte sich die Einstellung vieler europäischer Staaten und auch der deutschen Opposition gegenüber Milošević geändert. Bis dahin stand die Bundesregierung von Helmut Kohl relativ allein mit ihrer Meinung, dass die Belgrader Führung die Verantwortung für die Konflikte auf dem Balkan trage. Jetzt rückten sogar die Grünen von ihrem grundsätzlichen Nein zu Einsätzen der Bundeswehr außerhalb des NATO-Gebietes (out-of-area) ab. »Seit Srebrenica habe ich meine Position geändert«, sagte Fraktionschef Joschka Fischer. Auch sein Parteikollege Ludger Volmer dachte um: »Die serbische Kriegsführung hatte den Charakter des Völkermordes angenommen.« In den USA ließen Reportagen über serbische Todeslager die Vorbehalte gegenüber teilweise antisemitischen Tendenzen auf Seiten der Kroaten und fundamentalistisch islamischen Zielen der bosnischen Muslime verschwinden. Durch emotional aufgeladene Begriffe wie »ethnische Säuberung« und »Konzentrationslager« wurde bewusst der Vergleich mit dem Nationalsozialismus hergestellt. Mit diesem

Schachzug habe man das Geschehen »als Geschichte von den guten und den bösen Jungs« darstellen können, sagte James Harff, Direktor der für Kroatien tätigen Agentur Ruder Finn Global, und beschrieb die Wirkung: »Sofort stellte sich eine bemerkbare Veränderung des Sprachgebrauchs in den Medien ein.« Allerdings trat damit das ebenso brutale Vorgehen der Kroaten gegen Muslime in der Herzegowina oder gegen Serben in der Krajina in den Hintergrund.

Der Kosovo-Konflikt war in jener Zeit nahezu ausgeblendet, im Daytoner Abkommen fand er nur mit einem Satz Erwähnung. Die Konfliktparteien zogen daraus unterschiedliche Schlüsse: Milošević glaubte, Westeuropa sei am Kosovo nicht interessiert. Die Kosovo-Albaner wiederum meinten, dass nur derjenige wahrgenommen würde, dem Gewalt angetan wird oder der selber Gewalt anwendet. Die zunehmenden Auseinandersetzungen zwischen jugoslawischen Sicherheitskräften und UÇK führten tatsächlich dazu, dass sich Europa endlich mit dem Konflikt befasste. »Jetzt müssen wir die Scheinwerfer auf das Kosovo richten«, gab der deutsche Außenminister Klaus Kinkel (FDP) als Devise aus. Im September 1997 beriet die sogenannte Balkan-Kontaktgruppe (USA, Frankreich, Deutschland, Großbritannien, Italien, Russland) Einzelheiten der Krise. Einhellige Meinung: Die Kosovo-Albaner haben ein Recht auf Selbstbestimmung, aber innerhalb Rest-Jugoslawiens. Serben und Albaner sollten einen Sonderstatus für die Provinz aushandeln. Doch das entsprach weder den Intentionen der Serben, die das Kosovo »als Wiege des Serbentums« betrachteten, noch den Vorstellungen der Albaner, die längst die vollständige Unabhängigkeit anstrebten.[14]

Das Jahr 1998 begann mit verstärkten Angriffen der UÇK. Ende Februar schlug das jugoslawische Militär zurück: Bei Massakern in albanischen Dörfern der Region Drenica kamen rund 80 Menschen ums Leben, darunter Frauen und Kinder. Trotzdem gelang es der UÇK, ein Drittel des Kosovo unter Kontrolle zu bekommen. Der UN-Sicherheitsrat verabschiedete eine Resolution und forderte beide Seiten zum Waffenstillstand auf. Die Balkan-Kontaktgruppe verurteilte die Gewaltanwendung der Serben ebenso wie die »terroristischen Handlungen« der UÇK, formulierte einen Aktionsplan, um den Konflikt zu entschärfen, war sich aber uneins, ob man auf eine Politik des Ausgleichs oder auf Sanktionen gegen Belgrad setzen sollte. Nachdem die Serben im Frühsommer ihre Angriffe auf UÇK-Hochburgen verstärkt hatten, drohte die NATO der Belgrader Führung im Juni mit einem militärischen Eingreifen, wobei die Mehrzahl der Mitgliedstaaten – einschließlich Deutschlands – ein Mandat des UN-Sicherheitsrates zur Bedingung machte. Diese Androhung war politisch verständlich, aber »strategisch gesehen außerordentlich riskant, um nicht zu sagen leichtfertig«, so Joachim Krause von der Deutschen Gesellschaft für Auswärtige Politik. Auch die deutsche Botschaft in Belgrad warnte: Es gehe keineswegs darum, die serbische Seite von Schuld freizusprechen. Aber man müsse »darauf hinweisen, daß das Kosovo-Problem eine Vielzahl von Zwischentönen enthält, die bei plakativer Darstellung verlorengehen«. Dazu gehörte, daß die UÇK einen Tag, nachdem 16 europäische Außenminister am 6. Juni 1998 die jugoslawischen Behörden für die Gewaltakte verantwortlich machten, öffentlich »alle männlichen Kosovo-Albaner zwischen 18 und 55 Jahren zum Kampf gegen die Serben« aufforderte. Die Warnung der deutschen Botschaft verpuffte. Am 19. Juni informierte Außenminister Kinkel den Bundestag über die Planungen für ein militärisches Eingreifen der NATO. Weitgehende Einigkeit herrschte über den Schuldigen an der Lage: die »verantwortungslose Politik Belgrads« (Kinkel) und der »aggressive serbische Nationalismus« (Fischer). Nur wenige nannten auch die UÇK. Zu ihnen gehörte Rudolf Scharping, der anmerkte, man müsse »deren gewaltsame Aktionen im Blick haben«, Milošević sei nur ein Teil des Problems.[15]

Unbeeindruckt von den Drohungen durch die NATO starteten serbische Einheiten Ende Juli 1998 eine neue Offensive ihrer »anti-terroristischen Maßnahmen«, wobei es gelang, der UÇK die vorher gewonnenen Gebiete weitgehend wieder abzunehmen. Mehr als 270 000 Menschen flohen vor den Kampfhandlungen oder wurden vom Militär vertrieben. Der UN-Sicherheitsrat verabschiedete am 23. September die Resolution 1199. Belgrads Vorgehen wurde darin »als Bedrohung für den internationalen Frieden und die internationale Sicherheit« bezeichnet. Einen Tag nach der Resolution erließ der NATO-Rat einen Aktivierungsbefehl zur Vorbereitung von Luftschlägen im Kosovo. Inzwischen war auch bei deutschen Politikern die Bereitschaft gewachsen, einen Militärschlag notfalls ohne UN-Mandat durchzuführen. Das Kabinett Kohl beschloss als eine seiner letzten Amtshandlungen nach der verlorenen Bundestagswahl am 27. September, Tornado-Kampfflugzeuge zur Verfügung zu stellen – eine

Entscheidung, die mit dem künftigen Kanzler Gerhard Schröder und dem designierten Außenminister Joschka Fischer abgestimmt war. Während die NATO mit den Vorbereitungen für einen Angriff begann, reiste der US-Sonderbeauftragte Richard Holbrooke unabgesprochen nach Belgrad und handelte am 13. Oktober mit Milošević einen Waffenstillstand aus. Tatsächlich stellten die jugoslawischen Sicherheitskräfte umgehend ihre Kampfhandlungen ein, ein Großteil der Polizeikräfte zog ab, die meisten Flüchtlinge kehrten in ihre Häuser zurück. Milošević hatte auch einer Luftüberwachung der NATO mit unbewaffneten Aufklärungsflügen zugestimmt sowie der Einrichtung einer 2000 Mann starken OSZE-Beobachtermission im Kosovo, die die Erfüllung der UN-Resolution überwachen sollte. Diese Entspannung ignorierend, stimmte der Bundestag in einer Sondersitzung am 16. Oktober 1998 mehrheitlich für den Einsatz bewaffneter Streitkräfte der NATO, um eine »humanitäre Katastrophe« im Kosovo abzuwenden. Nach der aktuellen Lage wurde nicht gefragt. Die Abgeordneten gingen mit ihrem »Vorratsbeschluss« davon aus, »daß es nicht so weit kommen wird, daß wir militärisch intervenieren müssen«, wie der künftige Kanzler Schröder beruhigend sagte. Und Joschka Fischer versicherte, dass alle »Gott sei Dank begründet hoffen können, daß er [der Militäreinsatz] niemals stattfinden muß und niemals stattfinden wird«. Auch der SPD-Vorsitzende, Oskar Lafontaine, stimmte zu; zuvor hatte er sich schriftlich vom Außenministerium bestätigen lassen, dass eine solche Entscheidung keinen Automatismus in Gang setze und dass vor einem Angriff noch einmal politisch beraten werde.[16]

Die von Holbrooke ausgehandelte Feuerpause hielt nicht lange. Er hatte versäumt, die UÇK einzubinden. Die Albaner fühlten sich nicht an den Waffenstillstand gebunden und nutzten im Herbst den Rückzug der serbischen Verbände, um die im Sommer verlorenen Gebiete zurückzuerobern. Die OSZE-Beobachter waren nur partiell in der Lage, die Konflikte zu schlichten. Das lag zum Teil an der schleppenden Stationierung der 2000 Beobachter: Bis Weihnachten 1998 waren erst rund 900 eingesetzt, die Hälfte davon lokale Mitarbeiter. Nicht nur deutsche Beobachter beklagten sich, dass es mitunter Wochen dauerte, bis sie vom Leiter der Mission, dem US-Amerikaner William Walker, akzeptiert wurden. Das nährte das Gerücht, Walker, bekannt durch seine Einsätze in El Salvador und Nicaragua, habe kein echtes Interesse am Erfolg. Wie dramatisch sich die Lage entwickelte, verdeutlichte ein Bericht des Auswärtigen Amtes vom November 1998:»Die UÇK hatte in den befreiten Gebieten breiten Rückhalt in der Bevölkerung. Auch nach albanischer Darstellung hat sich die Bevölkerung teilweise aktiv an den bewaffneten Auseinandersetzungen beteiligt. [...] Insofern ist die Abgrenzung zwischen UÇK-Kämpfern, mitkämpfenden Einwohnern und reinen Zivilisten sowohl für die Sicherheitskräfte als auch für die objektive Bewertung der Sachlage schwierig.« Der Verteidigungsausschuss des Bundestages erfuhr zur selben Zeit, dass die UÇK neu ausgerüstet sei und immer aggressiver auftrete, man aber angesichts des weitverbreiteten Warlord-Systems selbstständiger Clan-Chefs nur begrenzt mäßigend auf sie einwirken könne. Diese Einschätzung deckte sich mit den Informationen, die das US-Außenministerium von den OSZE-Beobachtern erhielt. Danach schikaniere die UÇK eigene Landsleute und ganze Ortschaften, die die Befreiungsarmee nicht unterstützen wollten. Aus Angst vor Gewaltakten seien viele der Bedrohten bereit zur Flucht. Die Provokationen der UÇK und das zögerliche Aufstellen der OSZE-Mission ermunterten Milošević, endgültig mit den Rebellen aufzuräumen. Im Dezember 1998 sowie im Januar 1999 verstärkte er die Truppen im Kosovo, die UÇK reagierte mit einer »Hit and Run«-Taktik: Sie überfiel blitzartig Polizeiposten, zog sich zurück und nahm Vergeltungsschläge gegen die Zivilbevölkerung zum Anlass, die Serben zu beschuldigen, sie hätten gegen die Forderungen der Balkan-Kontaktgruppe verstoßen. Darauf, so die Erwartung der UÇK, müsse der Westen reagieren.[17]

Den letzten Anstoß gaben die Ereignisse am 15. Januar 1999. An diesem Tag wurden in dem Dorf Račak die Leichen von rund 45 Kosovo-Albanern gefunden, der Kleidung nach alles Zivilisten. Das Dorf galt als UÇK-Stützpunkt; seit Monaten hatte es in der Umgebung bewaffnete Überfälle gegeben. OSZE-Missionschef William Walker wurde zusammen mit einem Tross von Journalisten von Mitgliedern der UÇK zu den Leichen geführt.»Ich bin in anderen Kriegsgebieten gewesen und habe fürchterliche Dinge erlebt. Aber das übersteigt alles, was ich bisher gesehen habe«, sagte er in die Kameras. Noch bevor auch nur einer der Toten untersucht worden war, beschuldigte Walker die serbische Polizei, unbewaffnete Kosovo-Albaner mit Kopf- oder Genickschüssen hingerichtet zu haben. Inzwischen geht die Mehrzahl der Beobachter davon aus, dass es sich bei den Toten um gefallene UÇK-Kämpfer gehandelt hat sowie um wenige zwischen die Fronten geratene Zivilisten. Ihr Fund sei inszeniert worden. »Wir wußten, daß die UÇK gern mal Leichen so arrangiert hat, daß es wie ein Massaker aussah«, räumte ein Experte aus dem Verteidigungsministerium nach dem Krieg ein. Die NATO betrachtete den Vorfall im Januar 1999 jedoch als Beweis, dass Milošević die Vereinbarungen vom Oktober 1998 ignorierte. Die Balkan-Kontaktgruppe startete einen letzten Verhandlungsversuch: Sie lud am 6. Februar 1999 Vertreter der Kosovo-Albaner und der Serben nach Rambouillet in Frankreich ein. Erstmals saßen auch Vertreter der UÇK mit am Tisch. Die Deutschen waren von den Verhandlungen weitgehend ausgeschlossen, obwohl sie die EU-Ratspräsidentschaft innehatten. Ein Affront gegen Kanzler Schröder, der nichts anderes wollte, als dass Deutschland ein »normaler« NATO-Verbündeter wird, wie er in München auf der Konferenz für Sicherheitspolitik betont hatte. Der Politologe Joachim Krause sieht als Grund für die Zurückhaltung vor allem das Misstrauen der Partner gegenüber der neuen rot-grünen Koalition. Misstrauen beherrschte auch die Verhandlungen, dazu kam Unnachgiebigkeit. Den Konfliktparteien wurde eine Vereinbarung vorgelegt, deren militärischer Teil so restriktiv gefasst war, dass niemand ernsthaft erwarten konnte, dass die Serben zustimmen würden: Der sogenannte Anhang B sah eine dauerhafte NATO-Präsenz von 30 000 Soldaten im Kosovo vor, zudem sollten die unter Immunität stehenden NATO-Truppen freien Zugang und freie Durchfahrt im gesamten Gebiet Rest-Jugoslawiens erhalten. Nicht nur der SPD-Politiker Hermann Scheer betrachtete den Anhang als »Besatzungsstatut für ganz Jugoslawien«. Belgrad lehnte ab.[18]

In Deutschland wurde die Situation mit Sorge betrachtet, auch im Kabinett, nachdem Außenminister Fischer verkündet hatte, dass die NATO entschlossen sei, im Falle des Scheiterns der Friedensverhandlungen mit Luftschlägen zu beginnen. Finanzminister Lafontaine glaubte sich zu verhören, als Schröder, an Fischer und Scharping gewandt, bemerkte:»Wenn es soweit ist, telefonieren wir miteinander.« Kriegseintritt per Telefon, das sei wohl nicht das richtige Verfahren, fuhr Lafontaine dazwischen und erinnerte an die Zusage einer erneuten politischen Überprüfung. Diese fand am 25. Februar 1999 im Bundestag statt. Doch die ohnehin auf eine Stunde begrenzte Aussprache verlief unruhig. Der Bundeskanzler kam zu spät, und ein Teil der Abgeordneten unterhielt sich so laut, dass Bundestagspräsident Wolfgang Thierse eingreifen musste. Der Entwurf des Rambouillet-Abkommens lag den Abgeordneten nicht vor, über die Lage waren sie nur sehr allgemein informiert. Die Zustimmung zum Einsatz der Bundeswehr fiel umso klarer aus. Drei Wochen später verließen OSZE-Beobachter, Hilfsorganisationen und Journalisten das Kosovo. Am 23. März beriet der NATO-Rat über den Luftangriff; die Sitzung dauerte ganze 40 Minuten. Einen Tag später begann der Krieg. Dieses Wort vermied Kanzler Schröder in seiner Ansprache an die Bundesbürger allerdings. Ausdrücklich bestand er darauf:»Wir führen keinen Krieg, aber wir sind aufgerufen, eine friedliche Lösung im Kosovo auch mit militärischen Mitteln durchzusetzen.«[19]

Im Zusammenhang mit dem»Hufeisenplan« behauptete Verteidigungsminister Rudolf Scharping zwei Dinge: Ihm liege ein geheimer Plan der politischen und militärischen jugoslawischen Führung zur vollständigen Vertreibung der albanischen Bevölkerung vor. Und dieser Plan sei bereits 1998 erstellt und seit Anfang 1999 ausgeführt worden – also viele Wochen vor Beginn der NATO-Luftangriffe. Allerdings fällt eine Reihe von gravierenden Widersprüchen auf. Zunächst besteht völliges Durcheinander bei den Angaben über Entstehungszeit und Anlaufen des Plans. Nach Scharpings Tagebucheintrag vom 7. April 1999 wurden die Planungen»schon im Dezember gemacht« und seien im Januar angelaufen. Auf der Pressekonferenz am selben Tag kündigte er die Präsentation des Plans an, der angeblich nun schon»seit Oktober 1998« vollzogen würde. Joschka Fischer informierte am 6. April 1999 dagegen über die am »26. Februar 1999« begonnene»Operation Hufeisen«. Eine Woche später behauptete der Außenminister, sie habe»bereits im letzten Jahre angefangen«. Nach Scharping enthielt der Plan sämtliche Einzelheiten bis»zur Nennung aller dafür einzusetzenden jugoslawischen Einheiten«. In der Übersicht des Ministeriums steht jedoch, dass der Plan»in seinen Details nicht bekannt« sei. Das bestätigte auch ein Referent im Führungsstab der Streitkräfte der Bundeswehr; er beschrieb den Plan als»in seinen Grundzügen teilweise bekannt«. Von»Grundzügen« hatte auch General Kirchbach gesprochen. Weiterhin äußerte Scharping, dass es bereits im Februar 1999 zu erheblichen jugoslawischen Truppenverlegungen in das

Kosovo gekommen sei, in der präsentierten Übersicht wurden jedoch erst für März »einige Verstärkungen der Landstreitkräfte« im Kosovo erwähnt. Schließlich behauptete der Verteidigungsminister, das klare Ziel des »Hufeisenplans« sei die ethnische Säuberung des Kosovo und die Deportation der gesamten zivilen Bevölkerung. General Kirchbach betonte dagegen, »Hauptziel der Operation ›Hufeisen‹ sei hiesigen Erachtens die Zerschlagung bzw. Neutralisierung der UÇK im Kosovo«. Die Vertreibung beschrieb er als »offensichtlichen Bestandteil des Plans«, die dazu dienen sollte, beidseitig der Hauptverbindungsstraßen im Kosovo und vor allem in den UÇK-Hochburgen der albanischen Befreiungsarmee »Basis und Rückhalt« zu nehmen. Wie Scharping erwähnte auch Fischer bei seiner Präsentation des »Hufeisenplans« die Befreiungsarmee in diesem Zusammenhang nicht. Dem ehemaligen Brigadegeneral Heinz Loquai fiel auf, dass das Material »weder in der Diktion noch in der ganzen Form einem militärischen Operationsplan auch nur ähnelt«. Es werde lediglich eine Abfolge von Ereignissen beschrieben, wie sie sich aus offiziellen Quellen internationaler Organisationen ergebe. Außerdem fehle das Operationsziel – der wichtigste Bestandteil militärischer Planung. Schon das ließ den erfahrenen Militär zweifeln, dass es den »Hufeisenplan« überhaupt gab.[20]

Bisher konnte weder das Original noch eine Kopie dieses Plans vorgelegt werden; alle verfügbaren Informationen stützen vielmehr die Vermutung von Loquai. Zudem wurde über die Quelle spekuliert: Mal »stammte« das Material aus Ungarn, mal aus Bulgarien, dann wieder aus Kroatien oder von unzufriedenen Generälen der jugoslawischen Armee. Am 5. April 2000 erklärte Joschka Fischer im Bundestag, er sei persönlich eine Woche nach Kriegsbeginn von einer »befreundeten Regierung über vorhandenes Geheimdienstmaterial zum serbischen Vorgehen im Kosovo informiert« worden. Scharping wurde konkret: Österreich. Das österreichische Heeres-Nachrichtenamt (HNaA), traditionell auf dem Balkan tätig und mit engen Beziehungen zum deutschen Bundesnachrichtendienst, erhielt seit Ende 1998 einzelne Informationen über eine bevorstehende Operation der Serben im Kosovo. Diese soll tatsächlich den Namen »Hufeisen« getragen haben. In jener Zeit bereiteten sich die serbischen Streitkräfte darauf vor, die UÇK zurückzudrängen. Mit großangelegten Aktionen rechnete das HNaA aber erst ab März 1999. Der Dienst stellte die Einzelerkenntnisse, die er gemeinsam mit US-Geheimdiensten gesammelt hatte, zu einer Mappe mit dem Titel »Operation Potkova« zusammen; diese gelangte in Fischers Hände. Richtig hätte es – serbisch – »Potkovica« heißen müssen. Schon der PDS-Politiker Gysi hatte im März 1999 auf diese Unklarheit hingewiesen. Sprachforscher prüften danach die Wortwahl, konnten sich aber nicht festlegen, ob und wann der kroatische Begriff »Potkova« auch in Serbien verwendet wurde. Scharping fand am 5. April 2000 im Bundestag auch keine Erklärung für die Verwendung eines kroatischen Wortes für einen angeblich serbischen Plan.[21]

Die Mappe der Österreicher enthielt unstrukturiertes analytisches Material eines Wissenschaftlers des bulgarischen Geheimdienstes auf der Grundlage der OSZE-Berichte im Kosovo, zusammen etwa 18 Seiten; aufgefüllt mit eigenen Erkenntnissen, beispielsweise aus Abhörprotokollen, sowie mit Überlegungen zu wahrscheinlichen Absichten der Serben: alles in allem eine Zusammenfassung von Geheimdiensterkenntnissen aus zweiter und dritter Hand, die über den Rang einer Studie nicht hinausging. Das sah offenbar auch Louise Arbour so, die Anklägerin am Internationalen Gerichtshof in Den Haag, der Scharping das Material übergeben hatte. Bereits im April 1999 äußerte sie öffentlich Zweifel an der Aussagekraft, da es sich nicht um »ein Dokument mit Deckblatt, Datum und Unterschrift« handele, sondern nur um »Gesprächswiedergaben und Schlußfolgerungen«, bei denen die »Smoking Gun«, das Beweisstück, das alles aufkläre, nicht dabei sei. Auf die schriftliche Anfrage des österreichischen Abgeordneten der Grünen, Andreas Wabl, am 19. Mai 1999 im Wiener Parlament, ob die Skizzen von der Homepage der deutschen Bundeswehr, die mit »Operation ›Hufeisen‹ (Potkova)« überschrieben waren, Originaldokumenten entsprechen, antwortete der damalige österreichische Verteidigungsminister Werner Fasslabend: »Die Skizzen stellen nicht Planungen der Operation ›Potkova‹ dar, sondern eine grafische Aufarbeitung der von Jänner bis April 1999 aus offenen Quellen erkennbaren Ereignisse.« Darüber hinaus seien die in der Übersicht des Bundesverteidigungsministeriums angesetzten Stärken der jugoslawischen Streit- und Sicherheitskräfte »unrichtig und widersprechen auch allen öffentlich zugänglichen diesbezüglichen Informationen«. Der österreichische Bundeskanzler Viktor Klima versicherte, er habe das Geheimpapier »nicht gesehen«. Da ging es ihm wie NATO-Oberbefehlshaber Wesley Clark. In der BBC-Sondersendung am 19. Mai 1999, in der Scharping den

»Hufeisenplan« als Tatsache darstellte, sagte der General wörtlich: »Ich habe diesen Plan nie im Detail gesehen.« Es ist kaum vorstellbar, dass der deutsche Verteidigungsminister sein Wissen nicht an den Kommandeur der Militäroperation weitergegeben hätte, wenn es denn vorlag. Dass kein Originalpapier existierte, bestätigte auch Bundeswehr-Oberst a. D. Karl Gunter v. Kajdacsy, damals im Führungsstab der Streitkräfte Referatsleiter in der Stabsabteilung II, der Abteilung für das militärische Nachrichtenwesen im Verteidigungsministerium. Sein Referat war zuständig für die Wehrlage fremder Staaten und hatte die Analysen des Amtes (heute Zentrum) für Nachrichtenwesen der Bundeswehr zu beurteilen und seine Einschätzung dem Minister zuzuleiten. Dazu gehörte 1999 auch die Einschätzung des »Hufeisenplans«, wobei Kajdacsy Wert darauf legt: »Was wir Minister Scharping hier vorgetragen beziehungsweise vorgelegt haben, war nur eine Beurteilung der Analyse der zuvor uns übergebenen Unterlagen und keine eigene Lagebeurteilung.« Außerdem stellte der pensionierte Generalstabsoffizier klar: »Bei dem Material handelte es sich nicht um Originalmaterial der Serben, auch nicht um einen vollständigen Operationsplan, sondern um die Analyse Dritter über das erfolgte und mögliche Vorgehen der Serben.« Kajdacsy wird in Büchern und Zeitungsartikeln mitunter als »Hufschmied« bezeichnet, der den »Hufeisenplan« erfunden oder im Auftrag des Ministeriums zusammengeschrieben habe. Das wies er zurück: »Die Analyse wurde im Amt für Nachrichtenwesen gefertigt, ebenso die veröffentlichten Grafiken. Ich habe diese Grafiken geprüft, und wir haben im Referat überlegt, wie wir das für den Lagevortrag für den Minister plastischer machen können. Da habe ich angeordnet: Baut doch ein Hufeisen ein, weil das zum Titel der Unterlagen paßte. Ich bin also nicht der Erfinder des Hufeisenplans, sondern ich habe nur die Grafik ein wenig plakativer gemacht.«

Nach einer bislang nicht veröffentlichten Lesart, die vom Journalisten Franz-Josef Hutsch stammt, seien unmittelbar nach Kriegsbeginn der damalige deutsche und der österreichische Militärattaché in Ungarn zusammengetroffen, um sich über die Lage im Kosovo auszutauschen. Dazu standen sie vor einer Landkarte, auf der sie herumzeichneten. Der österreichische Attaché zog mit einem Stift einen Halbkreis um das Kosovo und erklärte, dass seit Anfang März dort jugoslawische Truppen zusammengezogen worden seien, um in das Kosovo zu marschieren.

Beide stellten fest, dass dies einem Hufeisen ähnle. Am Ende des Treffens habe der Deutsche die Karte eingepackt, sei nach Sofia in die dortige BND-Residenz gefahren, weil es in Ungarn zu der Zeit keine abhörsichere Telefonleitung gab, und habe die Informationen der Zentrale in Pullach mitgeteilt. Parallel dazu kam die Mappe vom Heeres-Nachrichtenamt aus Wien nach Deutschland. Die Auswertung des Amtes für Nachrichtenwesen enthalte als letzten Satz den Hinweis, dass sich der Inhalt nicht mit den Erkenntnissen der Bundeswehr decke beziehungsweise diesen sogar widerspreche. Zu einem ähnlichen Ergebnis sei der BND bei der Prüfung der Informationen des Militärattachés gekommen, unter anderem hatte sich der Bundesnachrichtendienst bei den Kroaten erkundigt. Sein Urteil: Für einen festen Operationsplan zur systematischen Vertreibung der Kosovo-Albaner gebe es keine Anhaltspunkte. Dies wurde Scharping in einem knapp siebenseitigen Papier Anfang April – noch vor der Pressekonferenz – mitgeteilt. Darin soll der BND, laut Hutsch, Scharping ausdrücklich abgeraten haben, das Material zum »Hufeisenplan« öffentlich zu benutzen. Scharping zeichnete das Papier ab und setzte sich offensichtlich darüber hinweg. Falls sich diese Geschichte tatsächlich so zugetragen hat, führt sie zu dem gleichen Ergebnis wie die anderen Schilderungen.

Es ist bezeichnend, dass keiner der anderen NATO-Partner den »Hufeisenplan« derart in der öffentlichen Argumentation benutzte. Auch die Militärführung der NATO griff nicht zu, als ihr das Papier aus Bonn zugestellt wurde »Das ist nie in unsere Bewertung der jugoslawischen Seite einbezogen worden«, stellte ein General klar. Warum nicht, wird aus Kajdacsys Erklärung deutlich: Die Prüfung des Materials sei schwierig gewesen, da den Militärs wichtige Kenntnisse über die Quelle der einzelnen Unterlagen fehlten. Aus diesem Grund ist der »Hufeisenplan« auch nicht Beweismittel des UN-Tribunals gegen Milošević gewesen. Im Gegenteil: Milošević benutzte ihn als Beleg für ungerechtfertigte Vorwürfe. Auffällig ist auch, dass in zwei Broschüren des Verteidigungsministeriums zum Kosovo-Krieg, die im Jahr 2000 erschienen, der »Hufeisenplan« mit keinem Wort mehr erwähnt wird. Scharping hat schließlich ein Jahr nach Kriegsbeginn gegenüber dem Verteidigungsausschuss des Bundestages und in einem Gespräch mit dem TV-Journalisten Nikolaus Brender zugegeben, dass sein Ministerium weder das Original noch eine Kopie des »Hufeisenplans« besaß. Der Verteidigungsminister: »Die Erwartung, daß sich ein Herr Milošević in Belgrad an ein Faxgerät stellt und uns den Plan zufaxt, wäre ein bißchen naiv.« Außenminister Joschka Fischer und sein Staatssekretär Ludger Volmer wollten plötzlich mit dem Plan nichts mehr zu tun haben. Fischer erklärte, er sei kein Geheimdienstexperte, und Volmer wand sich, man habe den Plan mehr erschlossen als wirklich besessen.[22]

Der Hamburger Friedens- und Konfliktforscher Dieter Lutz nannte schon im Jahr 2000 den angeblichen Plan für die ethnische Säuberung des Kosovo »ein Löschmittel zur Befriedigung der Bevölkerung«. Unbestritten befand sich die Bundesregierung in einer denkbar schwierigen Situation. Gerade neu im Amt, hatte sie über einen Krieg zu entscheiden, was vor allem die aus der Friedensbewegung hervorgegangenen Grünen in arge Gewissensnöte brachte. Zugleich wollte Rot-Grün keinerlei Zweifel an der Kontinuität deutscher Außenpolitik und Bündnissolidarität aufkommen lassen. Da es für den Einsatz kein Mandat der UNO gab, hielt die Regierung am erklärten Ziel fest, mit dem Einsatz eine humanitäre Katastrophe zu verhindern. Doch darum ging es nicht. So stellte der britische Völkerrechtler Jonathan Eyal, Direktor des Instituts für Verteidigungsfragen beim Streitkräfteverband Royal United Services in London, fest: »In Wahrheit war die humanitäre Rechtfertigung nie ernst gemeint, sondern sie war Ersatz für eine völkerrechtliche Rechtfertigung. Die NATO mußte erklären, warum sie ohne UNO-Mandat angegriffen hat.« Auch der Heidelberger Politikwissenschaftler Günter Schubert urteilte: »Es gibt offenkundig einen engen Zusammenhang zwischen der fehlenden Rechtsgrundlage des Krieges einerseits und dem lautstarken Rückzug auf die Moral andererseits. Unverhohlen betrieben deutsche Politiker eine Moralisierung des Rechts.« Erhellend ist die Einlassung von NATO-Oberbefehlshaber Clark, man führe die Operationen zwar nach den Weisungen der politischen Führung aus, aber sie seien nicht geplant als ein Mittel, die ethnischen Säuberungen aufzuhalten. Nach Ansicht von Eyal hätten die Serben dazu gar keinen Plan gebraucht: »Militärisch gesehen ist eine ethnische Säuberung ein sehr einfaches Unternehmen. Es erfordert nur ein paar Maschinengewehre, manchmal auch nur Drohungen.« Vielmehr ging es der NATO wohl darum, aus geostrategischen Interessen die Unruheregion Balkan zu befrieden, wobei die Stabilität des Kosovo-Nachbarstaates Mazedonien ein zentrales Anliegen war. Im Januar 1999 sagte Staatsminister Volmer:»Auf dem Balkan wird es keine Ruhe geben, solange das Machtsystem Milošević nicht zerschlagen ist. Milošević ist wie Saddam Hussein.« Und Joschka Fischer räumte ein:»Das Problem ist, daß von der Politik der Bundesrepublik Jugoslawien eine dauerhafte Kriegsgefahr in Europa ausgeht. Diese Kriegsgefahr können wir nicht akzeptieren, das ist der entscheidende Punkt.« Hinzu kam, dass die NATO vor ihrem 50-jährigen Jubiläum stand, auf dem Gipfeltreffen vom 23. bis 25. April 1999 sollte das neue Strategische Konzept verabschiedet werden, nach dem sich die Allianz künftig als Krisenreaktionsmacht angesichts bewaffneter Konflikte präsentieren wollte. Der Kosovo-Einsatz, den Militärexperten als»Lackmus-Test«für das neue Konzept betrachteten, durfte deshalb auf keinen Fall ein Reinfall werden.[23]

Als der Krieg dann nicht so lief, wie sich das die Bundesregierung vorgestellt hatte, suchte sie nach einem Strohhalm und stellte eine auf unsicheren Geheimdienstunterlagen fußende Analyse unter dem Namen»Operation Hufeisen«als Tatsache dar. Die Behauptung, geplante Massenvertreibungen hätten lange vor den NATO-Luftangriffen begonnen, widerlegte Scharping in seinen Erinnerungen selbst: Dort findet sich eine Grafik über die Flüchtlingsentwicklung im Kosovo seit Januar 1999. Eine starke Zunahme der Flüchtlingszahlen ist erst drei Tage nach Kriegsbeginn zu erkennen. Gegen die offizielle Darstellung sprachen auch die Lageberichte der Bundeswehr und des Auswärtigen Amtes, die den Ministern bekannt waren. Das Amt für Nachrichtenwesen nutzte dafür auf dem Höhepunkt der Krise pro Tag 1500 bis 2000 Einzelmeldungen, die aus unterschiedlichen Quellen stammten: von Nachrichtendiensten, Botschaften, NATO-Partnern und den Stäben der OSZE-Mission in Kosovo, Mazedonien und Wien, wo deutsche Offiziere und Unteroffiziere in führenden Positionen eingesetzt waren. Sämtliche Berichte haben nach Auskunft von Oberst a. D. v. Kajdacsy vor Beginn der NATO-Lufteinsätze keine Anzeichen für massenhafte Vertreibungen der Kosovo-Albaner durch die jugoslawische Armee ergeben.»Wir hatten lediglich Hinweise auf lokal begrenzte Aktionen der Serben und Fluchtbewegungen der Bevölkerung, aber auch auf gezielte Provokationen der UÇK. Unserer Beurteilung nach floh die Bevölkerung vor allem vor den Kampfhandlungen zwischen jugoslawischem Militär und der UÇK«, sagte der ehemalige Offizier. So hieß es in den Lageberichten am Montag, dem 22. März 1999:

»Für die Räumung des gesamten Kosovo würden die derzeit verfügbaren Kräfte mehrere Wochen benötigen. Tendenzen zu ethnischen Säuberungen sind weiterhin nicht zu erkennen.« Am Dienstag, dem 23. März: »Bisher ist der serbische Kräfteeinsatz weitgehend unverändert. [...] Berichte über umfassende serbische Säuberungsaktionen mit maßgeblichen Plünderungen und mutwilligen Zerstörungen der Infrastruktur sind zu relativieren.« In den kommenden Tagen sei mit weiteren örtlich und zeitlich begrenzten Operationen der serbisch-jugoslawischen Kräfte gegen die bewaffneten Albaner zu rechnen. Diese würden weiter versuchen, »durch die bekannten Hit-and-Run-Aktionen die serbisch-jugoslawischen Kräfte zu massiven Reaktionen zu provozieren in der Hoffnung, daß diese in ihren Ergebnissen hinsichtlich Zerstörungen und Flüchtlingen ein Ausmaß annehmen, das sofortige Luftschläge der NATO heraufbeschwört«. Das Auswärtige Amt kam zu ähnlichen Einschätzungen. So wurde am 19. März 1999 festgehalten: »Der Waffenstillstand wird von beiden Seiten nicht mehr eingehalten. [...] Im Rahmen von lokalen Operationen der jugoslawischen Armee (VJ) gegen die UÇK kam es in den letzten Tagen auch wiederholt zu vorsätzlichem Beschuß von Dörfern. [...] Die Zivilbevölkerung wird, im Gegensatz zum letzten Jahr, in der Regel vor einem drohenden Angriff durch die VJ gewarnt. Allerdings ist laut KVM [OSZE-Mission] die Evakuierung der Zivilbevölkerung vereinzelt durch lokale UÇK-Kommandeure unterbunden worden. [...] Nach Abzug der serbischen Sicherheitskräfte kehrt die Bevölkerung meist in die Ortschaften zurück. UNHCR [Flüchtlingshilfswerk der UNO] schätzt, daß bisher lediglich etwa 2000 Flüchtlinge im Freien übernachten müssen. Noch ist keine Massenflucht in die Wälder zu beobachten. Von Flucht, Vertreibung und Zerstörung im Kosovo sind alle dort lebenden Bevölkerungsgruppen gleichermaßen betroffen.« Diese Lage bestätigte auch die US-Diplomatin Norma Brown von der OSZE-Mission: »Bis zum Beginn der NATO-Luftangriffe gab es keine humanitäre Krise. Sicher, es gab humanitäre Probleme, und es gab viele Vertriebene durch den Bürgerkrieg. [...] Tatsache ist: Jeder wußte, daß es erst zu einer humanitären Krise kommen würde, wenn die NATO bombardiert.«[24]

Anscheinend stellte die Bundesregierung die Lage bewusst anders dar. Im Januar 1999 war Verteidigungsminister Scharping noch den Einschätzungen seiner Experten gefolgt und sagte in einem Interview: »Beide

Seiten – Belgrad genauso wie die Extremisten der albanischen Befreiungsarmee UÇK – testen auf mörderische Weise, was die Gegenseite aushält.«
Wenige Wochen später schrieb er die zunehmende Gewalt allein dem
angeblich genau im Januar anlaufenden Säuberungsplan der Serben zu.
Darüber wunderten sich freilich die Experten in seinem Ministerium; es
sei jedoch die politische Verantwortung des Ministers, was er aus ihren
Analysen mache, hieß es. Man habe dagegen nicht opponiert, sondern
stattdessen bei Anfragen von Abgeordneten und Stellungnahmen versucht, die Lage sachlich richtig darzustellen. Zur »Beweisführung« von
Scharping und auch Fischer gehörten waghalsige historische Parallelen:
Beide malten ein düsteres Bild von Völkermord, Schlachthaus und Deportation. Außenminister Fischer sprach sogar von »völkischer Strategie«, Scharping von »Selektierung«. Beide Minister argumentierten, wie
die Grünen-Fraktion im Bundestag später monierte, auch mit überzoge-
nen Flüchtlingszahlen. Gleiches gilt für die Schätzungen der Todesopfer.
Schließlich hat es nach allen Untersuchungen im Kosovo keinen Genozid
(also die gezielte Vernichtung einer Volksgruppe aus ethnischen Gründen) gegeben. Als Scharping Ende März 1999 in sein Tagebuch notierte,
im Kosovo sei der Völkermord bereits im Gange, urteilte die regierungs-
nahe und gutinformierte US-Menschenrechtsorganisation Human Rights
Watch: »Es kommt zu einzelnen Morden, und es gibt auch Hinweise auf
größere Mordaktionen. Sie reichen jedoch nicht aus, um von Massakern
zu sprechen.« Ein Völkermord sei zwar zu befürchten, man könne jedoch
nach den vorliegenden Informationen nicht von einem solchen sprechen.
Tatsächlich stellte der UN-Sondergesandte Jiří Dienstbier im April 2000
fest: Albaner seien zum damaligen Zeitpunkt keineswegs Opfer ethnischer
Vertreibung gewesen. Eindeutig titelten auch Medien wie die kanadische
Zeitung *Toronto Star* und das US-Wirtschaftsblatt *Wall Street Journal:* »No
genocide« (»Kein Genozid«) beziehungsweise »War in Kosovo was cruel,
Genocide it wasn't« (»Der Kosovo-Krieg war grausam, aber kein Geno-
zid«). Unbestritten richtig ist: Im Kosovo-Konflikt wurden schwerste
Menschenrechtsverletzungen begangen – Mord, Vergewaltigung, die
Zerstörung der Lebensgrundlagen vieler Menschen. Viele der Flüchtlinge
haben Traumatisches erlebt. Doch bei all dem handelte es sich, wie der
Gerichtsmediziner und Chef des spanischen Untersuchungsteams, Emilio
Perez Pujol, feststellte, um »Verbrechen, die mit dem Krieg zusammen-

hingen«. Für Heinz Loquai wurde bis März 1999 im Kosovo ein grausamer Bürgerkrieg ausgetragen:»Hauptleidtragend war die Zivilbevölkerung auf beiden Seiten, sie wurde für die jeweiligen Ziele instrumentalisiert.« Die Folgen sind bis heute zu spüren. Vom Ziel der NATO, ein demokratisches und multiethnisches Kosovo zu ermöglichen, ist die Provinz weit entfernt. Nahezu die gesamte serbischstämmige Bevölkerung ist geflohen oder von den Albanern vertrieben worden, dazu auch andere Minderheiten wie Kroaten, Roma und Juden.[25] Als haltlos erwiesen sich schließlich die von Scharping angeführten Beispiele für Gräueltaten. Als Kriterium für die Glaubwürdigkeit gaben der Minister wie auch das Auswärtige Amt an:»Wenn drei Menschen unabhängig voneinander das Gleiche erzählen, halten wir die Geschichte für wahrscheinlich.« Doch schon im April 1999 platzte die»Enthüllung« vom KZ in Pristina. Ein unbemanntes Aufklärungsflugzeug hatte Aufnahmen vom Stadion gemacht: Es war leer. Der UÇK-Führer Hashim Thaçi (von 2008 bis 2014 erster Ministerpräsident und seit 2016 Präsident der Republik Kosovo) hatte die Meldung verbreitet, 100 000 Menschen seien im Stadion interniert. Tatsächlich waren Tausende aus Furcht vor den Bombenangriffen zum Bahnhof in der Nähe des Stadions geeilt. Die»Massenhinrichtung« von Rogovo im Januar 1999 entpuppte sich als tragisches Ende einer militärischen Auseinandersetzung. Die Leichen waren von serbischen Sicherheitsbehörden und OSZE-Beobachtern von den einzelnen Kampfplätzen zum Abtransport»eingesammelt« worden, darunter von einem deutschen Polizeibeamten, der Scharpings Darstellung später widersprach. Auch viele andere Gräuelmeldungen wurden von der UÇK oder ihren Unterstützern sowie von traumatisierten Flüchtlingen in die Welt gesetzt. Die Schilderung der Tötung von Lehrern vor den Augen der Schüler stammte vom albanischen Informationsminister Musa Ulqini.»Auf diese Weise gewann die UÇK über die Medien die Öffentlichkeit für sich«, analysierte der Konfliktforscher Dieter Lutz und nannte dies eine»strategische Meisterleistung«. Nach Ansicht von Peter Schlotter von der Hessischen Stiftung Friedens- und Konfliktforschung haben es die führenden deutschen Regierungspolitiker,»um den Krieg vor sich selbst zu rechtfertigen«, an Behutsamkeit im Umgang mit solchen Quellen mangeln lassen.[26]

Der »Hufeisenplan« ist ein Beispiel für Desinformation und Propaganda. Der Bundestag war sich dieser Tatsache nach Kriegsende bewusst.

Auf einer öffentlichen Diskussion der Grünen-Fraktion am 15. April 2000 monierte eine Gruppe Abgeordneter den »illegitimen Rückgriff auf Auschwitz und Völkermordszenarien, um nur ja keinen Zweifel aufkommen zu lassen, daß die Entscheidung für das militärische Eingreifen der NATO ohne jede Alternative für einen fühlenden Menschen sei«. Im Parlament pochten die PDS und einzelne Abgeordnete der anderen Fraktionen auf Zugang zu den Unterlagen, gefordert wurde ausdrücklich auch Aufklärung über den »Hufeisenplan«. Doch der Versuch scheiterte bereits im Ansatz; zurück blieb ein Eindruck, den der CDU-Abgeordnete Willy Wimmer in Worte fasste: »Noch nie haben so wenige so viele so gründlich belogen wie im Zusammenhang mit dem Kosovo-Krieg.« Der Grünen-Politiker Winfried Nachtwei analysierte 2001 noch einmal das Auftreten der zuständigen Minister. Sein Urteil: Der »Hufeisenplan« als angeblicher Beweis für eine serbische Vertreibungsstrategie habe lediglich für die Öffentlichkeit eine Rolle gespielt, während die Konfliktdarstellung im Verteidigungsausschuss »mehr von den aktuellen Fakten bestimmt und differenzierter« gewesen sei. Damit gab er zu: Die Bundesregierung hatte die Lage gegenüber der Öffentlichkeit lückenhaft und verfälscht dargestellt.[27]

Diesen Eindruck gewannen auch Vertreter der Medien. Doch sie waren selbst nicht unschuldig: Journalisten hätten »dank der verschiedenen Propagandamaschinen ihre Rolle als unabhängige Zeugen vergessen«, stellte der Medienexperte Marco Domeniconi auf einer internationalen Konferenz zum Kosovo-Krieg im Mai 2000 in Berlin fest. Das habe zu einem unreflektierten Gebrauch von Sprachregelungen, vereinfachter Darstellung komplexer Zusammenhänge oder zur Bedienung von Klischees geführt. Andernorts sagte der *Spiegel*-Redakteur Siegesmund von Ilsemann selbstkritisch: »Verdacht hätte bei jedem halbwegs kritischen Journalisten aufkommen müssen, wenn einem Minister, der so erkennbar um die moralische Rechtfertigung eines völkerrechtswidrigen Krieges ringt, aus heiterem Bombenhimmel ein solches Beweisstück in die Hände fällt.« Das Dilemma sei der Mangel an authentischem Material gewesen, erklärte Eason Jordan, Chef der weltweiten Berichterstattung bei CNN, deshalb sei man auf Falschinformationen hereingefallen. Zur Verfügung standen nur Aussagen von Flüchtlingen und die offiziellen Statements der Serben und der NATO – in Kriegszeiten gewiss keine »objektiven« Quellen. Der Journalist Philippe Descamps verwies auf einen anderen Punkt:

»Die Erinnerung an die vorwiegend von Serben begangenen Massaker in Bosnien und die bittere Erkenntnis, daß die UNO sie nicht verhindern konnte, ließ die Publizisten glauben, man könne der kriminellen Energie der serbischen Machthaber nur mit Gewalt entgegentreten.« Milošević galt vielen als Rückfalltäter.[28]

Ausführlich hat sich Tino Moritz mit der Rolle der Medien beim »Hufeisenplan« befasst. Auf rund 500 Seiten analysierte er in seiner Diplomarbeit Nachrichtenagenturen, Zeitungen, Magazine und elektronische Medien über die Wochen des Kosovo-Kriegs und befragte zahlreiche Redakteure. Moritz zeigt, wie leichtgläubig und undistanziert Journalisten Äußerungen und Informationen übernahmen. Zu einem ähnlichen Urteil – bezogen auf die gesamte Bevölkerung – kam Heinz Loquai: »Das Beispiel ›Hufeisenplan‹ zeigt auf eindrucksvolle Weise, wie leicht es sein kann, erfolgreiche politische Kampagnen zur Rechtfertigung des politischen Handelns zu führen, wenn der Nährboden bereitet ist.«[29]

# »Die Spareinlagen sind sicher«

## Wie die Weltfinanzkrise 2008 Deutschland erreichte

*»Wir sagen den Sparerinnen und Sparern, dass ihre Einlagen sicher sind.*
*Auch dafür steht die Bundesregierung ein.«*

Angela Merkel, 2008[1]

Wenn das Bundeskanzleramt an einem Sonntagmittag kurzfristig zu einer Pressekonferenz lädt, deutet das immer auf eine brisante Situation hin. Es ist am 5. Oktober 2008 kurz vor 14.30 Uhr, als Agenturticker und Faxgeräte in den Redaktionen von Sendern und Zeitungen ein Statement von Angela Merkel zu aktuellen Entwicklungen in der Bankenkrise ankündigen – für 15 Uhr. Viele Journalisten und Kamerateams harren schon seit Stunden im Kanzleramt aus und warten auf Informationsbrocken, die aus der Krisensitzung zur Situation der angeschlagenen deutschen Immobilienbank Hypo Real Estate (HRE) herausdringen könnten. Andere Reporter machen sich eilig auf den Weg; sie wollen auf keinen Fall zu spät kommen, und die Sicherheitsüberprüfungen am Eingang des Kanzleramts sind so gründlich wie zeitraubend. Zu spät kommt niemand, denn der angekündigte Auftritt verzögert sich. Es ist kurz vor 15.30 Uhr, als schließlich mit fahlem Teint eine sichtlich erschöpfte Regierungschefin erscheint, begleitet von ihrem ebenfalls angespannten, ja fahrigen Finanzminister. Gemeinsam treten sie vor die Mikrofone und Kameras.

Zuerst äußern sie sich zur HRE. Die Bundesregierung werde nicht zulassen,»dass die Schieflage eines Instituts zur Schieflage des gesamten Systems wird«, sagt Merkel. Deshalb werde mit Hochdruck daran gearbeitet, die Münchner Bank mit neuen Krediten und Bürgschaften zu sichern, um einen Zusammenbruch mit unabsehbaren Folgen zu vermeiden. Steinbrück ergänzt, er sei entsetzt über die neuen Milliardenlöcher, die bei der HRE aufgetaucht seien. Die CDU-Parteichefin und der Vizevorsitzende der SPD kündigen an, die verantwortlichen Manager würden dafür zur Rechenschaft gezogen werden. Dann fügt die Kanzlerin mit entschlossenem Gesichtsausdruck hinzu: »Wir sagen den Sparerinnen und Sparern, dass ihre Einlagen sicher sind. Auch dafür steht die Bundesregierung ein.« Steinbrück steht daneben und bemüht sich, ebenfalls ernsthaft zu schauen. Nach den 17 klaren Wörtern Merkels bestätigt er ihre Aussage – leicht stotternd: »Ja, ich möchte gern unterstreichen, dass in der Tat in der gegenseitigen Verantwortung, die wir in der Bundes… bd… bd… Bundesregierung fühlen, wir dafür Sorge tragen wollen, dass die Sparerinnen und Sparer nicht befürchten müssen, einen Euro ihrer Einlagen zu verlieren.« Die Kanzlerin hört mit starrem Blick zu. Wenig später drehen sich die beiden wichtigsten Politiker der Bundesrepublik um und verlassen die improvisierte Pressekonferenz.

Die meisten Journalisten begreifen nicht auf Anhieb, was sie gerade erlebt haben. Eineinhalb Stunden lang senden die Nachrichtenagenturen an diesem Sonntagnachmittag lediglich, was die beiden zur Rettung der HRE gesagt haben. Die Brisanz von Merkels Satz, dass die Einlagen aller Sparer sicher seien, erkennen die Augen- und Ohrenzeugen zunächst nicht. Es dauert bis kurz nach 17 Uhr, bevor Merkels Garantie in einer Tickermeldung prominent auftaucht.

Noch im Interview des *heute-journals* im ZDF am selben Abend um 21.45 Uhr gilt die erste Frage von Moderator Steffen Seibert an Steinbrück der Krisenbank: Heiße die Ankündigung, die Bundesregierung bleibe bei der zugesagten Bürgschaft, dass die HRE pleitegehen könne, wenn die privaten Banken nicht das nötige Kapitel aufbringen? Routiniert weicht Steinbrück aus: »Am Anfang steht das blanke Entsetzen, dass dieses Management von Hypo Real Estate gegen Ende dieser Woche einen weiteren Liquiditätsbedarf in Milliardenhöhe bekannt gegeben hat. Und die Bundesregierung fühlt sich definitiv falsch informiert.« Es gelingt dem Finanzminister, den ZDF-Journalisten von der eigentlichen Frage abzulenken. Steinbrück spricht von einem »Sicherheitsfenster«, das die Zentralbanken »öffnen« sollen, um die Pleite abzuwenden. Seibert gibt sich damit zufrieden und verlässt den konkreten Fall HRE; seine nächste Frage gilt einer denkbaren künftigen Bankenkrise nach einer eventuellen Rettung der HRE, auf die der Finanzminister mit vagen Ankündigungen antwortet. Erst danach, mit seiner vierten Frage, kommt der Moderator zur Garantie, die Merkel und Steinbrück am Nachmittag verkündet haben. Das habe schon eine »gewisse Dramatik«, tastet sich Seibert vor: »Erklä-

Bundeskanzlerin Angela Merkel und Bundesfinanzminister Peer Steinbrück garantieren per Statement am 5. Oktober 2008 im Kanzleramt die Spareinlagen der Deutschen.

ren Sie es uns vielleicht noch einmal mit eigenen Worten – was genau ist garantiert?« Der Finanzminister lächelt ganz leicht, um dann zu antworten: »Wir wollen erstens ein Signal der Sicherheit für die Bürgerinnen und Bürger, konkret für die Sparerinnen und Sparer aussenden. Keiner der Sparerinnen und Sparer soll mit Blick auf ihre Girokonten, auf ihre Sparkonten die Befürchtung haben, dass das Geld futsch ist. Das ist die Aussage der Bundesregierung.« Die Garantie erstrecke sich »erkennbar nicht auf irgendwelche Finanzdienstleistungsinstitutionen, nicht auf Zertifikate, nicht auf Investmentfonds«. Noch einmal schiebt Steinbrück nach: »Das Signal ist: Die deutschen Sparerinnen und Sparer sollen mit Blick auf ihre Guthaben keine Angst haben.« Als der Moderator nachfragt, wie denn die Garantie im Falle eines Falles konkret aussehen solle, offenbart Steinbrück, dass er die Zusage eigentlich gar nicht ernst nimmt: »Dieses Geld ist ja nicht bedroht, Herr Seibert. Im Übrigen: Wir haben eine funktionierende Einlagensicherung in Deutschland; einige sagen sogar, mit die beste in der Welt, sodass dies eher ein Signal ist, über die bestehende Einlagensicherung hinaus zu sagen: Im Zweifelsfall, im Zweifelsfall signalisieren wir Euch: Euer Geld ist sicher.« Und dann sagt der Finanzminister noch, worum es eigentlich geht: »Wir wollen damit auch ein Signal geben, dass die Bürger nicht morgen zu ihren Banken, zu ihren Sparkassen, zu ihren Volks- und Raiffeisenbanken laufen sollen, um das Geld abzuheben, weil wir dann automatisch noch mehr Probleme haben und damit dem Bankensektor dringend benötigte Liquidität entziehen.«[2]

Steinbrücks Aussagen kommen für die Montagsausgaben der Zeitungen zu spät. Entsprechend unklar ist in den Artikeln, die Deutschlands Bürger am 6. Oktober 2008 zu lesen bekommen, was die Garantie bedeutet und was genau davon geschützt sein soll. Nur die Einlagen auf Giro- und Sparkonten? Oder auch alles Festgeld? Und gilt die Garantie nur für deutsche Banken? Was ist mit dem Geld, das private Anleger den versprochenen höheren Renditen wegen etwa der isländischen, nun ebenfalls in Bedrängnis geratenen Kaupthing-Bank anvertraut haben? Bis zu 50 000 deutsche Kunden besitzen dort Einlagen im geschätzten Gesamtwert von 500 Millionen Euro. Im Vergleich eine kleine Summe, natürlich – aber für manche Bundesbürger der Großteil ihrer Ersparnisse. Torsten Albig, Steinbrücks Sprecher, teilt der *Welt* auf Nachfrage mit: Sollten die bisherigen Sicherungssysteme nicht ausreichen, sichere der Staat alles darüber Hinausgehende ab. Die Zusage gelte ab sofort. Es gehe darum, alle Spareinlagen, Termineinlagen und das Geld auf privaten Girokonten zu garantieren. Die Redaktion schaut in der Statistik der Bundesbank nach – danach beträgt der Wert solcher Einlagen bei deutschen Instituten aktuell 511 Milliarden Euro. Dagegen teilt ein namentlich nicht genannter

Sprecher des Finanzministeriums der *Süddeutschen Zeitung* ebenfalls auf Anfrage mit, die Garantiesumme werde »deutlich über 1000 Milliarden Euro« liegen. Wieder eine andere Zahl nennt das *Handelsblatt*, gleichfalls unter Berufung auf Regierungsangaben: »Die Bürgschaft des Bundes umfasst alle privaten Einlagen, Termingelder und Girokonten. Ihr Volumen beläuft sich nach Angaben des Finanzministeriums auf 568 Milliarden Euro – etwa das Doppelte des Bundeshaushalts.« Die *Hamburger Morgenpost*, ein regionales Boulevardblatt, macht daraus durch einen Zahlendreher 586 Milliarden Euro, weist aber auch darauf hin, dass die Garantie nur für einen kleinen Teil des Vermögens der Deutschen in einer Gesamthöhe von 4,7 Billionen Euro gelte. Solch einen Fehler leistet sich die *Bild*-Zeitung nicht. In gerade einmal rund 500 Wörtern schildert das Blatt die Ereignisse des Sonntags einschließlich der Garantie erstaunlich einfach.[3]

Nicht einmal die betroffenen Ministerien in Berlin wissen, was nun geschehen soll. Zuerst teilt ein Regierungssprecher mit, es »handele sich schon um eine Maßnahme von ›neuer Qualität‹.« Der Staat wolle eine Garantie für die Spareinlagen übernehmen. Dies gehe über die bisherigen Einlagensicherungssysteme hinaus. Schon am Montag würden Beamte die Details erarbeiten. Doch an eben diesem Montag verkündet vormittags abermals Steinbrücks Sprecher Albig: »Nein, es wird kein Gesetzgebungsverfahren geben.« Bei der Garantie handele es sich um eine »klare politische Erklärung der Kanzlerin und des Bundesfinanzministers«. Ein »nur« oder ein »lediglich« vermeidet der erfahrene Albig hinzuzufügen, obwohl es ehrlich gewesen wäre. Auf skeptische Nachfragen erläutert Merkels Regierungssprecher Ulrich Wilhelm, die Garantie für die Spareinlagen sei eine politische Willenserklärung, die viel bedeutender sei als ein schlichter Gesetzesakt. Die ausdrückliche Verbürgung der Bundesregierung und der sie tragenden Parteien sei »sehr belastbar«, sagt Wilhelm. Nur rechtsverbindlich ist sie nicht, wie die *Frankfurter Rundschau* treffend feststellt.

Die Märkte reagieren auf ihre eigene Art: Alle nennenswerten Indizes stürzen ab. Der Dax, das wichtigste deutsche Börsenbarometer, verliert am Montag gegenüber dem Schlusskurs am Freitag rund sieben Prozent, der TecDax, der Technologiewerte umfasst, sogar mehr als elf Prozent. Auch die führenden US-Aktienindizes liegen zeitweise mehr als fünf Prozent im Minus; der Dow Jones fällt erstmals seit vier Jahren unter 10 000

Punkte. Börsenhändler sprechen von panikartigen Verkäufen; betroffen sind besonders Finanzwerte: Der Aktienkurs der Hypo Real Estate fällt um bis zu 54 Prozent. Auch Aktien anderer Branchen können sich dem Abwärtstrend nicht entziehen. Um Ruhe zu schaffen, wagt sich Peer Steinbrück noch einmal weiter heraus und deutet an, die Regierung erwäge eine umfassende Unterstützung der deutschen Finanzbranche:»Wir haben einen Plan B in der Schublade«, sagt der Bundesfinanzminister und gesteht zugleich ein, dass es»mit der Rettung einzelner Banken wie der Hypo Real Estate nicht länger getan« sei.[4]

Ein eindeutig alarmierendes Signal. Also kündigt die Kanzlerin für die reguläre Sitzung des Bundestages am Dienstag kurzfristig eine Regierungserklärung an. In typisch Merkel'scher Dialektik beginnt sie:»Heute ist nicht die Stunde, die Lage schwarzzumalen. Aber es ist wahrlich auch nicht die Stunde, die Lage schönzureden.« Es komme nun einerseits auf Krisenmanagement an, andererseits gehe es um Zukunftssicherung. Gerafft erklärt die Regierungschefin, wie es zur dramatischen Zuspitzung der weltweiten Bankenkrise gekommen ist, sie kritisiert die Fehlsteuerung durch das Bonussystem von Investmenthäusern, das kurzfristige Erfolge ohne Rücksicht auf langfristige Folgen belohnt, und kündigt eine schärfere Aufsicht an. Ihre Garantie für die deutschen Sparer erwähnt Merkel nur kurz:»Dazu gehört auch die am Sonntag vom Bundesfinanzminister und mir abgegebene Erklärung im Namen der Bundesregierung, dass kein Sparer um seine Einlagen fürchten muss. Ich sage hier noch einmal: Diese Erklärung gilt.«

Für die Opposition unterstützen FDP-Chef Guido Westerwelle und der Grüne Fritz Kuhn die Garantieerklärung ausdrücklich:»Es geht hier nicht um einen Parteienstreit, sondern darum, dass die Bürgerinnen und Bürger darauf vertrauen, dass die Sparguthaben sicher sind«, betont der Liberale Westerwelle:»Die Bundesregierung sagt, sie steht dafür ein. Wir fügen hinzu: Auch wir von der Opposition stehen dafür ein.« Ganz ähnlich äußert sich Kuhn:»Wir verstehen und akzeptieren, dass so eine Garantie ausgesprochen wird. Denn die Verunsicherung im Land war offensichtlich sehr groß.«

Einzig Oskar Lafontaine zündelt in seiner Rede:»Nun haben wir im Fernsehen erlebt, wie die Kanzlerin neben dem Finanzminister stand und sagte, dass sie die Spareinlagen garantieren«, polemisiert der Fraktionschef der Partei Die Linke: »Aber danach ging doch der ganze Zirkus erst los. Ich rede bewusst von Zirkus; denn zuerst hörte man von 586 Milliarden Euro, dann von über 700 Milliarden Euro, dann von vielleicht einer Billion Euro, dann von 1,5 Billionen Euro und von bis zu zwei Billionen Euro. So schafft man doch kein Vertrauen. So schürt man nur Unsicherheit unter den Sparerinnen und Sparern.«

Allen Unsicherheiten und auch Lafontaines Fundamentalkritik zum Trotz funktioniert Merkels und Steinbrücks Erklärung: Die Deutschen rennen Anfang Oktober 2008 nicht massenhaft zu Geldautomaten oder Bankschaltern, um ihr Erspartes abzuheben – im Gegenteil: In diesem Monat steigen die Guthaben auf den »garantierten« Giro- und Festgeldkonten sogar um 39 Milliarden Euro. Offenbar schichten Millionen Kunden Gelder von ausdrücklich nicht gesicherten Anlagevehikeln wie Fonds oder Aktien in renditeschwache, dafür aber politisch gestützte Einlageformen. Die Bundeskanzlerin bekräftigt diesen Trend, obwohl dadurch die garantierten Summen weiter steigen, ausdrücklich. Fünf Wochen nach ihrer sonntäglichen Erklärung kontert sie die Frage nach der Zuverlässigkeit ihrer Aussage knapp: »Das Wesen der Garantie ist, dass die Garantie gilt.«[5]

Die Erklärung von Angela Merkel und Peer Steinbrück im Kanzleramt am 5. Oktober 2008 verhindert einen drohenden »Bank Run« in Deutschland. Solche panikartigen Massenabhebungen von Guthaben bei einzelnen oder gar bei vielen Banken gleichzeitig waren stets die Folge schwindenden Vertrauens in die Zusage der Finanzbranche, Guthaben sicher zu verwahren. Gleichzeitig jedoch verschärften sie immer die Lage, denn keine Bank hält jemals genügend Mittel liquide, um auch nur zehn Prozent der Kundeneinlagen auf einen Schlag auszuzahlen. Wie auch: Die Banken sammeln ja die Ersparnisse der Menschen ein, um sie meist in Form von Krediten weiterzugeben und auf diese Weise Zinsen zu verdienen, die zwischen Bank und Kunden geteilt werden. Das ist, stark vereinfacht, seit dem Mittelalter das grundlegende Geschäftsmodell von Geldinstituten.

In Deutschland gab es vergleichsweise selten »Bank Runs«. Der größte ereignete sich im Frühjahr und Sommer 1931, als erst die österreichische Creditanstalt und dann die Darmstädter und Nationalbank zusammenbrachen – am 13. Juli stauten sich daraufhin vor Schaltern fast aller deutschen Banken und Sparkassen die Kunden, auch wenn ihre Einlagen überhaupt nicht betroffen waren. Mindestens ein Fünftel der überhaupt bar vorhandenen Reichsmark-Bestände verschwanden binnen weniger Tage »unter Matratzen«. Die Massenabhebungen trieben nun auch nur leicht angeschlagene und sogar gesunde Institute in die Zahlungsunfähigkeit. Die Reichsregierung verkündete daraufhin für den 14. und 15. Juli zwei »Bankfeiertage«, in Wirklichkeit staatlich angeordnete Schalterschließungen. In der so gewonnenen Zeit wurden umfassende Regelungen erlassen, Beschränkungen des Zahlungsverkehrs und die Errichtung einer staatlichen Refinanzierung, der Akzept- und Garantiebank AG, die durch spezielle Kredite an Institute möglichst viele Auszahlungswünsche von Kunden ermöglichen sollte. Im Kern handelte es sich um eine schuldenfinanzierte Garantie der Guthaben durch die Regierung, die im Gegenzug 91 Prozent der Aktien der Dresdner Bank übernahm, 70 Prozent der Commerzbank und 35 Prozent der Deutschen Bank.[6]

Wesentlich kleiner war eine Krise, die im Sommer 1974 die Kölner Privatbank Herstatt traf. Dem Institut wurde am 26. Juni per Fernschreiben die Banklizenz entzogen – die härteste Sanktion, die das Bundesaufsichtsamt für das Kreditwesen und die Bundesbank verhängen können. Durch Verluste aus Devisentermingeschäften in Höhe von 64 Millionen Mark sei das Eigenkapital der Bank zu neun Zehnteln aufgebraucht, hatte der persönlich haftende Gesellschafter Iwan David Herstatt mitgeteilt. In Wirklichkeit lagen die Verluste aus hochriskanten Spekulationen noch viel höher, bei 450 bis 520 Millionen Mark. Insgesamt standen Verbindlichkeiten von 2,2 Milliarden Mark Werte von nur rund einer Milliarde gegenüber. Nach dem Entzug der Lizenz versammelten sich Hunderte empörte Kunden vor dem repräsentativen Sitz der Bank am Rande der Kölner Innenstadt. Sie wurden beruhigt: Kleinanleger bekämen ihr Geld ganz oder zu großen Teilen zurück. Das war optimistisch: Erst Ende 2006, nach mehr als 32 Jahren, konnten die letzten Auszahlungen an Gläubiger geleistet werden. Anleger mit maximal 20 000 Mark Guthaben bekamen ihre Einlagen immerhin vollständig, wenngleich unverzinst zurück. Hochgerechnet auf alle Privatanleger betrug die Quote 80 Prozent. Banken und Kommunen mussten dagegen mit knapp zwei Dritteln Rückzahlung zufrieden sein. Finanziert wurden diese Leistungen unter anderem, indem der Hauptaktionär der Herstatt-Bank, der Versicherungsunternehmer Hans Gerling, die Hälfte seines Konzerns verkaufen musste, um mit 210 Millionen Mark einzuspringen.

Als Konsequenz aus dieser Pleite wurde der Einlagensicherungsfonds der deutschen Kreditwirtschaft gegründet, in den seither alle Institute einzahlen, um im Falle von kleinen und mittleren Krisen zu haften. Außerdem wuchs aus der Herstatt-Krise die Erkenntnis bei allen Banken, im Falle eines Falles besser selbst tätig zu werden, als den Staat handeln zu lassen. Im Jahr 2001 funktionierte das auch beim Untergang des Regionalinstituts Schmidt-Bank in Franken: Die Commerzbank übernahm das Filialnetz, das Immobiliengeschäft wurde abgespalten und die faulen Kredite kaufte zu einem Bruchteil des nominalen Wertes die US-Bank Goldman Sachs; für die Verluste kamen die damals vier deutschen Großinstitute Deutsche Bank, Dresdner Bank, Commerzbank und Hypovereinsbank gemeinsam auf.[7] Für eine solche brancheninterne Lösung waren die Probleme der Hypo Real Estate im Herbst 2008 jedoch viel zu groß. Das hing einerseits zusammen mit der weltweiten Finanzkrise seit 2007 und andererseits mit dem äußerst riskanten, man kann auch sagen: kriminell verantwortungslosen Geschäftsmodell einer HRE-Tochtergesellschaft.

Die Finanzkrise nahm ihren Ausgang in den USA. Ende 2006 ging hier ein jahrelanger Boom mit ständig steigenden Immobilienpreisen zu Ende. Der scheinbar unaufhaltsame Aufschwung hatte die Risikobereitschaft steigen lassen: Zahlreiche Banken drängten praktisch jedem ihrer Kunden Hypotheken geradezu auf, um damit Wohneigentum zu kaufen – auch ohne Eigenkapital und bei schlechten Einkommensverhältnissen. Möglich wurde das, weil diese Banken die einzelnen Kredite umgehend bündelten und aufgehübscht als Collateralized Debt Obligations (CDO) weiterverkauften, also als mit Forderungen an Dritte abgesicherte Wertpapiere. Häufig erleichterten hervorragende Bewertungen durch die privatwirtschaftlichen Ratingagenturen den Vertrieb solcher CDOs. Auf diese Weise verschwanden die Hypotheken aus den Bankbilanzen; das volle Risiko lag nun bei den Käufern der CDOs, die aber nach oft mehrfachen Umbündelungen und Neuverpackungen durch verschiedene Banken gar nicht mehr einschätzen konnten, welche Risiken sie kauften. Der legendäre Investor Warren Buffet hatte schon Anfang März 2003 solche Papiere als »finanzielle Massenvernichtungswaffen« bezeichnet. Die Derivate seien »Zeitbomben«, die sowohl den beteiligten Geschäftsparteien schadeten als auch ganzen Volkswirtschaften. Potenziell trügen sie »tödliche Gefahren in sich«, warnte der seinerzeit zweitreichste Mann der Welt. Denn die Finanzwetten seien mittlerweile derart kompliziert, dass sie niemand mehr verstehe. Für Unternehmen seien die Finanzgeschäfte eine Gefahr, weil sie eine Firma in Schwierigkeiten bringen könnten, ohne dass dies mit ihrem eigentlichen Geschäft zu tun habe. Derivate seien »wie die Hölle«, schrieb der als konservativ bekannte Investor: »Es ist leicht, sie zu betreten, aber unmöglich, sie zu verlassen.« Buffet blickte zurück: »Die Geschichte lehrt uns, dass eine Krise oft zu Wirkungsketten führt, von denen man in ruhigeren Zeiten nicht einmal geträumt hätte.«[8]

Genauso kam es. Als Ende 2006 die Nachfrage nach Hypothekendarlehen in den USA einbrach, obwohl gleichzeitig die Immobilienpreise stagnierten oder sogar zu sinken begannen, verdrängte schlagartig die Sorge vor zunehmenden Zahlungsausfällen die Hoffnung auf immer weiter steigende Umsätze und Renditen. Zuerst musste in den USA mit New Century ein zweiter Immobilienfinanzier aufgeben – am 2. April 2007. Ausgegebenen Krediten von 225 Milliarden Dollar standen liquide Mittel von gerade einmal 60 Millionen Dollar gegenüber. Einen Sicherheitspuffer gab es nicht. Als immer mehr Menschen, die sich mit den günstigen Krediten ein Haus gekauft hatten, Zins und Tilgung nicht mehr bedienen konnten, brach New Century zusammen. Ein neues Wort machte die Runde: Subprime-Krise – Schwierigkeiten mit schlechten Kreditrisiken. Die auf Pump gekauften Immobilien sollten zwangsversteigert werden – doch vielfach fanden sich keine potenziellen Käufer mehr, nicht einmal bei großen Abschlägen. Noch aber schien das Problem auf die USA beschränkt.

Im Sommer 2007 zeigte sich, dass die Hoffnung, es werde so bleiben, zu optimistisch war. Denn quer durch die gesamte Branche hatten weltweit zahlreiche Institute auf die nominell gut verzinsten CDOs gesetzt – allein in diesem Jahr wurden solche Zertifikate im Nennwert von 634 Milliarden Dollar verkauft. Mehrere Hedgefonds, die im Vertrauen auf die guten Ratings CDOs gekauft hatten, mussten geschlossen und liquidiert werden; ihre fast immer sehr wohlhabenden Investoren verloren ihre Einlagen. Wertpapiere, die auf Immobiliendarlehen beruhten, wurden schlagartig praktisch unverkäuflich; das zwang alle Banken, den Buchwert solcher Anlagen in ihren Bilanzen radikal neu zu bewerten, also zu senken. Damit rutschten zahlreiche Institute bankrechtlich in eine Schieflage. Am 30. Juli meldete die Industriekreditbank (IKB), einst einer der wichtigsten privaten Mittelstandsfinanzierer Deutschlands, eine existenzielle Notlage. Mehrere ihrer außerhalb der Bilanz und damit der Bankenaufsicht geführten sogenannten Zweckgesellschaften im Ausland hatten CDOs und ähnliche Wertpapiere im Nennwert von mehr als zehn Milliarden Euro erworben, die nun unverkäuflich und damit praktisch wertlos waren. Da die aus persönlichem Gewinnstreben einiger Manager zum Großteil an die staatliche Kreditanstalt für Wiederaufbau (KfW) verkaufte IKB faktisch ebenfalls eine Staatsbank war, musste die öffentliche Hand eingreifen: Mehrere Rettungspakete in Milliardenhöhe stabilisierten das Geschäft, doch gleichzeitig sackte der Kurs für die noch gehandelten Aktien von rund 30 auf kaum mehr als zwei Euro – ein Verlust von 94 Prozent. Ende 2008 verkaufte die KfW die Reste der einst stolzen IKB für 137 Millionen Euro an einen US-Finanzinvestor. Ein schlechtes Geschäft, denn zuvor musste die staatliche Bank Verbindlichkeiten in Höhe von rund acht Milliarden Euro übernehmen. Weitere 1,2 Milliarden trug die Bundesregierung direkt, die deutschen Banken steuerten immerhin 1,4 Milliarden bei; die für den Zusammenbruch verantwortlichen Manager verloren meist nicht einmal ihre Pensionsansprüche. Alles in allem kostete der faktische Untergang der IKB die Steuerzahler etwa zehn Milliarden Euro an direkten Hilfen und Garantien.[9]

Doch das war noch überschaubar im Vergleich mit der anschließenden Krise bei gleich vier öffentlich-rechtlichen Großbanken. Sie hatten sich, bis 2005 bilanziell privilegiert durch die staatliche Haftung für ihr Geschäft, mit CDOs und anderen fragwürdigen Wertpapieren geradezu vollgesogen. Die Westdeutsche Landesbank (West LB) benötigte und erhielt Staatshilfen in Höhe von 21 Milliarden Euro. Die Landesbank Baden-Württemberg (LBBW), die zudem die kriselnde Landesbank Sachsen (Sachsen LB) übernommen hatte, bekam eine Kapitalerhöhung um fünf Milliarden und musste zusätzlich staatliche Garantien in Höhe von 15 bis 20 Milliarden in Anspruch nehmen. Die HSH Nordbank brauchte eine Kapitalerhöhung von drei Milliarden durch die Hauptanteilseigner Hamburg und Schleswig-Holstein, außerdem wurden rund 50 Milliarden ausgegebene Kredite in eine Bad Bank ausgelagert; sie mussten zum Teil abgeschrieben werden. Die Bayerische Landesbank (Bayern LB) brauchte und bekam ein Rettungspaket von zehn Milliarden Euro und staatliche Garantien in Höhe von weiteren 30 Milliarden. Garantien und faule Kredite fielen nicht zwangsläufig in voller Höhe aus, aber sie mussten dennoch vom Steuerzahler zum Teil über Jahre zwischenfinanziert werden. Banken in anderen Staaten hatten ähnliche Probleme. Islands Banken brachen zusammen, in Irland überstiegen die Schulden der kaum regulierten Institute bald das Bruttoinlandsprodukt um das Vierfache. Spektakulär war, was am 13. September 2007 bei der britischen Immobilienbank Northern Rock geschah: Aufgrund von Gerüchten über eine bevorstehende Insolvenz räumten verängstigte Kunden des Instituts ihre Konten und hoben innerhalb von vier Tagen mehr als zwei Milliarden britische Pfund ab – ein klassischer »Bank Run«. Die britische Zentralbank griff mit einem Notkredit ein, damit Northern Rock nicht zusammenbrach; der Staat bürgte für alle Einlagen. Doch das bremste die Finanzkrise nur kurz, denn im März 2008 stand die US-Investmentbank Bear Stearns, das fünftgrößte Institut seiner Art, vor dem Zusammenbruch. Im letzten Moment wurde es an die Privatbank JPMorgan Chase verkauft, die US-Notenbank musste jedoch Risiken in Höhe von 29 Milliarden Dollar übernehmen. Im Sommer 2008 standen dann gleich drei amerikanische Immobiliensparkassen vor dem Konkurs, weil die Kreditnehmer ihre Verpflichtungen nicht mehr erfüllen konnten; auch sie wurden vom Staat refinanziert. Vier Wochen später strauchelte die drittgrößte Investmentbank Merrill Lynch und wurde von der Bank of America übernommen. Auch andere Größen der Finanzwelt wie die umsatzstärkste US-Versicherung AIG standen vor dem Zusammenbruch; sie wurde zu 92 Prozent verstaatlicht. Ihr Problem waren in enormer Höhe abgeschlossene Kreditversicherungen, die sämtlich fällig wurden. Deshalb wies der Konzern Ende 2008 den höchsten jemals gemeldeten Quartalsverlust aus: fast 62 Milliarden Dollar. Insgesamt 700 Milliarden Dollar kosteten die verschiedenen Rettungspakete für die US-Finanzbranche binnen anderthalb Jahren.

Am 15. September 2008 schließlich beantragte die Investmentbank Lehman Brothers in New York, bis dahin Nummer vier der Branche, Gläubigerschutz. Sie erklärte sich faktisch für zahlungsunfähig: Mehr als 200 Milliarden Dollar Verluste aus CDOs und anderen hochkomplexen Geschäften waren aufgelaufen. Nachdem die Regierung in Washington D. C., die Zentralbank und die großen US-Kreditinstitute in den vorangegangenen Monaten ungeheure Summen für die Bankenrettung zur Verfügung gestellt hatten, weigerte sich Finanzminister Henry Paulson nun, für Lehman dasselbe zu tun; eine Rolle spielte dabei sicher seine persönliche Feindschaft zu Lehman-Chef Richard S. Fuld, Jr. Daher brach die Investmentbank zusammen – binnen weniger Tage verloren fast alle der 25 000 Mitarbeiter ihre Arbeitsplätze. Nur 170 blieben, um die Bank abzuwickeln. Bis dahin hatte das Prinzip »too big to fail« gegolten, »zu groß zum Scheitern«. Entsprechend hatte die US-Regierung alle wichtigen Institute gerettet. Nun aber probierte Paulson mit Lehman Brothers aus, was passierte, wenn man eine weltweit vernetzte Bank untergehen ließ.[10] Die Folge war eine Katastrophe: Schlagartig trocknete der Interbanken-Markt praktisch aus, die wichtige gegenseitige Gewährung von Refinanzierungskrediten. Keine Bank hatte gegenüber den anderen Banken genügend Vertrauen, um kurzfristig Mittel zur Verfügung zu stellen. Dabei benötigen praktisch alle Institute regelmäßig Liquidität von anderen Banken, stellen aber ebenso oft ihrerseits der Konkurrenz Kreditlinien zur Verfügung. Der Interbankenmarkt ist so etwas wie der Blutkreislauf des Weltfinanzsystems, und er setzte Mitte September 2008 mit einem Mal aus.

Besonders schlimme Folgen hatte das in der Bundesrepublik, konkret für die Hypo Real Estate. Der Bilanzsumme nach Ende 2007 immerhin die viertgrößte Bank Deutschlands, war sie außerhalb der Branche dennoch kaum bekannt. Eigentlich eine Abspaltung der bayerischen Hypo-Vereinsbank mit Schwerpunkt Immobilien, hatte ihr Vorstandsvorsitzender Georg Funke mit dem Institut Größeres vor: Obwohl persönlich eher uneitel auftretend, wollte er unbedingt in die Spitzengruppe der deutschen Banken aufsteigen – um fast jeden Preis. Im Herbst 2007 bot sich Funke eine scheinbare Chance: Die HRE übernahm für 5,7 Milliarden Euro die Depfa Bank mit Sitz im aufsichtsrechtlich lockeren Dublin in Irland; die Bilanzsumme der HRE stieg durch die Übernahme von 161 Milliarden auf 400,2 Milliarden Euro – nun rangierten nur noch der Branchenprimus Deutsche Bank sowie die traditionsreichen Großbanken Dresdner Bank und Commerzbank vor der HRE.

Das Geschäft der Depfa waren grundsätzlich Kredite an die öffentliche Hand; die nötigen Mittel besorgte sie sich wiederum bei privaten Anlegern am Kapitalmarkt. Im Prinzip ein wenig aufregendes, sogar etwas langweiliges Geschäft. Um jedoch die Gewinnmargen und damit die

Aussicht auf höhere Boni zu steigern, ließen sich die Depfa-Verantwortlichen auf höchst riskante Wetten ein: Weil kurzfristige Kredite niedriger verzinst waren, als langfristige Abschlüsse einbrachten, verliehen sie Geld, das sie für beispielsweise sechs Monate oder ein Jahr am Kapitalmarkt aufgenommen hatten, auf fünf, zehn oder sogar 20 Jahre an Regierungen. Diese sogenannten Fristentransformationen funktionieren so lange, wie jederzeit genügend Kapitalgeber interessiert sind und etwaige Finanzierungslücken durch den Interbankenhandel ausgeglichen werden können. HRE-Chef Funke waren diese Wetten wohl zu riskant; jedenfalls versuchte die HRE im ersten Halbjahr 2008, die fragwürdigen Geschäfte ihrer Dubliner Tochtergesellschaft zu reduzieren. Warum er trotzdem den Kauf der Depfa mit ihrem hochgefährlichen Geschäft vorangetrieben hatte, blieb sein Geheimnis. Vielleicht war der Drang, mit der HRE aufzusteigen, einfach zu groß.

Mitte September 2008 fielen beide Voraussetzungen für Fristentransformationsgeschäfte nach Art der Depfa gleichzeitig weg: Der Interbankenhandel brach als Folge der Lehman-Pleite zusammen, und auf den Kapitalmärkten gab es angesichts ständiger Hiobsnachrichten kaum mehr investitionsfreudige Anleger; wer konnte, hielt sein Geld zusammen, statt es an Finanzdienstleister zu verleihen. Schlagartig fehlten der Depfa und damit der HRE gigantische Summen liquider Mittel, die sie brauchte, um auslaufende kurzfristige Kredite zurückzuzahlen. Eine unmittelbare Insolvenz drohte. Von Freitagnachmittag, dem 26. September 2008, bis Sonntagabend verhandelten die Bundesbank, die Aufsichtsbehörde Bafin und Vertreter der Bankenbranche intensiv, um ein Rettungspaket auf den Weg zu bringen. Man einigte sich auf Hilfen in Höhe von 35 Milliarden Euro, davon 15 Milliarden durch die private Bankenbranche; mehr als 26 Milliarden von der Gesamtsumme sollten durch Bürgschaften der Bundesregierung abgesichert werden. Georg Funke erklärte daraufhin seine Bank für gerettet. Doch schon drei Tage später meldete der HRE-Chef einen zusätzlichen Finanzbedarf von 15 Milliarden Euro an. Ob Funke schlicht gelogen hatte oder ob der Grund in unvorhersehbaren Turbulenzen am Markt und der Herabstufung der HRE und damit der Depfa durch eine Ratingagentur bestand, blieb umstritten. Jedenfalls kam es am 4. und 5. Oktober zu einem zweiten HRE-Rettungsgipfel in Berlin. Gleichzeitig tagten Experten im Finanzministerium und die Kanzlerin mit Spitzenbankern im Kanzleramt.

Die Regierung fühlte sich getäuscht. Die Frage war allerdings: Sollte man die HRE in die Insolvenz taumeln lassen und dadurch die durch die Lehman-Pleite verursachte Katastrophe noch steigern? Oder war ein anderer Weg richtig: die Rettung der gescheiterten Bank?[11] Angela Merkel und Peer Steinbrück entschieden sich für die Rettung, letztlich also für die Verstaatlichung der HRE. Um dafür genügend Zeit zu gewinnen, verfielen sie auf die Idee einer Garantie der deutschen Spareinlagen. Das war ein bewusst falsches Versprechen und damit eine klassische Fake News. Denn die Bundesregierung konnte die Sicherheit der Guthaben überhaupt nicht gewährleisten, weder in Höhe von 50 Milliarden Euro noch für 568 Milliarden und erst recht nicht für noch höhere Summen. Deshalb ruderten Regierungssprecher Ulrich Wilhelm und Ministeriumssprecher Torsten Albig so vehement zurück, als sie auf ein mögliches Gesetz angesprochen wurden.

Wie wurde aus der Idee eine offiziell verkündete Fake News? Einer nicht überprüfbaren Darstellung zufolge spielte das Magazin Der Spiegel eine entscheidende Rolle. Insgesamt zehn Redakteure, zumeist aus der Wirtschaftsredaktion des Hamburger Blattes, bereiteten in den letzten Septembertagen 2008 eine brisante Geschichte unter dem Arbeitstitel »Panik der Finanzmärkte erreicht Kleinsparer« vor. Die Journalisten erwarteten einen »Bank Run« und legten sich auf die Lauer, um zu protokollieren, wie oft Sicherheitsfirmen Bargeld zu Bankautomaten brachten. Ihr Erkenntnisziel dabei: Hoben die Deutschen in der Woche nach dem ersten Rettungspaket für die HRE mehr Geld ab als gewöhnlich? Offenbar hatte die Spiegel-Redaktion einen Tipp aus einer Geldtransportfirma bekommen. Waren die häufigeren Auffüllungen der Automaten ein Hinweis auf einen bevorstehenden Ansturm auf die Bankschalter? Und falls ja: Wie würde die Bundesregierung damit umgehen? Am Samstag, dem 4. Oktober 2008, konfrontierte das Autorenteam die Bundesregierung mit den Ergebnissen der Recherchen – und erhielt eine unerwartete Bitte als Antwort: Ob das Magazin die Veröffentlichung der Story über einen drohenden »Bank Run« wohl noch so lange zurückhalten könne, bis die Bundeskanzlerin und ihr Finanzminister eine »Garantie aller Sparguthaben« ausgesprochen hätten? Ähnliches hatte es bisher nur sehr selten gegeben – vor allem in der existenziellen Herausforderung des Rechtsstaates Bundesrepublik durch die RAF im Herbst 1977. Nun also griff, der freilich unbestätigten Darstellung zufolge, ein Regierungssprecher zum Telefon und bat Journalisten um Entgegenkommen.

Wie es in dramatischen Situationen oft ist: Es gibt verschiedene Versionen derselben Geschichte. Nach einer Lesart, die von SPD-Vertretern verbreitet wurde, soll Angela Merkel die treibende Kraft der nun folgenden Garantie gewesen sein. Demnach sollte am Nachmittag des 5. Oktober 2008 im Kanzleramt der Koalitionsausschuss zusammenkommen, um über das zweite Rettungspaket für die HRE und die Konsequenzen daraus zu beraten. Vor diesem Treffen, an dem die Spitzen von CDU, CSU und SPD teilnehmen sollten, gab es aber Streit. Vertreter der Bankenbranche hatten sich bei Angela Merkel beschwert, Peer Steinbrück habe durch unbedachte Äußerungen über die Krise der HRE deren Finanzbedarf in die Höhe getrieben. Um das wichtige Treffen des Koalitionsausschusses vorzubereiten, das unbedingt eine politische Entscheidung für oder gegen die HRE-Rettung bringen musste, tagten beide Regierungslager getrennt. Mitten während dieser Besprechungen habe die Kanzlerin ihren Finanzminister angerufen und mitgeteilt, sie werde in wenigen Minuten »vor die Presse gehen« und eine Garantie für die deutschen Sparer abgeben. Der überrumpelte Steinbrück habe darauf bestanden, dabei zu sein. Falls die Kanzlerin die Garantie allein ausspreche, werde er unmittelbar im Anschluss an ihre Erklärung zu einer eigenen Pressekonferenz einladen. Das wiederum habe die Kanzlerin abgelehnt. Nach einigem Hin und Her sei ein gemeinsamer Auftritt im Kanzleramt vereinbart worden – und auch die Botschaft, die verkündet werden sollte: »Wir sagen den Sparerinnen und Sparern, dass ihre Einlagen sicher sind. Auch dafür steht die Bundesregierung ein.«

Nach einer abweichenden Darstellung, diesmal aus Kreisen der CDU, war alles ganz anders. Laut einer Quelle, die unmittelbar an den Entscheidungen des 5. Oktober mitgewirkt hatte, habe Angela Merkel ursprünglich nur eine Erklärung zur HRE abgeben wollen. Das habe allerdings in Steinbrücks Finanzministerium zu Irritationen geführt. Als zudem ein Vertreter der Bundesbank gewarnt habe, eine Äußerung nur zum HRE-Rettungspaket könne bei den Deutschen zu einer tiefen Vertrauenskrise gegenüber allen Banken und damit zu einem »Bank Run« führen, sei die Idee der Staatsgarantie geboren worden. Man habe der SPD ein gemeinsames Statement vorgeschlagen. Dieses Angebot wiederum bestritten Beteiligte aus dem Finanzministerium. Merkel habe gerade keinen gemeinsamen Auftritt mit Steinbrück gewollt, weil sie den direkten Vergleich mit dem Minister gescheut habe. Der wortgewandte Sozialdemokrat hätte nämlich, so die Befürchtung, die Kanzlerin blass aussehen lassen können. War er doch bekannt dafür, komplexe finanzpolitische Zusammenhänge in anschaulicher Sprache zu erklären.[12]

Wie genau das folgenreiche, allerdings bewusste falsche Versprechen von Angela Merkel und Peer Steinbrück zustande kam, welche der kolportierten Versionen über den 5. Oktober 2008 also richtig ist und welche Rolle dabei die angebliche oder tatsächliche Anfrage des Spiegels spielte, wird sich vermutlich nie endgültig klären lassen. Solche Beratungen schlagen sich erfahrungsgemäß nicht in Aktenvermerken nieder, die eines Tages in Archive wandern; im Übrigen steht Aussage gegen Aussage.

Unzweifelhaft aber war die Garantie von Merkel und Steinbrück höchst ungewöhnlich. Das belegt die Reaktion von Regierungssprecher Ulrich Wilhelm am folgenden Tag. In der Bundespressekonferenz verkündete er am 6. Oktober 2008 den versammelten, überaus wissbegierigen Journalisten:»Ich möchte an Sie appellieren, die Wirkung der Aussage nicht durch Detailfragen zu relativieren.« Eine erstaunliche Bitte, waren doch mehr Fragen offen als geklärt. Etwa die nach dem genauen Umfang der Merkel-Steinbrück-Garantie. Oder jene nach der Mitwirkung des Bundestages. Bis auf Weiteres plane die Regierung gar nicht, ihr Versprechen in juristisch verlässliche Formen zu gießen, sagte Wilhelm:»Eine umfassende politische Erklärung, hinter der die große Koalition steht, ist in ihrer Tragweite belastbarer als jedes Gesetz.« Im demokratischen Rechtsstaat war das für einen Regierungssprecher eine zumindest fragwürdige Feststellung. Daran ändert auch der nachgeschobene Satz nichts, das Parlament werde beteiligt, falls es tatsächlich zu Zahlungen des Bundes kommen müsse.

Dazu ist es nicht gekommen, denn die riskante Wette von Merkel und Steinbrück ging auf: Die Deutschen stürmten eben nicht die Bankschalter. Der Finanzminister war für das letzte Jahr der ersten großen Koalition unter Angela Merkel ohne Zweifel der einflussreichste Minister im Kabinett. Auch Steffen Seibert stieg auf: 2010 wurde der ZDF-Moderator zum neuen Regierungssprecher berufen; eine Funktion, die er auch sieben Jahre später in der zweiten großen Koalition unter Merkel noch ausübt.

Für die Bundeskanzlerin allerdings könnte dieser Erfolg der Beginn eines problematischen Verhältnisses mit der Wahrheit gewesen sein. Das meint zumindest Gabor Steingart, der Herausgeber des *Handelsblattes*. Er diagnostizierte im Herbst 2016, genau ein Jahr nach dem Beginn der Flüchtlingskrise:»Die deutsche Regierungschefin hat sich auf ein gefährliches Spiel mit der Wahrheit eingelassen. Sie behandelt die Realität neuerdings als einen Rohstoff, den es entsprechend der politischen Erfordernis zu gestalten, zu verformen, zu verpacken und schließlich massenmedial zu vertreiben gilt.« Eine Unwahrheit sei für Merkel keine Unwahrheit mehr, solange nur das Präsidium der CDU mehrheitlich glaube, dass es sich um die Wahrheit handele, und der Rest des Gremiums schweige. Tatsachen hätten für die Kanzlerin keine bindende Wirkung. Steingart fuhr fort:»Das Spiel begann, als sie 2008 auf dem Höhepunkt der Finanzkrise mit dem damaligen Finanzminister Peer Steinbrück vor die Öffentlichkeit trat, um den besorgten Sparern die Werthaltigkeit ihrer Einlagen zu garantieren. Natürlich wusste sie, dass ein bereits damals mit rund 1,6 Billionen Euro verschuldeter Staat, in dessen Tresor lediglich ein großer Schuldschein liegt, nichts garantieren kann. Doch der Bluff gelang. Märkte und Menschen beruhigten sich. Merkel konnte froh sein, dass die Bürger den Wahrheitsgehalt ihrer Geld-zurück-Garantie nicht testeten.«[13]

# »Flüchtlinge sind willkommen«
## Gründe für die massenhafte Zuwanderung 2015

*»Das Motiv, mit dem wir an diese Dinge herangehen, muss sein:*
*Wir haben so viel geschafft – wir schaffen das!«*
Angela Merkel 2015[1]

Der Tweet macht rasend schnell die Runde – auf dem Ostbahnhof in Budapest ebenso wie im Aufnahmelager Röszke im Süden Ungarns, knapp drei Kilometer nordöstlich der Grenze zu Serbien. Ein Smartphone hat fast jeder Flüchtling, der irgendwo zwischen der Türkei und Ungarn auf der Balkanroute unterwegs ist. Zur Orientierung, um Kontakt zur Familie zu halten und als »Nachrichtenbörse«. Und wer keines besitzt, erfährt Neuigkeiten von anderen Flüchtlingen. Und eine Neuigkeit ist es, was das Bundesamt für Migration und Flüchtlinge (BAMF) am 25. August 2015 per Twitter verbreitet: »#Dublin-Verfahren syrischer Staatsangehöriger werden zum gegenwärtigen Zeitpunkt von uns weitgehend faktisch nicht verfolgt.« Das bedeutet, dass kein Syrer, der in Deutschland Asyl beantragen will und es bis zur Grenze schafft, in das Land zurückgeschickt wird, wo er erstmals europäischen Boden betreten hat. Eigentlich ist nach den Dublin-Regeln dieses Ankunftsland verpflichtet, den Flüchtling zu erfassen und eine Weiterreise bis auf Weiteres zu unterbinden.[2] Daran hält sich die ungarische Regierung, doch inzwischen nähert sich die Zahl der seit Anfang 2015 registrierten Flüchtlinge der Marke von 150 000 – bei knapp zehn Millionen Einwohnern. Im gesamten Jahr zuvor waren rund 43 000 Flüchtlinge eingetroffen, 2012 sogar nur 2000 Menschen. Und mehr als 100 000 sind noch auf der Balkanroute Richtung Ungarn unterwegs, Syrer, Iraker und Afghanen, aber immer mehr auch Menschen aus Balkanländern. Ungarn hat daher bereits im Juni die Schließung der 175 Kilometer langen Grenze zu Serbien angeordnet. Aber den Asylsuchenden stehen weiter genügend Schlupflöcher zur Verfügung. An einem Wochenende schaffen es 10 000 neue Flüchtlinge ins Land. Rund 2000 bis 3000 lagern

Ende August im Budapester Ostbahnhof mit seiner eindrucksvollen Neurenaissancefassade. Die hygienischen Zustände sind katastrophal, die Stimmung ist gereizt. Viele der Flüchtlinge haben Fahrkarten nach Österreich oder Deutschland gekauft. Trotzdem wird ihnen der Zugang zu den Zügen verweigert. Polizei riegelt die Wege zu den Bahnsteigen ab. Der Tweet aus dem deutschen Bundesamt ändert alles. Unter Hinweis auf die 14 Wörter auf ihren Smartphones weigern sich plötzlich Hunderte Flüchtlinge, sich von den ungarischen Behörden registrieren zu lassen. Der ungarische Botschafter in Berlin fragt im Bundesinnenministerium nach, wie die Rechtslage sei. Er erntet Schulterzucken, offenbar kennen seine Ansprechpartner den Tweet überhaupt nicht.

Am 30. August nährt eine neue Nachricht die Hoffnung unter den Flüchtlingen. Am späten Abend twittert eine deutsche Journalistin, dass die deutsche Botschaft in Ungarn Sonderzüge für syrische Flüchtlinge in die Bundesrepublik bereitstelle. Sie beruft sich auf lokale Quellen. Andere Medien übernehmen die Meldung am nächsten Morgen, der Bayerische Rundfunk mit Berufung auf das ARD-Studio Wien/Südosteuropa. Auch Politiker melden sich zu Wort. Die menschenrechtspolitische Sprecherin der Linken im Bundestag, Annette Groth, ist nach Budapest gereist und lässt verbreiten, sie wolle einen Weg für die verzweifelten Flüchtlinge finden, »ihre Reise fortsetzen zu können«. SPD-Bundestagsfraktionsvize Eva Högl begrüßt die Überlegung, syrische Bürgerkriegsflüchtlinge aus Budapest nach Deutschland zu holen. Diese Idee solle man ernsthaft prüfen, denn es gehe darum, sichere und legale Wege nach Europa zu finden. »Wir müssen mit allen Mitteln verhindern, dass Menschen auf der Flucht im Mittelmeer ertrinken oder in Lkws ersticken«, betont sie in Interviews. Kurz zuvor waren in Österreich 71 tote Flüchtlinge aus Syrien, Afghanistan und dem Irak erstickt in einem Lkw gefunden worden.[3]

Schon am nächsten Tag werden die Meldungen über die Sonderzüge revidiert. Das Auswärtige Amt bezeichnet sie als »Ente«. Auch der Presseattaché der ungarischen Botschaft in Berlin, Anzelm Bárány, erklärt die Berichte für falsch. »Das ist eine sehr gefährliche Nachricht, weil sich auf dem Bahnhof immer mehr Flüchtlinge versammeln«, sagt er. Sie würden »immer ungeduldiger, und die Lage spitzt sich zu«. Am Mittag widerspricht auch Regierungssprecher Steffen Seibert auf Twitter: »Nein. Es gibt keine Sonderzüge. EU-Recht gilt: Wer nach Ungarn kommt, muss

Am 5. September 2015 warten Flüchtlinge am Ostbahnhof in Budapest auf ihre Weiterfahrt nach Westen, darunter dieser Mann im Rollstuhl.

sich dort registrieren + Asylverf. dort durchführen.« Mit anderen Worten: Das Dublin-Verfahren gilt. Doch das glaubt niemand. Viele Flüchtlinge sind der Meinung, dass Deutschland niemanden zurückschicke, der erst einmal dort angekommen ist. Sie sind sich sicher, dass diese Willkommenshaltung nicht nur auf syrische Flüchtlinge beschränkt bleibt, obwohl genau das in der Twittermeldung zu lesen ist. Das ergibt für die Flüchtlinge aus anderen Staaten keinen Sinn. Warum sollen Iraker, die aus Kriegsgebieten kommen, zurückgeschickt werden? Oder Afghanen, die vor den Taliban geflohen sind?

Der Eindruck wird durch einen Auftritt von Bundeskanzlerin Angela Merkel scheinbar bestätigt. Sie ist am 31. August 2015 Gast der Bundespressekonferenz und spricht dort über die Herausforderung, die durch die ständig steigende Zahl von Flüchtlingen auf Deutschland zukommen wird. Seit dem Frühjahr konnte niemand übersehen, etwa auf Bahnhöfen in Berlin, dass die Zuwanderung massiv zugenommen hat. Kleinere Gruppen, Familien oder einzelne Personen sind zu ihren Unterkünften quer durch das Land gereist. Das Innenministerium hat am 19. August bekannt gegeben, dass man insgesamt mit 800 000 Flüchtlingen allein im Jahr 2015 rechne, einer Vervierfachung im Vergleich zum Vorjahr. Merkel gibt sich zuversichtlich und entschlossen.»Wann immer es darauf ankommt, sind wir – Bundesregierung, Länder und Kommunen – in der Lage, das Richtige und Notwendige zu tun«, sagt sie den versammelten Hauptstadt-Journalisten. Deutschland sei ein starkes Land.»Das Motiv, mit dem wir an diese Dinge herangehen, muss sein: Wir haben so viel geschafft – wir schaffen das!«[4]

Was als Ermutigung an die eigenen Behörden und die Bevölkerung gedacht ist, wirkt auf viele Flüchtlinge wie eine Einladung. Etwa auf die Menschen, die im Hauptbahnhof von Budapest ausharren und »Germany, Germany« in Kameras rufen. Dann sind plötzlich die Polizeikräfte verschwunden. Hunderte Flüchtlinge stürmen die Züge, die in Richtung Österreich und Deutschland fahren. Sonderzüge sind es nicht, aber die Richtung stimmt. Andere machen sich zu Fuß auf den Weg oder lassen sich mit Privatfahrzeugen zur Grenze fahren. Als die Lage in den folgenden Tagen immer unübersichtlicher und bedrohlicher wird, reagiert Kanzlerin Merkel am 4. September 2015. Nach Verständigung mit ihrem österreichischen Kollegen Werner Faymann entschließt sie sich, am kommenden Tag die deutsche Grenze für Flüchtlinge aus Ungarn nicht zu blockieren. Sie rechnet mit rund 7000 Menschen.

Am 5. September, um 00.17 Uhr, verbreitet die österreichische Nachrichtenagentur APA die Nachricht: »Österreich und Deutschland erlauben aus Ungarn kommenden Flüchtlingen die Weiterreise in ihre Länder.« Von einer »Notlage« ist die Rede. Ab vier Uhr treffen am österreichischen Grenzübergang die ersten Flüchtlinge ein. Weil es in den kommenden Stunden mehr werden als erwartet, informiert Faymann seine Kollegin Merkel, nicht ohne Sorge, dass Deutschland seine Grenzen schließen könnte. Denn viele der Ankömmlinge können mit Österreich nichts anfangen und skandieren nur: »Germany!« Doch Merkel steht zu ihrem Wort.

Kurz nach acht Uhr berät sich Bundesaußenminister Frank-Walter Steinmeier (SPD) telefonisch mit engen Mitarbeitern in Berlin. Die erfahrenen Beamten sind skeptisch, ob die Entscheidung der Kanzlerin aus der vergangenen Nacht klug ist. Sie kennen die internen Berichte der deutschen Botschaften über die Stimmung in den Ländern und ahnen, welche enormen Hoffnungen die Entscheidung bei den Menschen im Nahen Osten oder in Südasien auslösen wird: Es werden sich noch mehr auf den Weg machen. Das will die Bundesregierung jedoch unter allen Umständen vermeiden. Merkel ist sich mit ihrem Kanzleramtschef Peter Altmaier (CDU) einig, dass man das Besondere der Situation den Bundesbürgern kurz erklären muss. Sie verwirft allerdings die Idee aus ihrem Umfeld, dass sie selbst vor die Kameras tritt wie 2008 in der Finanzkrise, als sie zusammen mit dem damaligen Finanzminister Peer Steinbrück (SPD) die Versicherung gab, dass das Geld der Deutschen sicher sei. Altmaier übernimmt den Part; Bundesinnenminister Thomas de Maizière (CDU), eigentlich zuständig, ist krank. So betont der Kanzleramtsminister um 20.20 Uhr im ARD-*Brennpunkt*, dass es sich bei der Grenzöffnung um eine Ausnahme handelt. »Wenn Not ist, muss geholfen werden.« *Brennpunkt*-Moderator Stefan Schneider fragt nach: »Herr Altmaier, was passiert, wenn die Not morgen weitergeht?« Der Kanzleramtsminister weicht aus. Deutschland habe schon viele Flüchtlinge aufgenommen, es werde weiter Flüchtlinge aufnehmen, die Willkommenskultur sei groß im Land. Wie eine Ausnahme klingt das nicht.[5]

Tatsächlich kommen am folgenden Wochenende mehr als 20 000 Flüchtlinge, danach werden es täglich Tausende mehr. Die Bilder von den ankommenden Flüchtlingen, die freundlich und sogar mit Beifall von den Deutschen empfangen werden, verbreiten sich in alle Welt. Sie erleichtern vor allem einer Gruppe ihr Geschäft: den Schleusern. Diese haben noch einmal ihre Aktivitäten verstärkt, wie die deutschen Botschaften mit Entsetzen feststellen. Viele Afghanen, Pakistanis, auch Marokkaner oder Tunesier werden zu »Syrern«. Sogar ein deutscher Oberleutnant der Bundeswehr ohne jeden Migrationshintergrund, der zudem kein Wort Arabisch spricht, wird als Bürgerkriegsflüchtling aus Syrien anerkannt. Eilig wird eine bereits im August begonnene Kampagne ausgeweitet. So sendet das Auswärtige Amt (AA) am 9. September 2015 eine Twitter-Nachricht: »Schleuser lügen und sind nur an Geld interessiert. Sie helfen nicht, sondern riskieren Euer Leben. Vertraut ihnen nicht!« Am 12. September trifft Botschafter Markus Potzel in Kabul mit Vertretern der afghanischen Regierung und einheimischen Journalisten zusammen. Er bittet eindringlich darum mitzuwirken, dass ihre Bürger nicht in Scharen das Land verlassen.

Einen Tag zuvor hat die deutsche Botschaft im Libanon auf ihrer Facebook-Seite ein aus ihrer Sicht eindeutiges Dementi in arabischer Sprache veröffentlicht:»Es stimmt nicht, dass Deutschland die Aufnahme von 800 000 Flüchtlingen zugesagt hat«, heißt es da. Ein Dossier, das die deutsche Botschaft in Ägypten veröffentlicht, nimmt auch auf diese Zahl Bezug. Sie sei lediglich eine»statistische Schätzung«. Ein erheblicher Teil derjenigen, die nach Deutschland kämen, werde voraussichtlich nicht anerkannt und müsse heimkehren. Tenor all der Aktionen: Glaubt nicht alles, was über Deutschland erzählt wird. Die konzertierte Aktion der Diplomaten, offiziell als»Informationsoffensive« verkauft, ist in Wirklichkeit nichts anderes als ein Abschreckungs-Manöver. Denn die Versprechen der Schlepper werden immer abstruser. Deutschland suche mehr als eine Million Arbeitskräfte für Unternehmen wie Siemens oder BMW, reden sie den Fluchtwilligen ein. Täglich würden rund 5000 Flüchtlinge aufgenommen, jeder von ihnen bekäme ein eigenes Haus und ein Monatseinkommen von 1000 Euro. Im Libanon, wo viele Syrer ausharren, heißt es, man könne in deutschen Konsulaten im Eilverfahren Asyl beantragen. Jedes Familienmitglied eines bereits anerkannten Asylbewerbers könne problemlos einreisen und bleiben. Das verstärkt sofort den Andrang vor dem Konsulat, Betrüger bieten Termine zum Kauf an. Auf der Website der libanesischen Tageszeitung *Ad-Diyar* wird behauptet, europäische Länder würden Schiffe schicken, um die Flüchtlinge abzuholen. Fotos, die im Netz verbreitet werden, zeigen das Luxuskreuzfahrtschiff »Queen Victoria« und ein mit Flüchtlingen überladenes Schiff – die Aufnahme ist Jahrzehnte alt. Der Leiter der Rechts- und Konsularabteilung der deutschen Botschaft in Beirut, Jörg Walendy, muss mehrfach vor das Gebäude treten und mahnen, den Gerüchten nicht zu glauben. Auch Botschafter Martin Huth, erst seit dem 1. September im Amt, diskutiert mit den Menschen, um ihnen zu bestätigen, was seine Vertretung längst auf Facebook verbreitet:»Es stimmt nicht, dass Deutschland Schiffe schickt, um Flüchtlinge abzuholen.« Vertreter der Botschaft fahren auch von Beirut nach Libyen, um in Tripolis der Vorstellung, es würden Schiffe warten,»mit einer wahren Darstellung entgegenzutreten«, wie das Auswärtige Amt mitteilt. In Afghanistan ist aus der angeblichen Zusage Deutschlands, 800 000 Flüchtlinge aufzunehmen, längst die Deutung geworden, es gehe um 800 000 Afghanen. So starten jede Nacht in Kabul rund 60 Busse nach Nimrum an der Grenze zum Iran. Die Folgen sind bald in Deutschland zu spüren: Registrieren die Behörden im September 2015 rund 18 000 Afghanen, sind es im Oktober bereits etwa 31 000 und im November 44 000.[6] Die Versprechungen an die Menschen, die sich entschlossen hatten, ihr Land zu verlassen, waren nichts weiter als mutwillige Falschmeldungen, bewusste Verdrehungen oder Gerüchte ohne jede reale Grundlage. Nirgends wurde von offizieller Seite zugesichert, dass Flüchtlinge automatisch Staatsbürgerschaft, Geld oder gar Häuser bekämen. Dennoch gediehen diese Fake News. Viele Flüchtlinge hatten sich durch Medien, Internet und Bekannte darüber informiert, wie stabil die Lage in Deutschland ist: politisch, wirtschaftlich und sozial. Genau dort wollten sie sich und ihren Familien eine bessere Zukunft ermöglichen. Berichte über Probleme, die es in Deutschland gibt, wurden da schon mal überlesen oder ausgeblendet. Und selbst wer die realistische Lage kannte, ließ sich nicht unbedingt abhalten. »Es kann nicht schlimmer sein als zu Hause«, war dann eine häufig geäußerte Haltung. Selbst Menschen aus sicheren und für ihre Region wohlhabenden Verhältnissen gaben alles auf für ein Leben in Deutschland.

Als Innenminister de Maizière am 19. August 2015 erklären ließ, man rechne im laufenden Jahr mit 800 000 Asylsuchenden in Deutschland, war das erkennbar eine Schätzung und keine Zusage. De Maizière hatte die Zahl genannt, damit sich die Bundesländer und Kommunen auf den Betreuungs- und Versorgungsaufwand einstellen konnten. Zweifel, dass eine solche Größenordnung zu bewältigen wäre, äußerte er nicht – so wurde die Zahl zu einer festen Größe.

Der Tweet des Bundesamtes für Migration und Flüchtlinge (BAMF) vom 25. August 2015 ging auf eine Indiskretion zurück. Am 21. August hatte Angelika Wenzl, Regierungsdirektorin im BAMF, einen internen Vermerk unter der Überschrift »Verfahrensregelung zur Aussetzung des Dublinverfahrens für syrische Staatsangehörige« verschickt. Er war nicht für die Öffentlichkeit gedacht, gelangte aber dorthin. Weil Nachfragen von Medien immer drängender wurden, sah sich das Bundesamt gezwungen, das geplante Vorgehen zu bestätigen – und so erst richtig zu verbreiten.

Was die angebliche Entscheidung der Bundesregierung betrifft, Sonderzüge nach Budapest zu schicken, so entsprach diese unzutreffende Nachricht dem Wunsch vieler Flüchtlinge. Die oft wiederholte Forderung von Helfern und anderen betroffenen Menschen, es müsse endlich etwas geschehen, wurde schnell zur vermeintlichen Gewissheit. Das Gerücht über Sonderzüge, das am Abend des 30. August 2015 aufkam, geht auf die Linken-Politikerin Annette Groth zurück. Vor ihrer Abreise nach Budapest an diesem Tag postete sie auf Facebook: »Fliege gleich nach Budapest, um mir die humanitäre Flüchtlingskatastrophe am Bahnhof anzuschauen. Wie vor 25 Jahren muss Bundesregierung Züge für die Flüchtlinge bereitstellen, damit sie sicher nach Deutschland einreisen können und sich nicht in die Hände skrupelloser Schlepper begeben müssen!«

Die Erinnerung an die Tausenden DDR-Bürger, die im Sommer 1989 aus Prag mit Zügen in die Bundesrepublik gebracht wurden, war mit dieser Bemerkung sofort wieder präsent – zumindest bei jenen Medien, die Groths Hinweis auf die DDR-Flüchtlinge aufgriffen und auch dem Gerücht von den Sonderzügen aufsaßen. Das war auch im Sinne der ungarischen Regierung, die sich wegen ihrer Flüchtlingspolitik zu Unrecht kritisiert sah und die Polizisten abzog, weil es sich ihrer Meinung nach um »ein deutsches Problem« handele. Die Linke Groth, die bereits vor ihrem Budapest-Trip auf der Balkanroute unterwegs gewesen war, sorgte noch für ein anderes falsches Bild. Als der Online-Mediendienst *Telepolis* sie am 24. August fragte, wer die Flüchtlinge seien, antwortete sie: »Oft sind es Akademiker, Ärzte, Anwälte, Musiker, die nun die Flucht wagen.«[7]

Viele der Falschmeldungen im August und September 2015 schienen für die Flüchtlinge plausibel. Gehörte Deutschland nicht der Allianz im Kampf gegen die Taliban an, dachten viele in Afghanistan und nahmen die Zusicherung, Deutschland nehme gern Afghanen auf, für bare Münze, zumal sie mit echten Willkommensbildern aus deutschen Städten garniert war. Das Versprechen der Schlepper, Deutschland suche mehr als eine Million Arbeitskräfte, wirkte gar nicht mehr so unwahrscheinlich angesichts zahlreicher Äußerungen von Wirtschaftsfunktionären. Ulrich Grillo, Präsident des Bundesverbandes der Deutschen Industrie, sagte etwa: »Wir haben ein demografisches Problem in der Zukunft. Das heißt, wir haben einen Mangel an Arbeitskräften. Dieser Mangel kann reduziert werden.« Mit den Flüchtlingen würde die Wirtschaft neue, teilweise qualifizierte Mitarbeiter bekommen. Daimler-Chef Dieter Zetsche verstieg sich gar zu einem gewagten Vergleich: »Im besten Falle kann es auch eine Grundlage für das nächste deutsche Wirtschaftswunder sein.« Natürlich sei nicht jeder Flüchtling brillant, »aber viele sind top ausgebildet«. Und wer sein altes Leben zurücklasse, sei hoch motiviert. »Genau solche Menschen suchen wir bei Mercedes und überall in unserem Land.« Und im *Spiegel* nannte die Publizistin Elke Schmitter Flüchtlinge pauschal eine Gruppe, »die höchst willkommen ist in diesem Land, das Zuzügler braucht«. Freilich ist schwer abzuschätzen, wie viele Flüchtlinge in ihren Ländern oder bereits auf der Flucht diese Äußerungen tatsächlich mitbekamen. Aber neben den Schleppern leisteten auch Flüchtlinge »Überzeugungsarbeit«, die bereits in Deutschland lebten, ihre Verwandten und Bekannten mit solcherlei Informationen fütterten und zudem den Eindruck verbreiteten: »Wir haben es geschafft!«

Beliebt waren dabei Videoclips, die im Internet verbreitet wurden. So behauptete ein Marokkaner, er bekäme jeden Monat 600 Euro, auch eine Wohnung sei ihm zugewiesen worden, dabei arbeite er gar nicht. Mehr als 400 000 Mal wurde der Film angeklickt. In einem weiteren Clip schwärmte ein Flüchtling, der sich als Iraker ausgab: »Hier ist es nicht nur gut, hier ist es fantastisch. Hier gibt es Essen, Trinken, Geld. Wir werden umsorgt, hier ist es bequem.« Ein anderer ließ sich vor teuren Autos fotografieren, so, als gehörte einer der Wagen ihm. Diese Eindrücke der Neuankömmlinge wurden von »Alteingesessenen« bestätigt, etwa von einem, der seit 14 Jahren in Deutschland lebt und verbreitete: Wer einen Aufenthaltstitel habe, bekomme alles, der könne eine Wohnung kaufen und Möbel – und die Behörden würden auch noch die Kosten übernehmen. Ein Segen, denn mit dem eigenen Gehalt würde man sich das alles nicht leisten können. Selbst große TV-Sender wie Al Dschasira oder der arabische Dienst von Russia Today verbreiteten solche Schilderungen.[8]

Hinter diesen Äußerungen steckte oftmals auch die Scheu, gegenüber den Verwandten in der Heimat zuzugeben, wie es schwer war, Fuß zu fassen. Zum einen, um die Familie daheim nicht zu beunruhigen – vor allem bei Afghanen eine verbreitete Haltung; zum anderen, um nicht Schande über die Verwandtschaft zu bringen, was in Afrika eine große Rolle spielt. Andererseits war die Begeisterung nicht gespielt, denn die staatliche Unterstützung überstieg meist das Durchschnittsgehalt in der Heimat. Umgekehrt glaubten es die Daheimgebliebenen mitunter nicht, wenn ihnen aus Deutschland von der Flucht abgeraten wurde. Schnell hieß es dann: Du hast es geschafft, willst aber nicht, dass es uns auch gutgeht.

Wie sehr all diese »Informationen« wirkten, erfuhren als Erste Dolmetscher und Mitarbeiter von Wohlfahrtsorganisationen. Sie wurden mit den Erwartungen der Ankömmlinge konfrontiert: dass man 6000 Euro Begrüßungsgeld bekomme, dass es sehr gute Jobs mit guten Verdienstmöglichkeiten gebe und dass es sehr einfach sei, eine Freundin zu finden. Und so mancher fragte ungeduldig, wann jemand mit ihm zur Behörde gehe, um das Geld anzuholen.[9]

Die Behauptungen von einem großzügigen »Starterpaket« mit Geld, Wohnung und Job hatten Vorläufer. Schon 2013 nahm auf einmal die Zahl der Flüchtlinge zu, allein im ersten Halbjahr kamen fast 10 000 Asylantragsteller aus Russland, im gesamten Jahr zuvor waren es 3202. Das Land rückte an die Spitze der Statistik in Deutschland. Die Mehrheit der Antragsteller stammte aus der Teilrepublik Tschetschenien und wollte nach zwei Kriegen dem kargen Alltag und dem harten Regime des Präsidenten Ramsan Kadyrow entfliehen. Mit zu dem plötzlichen Ansturm führte die Mär, Deutschland würde 40 000 Tschetschenen aufnehmen. Auch war die Rede von einer finanziellen Zuwendung von 4000 Euro pro Person und kostenlosem Bauland für jeden.

Die Flüchtlingsexpertin der russischen Menschenrechtsorganisation Memorial, Swetlana Gannuschkina, schilderte, dass die Bewohner ganzer Straßenzüge sich in Busse Richtung Westen gesetzt hätten. Sie könne das verstehen: »Die Angst hat die Menschen im Griff, deshalb glauben so viele dem Gerücht.« Dagegen konnten auch alle Versuche der tschetschenischen Regierung nichts ändern. Die regierungsoffizielle Zeitung *Westi Respubliki* kritisierte die Landsleute offen. Wenn sie vor Krieg, Entführungen und Tod flöhen, könne man das ja verstehen. Aber einfach wegen eines besseren Lebens? Und als Abschreckung war die Bemerkung gedacht: Noch habe kein Tschetschene in Deutschland etwas von den angeblichen Finanzhilfen, Wohnungen und Autos gesehen.

Die ungewöhnliche Zunahme der Asylanträge von Tschetschenen veranlasste die Bundestagsfraktion der Linkspartei am 5. September 2013 zu einer Kleinen Anfrage an die Bundesregierung. Sie verlangte Auskunft zur Politik in der Teilrepublik, über Erkenntnisse zu kriminellen Aktivitäten und eine mögliche terroristische Gefährdung. Zwei weitere Fragen drehten sich um Gerüchte. Zum einen wollte die Fraktion wissen, was der Bundesregierung zu der in Tschetschenien verbreiteten Vorstellung bekannt sei, Asylsuchende erhielten in Deutschland ein »Begrüßungsgeld« von 4000 Euro. Und zweitens:»Wer ist nach Kenntnissen der Bundesregierung Urheber solcher Gerüchte?« Die Antwort kam drei Wochen später:»Die Bundesregierung nimmt grundsätzlich nicht zu Spekulationen und Gerüchten aus nicht verifizierbaren Quellen Stellung. Nach Informationen der Bundesregierung ist aber davon auszugehen, dass bei Bewohnern der Teilrepublik Tschetschenien die unzutreffende Vorstellung verbreitet ist, Asylbewerber tschetschenischer Volkszugehörigkeit könnten in Deutschland – außer mit Leistungen nach dem Asylbewerberleistungsgesetz – mit zusätzlichen Zuwendungen materieller Art rechnen.«[10]

Angesichts der Dynamik der Falschmeldungen ist es nachzuvollziehen, dass das Auswärtige Amt die bereits im August angelaufene Aufklärungskampagne im Herbst 2015 ausweitete. In Afghanistan trug sie den Titel »#RumoursaboutGermany« (Gerüchte über Deutschland). Die Bundesrepublik habe keinen Platz für 800 000 Flüchtlinge, illegale Einreise sei ein Straftatbestand, Migranten bekämen keine Jobs, vielmehr dauere es viele Jahre, bis Zugewanderte legal eine Arbeit annehmen könnten. Auch stimme nicht, dass man in Deutschland mit Englisch problemlos zurechtkomme, denn Deutsch sei die einzige offizielle Sprache. Und so weiter. Einzelne der Posts wurden über 600 000 Mal angesehen.

In großen Städten wie Kabul, Masar-e Scharif und Herat wurden großflächige Plakate aufgestellt, auf denen in den lokalen Sprachen zu lesen war:»Deutschland garantiert unverzügliche Staatsbürgerschaft und unbegrenzte Aufenthaltserlaubnis? Falsch!« Oder:»Afghanistan verlassen? Haben Sie das gut durchdacht?« Die Fragen und Hinweise waren auch auf Bussen zu finden. Flankiert wurden die Aktionen durch Beiträge der Deutschen Welle, die mit all ihren Formaten – TV, Radio, Online, Soziale Medien – in der Region, aber auch in Afrika und dem arabischen Raum Aufklärung über die oft lebensgefährliche Reise und die Asylbestimmungen Deutschlands betrieb.

Im Februar 2016 startete das Auswärtige Amt in einer zweiten Phase die Video-Kampagne »My home Afghanistan«, um Afghanen »zum Bleiben zu ermutigen«. Zielgruppe waren 18- bis 35-Jährige. Zehn Clips wurden im Fernsehen und in den sozialen Netzen gezeigt. Ausgesuchte Afghanen erläuterten ihre persönlichen Gründe, im Land zu bleiben – vom Verkehrspolizisten bis zur Athletin. Kampagnen dieser Art liefen auch in anderen Ländern: Über soziale Netze sollten vor allem Syrer erreicht werden, Afrikaner über das Radio und Afghanen per Fernseher. Auch auf dem Westbalkan waren die Aufklärer aktiv. Die Deutsche Welle startete das Angebot »Vom Balkan nach Deutschland: Fakten statt Mythen«, auf Albanisch, Bosnisch, Bulgarisch, Mazedonisch, Rumänisch und Serbisch. Noch im Frühjahr 2016 – die Balkanroute war seit Anfang März dicht – wurde mit dem »Abschreckungs«-Programm gearbeitet.

»Es geht darum, Falschmeldungen, die Schlepper bewusst in Umlauf bringen, um ihr Geschäft anzukurbeln, zu entkräften«, begründete Regierungssprecher Steffen Seibert. Doch die Kampagne wurde innerhalb der Regierung auch skeptisch gesehen. Man solle die Wirkung nicht überschätzen, hieß es. Ob sich der Zustrom damit reduzieren lasse, könne niemand sagen. Auch die Opposition sah das so. Der außenpolitische Sprecher der Grünen im Bundestag, Omid Nouripour, hielt die Kampagne sogar für das falsche Instrument. Vor Ort ließe sich mehr erreichen als mit »merkwürdigen Filmen«. Tatsächlich wirkte die Aktion so, als wollte man mit eilig gefüllten Sandsäcken einen gebrochenen Damm stopfen.[11]

Eine Auflistung der Ursachen für die Flucht vieler Afghanen, die das Auslandsbüro der Konrad-Adenauer-Stiftung in Kabul im Februar 2017 veröffentlichte, zeigt, dass Medienkampagnen und Appelle nicht genügten. Verstärkt wurde die Bewegung durch die Einführung neuer Pässe, die es leichter machte, legal in den Iran oder nach Pakistan zu kommen. Nach einem Bericht der deutschen Botschaft ließ Kabul eine Million Reisepässe drucken. Erleichtert wurde die Fluchtbereitschaft auch durch drastisch gesunkene Kosten für die Schlepper. Betrugen sie lange rund 14 000 bis 17 000 Dollar, sanken sie im Jahr 2015 auf 2500 bis 3000 Dollar pro Person. Das konnten sich weitaus mehr Familien leisten, wenn alle zusammenlegten. Als Grund, der nichts mit dem Land zu tun hatte, machte die Stiftung in der Bereitschaft der EU aus, allgemein Bürgerkriegsflüchtlinge aufzunehmen, vornehmlich aus Syrien.

Auch beim Flüchtlingshilfswerk der Vereinten Nationen (UNHCR) beschäftigt sich seit Jahren eine ganze Abteilung mit Falschmeldungen und Gerüchten. Geleitet wird die Abteilung in Wien von Melita Sunjic, in Medien gern als »Mythenzertrümmerin« bezeichnet. Die Abteilung will aufklären, was Migranten tatsächlich in Europa erwartet, sie analysiert Gerüchte im Netz, versucht, Urheber aufzudecken, und plant Strategien, die Falschdarstellungen zu widerlegen. Letzteres funktioniere jedoch nicht, wenn dies von Europäern versucht werde, deutete Sunjic in einem Interview im Januar 2017 an. Denn ihnen werde nicht geglaubt. Daher habe ihre Abteilung rund 40 Flüchtlinge aufgesucht und diese vor der Kamera erzählen lassen, was ihnen auf der Flucht alles passiert war, welche Erfahrungen sie mit Schleppern gemacht hatten, unter welchen Bedingungen sie in Deutschland leben. In knapp einem Jahr klickten mehr als 3,5 Millionen Menschen die Filme an. Parallel zu den Filmen arbeitete das UNHCR auch mit Lehrern und Betreuern zusammen. Ziel sei es, den Mythos vom Paradies Europa zu durchbrechen. Eine Garantie sei das nicht, gerade junge Menschen ließen sich wenig abhalten.

Sunjic beurteilte Kampagnen wie die des Auswärtigen Amtes skeptisch. Ohne gründliche Feldforschung in den Ländern sei das vergeudetes Geld. In Afghanistan etwa reisen die Schlepper von Ort zu Ort, um Familien, die heranwachsende Jugendliche haben, ihre Dienste anzubieten. Sie seien angesehen. In Syrien werden Schlepper dagegen als Verbrecher betrachtet, derer man sich aber bedienen müsse. In Afghanistan ist das Vertrauen in Landsleute gering, in Syrien verlässt man sich auf sie fast blind. Darauf aufbauend richtete das Team von Sunjic Facebook-Gruppen ein, in denen arabische Prominente gegen Gerüchte auftraten. In Afghanistan machte man sich die Vorliebe für Soap-Dramen zu Nutze und ließ in die Serien Szenen schreiben, die Schlepper und ihre Tricks entlarvten. Auch die Europäische Union mühte sich mit einer »gemeinsamen Informationsstrategie«, um Migranten vor einer Reise in die EU zu warnen. Damit wurde die Europäische Kommission am 9. November 2015 vom EU-Rat beauftragt.[12]

»Mama Merkel« – das klingt nach einer Frau, die ein weiches Herz hat, die Geborgenheit verspricht und Schutz bietet. Diese Bezeichnung für die Bundeskanzlerin Angela Merkel überraschte alle, die ihre Politik beobachten. Denn die CDU-Vorsitzende stammt zwar aus einem christlichen Elternhaus, in dem Nächstenliebe gelebt wurde. Aber wenn es um ihren Politikstil geht, gilt eher die Physikerin als prägend, die Merkel auch ist. Sie behandelt Probleme rational und denkt Maßnahmen von ihrem Ende her. Tatsächlich ist Angela Merkel nur wider Willen zum Liebling vieler Flüchtlinge geworden, wie der Journalist Robin Alexander feststellt. Denn die Asyl- und Flüchtlingspolitik war für Merkel immer ein Thema gewesen, das Politiker zu Verlierern macht.

In ihrer ersten Legislaturperiode als Bundesministerin unter Bundeskanzler Helmut Kohl erlebte Merkel 1992/93 die heftige Auseinandersetzung über ein neues Asylgesetz aus erster Hand. Anlass war die rasant gestiegene Zahl von Asylbewerbern Anfang der 1990er-Jahre. Knapp 440 000 Neuankömmlinge zählten die deutschen Behörden 1992, eine Verdopplung gegenüber dem Vorjahr. Lediglich 4,3 Prozent der Anträge wurden anerkannt. Begleitet war der politische Streit von rassistischen Übergriffen: Die Ortsnamen Hoyerswerda, Mölln, Rostock-Lichtenhagen und Solingen stehen seitdem für Fremdenfeindlichkeit. Daher drängte die CDU auf ein strengeres Asylrecht. Der damalige CDU-Generalsekretär Volker Rühe forderte im September 1991 alle Fraktionsvorsitzenden der Partei auf, in Landtagen, Kreisen, Stadt- und Gemeinderäten die Asylpolitik zu thematisieren. Die SPD solle den Bürgern erklären, warum sie eine Änderung des Grundgesetzes ablehne. Schließlich einigten sich die Parteien auf einen Kompromiss, um Asylverfahren zu beschleunigen und Missbrauch auszuschalten. Zwar sollte weiterhin gelten: »Politisch Verfolgte genießen Asylrecht.« Nun jedoch wurde der Artikel 16 des Grundgesetzes neu gefasst: Wer über ein EU-Land oder ein anderes Nachbarland Deutschlands einreist, könne sofort abgewiesen werden. Neben dieser »Drittstaatenregelung« wurde auch die Kategorie der »sicheren Herkunftsländer« eingeführt: Wer aus Staaten nach Deutschland komme, in denen keine Verfolgung oder unmenschliche Behandlung drohten, habe ebenfalls keinen Anspruch auf Asyl. Die Verfassungsänderung führte tatsächlich zum Sinken der Bewerberzahlen, zugleich nahmen die Abschiebungen zu. 2007 stellten nur noch 19 000 Ausländer einen Asylantrag. Zwar wollten deshalb nicht weniger Flüchtlinge nach Europa. Aber die Grundgesetzänderung und Regelungen auf EU-Ebene verlagerten die Probleme in die Staaten an den EU-Außengrenzen.[13]

Jahrelang weigerte sich die CDU/CSU anzuerkennen, dass Deutschland längst ein Einwanderungsland ist. 2002 lehnte die Union das Zuwanderungsgesetz der rot-grünen Bundesregierung ab. »Wir waren nie ein Einwanderungsland, und wir sind es bis heute nicht«, sagte Schäuble 2006 zur Eröffnung eines Integrationskongresses. Niemand werde zwar bestreiten, dass es Migration nach Deutschland gebe. Aber anders als etwa Kanada habe sich Deutschland nie Migranten gezielt ausgesucht und sogar um Menschen mit gesuchten Berufen geworben. Diese Rhetorik hielt ihn allerdings nicht ab, im selben Jahr die Islamkonferenz ins Leben zu rufen: ein Gremium für bessere Integration. Mit Armin Laschet stellte die CDU zudem seit 2005 in Nordrhein-Westfalen den bundesweit ersten Integrationsminister, und 2007 kam auf Initiative der Bundeskanzlerin ein Nationaler Integrationsplan zustande. 2008 schließlich machten 17 führende Unionspolitiker in einem offenen Brief die bis dahin geleugnete Rolle der Bundesrepublik amtlich.»Deutschland hat sich verändert! Die politischen Lager sind enger zusammengerückt. Dabei musste die Union erkennen, dass Deutschland de facto ein Einwanderungsland ist und es in der jahrzehntelang verschlafenen Integrationspolitik einen dringenden Nachholbedarf gibt«, hieß es da. Eine wirkliche Bewährungsprobe hatte die neue Asylgesetzgebung bis zum Beginn der aktuellen Flüchtlingskrise 2015 lediglich Mitte der 90er-Jahre zu überstehen, als rund 320 000 Bosnier auf der Flucht vor den Kriegen im zerfallenen Jugoslawien in Deutschland aufgenommen wurden, später kamen 140 000 Kosovo-Albaner dazu. Ihre Rückkehr nach Ende der Kriege stand von vornherein fest, und tatsächlich ging ein Großteil der Bosnier auch wieder zurück – obwohl viele der Familien gut integriert waren. Gefördert wurde die Rückkehr durch Hilfsprogramme, die bosnische Familien mit bis zu 4000 Mark unterstützten.[14]

Angela Merkel hat in all dieser Zeit, ob als Ministerin, als CDU-Vorsitzende oder als Kanzlerin, das Thema anderen überlassen – eigentlich bis zum Frühjahr 2015. Sie hat in all der Zeit nicht eine Flüchtlingsunterkunft besucht, lediglich 2013 das BAMF, wo sie aber nur auf deutsche Beamte traf. Das Bundesamt hatte längst wieder mehr zu tun. Als Folge des»arabischen Frühlings« und vor allem nach Ausbruch des Syrien-Krieges beteiligte sich die Bundesrepublik – zunächst in Maßen – an internationalen Hilfsprogrammen für besonders schutzbedürftige Menschen aus Afrika und dem Nahen Osten. Im Rahmen des Programms wurden 2012 erstmals Flüchtlinge aus Tunesien und Iraker aufgenommen, im Jahr darauf kamen die ersten Syrer. Von jährlich rund 300 Flüchtlingen sollte das Kontingent bis 2017 auf 800 ausgeweitet werden. Parallel dazu machte Deutschland bei einem weiteren humanitären Programm für syrische Flüchtlinge mit. Im Mai und Dezember 2013 wurden jeweils 5000 Personen nach Deutschland eingeflogen, im Jahr darauf noch einmal 10 000. »Deutschland steht zu seiner humanitären Verantwortung. Daher ist es richtig, dass wir gemeinsam noch stärker helfen«, erklärte Innenminister de Maizière 2014. Die Innenminister der deutschen Bundesländer waren sich einig: »Der Bürgerkrieg in Syrien ist die humanitäre Katastrophe dieses Jahrzehnts.« Zusätzlich zur Aufnahme der 20 000 Flüchtlinge starteten 15 Bundesländer eigene Programme für Verwandte hier lebender Syrer. So erhielten rund 5000 weitere Flüchtlinge Einreisevisa. Bald lagen 76 000 Anträge auf Familiennachzug vor.

Das Bundesinnenministerium feierte diese Programme als Erfolg, wies aber schon 2014 auf ein Problem hin: auf die mangelnde Bereitschaft der anderen europäischen Staaten mitzuziehen. Der damalige Vorsitzende der Innenministerkonferenz, Nordrhein-Westfalens Innenminister Ralf Jäger (SPD), bekräftigte:»Statt sich hinter Stacheldraht zu verschanzen, brauchen wir ein gesamteuropäisches Aufnahmeprogramm, das den Menschen schnell und wirksam hilft.« Die Migrations-, Flüchtlings- und Integrationsbeauftragte der Bundesregierung, Aydan Özoguz (SPD), ermunterte die Innenminister, weitere Syrer aufzunehmen. Zwar sei es richtig, die anderen europäischen Länder zu mahnen; man dürfe sich aber nicht »hinter der Hartherzigkeit anderer verstecken«. Auch Vertreter der Oppositionsparteien verlangten eine Ausweitung. Der Verein Pro Asyl kritisierte, Angela Merkel habe im Zuge des IS-Terrors erklärt, die Bundesrepublik wolle auch Irak-Flüchtlingen helfen. Wo sei denn nun das neue Aufnahmeprogramm? Aber auch ohne geregeltes Verfahren stieg die Zahl der Asylbewerber 2014 auf über 200 000. Deutschland war mit einem Mal das größte Aufnahmeland für syrische Flüchtlinge.[15] Dazu kamen viele Wirtschaftsflüchtlinge vom Westbalkan, deren Asylanträge nahezu aussichtslos waren. Das BAMF startete daher Aufklärungskampagnen. Ende Juni 2015 wurden Anzeigen in sechs albanischen Zeitungen sowie auf Facebook in Albanien und Serbien geschaltet. Die Deutsche Welle interviewte BAMF-Chef Manfred Schmidt und verbreitete das Gespräch online auf Albanisch und Serbisch. Das Bundesinnenministerium veröffentlichte Anfang August das Video einer Sammelabschiebung und behauptete darin, eine erneute Einreise nach Deutschland werde »regelmäßig« nur dann erlaubt, wenn die Kosten einer Abschiebung von den Betroffenen bezahlt worden seien.

Schon damals war auffällig, dass die meisten Asylbewerber jung waren, ein Drittel angeblich nicht einmal volljährig, und zwei Drittel männlich. Daher sprachen Flüchtlingsexperten wie Stefan Luft von Kettenwanderung: Flüchtlinge sollten »Brückenköpfe« bilden, um »Familie, Freunde und Landsleute aus der Herkunftsregion nachziehen zu lassen«. Kettenwanderungen seien dynamische, sich selbst verstärkende Prozesse, »die sich durch die Zielstaaten nur in geringem Maße steuern lassen«. Dies bestätigte sich in der Flüchtlingskrise ab 2015: Landesbehörden im Saarland stellten fest, dass rund 80 Prozent der Syrer, die eine Anerkennung erhielten, »eine Sekunde« später den »Antrag auf Zuzugsanerkennung« für die Familie stellten. »Entscheidende Voraussetzung für die Kettenwanderung«, so Luft, seien »Kommunikationsprozesse, Informationsströme und Netzwerke. Im digitalen Zeitalter werden die Informationen in die Netzwerke meist in Echtzeit eingespeist.«[16]

Gegen diese Praxis der Asylpolitik regte sich bald Widerstand, der im Herbst 2014 in Dresden mit Montagsdemonstrationen der neu gegründeten Organisation Pegida erstmals in die Öffentlichkeit trat; die Abkürzung steht für »Patriotische Europäer gegen die Islamisierung des Abendlandes«. Diese Veranstaltungen wurden Gegenstand heftiger Auseinandersetzungen, wobei es vorrangig um zunehmend ausländerfeindliche Redner und um die immer aggressivere Schmähung von Politkern und Medien ging, die sich in Begriffen wie »Volksverräter« und »Lügenpresse« widerspiegelte. Bald wurde die Kritik an der Asylpolitik auch nicht mehr nur verbal geübt. Brandanschläge und Übergriffe auf Flüchtlingsheime und Migranten häuften sich im Frühsommer 2015.

Angela Merkel ließ sich zunächst nicht zu einer Reaktion bewegen. Nicht vom Chef der Bundespolizei, Dieter Romann, der das Bundeskanzleramt, das Innenministerium und auch SPD-Chef Sigmar Gabriel vor der brisanten Lage warnte. Zum Beleg verteilte er eine selbstgebrannte DVD mit Fotomaterial der Bundespolizei die Amtshilfe in Serbien leistete. Zu sehen war eine schier endlose Menschenkolonne an der serbisch-mazedonischen Grenze. Romann berichtete von sinkenden Preisen der Schlepper und vom Vorgehen der mazedonischen Staatsbahn. Die habe eigens Züge angeschafft, um die Flüchtlinge Richtung Deutschland zu transportieren. Merkel ließ sich auch nicht von Kommentaren in Zeitungen, Journalistenfragen und Umfragen bewegen, ein Zeichen zu setzen und etwa ein

Flüchtlingsheim zu besuchen. Obwohl etwa 81 Prozent der Deutschen genau das von ihr erwarteten. Auch Vizekanzler Gabriel setzte Merkel zu. Doch sie wollte den Zeitpunkt selbst bestimmen.

Zwei Ereignisse stimmten Merkel schließlich um: einerseits die Begegnung mit einer 14-jährigen Palästinenserin, die ihr am 15. Juli 2015 unter Tränen erklärte, dass ihre Familie kein Bleiberecht bekomme. Die Kanzlerin tätschelte das Mädchen ungelenk und sagte, wenn jetzt alle kommen und bleiben könnten, »das würden wir auch nicht schaffen«. Das ließ sie kalt erscheinen. Zum anderen die Demonstrationen vor dem Flüchtlingsheim im sächsischen Heidenau, bei denen es zu Pöbeleien gegen Flüchtlinge und gegen Politiker kam. Außerdem gab es gewalttätige Angriffe auf Polizisten, die das Heim sicherten. Heidenau machte weltweit Schlagzeilen. SPD-Chef Gabriel, der sich in diesen Tagen mit einem »Welcome-Refugees«-Sticker am Jackett zeigte, besuchte kurzentschlossen die sächsische Kleinstadt und bezeichnete die Demonstranten als »Pack«. Da konnte Merkel nicht kneifen. Am 26. August nutzte sie einen geplanten Besuch in der benachbarten Uhrenstadt Glashütte zu einem Abstecher, der zum Desaster wurde: Die Kanzlerin wurde in Heidenau mit Sprechchören wie »Wir sind das Pack« empfangen; man beschimpfte sie als »Hure« und »Volksverräterin«. Der Hass, der ihr entgegenschlug, traf sie tief, während sie andererseits von verängstigten Flüchtlingen und uneigennützigen Helfern gerührt war. Fast fluchtartig reiste sie ab, Bilder davon verbreiteten sich – mit eindeutigen Kommentaren versehen – schnell im Netz. Danach fasste Angela Merkel einen Entschluss: Rassisten sollten nicht länger das Bild von Deutschland prägen. Das machte sie am 31. August in der Bundespressekonferenz deutlich. »Es gibt keine Toleranz gegenüber denen, die die Würde anderer Menschen infrage stellen«, betonte sie. Und mit Verweis auf die Herausforderung deutete die Kanzlerin ein unübliches Vorgehen an, ohne konkret zu werden: »Wir müssen das, was uns hindert, das Richtige zu tun, zeitweise außer Kraft setzen und deshalb auch ein Stück Mut dabei zeigen.«[17]

Als auf Weisung Merkels am 5. September 2015 kein Asylsuchender mehr an den Grenzen aufgehalten wurde, fragte die Bundespolizei zu Recht im Innenministerium nach, ob es sich nicht ausnahmslos um illegale Grenzübertritte handle und ob sich die Beamten nicht strafbar machten, wenn sie das geschehen ließen. Doch die Bundesregierung ignorierte den berechtigten Einwand. Am 10. September besuchte Merkel erneut eine Flüchtlingsunterkunft. Im Erstaufnahmeheim für Asylbewerber in Berlin-Spandau schossen an diesem Tag Fotografen Bilder, wie Merkel Wange an Wange mit Flüchtlingen Selfies machte und diese sogar dazu ermunterte. Einen Tag später lehnte sie in einem Interview die Forderung aus der CSU nach einer Begrenzung des Zuzugs ab: »Das Grundrecht auf Asyl kennt keine Obergrenze.«

Viele waren inzwischen anderer Meinung. Die Innenminister der Länder kommunizierten unverblümt, man sehe sich am Limit und könne bald keine weiteren Flüchtlinge mehr aufnehmen. Nirgends fehlte der Hinweis, dass Merkel eigenmächtig entschieden hatte. Der saarländische Innenminister Klaus Bouillon (CDU), ein erfahrener Kommunalpolitiker, formulierte seine Unzufriedenheit: »Wenn ein Land mit einer der besten Verwaltungen der Welt nicht mehr weiß, wie viele Flüchtlinge unterwegs sind und wo die alle herkommen, dann kann man das nicht mehr anders nennen als Notlage.« Offenkundig hatte die Zwangslage der Flüchtlinge Deutschland in eine Sackgasse geführt. Der von Merkel Jahre zuvor geschasste frühere Bundesinnenminister Hans-Peter Friedrich (CSU) sagte der Lokalzeitung seines Wahlkreises, die unkontrollierte Einreise sei eine »beispiellose politische Fehlleistung« gewesen, die »verheerende Spätfolgen« haben werde. Darin stimmte ihm Bouillon zu: »Das Deutschland, wie wir es kennen, wird völlig auf den Kopf gestellt. Fast alles, was wir bisher angenommen haben, ist Makulatur – in der Bildungsplanung, auf dem Arbeitsmarkt oder dem Städtebau. Nur ist das vielen nicht bewusst«, sagte der CDU-Politiker. Ähnlich argumentierte Tübingens grüner Oberbürgermeister Boris Palmer.[18]

Zwei Jahre später, im Sommer 2017, sind Deutschlands Politiker noch immer Getriebene in der Asyl- und Flüchtlingspolitik. Zwar wurden Gesetze verschärft, etwa zur konsequenteren Rückführung abgelehnter Flüchtlinge. Doch die Anreize, die 2015 geschaffen wurden, gelten weiter: der angehobene monatliche Satz im Asylbewerberleistungsgesetz von 352 Euro oder das geänderte Bleiberecht, das jene begünstigt, die sich lange genug der Ausreisepflicht entziehen. Der Politikwissenschaftler Stefan Luft spricht vom »Kalkül des Bleibens«. Schon 2015 beschrieb die von den Innenministerien in Bund und Ländern eingerichtete Arbeitsgruppe »Vollzugsdefizite« die Gefahr, »dass die Gewährung eines Aufenthaltsrechts nicht mehr von der Einhaltung bestimmter Regeln abhängt, sondern sich diese Regeln umgekehrt an der Verweigerungshaltung des zur Ausreise verpflichteten Ausländers orientieren«.

Klaus Bouillon beklagte im September 2015 im Landtag des Saarlandes die »Anspruchsmentalität« vieler Flüchtlinge. Ähnliche Erfahrungen und die Vorbehalte bei vielen Bundesbürgern haben neue Gerüchte blühen lassen. So erhielt in Bayern Landrat Josef Niedermaier (Freie Wähler) im Dezember 2015 per Mail und Telefon die Anfrage, wie es sein könne, dass ein Flüchtling mit 80 Euro in der Tasche in einem Tölzer Schuhladen Stiefel für 300 Euro ausgesucht und der Händler im Landratsamt die Differenz erstattet bekommen habe? Warum das Amt Gutscheine für teure Handys austeile? Niedermaier tat das zunächst als »Schmarrn« ab, bis auch Unternehmen und selbst Stadträte ihn darauf ansprachen. Tatsächlich erhielten alle Asylbewerber den festen Satz nach dem Asylbewerberleistungsgesetz, dazu übernahm das Landratsamt Kosten für Miete, Heizung, Strom und Wasser. Auch Gutscheine wurden an Flüchtlinge vergeben, aber die galten ausschließlich für gebrauchte Kleidung des Bayerischen Roten Kreuzes, die von Flüchtlingen kaum genutzt würden.

Mit einem weiteren Gerücht musste sich im Sommer 2016 der Frankfurter Flughafen herumschlagen. In sozialen Netzwerken wurde verbreitet, die Bundesregierung würde nachts mit gecharterten Maschinen Flüchtlinge aus der Türkei und Griechenland »einschleusen«. Vermeintlicher Beleg: Der Flugverkehr im Dunkeln habe auffallend zugenommen. Dem Hinweis des Flughafens, die angeblich heimlichen Flüge aus der Türkei seien allesamt Touristenmaschinen, »wie sie der Flughafen seit Jahr und Tag kennt«, wurde ebenso wenig geglaubt wie der Mitteilung des Bundesinnenministeriums, dass bislang in einem Pilotverfahren 37 Flüchtlinge aus Griechenland und 20 Personen aus Italien eingereist seien – und zwar als Test einer Vereinbarung der EU, insgesamt 160 000 Flüchtlinge aus diesen beiden Staaten umzuverteilen. Deutschland habe sich verpflichtet, davon 27 000 aufzunehmen, die dann das übliche Asylverfahren durchlaufen würden. Kommentare im Netz zogen das als »nette Beschwichtigungsstory« in Zweifel. Angesichts der angespannten Sicherheitslage würden doch derzeit kaum Deutsche in der Türkei Urlaub machen, wandte jemand ein. Eine Frau meinte, ihre Verwandten in Flughafennähe hätten die Vielfliegerei auch bemerkt. Und so viele Frachtmaschinen könne es gar nicht geben,»mit dem man dieses hohe Flugaufkommen begründen könnte«. Merkwürdig sei auch, dass am Wochenende sehr viel Militär ziemlich tief über die Wohngebiete fliege.[19] Neben Gerüchten ist auch die Unerbittlichkeit aus dem Sommer 2015 geblieben. Noch immer prägen Illusionen und Denkblockaden die Debatte, als hätte es sexuelle Übergriffe wie in der Silvesternacht 2015 in Köln oder die Terroranschläge in Würzburg, Ansbach und Berlin nicht gegeben. Noch immer gilt die einfache Frage: Bist Du für oder gegen die (unbegrenzte) Aufnahme von Flüchtlingen? Nach der Antwort wird entschieden, ob man zu Hell- oder Dunkeldeutschland gehört. Der Riss, den solche Debatten erzeugen, geht selbst durch Familien.

Dabei sind wichtige Fragen ungeklärt, die Politik und Gesellschaft insgesamt zu lösen haben. Wie sollen Hunderttausende Neuankömmlinge mit schlechter Ausbildung und fehlenden Sprachkenntnissen dauerhaft integriert werden, wo schon die Integration der seit Jahren hier lebenden Zuwanderer oft mangelhaft ist? Wann gehen Bundestag und Bundesregierung endlich daran, nicht nur über ein modernes Einwanderungsgesetz zu diskutieren, sondern eines zu beschließen? Wie kann dieses Gesetz ausgestaltet werden, damit die Vorteile der Einwanderung gestärkt werden? Wie verhindern wir eine Ausdehnung der Parallelgesellschaften, die es schon in kleinen Städten gibt? Wie verhindern wir eine Abkehr von der deutschen Gesellschaft oder gar eine Radikalisierung unzufriedener Migranten? Wie gehen wir mit jenen um, die mit falschen Identitäten den Sozialstaat ausnutzen? Die sich auf Anraten der Schlepper in der Heimat mit einem Kreuz fotografieren lassen und zentrale Bibelstellen auswendig lernen, um sich in Deutschland als verfolgte Christen auszugeben? »Wir müssen endlich aufhören, naiv zu sein«, riet Alice Schwarzer, die privat Flüchtlinge aus Syrien und Afghanistan betreute und erleben musste, dass die Bereitschaft schwand, sich westlichen Gepflogenheiten anzupassen, sobald die Familien nachgeholt waren. Was ist schließlich mit den Ängsten und Vorbehalten der Bevölkerung, die der Migrationsexperte Stefan Luft nicht nur mit den Anschlägen in europäischen Ländern und den Bildern von den Kriegswirren aus dem Nahen und Mittleren Osten erklärt:»Die Flüchtenden kommen aus weit entfernten Weltgegenden, und was sie im Gepäck haben, sind zunächst die Erfahrungen entgrenzter, in Teilen religiös legitimierter Gewalt. Was das bedeutet, weiß niemand.«[20]

# Ausblick

*»Bei Trump ist die Erde eine Scheibe.«*
Salman Rushdie, Schriftsteller, 2017[1]

Washington D.C., Freitag, 17. März 2017: Im Weißen Haus treten Bundeskanzlerin Angela Merkel und US-Präsident Donald Trump nach ihrem ersten Treffen vor die versammelten Medien-Vertreter. Seit Tagen behauptet Trump auf Twitter und in Interviews, im Wahlkampf seien die Telefone seines Wahlkampfteams auf Anweisung seines Vorgängers Barack Obama abgehört worden. Auf diese unbelegte, von den zuständigen Behörden umgehend dementierte Behauptung setzt er einen plumpen Scherz: Angesichts der angeblich oder tatsächlich vom US-Geheimdienst NSA angezapften Handys von Merkel hätten sie doch immerhin »etwas gemeinsam«. Die Kanzlerin reagiert auf die Peinlichkeit nicht.

Dafür vergeht Trump seine Kumpelhaftigkeit wenig später, als Kristina Dunz von der Deutschen Presseagentur (dpa) das Wort erhält. Sie fragt den US-Präsidenten nämlich: »Warum macht Ihnen eigentlich Pressevielfalt so große Angst, dass Sie so oft von ›Fake News‹ sprechen und dann selbst Dinge behaupten, die dann nicht belegt werden können wie die Äußerung, Obama habe Sie abhören lassen?« Trump reagiert mit einer Schmeichelei an die Adresse der »freundlichen Reporterin«, weicht ihrer Frage aber aus und antwortet: »Ich weiß ja nicht, welche Zeitung Sie lesen. Aber ich würde sagen, dass das wieder ein Beispiel für ›Fake News‹ ist.«[2]

Unklar bleibt, was Trump sagen will. Was genau sind seiner Ansicht nach »Fake News«? Sicher ja nicht die eigene, falsche Behauptung, Obama habe ihn im Wahlkampf abhören lassen. Bezieht sich Trumps Reaktion auf den Nebensatz von Kristina Dunz, er könne diesen Vorwurf nicht belegen? Attackiert er deshalb die Korrespondentin, um sie einzuschüchtern und damit mundtot zu machen? Den Zuschauern der weltweit übertragenen Pressekonferenz drängt sich dieser Eindruck auf, ebenso den im Weißen Haus anwesenden Kollegen, die Dunz nach ihrer direkten Frage fast einhellig loben.

Hintergrund des Angriffs auf Obama ist der Verdacht, es könnte illegale Absprachen zwischen Trumps Wahlkampfteam und der russischen Regierung gegeben haben; von Woche zu Woche nehmen die Indizien dafür zu, ebenso wie die in die Öffentlichkeit durchgesickerten Details der Ermittlungen. Selbstverständlich hat der 45. Präsident dazu eine Meinung, die er wenig später, am 1. April 2017, twittert – und dabei gleich einen weiteren kritischen Journalisten beleidigt: »Wann fangen ›Schlafzimmerblick‹ Chuck Todd und die Sendung NBC-News endlich an, über den Obama-Überwachungsskandal zu reden und beenden die gefälschte Trump-Russland-Story?«[3]

Mit Donald Trump ist erstmals ein Politiker demokratisch an die Spitze eines großen Landes gewählt worden, der systematisch lügt und den es auch gar nicht interessiert, dass seine falschen Behauptungen entlarvt werden. Allein in den ersten 100 Tagen seiner Amtszeit sagt er in mindestens 492 Fällen offen die Unwahrheit, zählt die *Washington Post* nach.[4] Während des Wahlkampfs hat er gelegentlich noch mit schwammigen Ausreden reagiert, etwa: Er habe da über einige Sachen gelesen. Oder: Er twittere so häufig, da könne schon mal ein Fehler unterlaufen. Doch seit er im wichtigsten Amt der Weltpolitik ist, sind solche »Erklärungen« nicht mehr zu vernehmen. Statt seine Irreführung der Öffentlichkeit zu beenden, geht Trump regelmäßig in den Gegenangriff über und wirft seinen Kritikern in Medien und Politik vor, sie verbreiteten ihrerseits »Fake News«. Sein Lieblingssatz für alle Fälle, in denen er sich nicht erklären kann oder will, bleibt aber: »Jeder weiß das.«

Gerüchte sind so alt wie die Kommunikation selbst. Schon immer haben falsche Behauptungen Folgen gehabt, die aber stets abhingen von der Art ihrer Verbreitung. Über Jahrtausende hinweg, nämlich solange Menschen Informationen nur mündlich oder durch mit der Hand geschriebene und als Schriftstücke verbreitete Texte austauschen konnten, war die Wirkung von Gerüchten beschränkt. Seit der Renaissance jedoch hat jede Medienrevolution – der Buchdruck, das Massenmedium Zeitung, die Telegrafie, das Telefon, das Kino, der Hörfunk, das Fernsehen, das Internet und in den vergangenen Jahren die sozialen Medien wie Facebook und

Twitter – die Verbreitung von Falschbehauptungen erleichtert und damit ihre potenzielle Reichweite vervielfacht. Entsprechend wuchsen, wenngleich nicht direkt proportional, die möglichen Folgen von Falschmeldungen. Mit Donald Trumps Einzug ins Weiße Haus erreicht die Entwicklung einen neuen Höhepunkt.

Offiziell verbreitete oder zumindest unterstützte »Fake News« scheinen in politischen Auseinandersetzungen der Gegenwart nicht nur in den USA ein entscheidendes Mittel geworden zu sein – sie begegnen auffallend häufig, wenn gravierende Veränderungen einer Gesellschaft anstehen. Das Verfassungsreferendum im April 2017 in der Türkei, das Präsident Recep Tayyip Erdoğan mehr Machtbefugnisse verleiht und das Parlament entmachtet, ist ein Beispiel dafür. Weil es scharfe Kritik an seinen Plänen gab, startete Erdogan eine Propagandaoffensive – auch abzielend auf die mehr als 1,4 Millionen Stimmberechtigten in Deutschland. Auf Vorhaltungen aus dem Westen reagierte Erdogan mit offenkundig unzutreffenden Gegenbeschuldigungen, am liebsten mit der Nazi-Keule.[5] Seine Helfer gingen geschickter vor. So zitierte die Tageszeitung *Sabah*, die einer Mediengruppe gehört, an deren Spitze Erdogans Schwiegersohn steht, zum Beispiel einen in Deutschland lebenden Türken. Er berichtete über seine Sorge, dass deutsche Behörden ihm seine Kinder wegnehmen könnten, falls er nicht gegen die neue Verfassung stimme. Vertreter des Jugendamtes hätten ihn bereits besucht, seine Wohnung inspiziert und ihn nach seinem Wahlverhalten beim Referendum gefragt. Die Zeitung behauptete in dem Artikel mit der Überschrift »Entweder Nein oder dein Kind«, dass diese wenig subtile Erpressung kein Einzelfall sei, sondern »systematische Praxis« der deutschen Behörden. Eine absurde Behauptung.[6]

Besonders perfide war, was sich in Frankreich wenige Tage vor der Stichwahl über die Präsidentschaft zwischen dem unabhängigen Bewerber Emmanuel Macron und der Populistin Marine Le Pen abspielte. Persönliche E-Mails, Verträge und Rechnungen des Favoriten Macron waren gehackt und am Freitagabend vor dem Wahlsonntag um 20.30 Uhr im Internet veröffentlicht worden, vermischt mit gefälschten Materialen, etwa über angebliche Offshore-Konten auf den Bahamas. Macron blieb praktisch keine Zeit zur Reaktion, denn das französische Gesetz schreibt vor, dass sich Bewerber und ihre Teams ab Beginn des Wahlwochenendes nicht mehr öffentlich äußern dürfen. Seine Konkurrentin aber war bereits vorab informiert; sie flocht das Gerücht von den angeblichen Auslandsvermögen bereits am Mittwochabend in eine Attacke beim Kandidaten-Duell ein.[7] Ihre Parteigänger benutzten die gehackten und mit Lügen angereicherten Unterlagen zu einem Angriff auf die Medien: »Werden wir durch die Macronleaks Sachen erfahren, die der investigative Journalismus absichtlich verschwiegen hat?«, twitterte Florian Philippot, Le Pens Vize bei der rechtsextremen Partei Front National.[8] Im Gegensatz zu früheren, erfolgreichen Attacken mittels Falschbehauptungen wie gegen die demokratische Präsidentschaftsbewerberin Hillary Clinton oder für Erdoğans Ermächtigungsgesetz misslang dieser Angriff jedoch. Le Pens Zustimmungswerte sanken am Tag nach dem Vorwurf über die angeblichen Offshore-Konten ihres Konkurrenten, und nach der Veröffentlichung der verfälschten Dokumente erstattete Macron umgehend Anzeige gegen unbekannt wegen »Fälschung« und »Verbreitung einer Falschnachricht«. Er gewann mit fast zwei Dritteln der abgegebenen Stimmen sogar noch etwas deutlicher, als von den Meinungsforschern vorhergesagt. EU-Ratspräsident Donald Tusk gratulierte dem Wahlsieger mit einem bezeichnenden Satz: »Glückwunsch an Emmanuel Macron und an das französische Volk, das sich für Freiheit, Gleichheit und Brüderlichkeit und nicht für Tyrannei und Fake News entschieden hat.«[9]

Dennoch wäre es verfrüht zu glauben, das Problem der »Fake News« habe nun seinen Höhepunkt überschritten. Der Erfolg Macrons ist kein Anlass für Entwarnung – der Angriff mit Falschinformationen auf ihn war einfach zu durchsichtig inszeniert. Vor allem aber ändert diese eine Niederlage der Gerüchteverbreiter in Frankreich nichts an den grundsätzlichen Ursachen für diese bedrohliche Entwicklung. Einerseits bleiben Populisten wie Donald Trump und Marine Le Pen oder Autokraten wie Wladimir Putin und Recep Tayyip Erdoğan weiter im Amt. Andererseits haben die Medien nachhaltig an Vertrauen des Publikums eingebüßt. Es ist ihre Aufgabe, offensiv gegen Fälschungen, Falschdarstellungen und Lügen vorzugehen, denn zu ihren ureigensten Stärken gehört, Informationen zu sammeln, einzuordnen und die zutreffenden davon als Nachrichten zu verbreiten. Doch die Medien sind selbst längst Teil des Problems.

Zum einen dienen sie als Zielscheibe. Trump hat unverhohlen erklärt, dass er sich im »Krieg mit den Medien« sehe.[10] Sie würden nur falsch berichten und seien die größte Plage der Gegenwart. Bei Pressekonferenzen weigert er sich regelmäßig, Vertretern von CNN oder der *New York Times* das Wort zu erteilen. Damit ist der US-Präsident in schlechter Gesellschaft: In der Türkei lässt Erdogan Journalisten, die kritisch über seine Politik berichten oder Bedrängte zu Wort kommen lassen – seien es nun kurdische Aktivisten oder christliche Bürgermeister –, als »Terrorhelfer« einsperren. Ähnlich rigide geht Putin mit regierungskritischen Zeitungen und Sendern um, sodass Russlands Medien fast ausnahmslos gleichgeschaltet sind. Das kommunistische China agiert noch rücksichtsloser und blockiert schon seit Längerem unliebsame Teile des Internets gleich komplett.

Zum anderen stehen die klassischen Medien, die mit professionellen Redaktionen und nach den Maßstäben der journalistischen Sorgfaltspflicht arbeiten, in einem ruinösen Wettbewerb mit allerlei Websites, Blogs und sozialen Medien um die Aufmerksamkeit des Publikums. Doch diese neuen Mitbewerber können mit der Qualität der seriösen Medien nicht ansatzweise mithalten, wie eine Untersuchung des US-Magazins *Buzzfeed-News* zeigt: Über Wochen wurden Meldungen zu ausgewählten wichtigen Themen verglichen. Während 95 Prozent der Aussagen bei CNN oder ABC korrekt gewesen seien, betrug der entsprechende Anteil bei konservativen und rechten Websites wie *Breitbart News* lediglich 48 Prozent und bei linken Blogs ebenfalls schwache 56 Prozent. Allerdings scheinen diese Ergebnisse den Nutzern völlig egal zu sein. Denn umgekehrt überflügelt weiterer Analysen zufolge die Reichweite von Falschmeldungen auf Facebook die Breitenwirkung selbst der erfolgreichsten Artikel in den seriösen Medien. Oft wissen die Nutzer auch, dass sie Falschmeldungen lesen. Dieses Phänomen erklärt der Medientheoretiker Norbert Bolz damit, dass Massenmedien zwar Informationen bieten würden, aber zu oft keinen Kontext: »Diesen holen sich die Nutzer dort, wo sie sich verstanden fühlen, wo sie ihre Lebenswirklichkeit sehen – die echte, in vielen Fällen auch die ersehnte.«[11] Und das trifft nicht nur auf politische Themen zu.

Die traditionellen Medien haben selbst Anteil daran, dass sie Vertrauen beim Publikum verloren haben; die Flüchtlingskrise in Deutschland ist ein Beispiel dafür. Auf ihrer Sommerpressekonferenz am 31. August 2015 lobte Bundeskanzlerin Angela Merkel die vielen »wunderbaren Berichte«

über die Willkommenskultur und ermunterte die Medienvertreter, »genau das fortzusetzen«. Es gehe darum, »Vorbilder und Beispiele« zu zeigen, weil dies wiederum anderen Mut mache.[12] Selbsverständlich haben sich die Medien nicht auf positive Berichte beschränkt, doch bei vielen Lesern und Zuschauern verstärkte sich trotzdem das Gefühl, die Regierung gäbe vor, worüber zu berichten sei. Merkels Aufforderung nährte den Verdacht, nur lückenhaft oder einseitig informiert zu werden – etwa über die Proteste gegen die Flüchtlingspolitik, die es in zahlreichen Städten, nicht nur in Dresden, gab und die sich auch in Briefen, Mails und anderen Informationen an Kommunalpolitiker ausdrückten. Oder über die Schwierigkeiten, die es bereits vor dem Ansturm ab September 2015 bei der Unterbringung der Flüchtlinge gab, bis hin zu Gewaltakten muslimischer Bewohner gegen Christen in den Heimen. Doch solche Themen fanden in vielen Medien weniger Aufmerksamkeit als die durch nichts zu rechtfertigenden Anschläge auf Flüchtlingsunterkünfte. Auch stimmte Gezeigtes und Erlebtes häufig nicht überein. So verbreiteten etwa die öffentlich-rechtlichen Sender vornehmlich Bilder von Familien mit Kindern, während viele der Zuschauer vor Ort vor allem allein reisende junge Männer sahen. Die Folge war rapide sinkendes Vertrauen in die Zuverlässigkeit der klassischen Medien. Nach einer repräsentativen Umfrage des Instituts YouGov von Anfang März 2017 stimmten der Aussage, Zeitungen, Radiosender und das Fernsehen verbreiteten »gezielt falsche Nachrichten«, 13 Prozent der Deutschen »voll und ganz« und weitere 26 Prozent »eher zu«. Nur 16 Prozent lehnten diese Aussage kategorisch ab; 36 Prozent glaubten zwar »eher nicht« daran, waren sich aber nicht sicher.[13] In eine ganz ähnliche Richtung wies eine Erhebung von Infratest dimap im Auftrag des WDR. Ihr zufolge hielten 42 Prozent der Deutschen die klassischen Medien nicht für glaubwürdig. 37 Prozent gaben an, dass ihr Vertrauen gesunken sei, und wiederum 42 Prozent glaubten, dass Staat und Regierung den Medien vorgäben, worüber sie berichten sollten. Statt diese besorgniserregenden Befunde herauszustellen, meldete der WDR zu diesem Befund: »Große Mehrheit der Bundesbürger mit deutschen Medien zufrieden.«[14] Dies zeuge gerade nicht von Problembewusstsein, sondern »eher von dem Bedürfnis, die Situation schönzureden«, urteilte der Medienexperte Klaus Methfessel.[15]

Inzwischen haben viele der klassischen Medien erkannt, dass sie Vertrauen zurückgewinnen müssen. Verlage und Sender gehen dazu über, mit ihrer Expertise Gerüchte, Falschmeldungen und glatte Lügen zu entlarven. Und zwar am effektivsten dort, wo sie auftreten: in der digitalen Welt. Denn laut einer Erhebung des Branchenverbandes Bitkom nutzen 63 Prozent der Deutschen auch das Internet, um sich über aktuelles Geschehen zu informieren, bei den 14- bis 29-Jährigen sind es sogar 79 Prozent, die sich nur auf Websites und in Apps informieren.[16] Also muss man dort ansetzen. Dabei geht es erstens um Geschwindigkeit – man muss auf eine Falschmeldung reagieren, bevor sie sich massenhaft verbreitet, »viral« wird, wie es im Fachjargon heißt. Um aber eine Lüge zu entlarven, muss man zweitens die Fakten sehr gut kennen.

Deshalb spüren Social-Media-Redakteure in Verlagen und Sendern »Fake News« aus den Kommentaren der Nutzer auf, recherchieren die Fakten und bringen die Korrektur ins Netz. Zunehmend gibt es professionelle Faktenchecker. Die junge Historikerin Charlotte Jahnz hat das Format »Aluhut ab!« entwickelt, das auf der Facebook-Seite von ZDF-Info erscheint. In knapp zweiminütigen Videoclips entlarvt sie Verschwörungstheorien und nachweislich falsche Darstellungen zur deutschen Geschichte. Auch die ARD-*Tagesschau* hat ein eigenes Format *Faktenfinder* auf ihrer Internetseite gestartet. *Hoaxmap* wiederum sammelt Gerüchte, die um die Flüchtlingskrise wabern, trägt sie auf einer virtuellen Deutschlandkarte ein und verlinkt zu »Auflösungen« in etablierten Medien. Ende Mai 2017 umfasst die seit Februar 2016 von Karin Schwarz und Lutz Helm aufgebaute Datenbank knapp 500 Beispiele. Die professionellen Rechercheure von Correctiv.org sind sogar im Auftrag von Facebook unterwegs, um Falschmeldungen zu entlarven und ihre Verbreiter aufzuspüren. Journalistenbüros wie »fakten & köpfe«, aber auch die Nachrichtenagentur dpa geben Whitepapers zu »Fake News« heraus, in denen Journalisten, Wissenschaftler, Unternehmer, PR-Verantwortliche oder Anwälte das Thema Falschmeldungen beleuchten und über Erfahrungen bei der Bekämpfung berichten.[17] Die Faktenchecker und Mythenzertrümmerer haben bestimmte Nutzer im Blick, wie Charlotte Jahnz betont: »Es geht um die Unentschlossenen, die mitlesen und sich nicht trauen, etwas zu sagen. Oder die, die sich nicht sicher sind, ob das, was da steht, nicht vielleicht doch stimmt.«[18]

Ob auf diese Weise »Fake News« auf Dauer einzudämmen sind, muss sich zeigen. Denn die traditionellen Medien sind angesichts der Reichweite der digitalen Kanäle in einer schlechten Position. Lernen können sie jedoch aus den Erfahrungen früherer Epochen, in denen Gerüchte zeitweise ebenso bekämpft wurden, wie das heute wieder notwendig erscheint. Das Grundphänomen ist dabei gleich geblieben, geändert haben sich nur die Kanäle, auf denen Falschinformationen verbreitet werden und auf denen sie zu korrigieren sind.

Die früheste überlieferte Form organisierter Gerüchtebekämpfung gab es in der römischen Kaiserzeit. Die Hofbeamten des Imperators beauftragten sogenannte Delatores damit, die Ohren offenzuhalten und zu registrieren, was in der antiken Metropole geredet wurde. Anscheinend dieselben Delatores verbreiteten dann Gegeninformationen, entweder um ein umlaufendes Gerücht zu widerlegen oder aber um das Volk durch vermeintlich noch interessantere Nachrichten von unliebsamem Gerede abzulenken. Auf diese Weise soll Kaiser Nero nach dem verheerenden Brand in Rom 64 n. Chr. verbreitet haben, die Christen hätten das Feuer gelegt, um das möglicherweise zutreffende, mindestens aber gut erfundene Hörensagen zu übertönen, laut dem er selbst den »warmen Abriss« ganzer Stadtviertel veranlasst hatte, um seinen Palast rund um den Palatinshügel noch größer und noch schöner ausbauen zu können.[19] Eine systematische, sogar wissenschaftlich begründete Gerüchteabwehr ist – von Ansätzen während des Deutsch-französischen Krieges 1870/71 und im Ersten Weltkrieg abgesehen – erst wieder in den USA der 1940er-Jahre feststellbar. Hier gab es gleich mehrere, parallele Initiativen, um Hörensagen und Gerede unter Kontrolle zu bekommen. In Washington D.C. wurden das Office of War Information und das für Statistiken zum Krieg zuständige Office of Facts and Figures eingerichtet; von diesen beiden Institutionen erhielten nicht nur Zeitungen und Nachrichtenagenturen offizielle Informationen, sondern auch Präsident Franklin D. Roosevelt aufbereitetes Material für seine beliebten wöchentlichen »Kaminplaudereien« via Radio. Nach der Katastrophe von Pearl Harbor im Dezember 1941, als japanische Flugzeuge die US-Flotte im Pazifik bei einem Überraschungsangriff schwer trafen, und dem folgenden Kriegseintritt der USA lief nicht nur die Produktion von Waffen und anderen Rüstungsgütern auf Hochtouren, sondern auch die von Gerüchten. Da das US-Militär das Ausmaß der Schäden und Verluste des japanischen Angriffs auf den Hafen verschwiegen hatte, war die Bevölkerung auf Hörensagen angewiesen.

Als dann die erste Verlautbarung beschönigend ausfiel, wuchsen Zweifel und Angstfantasien: Man glaubte die gesamte Pazifik-Flotte versenkt, sprach von tausend am Boden zerstörten Flugzeugen. Schließlich sah sich Roosevelt genötigt, am 23. Februar 1942 gegenzusteuern.[20]

Etwa zur gleichen Zeit entstand auf private Initiative die erste sogenannte Rumor Clinic. Den Anstoß dazu gab Gerede um den Luxusliner »Queen Mary«, der Anfang 1942 als Truppentransporter im Hafen von Boston lag. Schnell munkelte man von geheimnisvollen Vorgängen; die einen mutmaßten, dass nur Schwarze an Bord seien – es müsse sich um Kandidaten für ein Selbstmordkommando handeln. Anderen Gerüchten zufolge gehörten zur Mannschaft keine Juden. Als ein paar Tage später in ganz Boston der Strom ausfiel, erzählte man sich, die »Queen Mary« sei just zu dieser Zeit mit ihrer verdächtigen Ladung heimlich ausgelaufen. Tatsächlich verließ das Schiff erst am Morgen nach dem »Blackout« den Hafen, aber es hinterließ eine Wolke weiterer Gerüchte. Daraufhin bat die Bostoner Journalistin Frances Sweeney Angestellte der Stadt – Polizisten, Sozialarbeiter, Lehrer – zu sich. Gemeinsam beschlossen sie, gezielt gegen die Gerüchte vorzugehen. Mit Unterstützung von Gordon W. Allport, einem Psychologieprofessor der Harvard University, und seinem Doktoranden Robert H. Knapp entstand im März 1942 die »Gerüchte-Klinik«. Mit Hilfe örtlicher Kneipenwirte und hunderter Freiwilliger sammelten die beiden Wissenschaftler in der Stadt umlaufende Gerüchte, analysierten sie und entwickelten Gegeninformationen, die sie gezielt in Umlauf brachten. Dazu wurden Teams mit ausgewählten Fachleuten und Autoritäten zusammengestellt: neben Journalisten und Psychologen auch Kirchenvertreter, Gewerkschafter, Geschäftsleute, Polizisten. Die Bostoner Lokalzeitung *Sunday Herald Traveler* führte eine Kolumne ein, um kriegsrelevante Gerüchte zu widerlegen. Eng arbeitete man auch mit der Armee zusammen. Binnen eines Jahres bildeten sich ähnliche Initiativen in mehr als vierzig Städten der USA. Es war der Beginn der psychologisch und sozialwissenschaftlich fundierten Gerüchteforschung und zugleich der erste Versuch, in einer Mediengesellschaft des Phänomens Herr zu werden.[21]

Ein Dreivierteljahrhundert später ist die Idee der »Rumor Clinics« wieder aktuell. Bundesjustizminister Heiko Maas (SPD) will die Verbreitung von »Fake News« mit harten Strafen bedrohen und auf diese Weise die Betreiber digitaler Angebote zwingen, entschiedener gegen Falschmeldungen und Gerüchte vorzugehen. Das »Netzwerkdurchsetzungsgesetz« soll für soziale Medien und Internetplattformen gelten, für die etablierten Medien gibt es den Straftatbestand der Verbreitung verleumderischer Falschnachrichten bereits. Nach Ansicht von Maas sollen Anbieter solcher Netze und Plattformen verpflichtet werden, auf Beschwerden über »Fake News« innerhalb von 24 Stunden zu reagieren, also die weitere Verbreitung zu unterbinden, durch Löschen oder Sperren. Anschließend sollen die Unternehmen die User zusätzlich über die falsche Information unterrichten und sie richtigstellen. Jeder Anbieter von sozialen Netzwerken müsste seine eigene »Rumor Clinic« nach dem Vorbild von Frances Sweeney, Gordon W. Allport und Robert H. Knapp einrichten. Medienexperten und Juristen fragen zu Recht, wie das funktionieren soll. Wer entscheidet, was eine »Fake News« ist – vor allem innerhalb von 24 Stunden nach Anzeige? Wo verläuft die Grenze zwischen noch zulässiger Meinungsäußerung und verbotener Verleumdung? Im Presserecht ist das die Aufgabe spezialisierter Gerichte. Jeder Anbieter von sozialen Medien wäre damit überfordert – übrigens ebenso wie jedes klassische Medium. Und was folgt, wenn die Unternehmen ihrer Aufgabe nach dem neuen Gesetz nicht nachkommen können? Etwa ein »Wahrheitsministerium« wie in George Orwells schwarzer Utopie *1984*? In diese Richtung geht auch die Reaktion von Facebook auf Maas' Gesetzesinitiative: Die »Meinungsfreiheit« werde eingeschränkt, lässt sich der Anbieter zitieren, es gehe um »Zensur«. Der US-Konzern sieht die Kontrolle der Inhalte nach einem Bericht der *Wirtschaftswoche* sogar als Aufgabe des Staates: »Der Rechtsstaat darf die eigenen Versäumnisse und die Verantwortung nicht auf private Unternehmen abwälzen. Die Verhinderung und Bekämpfung von Hate-Speech und Falschmeldungen ist eine öffentliche Aufgabe, der sich der Staat nicht entziehen darf«, schreibt das Unternehmen demnach.[22] Zumal die aktuelle Welt der Falschmeldungen und Gerüchte nicht nur durch die gewaltige potenzielle Reichweite und das enorme Tempo viel komplizierter geworden ist als im Zweiten Weltkrieg. Dank der neuen Techniken lässt sich mit dem Verbreiten von »Fake News« richtig Geld verdienen. Vorsätzlich verbreitete Gerüchte verfolgten zwar oft einen Zweck, aber sie waren doch nur ausnahmsweise kommerziell interessant. Das hat sich durch die digitale Revolution ebenfalls geändert.

Der US-Wahlkampf 2016 nämlich wurde nicht nur von möglicherweise aus Russland stammenden, mutmaßlich politisch motivierten Hackern beeinflusst, sondern auch von obskuren Geschäftemachern. So verbreiteten Jugendliche aus der fast 8000 Kilometer von Washington D. C. entfernten Stadt Veles in Mazedonien Falschmeldungen wie am Fließband. In dem Ort mit 44 000 Einwohnern waren mindestens 140 Pro-Trump-Websites mit Namen wie »DonaldTrumpNews.com« oder »TrumpVision365. com« registriert. Die Behauptungen, die auf Seiten dieser Jugendlichen verbreitet wurden, lauteten beispielsweise »Hillary Clinton betet Satan an und ist die Chefin eines Kindersexrings« oder: »Wie die Regierung versucht, Julian Assange zu töten.« Ihre »Fake News« hatten sie sich entweder ausgedacht oder aus Schnipseln vornehmlich rechter Hass-Websites zusammengebastelt. Millionenfach verbreiteten sich ihre Posts in den sozialen Medien – und ließen die Kasse der mazedonischen Internetfreaks klingeln. Denn für jeden Klick auf eine der Lügen-Seiten bekamen die Betreiber eine Gutschrift bei Google, weil das weltgrößte Internetunternehmen über den Anzeigen-Dienst GoogleAds automatisiert Werbung auf Seiten schaltet, die häufig aufgerufen werden. Die Jugendlichen hatten es zuvor mit »Fake News« bei Ernährungstipps und Sportnachrichten versucht, aber erst während des Wahlkampfs Trump gegen Clinton rentierte sich das Geschäftsmodell. Ein Jugendlicher antwortete auf die Frage, was seine beste »Fake News« gewesen sei: »Hillary ist eine Lesbe – das brachte mir rund 3000 Euro ein.« Viel Geld in einem Land, in dem der monatliche Durchschnittslohn 150 Euro beträgt und fast jeder dritte Jugendliche arbeitslos ist. Der Spitzenverdiener in Veles, der »Stadt der Lügner«, so verschiedene klassische Medien, »soll sogar innerhalb von nur 50 Tagen 180 000 Euro eingenommen haben, doch bestätigen mochte das niemand. Vielleicht handelte es ebenfalls nur um »Fake News«.[23]

Die jugendlichen Mazedonier waren nicht die Einzigen, die mit gefälschten Meldungen Kasse machten und nebenbei Donald Trump ins Weiße Haus verhalfen. Eine der erfolgreichsten Falschmeldungen des US-Wahlkampfs setzte der IT-Spezialist Jestin Coler in die Welt – drei Tage vor der Wahl. Es ging um den erfundenen Feuertod eines FBI-Agenten, der mit den angeblichen Skandalen Hillary Clintons zu tun hatte. Die Meldung wurde bis zur Abstimmung eine halbe Million Mal geteilt und kommentiert – unter anderem auch von Fox News. Coler wurde damit zum amerikanischen »Fake-News-König«. Verbreitet hatte der 40-Jährige seine Lügengeschichten über eine Website namens »National Report«; sie sah zwar stümperhaft aus, erwies sich aber als lohnendes Geschäft. Mit den klickbezogenen Werbeerlösen nahm er in manchen Monaten deutlich mehr ein als in seinem Job als IT-Fachmann. Inzwischen schämt sich Coler, der eingeschriebenes Mitglied der Demokratischen Partei ist, für seine Lügen. Er verwirft öffentlich das Geschäft, das er bis vor wenigen Monaten noch selbst betrieb, und sitzt in einer Brainstorming-Runde von Faktencheckern aus Medienhäusern, die etwas gegen »Fake News« unternehmen wollen.[24]

Der britische Physiker Tim Berners-Lee, der 1989 das World Wide Web erfand, sieht die Entwicklung mit großer Sorge. Das Geschäft mit der automatisierten Werbung im Netzwerk verleite dazu, »dass Lügen größere Einkünfte bringen als die Wahrheit. Als Systemtechniker schaue ich mir das an und sage: ›Okay, hier ist was kaputtgegangen.‹« Er schlägt Google vor nachzudenken, »auf welche Art und Weise Menschen für etwas belohnt werden, wenn man nicht auf Klicks abstellt, sondern auf andere Kriterien«. Ob eine solche Reparatur noch möglich ist oder ob sie zu spät kommt, muss allerdings offen bleiben.[25]

# Anhang

## Anmerkungen

### Zu diesem Buch (S. 7–23)

1 Wehrbrief Nr. 17 der Generaladjutantur der Schweiz vom 28. 7. 1941 (Kopie im Archiv der Verfasser).

2 Zitiert nach www.welt.de/politik/ausland/article161378655/Das-war-die-Antrittsrede-von-Donald-Trump-im-Wortlaut.html.

3 Zitiert nach www.tagesschau.de/ausland/trump-praesident-cia-103.html.

4 Vgl. www.faz-net/aktuell/politik/trumps-praesidentschaft/streit-um-zuschauerzahl-hat-trump-mehr-fans-oder-gegner-14722016.html.

5 Zitiert nach *Welt* und *Hamburger Abendblatt* vom 24. 1. 2017, vgl. www.welt.de/politik/ausland/article161409351/Unser-Pressesprecher-hat-alternative-Fakten-dazu.html und www.ntv.de/politik/Spicer-interpretiert-Fakten-unterschiedlich-article19628512.html.

6 Zitiert nach www.itv.com/goodmorningbritain/news/nigel-farage-labels-350m-nhs-promise-a-mistake.

7 Zitiert nach http://www.sueddeutsche.de/politik/ukip-chef-farage-kassiert-wichtigstes-brexit-versprechen-direkt-wieder-ein-1.3049615.

8 Zitiert nach www.berliner-zeitung.de/berlin/polizei/berlin-marzahn-polizei-widerspricht-geruecht-ueber-eine-vergewaltigung-23436148; vgl. bild.de/politik/inland/npd/wie-russland-mit-angeblicher-vergewaltigung-propaganda-macht-44289532.bild.html.

9 Zitiert nach www.berliner-zeitung.de/berlin/angebliche-vergewaltigung-das-miese-spiel-der-rechten-russlanddeutschen-23547746 und www.deutschlandfunk.de/russlanddeutsche-von-rechten-gruppen-politisch-benutzt.862.de.html sowie www.heise.de/tp/features/Die-13-jaehrige-Lisa-Fluechtlinge-und-der-Propagandakrieg-3380392.html.

10 Vgl. Methfessel, Klaus: Hysterie oder reales Problem?, in: Canibol, Hans-Peter / Dezes, Matthias (Hg.): Fake News. Ein Whitepaper (http://dezes-public-relations.de/2017/03/15/fake-news-ursachen-und-abwehrstrategien/), S. 5 und 9.

11   Zitiert nach www.welt.de/politik/ausland/article158399543/Trump-vs-Clinton-wer-ueberlebt-den-Faktencheck.html.

12   Vgl. www.welt.de/wirtschaft/article156357030/So-viel-zahlen-die-Briten-wirklich-an-die-EU.html und spiegel.de/politik/ausland/brexit-fakten-checker-von-infacts-entlarven-die-350-millionen-luege-a-1099198.html sowie mobile.aerzteblatt.de/news/69267.html.

13   Zitiert nach www.rp-online.de/politik/deutschland/wenn-menschen-resistent-gegen-fakten-werden-realitaet-wird-ueberbewertet-aid-1.6084355.

14   Zitiert nach www.tagesspiegel.de/politik/angeblich-vergewaltigte-13-jaehrige.

15   Vgl. www.berliner-zeitung.de/berlin/polizei/staatsanwaltschaft-berlin-ueber-13-jaehrige-aus-marzahn-wir-gehen-von-einvernehmlichem-sexuellem-kontakt-aus-23559056 und www.sueddeutsche.de/politik/berlin-marzahn-staatsanwalt-angeblich-vergewaltigtes-maedchen-verbrachte-nacht-bei-freund-1.2840429 sowie www.nzz.ch/international/deutschland-und-oesterreich/die-frucht-des-misstrauens-1.18685688 und www.welt.de/vermischtes/article162447745/Im-Fall-Lisa-kommt-es-zu-einem-Missbrauchsprozess.html.

16   Bloch, Marc: Réflexions d'un historien sur les fausses nouvelles de la guerre, in: ders.: Mélanges historiques, Bd. 1, Paris 1963 (im Folgenden Bloch: Réflexions), S. 43; Bloch, Marc: Apologie der Geschichtswissenschaft oder der Beruf des Historikers, Stuttgart 2002 (im Folgenden Bloch: Apologie), S. 106.

17   Vergil: Aeneis, IV, 173 – 197, hier zitiert nach der Übersetzung von Johann Heinrich Voß, Neuausgabe Leipzig 1875; Ovid: Metamorphosen IX, S. 138 f., hier zitiert nach der Übersetzung von Reinhart Suchier, Neuausgabe München 1973, vgl. Neubauer, Hans-Joachim: Fama. Eine Geschichte des Gerüchts, Berlin 1998 (im Folgenden Neubauer: Fama), S. 56 – 70; Teile der drei Serien der *Leipziger Fama* sind vorhanden in der Universitätsbibliothek Leipzig.

18   Allport, Gordon W. / Postman, Leo: An Analysis of Rumor, in: *Public Opinion Quarterly* 10 (Winter 1946 / 47), S. 501 – 517; Peterson, Warren A. / Gist, Noel P.: Rumor and Public Opinion, in: *American Journal of Sociology* 57 (1951), S. 159 – 167; Shibutani zitiert nach Aguirre, B. E. / Tierney, Kathleen J.: Testing Shibutani's Prediction of Information seeking Behavior in Rumor. Disaster Research Center, University of Delaware 2001 (als Manuskript gedruckt), S. 3; Dröge, Franz: Der zerredete Widerstand. Zur Soziologie und Publizistik des Gerüchts im 2. Weltkrieg, Düsseldorf 1970, S. 12; Rosnow, Ralph L. / Fine, Gary Alan: Rumor and Gossip. The Social Psychology of Hearsay, New York / Amsterdam / Oxford 1976, S. 20; Raulff, Ulrich: Clio in den Dünsten, in: Loewenstein, Bedřich (Hg.): Geschichte und Psychologie. Annäherungsversuche, Pfaffenweiler 1992, S. 99, 110;

Kapferer, Jean-Noël: Gerüchte. Das älteste Massenmedium der Welt, Leipzig 1996 (im Folgenden Kapferer: Gerüchte), S. 12; Wolle zitiert nach *Tagesspiegel* vom 25. 5. 1997; Neubauer: Fama, S. 11 – 14; Sofsky, Wolfgang: Operation Freiheit. Der Krieg im Irak, Frankfurt a. M. 2003, S. 83.

19  Zitiert nach *Welt* vom 13. 2. 2017.

20  Bloch, Marc: Aus der Werkstatt des Historikers. Zur Theorie und Praxis der Geschichtswissenschaft, Frankfurt a. M./New York 2000 (im Folgenden Bloch: Aus der Werkstatt), S. 191 und Bloch: Apologie, S. 120 f.; zu Kapferers Gerüchte-Definition vgl. Bruhn, Manfred / Wunderlich, Werner (Hg.): Medium Gerücht. Studien zu Theorie und Praxis einer kollektiven Kommunikationsform, Bern 2004 (im Folgenden Bruhn / Wunderlich: Medium Gerücht), S. 18, 22; zum Thema Propaganda vgl. Jesse, Eckhard / Paul, Mario: Gerücht als Propaganda, in: Bruhn / Wunderlich: Medium Gerücht, S. 389 ff. und Ernst, Andreas: Mutmaßungen über Gerüchte: Zu Jean-Noël Kapferers Untersuchungen über das Gerücht, in: *Werkstatt Geschichte* 15 (1996) (im Folgenden Ernst: Mutmaßungen), S. 106 f.

21  Bloch: Aus der Werkstatt, S. 192 f., 202.

22  Scharping, Rudolf: Wir dürfen nicht wegsehen. Der Kosovo-Krieg und Europa, Berlin 1999, S. 126.

23  Zu Gerüchten in der DDR vgl. Eisenfeld, Bernd: Gerüchteküche DDR. Die Desinformationspolitik des Ministeriums für Staatssicherheit, in: *Werkstatt Geschichte* 15 (1996), S. 41 ff. und Jesse / Paul: Gerücht als Propaganda; in: Bruhn / Wunderlich: Medium Gerücht, S. 406 f.

## »Potsdam marschiert« (S. 24 – 43)

1  Vernehmung Hermann Göring, 13. März 1946, zitiert nach Internationaler Militärgerichtshof Nürnberg: Der Nürnberger Prozeß gegen die Hauptkriegsverbrecher. Amtlicher Wortlaut in deutscher Sprache, Nürnberg 1947 (im Folgenden IMT: Nürnberger Prozeß), Bd. IX, S. 283.

2  *Vossische Zeitung* vom 30. Januar 1933 (Abendausgabe); *Berliner Morgenpost* vom 29. Januar 1933.

3  Fröhlich, Elke (Hg.): Die Tagebücher von Joseph Goebbels, Teil I, Bd. 2/III, München 2006 (im Folgenden Goebbels: Tagebücher), S. 118 (29. 1. 1933); vgl. Goebbels, Joseph: Vom Kaiserhof zur Reichskanzlei. Eine historische Darstellung in Tagebuchblättern, München 1934 (im Folgenden Goebbels: Kaiserhof), S. 250 f.; Brüning, Heinrich: Memoiren 1918 – 1934, Stuttgart 1970, S. 646; Tagebuch Hans Schäffer zitiert nach Akten der Reichskanzlei. Weimarer Republik. Das Kabinett Schleicher, Boppard 1986, S. 320 f., Anm. 4.

4  Goebbels: Tagebücher, S. 119 (30. 1. 1933); vgl. Goebbels: Kaiserhof, S. 251 und Papen, Franz von: Der Wahrheit eine Gasse, München 1952 (im Folgenden Papen: Wahrheit), S. 273; Meissner, Otto: Ebert. Hindenburg. Hitler.

Erinnerungen eines Staatssekretärs 1918 – 1945, Neuausgabe Esslingen
1991 (im Folgenden: Meissner: Ebert. Hindenburg. Hitler), S. 259 f.; Turner,
Henry Ashby: Hitlers Weg zur Macht. Der Januar 1933, München 1996 (im
Folgenden Turner: Hitlers Weg), S. 199 f.

5 Duesterberg, Theodor: Der Stahlhelm und Hitler. Wolfenbüttel – Hannover
1949 (im Folgenden Duesterberg: Stahlhelm), S. 39; Duesterberg: Stahlhelm,
S. 41, vgl. Meissner: Ebert. Hindenburg. Hitler, S. 261; Goebbels; Tagebücher, S. 120 f. (31. 1. 1933).

6 Hindenburg über Hitler zitiert nach Kleist-Schmenzin, Ewald von: Die letzte
Möglichkeit. Zur Ernennung Hitlers zum Reichskanzler am 30. Januar 1933,
in: *Politische Studien* 10 (1959), S. 89 – 92 (im Folgenden Kleist-Schmenzin:
Die letzte Möglichkeit), S. 89; François-Poncet, André: Botschafter in Berlin
1931 – 1938, 3. Aufl., Mainz / Berlin 1962, S. 80; Eschenburg, Theodor: Also
hören Sie mal zu. Geschichte und Geschichten 1904 – 1933, Berlin 1995
(im Folgenden Eschenburg: Also hören Sie mal zu), S. 318 f.

7 Ebermayer, Erich: Denn heute gehört uns Deutschland … Persönliches und
politisches Tagebuch von der Machtergreifung bis zum 31. 12. 1935, Hamburg / Wien 1959 (im Folgenden Ebermayer: Denn heute …), S. 9; Eschenburg: Also hören Sie mal zu, S. 319; Vossische Zeitung vom 31. 1. 1933
(Abendausgabe); Ebermayer: Denn heute …, S. 13.

8 *Vossische Zeitung* vom 1. 2. 1933 (Abendausgabe); *Berliner Tageblatt* vom
1. 2. 1933 (Abendausgabe); *Berliner Lokalanzeiger* vom 1. 2. 1933 (Abendausgabe); Dementi Kurt von Schleichers zitiert nach *B. Z. am Mittag* vom
2. 2. 1933; Berliner Morgenpost vom 2. 2. 1933.

9 Morsey, Rudolf: Hitlers Verhandlungen mit der Zentrumsführung am
31. Januar 1933, in: *Vierteljahrshefte für Zeitgeschichte* 9 (1961), S. 186;
*Völkischer Beobachter* vom 27. / 28. 1. 1935 (Berliner Ausgabe); Hitler-
Monolog zitiert nach Picker, Henry: Hitlers Tischgespräche im Führerhaupt-
quartier, Neuausgabe Frankfurt a. M./Berlin 1989 (im Folgenden Picker:
Tischgespräche), S. 327; Göring zitiert nach IMT: Nürnberger Prozeß,
Bd. IX, S. 283.

10 *Frankfurter Zeitung* vom 1. 1. 1933; *Berliner Tageblatt* vom 1. 1. 1933,
*Vossische Zeitung* vom 1. 1. 1933; vgl. *Welt* vom 13. 1. 2003. Zu den Wahl-
ergebnissen der NSDAP vgl. Falter, Jürgen W.: Wahlen und Wählerverhalten
unter besonderer Berücksichtigung des Aufstiegs der NSDAP nach 1928, in:
Bracher, Karl-Dietrich / Funke, Manfred / Jacobsen, Hans-Adolf (Hg.):
Die Weimarer Republik 1918 – 1933. Politik, Wirtschaft, Gesellschaft,
2. Aufl., Bonn 1988, S. 484 – 504. Zu Schleichers Querfront-Konzept vgl.
Winkler, Heinrich August: Weimar 1918 – 1933. Die Geschichte der ersten
deutschen Demokratie, München 1993 (im Folgenden Winkler: Weimar),
S. 557 – 591.

11  Hammerstein, Kurt von: Niederschrift vom 28.1.1935, zitiert nach
    Bracher, Karl-Dietrich: Die Auflösung der Weimarer Republik,
    3. Aufl., Villingen 1960 (im Folgenden Hammerstein: Niederschrift),
    S. 733 f.; Turner: Hitlers Weg, S. 132; Hindenburgs angeblicher Abschieds-
    gruß zitiert nach Brüning: Memoiren, S. 645; allerdings sind Brünings
    Erinnerungen geschwätzig und stecken voller Irrtümer, Verfälschungen
    und Erfindungen; vgl. auch Vogelsang, Thilo: Reichswehr, Staat und
    NSDAP. Beiträge zur deutschen Geschichte 1930 – 1932, Stuttgart 1962
    (im Folgenden Vogelsang: Reichswehr), S. 384, Anm. 1862 f.; *Vorwärts*
    vom 28.1.1933.

12  Duesterberg: Stahlhelm, S. 39; Schwerin von Krosigk, Lutz Graf:
    Es geschah in Deutschland, Tübingen 1951, S. 147; Turner: Hitlers Weg,
    S. 196; vgl. Meissner: Ebert. Hindenburg. Hitler, S. 257 sowie Papen:
    Wahrheit, S. 265 – 273; ders.: Vom Scheitern einer Demokratie 1930 – 1933,
    Mainz 1968 (im Folgenden Papen: Scheitern), S. 377 – 382.

13  Berndorff, H. R.: General zwischen Ost und West. Aus den Geheimnissen
    der deutschen Republik, Hamburg 1951 (im Folgenden Berndorff: General),
    S. 262 – 264; Hammerstein: Niederschrift, S. 733 f.

14  Vgl. Duesterberg: Stahlhelm, S. 39 sowie Papen: Wahrheit, S. 274,
    ders.: Scheitern, S. 383, außerdem Meissner: Ebert. Hindenburg. Hitler,
    S. 258 – 260, Bussche-Ippenburg, Erich von dem: Leserbrief, *Frankfurter
    Allgemeine Zeitung (FAZ)* vom 5.2.1952; weiterhin Berndorff: General,
    S. 262 – 264, Plehwe, Friedrich-Karl von: Reichskanzler Kurt von Schleicher.
    Weimars letzte Chance gegen Hitler, Esslingen 1983 (im Folgenden Plehwe:
    Schleicher), S. 282 – 285; vgl. Picker: Tischgespräche, S. 326 (Hitler erinnert
    sich unzutreffend an einen Telefonanruf und nicht einen Besuch Hammer-
    steins sowie an einen anderen Inhalt des Gesprächs, der Kontakt als solcher
    jedoch wird bestätigt); IMT: Nürnberger Prozeß, Bd. IX, S. 283; Hammer-
    stein: Niederschrift, S. 733 f.; *Berliner Morgenpost* vom 31.1.1933; Bracher:
    Auflösung, S. 723, Anm. 175; Hoch, Anton/Weiß, Hermann: Die Erinne-
    rungen des Generalobersten Wilhelm Adam, in: Miscellanea. Festschrift für
    Helmut Krausnick, Stuttgart 1980, S. 41; Papen: Wahrheit, S. 274.

15  Weimarer Reichsverfassung vom 11.8.1919, Art. 53; Schwerin von Krosigk,
    Lutz Graf: Tagebuch, in: Akten der Reichskanzlei. Weimarer Republik. Das
    Kabinett Schleicher, Boppard 1986 (im Folgenden Schwerin von Krosigk:
    Tagebuch), S. 322 f.; Plehwe, Schleicher, S. 209 f.

16  Schwerin von Krosigk: Tagebuch, S. 323; alle Berliner Zeitungen druckten
    die Erklärung Alvenslebens in der nächst erreichbaren Ausgabe in leicht
    unterschiedlichen Fassungen; vgl. *Vossische Zeitung* vom 3.2.1933 (Abend-
    ausgabe); *Berliner Tageblatt* vom 3.2.1933 (Abendausgabe); *Berliner Lokal-
    anzeiger* vom 3.2.1933 (Abendausgabe); *Berliner Morgenpost* vom 4.2.1933;

*B. Z. am Mittag* vom 4.2.1933; hier zitiert nach *Schulthess' Europäischem Geschichtskalender* 74 (1933), S. 32.

17  Weder im Bundesarchiv-Militärarchiv Freiburg noch beim Zentrum für Militärgeschichte und Sozialwissenschaften der Bundeswehr (ZMSBw) Potsdam gibt es irgendwelche Erkenntnisse über eine Alarmierung des in Potsdam stationierten Infanterieregiments IR 9 oder der dortigen Kavallerieschwadron. Zwar ist die Überlieferung beider Einheiten lückenhaft, doch irgendwelche Befehle oder Erinnerungen müssten sich erhalten haben, wenn entsprechende Befehle ergangen wären. Auskunft des Militärgeschichtlichen Forschungsamtes (Vorgängerinstitution des ZMSBw) an die Verfasser vom 18.2.2004.

18  Vgl. Akten der Reichskanzlei. Weimarer Republik. Das Kabinett Papen, Boppard 1989, Bd. 2, S. 1037; Mommsen, Hans: Aufstieg und Untergang der Republik von Weimar. 1918–1933, Neuausgabe Berlin 1997, S. 589 f.; Winkler: Weimar, S. 555 f.

19  Vgl. Hammerstein: Niederschrift, S. 733; Meissner: Ebert, Hindenburg, Hitler, S. 259 (mit Fehlern im Detail); Vogelsang: Reichswehr, S. 378 f.

## »Rückzugsgebiet Alpenfestung« (S. 44–63)

1  *Washington Post* vom 14.8.1945.

2  Zur Kriegslage im März 1945 vgl. Davis, Franklin M. Jr.: Entscheidung im Westen, Amsterdam 1982 (im Folgenden Davis: Entscheidung), S. 18–35 und 46–59; MacDonald, Charles B.: United States Army in World War II. The European Theater of Operations. The Last Offensive, Neuausgabe Washington 1984 (im Folgenden MacDonald: Last Offensive); Henke, Klaus-Dietmar: Die amerikanische Besetzung Deutschlands, 2. Aufl., München 1996 (im Folgenden Henke: Besetzung), S. 312–391.

3  Zu Eisenhowers Urlaub vgl. Davis: Entscheidung, S. 92, Ambrose, Stephen E.: Eisenhower. Soldier and President, New York u.a. 1990 (im Folgenden Ambrose: Eisenhower), S. 187 f.; Berlin erklärtes Ziel: Telegramm Eisenhower an Montgomery vom 15.9.1944 zitiert nach Chandler, Alfred D. (Hg.): The Papers of Dwight D. Eisenhower, Bd. 4, Baltimore 1970 (im Folgenden Chandler: Eisenhower-Papers), S. 2148; Eisenhower, Dwight D.: Crusade in Europe, Neuausgabe mit einer Einleitung von Manfred Jonas, New York 1977 (im Folgenden Eisenhower: Crusade), S. 397.

4  Telegramm Eisenhower an Stalin vom 28.3.1945 zitiert nach Chandler: Eisenhower-Papers, S. 2551 f.; vgl. d'Este, Carlo: Eisenhower. A Soldier's Life, New York 2002 (im Folgenden d'Este: Eisenhower), S. 689–694, Ambrose: Eisenhower, S. 193–196; zu Churchills Reaktion vgl. Churchill, Winston S.: The Second World War, Bd. 6, London u.a. 1951, S. 402–409; Stalins Antwort an Eisenhower ebd., S. 402; zum Gespräch am 31.3.1945 Beevor,

Anthony: Berlin 1945. Das Ende, München 2002 (im Folgenden Beevor: Berlin 1945), S. 165.

5　Vgl. zum Vormarsch nach Süden MacDonald: Last Offensive, S. 407 f., 433 – 442; *New York Times* vom 15., 21. und 25. 4. 1945; *Washington Post* vom 25. 4. 1945; zur Begegnung in Strehla Ryan, Cornelius: Der letzte Kampf, München/Zürich 1966, S. 380 f. sowie http://www.usmlm.org/home/russians/wwii-torgau.htm; der berühmte Händedruck auf der Brücke von Torgau fand drei Stunden nach Kotzebues Treffen mit russischen Truppen in Strehla statt; zur Zerstörung des »Berghofs« vgl. Chaussy, Ulrich / Püschner, Christoph: Nachbar Hitler. Führerkult und Heimatzerstörung am Obersalzberg, 3. Aufl., Berlin 2001, S. 160.

6　*New York Times* vom 12. 11. 1944; schon am 10. 9. 1944 hatte die Zeitung von Befestigungsarbeiten in den Alpen und Vorbereitungen für den Partisanenkampf berichtet. Allerdings vermerkte der Autor George Axelsson zutreffend, derlei gebe es nicht nur in den Alpen, sondern auch andernorts; zu *Collier's* vgl. Minott, Rodney G.: Top Secret. Hitlers Alpenfestung. Tatsachenbericht über einen Mythos, Reinbek 1967 (im Folgenden Minott: Top Secret), S. 30; *Weltwoche* vom 2. 2. 1945; *New York Times* vom 1., 3., 4., 11. und 14. 2. sowie 4., 5., 14. und 25. 3. 1945; *Sphere* vom Februar 1945 zitiert nach Seidler, Franz W.: Phantom Alpenfestung? Die geheimen Baupläne der Organisation Todt, Selent 2000 (im Folgenden Seidler: Phantom Alpenfestung?), S. 13.

7　*New York Times* vom 8. 4. 1945; *Life* vom 9. 4. 1945.

8　*New York Times* vom 22. 4. 1945; vgl. Minott: Top Secret, S. 80 f.; zum »Werwolf« vgl. Henke: Besetzung, S. 948 – 954; zum Zusammenbruch der Kampfbereitschaft ebd., S. 802 – 843.

9　Zur »Festung Europa« vgl. Boelcke, Willi A. (Hg.): »Wollt Ihr den totalen Krieg?« Die geheimen Goebbels-Konferenzen 1939 – 1945, München 1967, S. 311; Klemperer, Victor: LTI. Notizbuch eines Philologen, 10. Aufl., Leipzig 1990, S. 171 – 175; Schmitz-Berning, Cornelia: Vokabular des Nationalsozialismus, Berlin/New York 1998, S. 232 f.

10　Telegramme von Dulles an Donovan vom 29. 10. 1943, vom 10. 7. und 24. 7. 1944 zitiert nach Petersen, Neal H.: From Hitler's Doorstep. The Wartime Intelligence Reports of Allen Dulles 1942 – 1945, University Park 1996 (im Folgenden Petersen: Hitler's Doorstep), S. 148, 329, 348; zum schweizerischen Réduit *Neue Zürcher Zeitung* vom 6. und 13. 2. 1987; Jaun, Rudolf: Die militärische Landesverteidigung 1939 – 1945, in: *Schweizerische Zeitschrift für Geschichte* 47 (1997), S. 644 – 661.

11　Viele hundert Berichte des OSS Office Bern befinden sich in den National Archives, College Park (Maryland/USA), Record Group 226, Entry 108, Boxes 1 – 10; vgl. Mauch, Christoph: Schattenkrieg gegen Hitler. Das Dritte

Reich im Visier der amerikanischen Geheimdienste 1941–1945, Stuttgart 1999 (im Folgenden Mauch: Schattenkrieg), S. 258–260; Aussage Hofers zitiert nach Stuhlpfarrer, Karl: Die Operationszonen »Alpenvorland« und »Adriatisches Küstenland« 1943–1945, Wien 1969 (im Folgenden Stuhlpfarrer: Operationszonen), S. 160, 162; vgl. zu den Erkundungsunternehmen die materialreiche, aber zu völlig falschen Urteilen kommende Zusammenstellung bei Kaltenegger, Roland: Operation Alpenfestung. Mythos und Wirklichkeit, München 2000, besonders S. 76–101, 157–160, 198–215; Hofers »Führer-Vorlage« zitiert nach Stuhlpfarrer: Operationszonen, S. 162–166.

12  Zum JIC-Bericht vgl. Mauch: Schattenkrieg, S. 259; Dulles-Botschaften an Donovan vom 18.1., 9.2., 13.2., 17.2.1945 zitiert nach Petersen: Hitler's Doorstep, S. 429–451; Report B-1833 vom 22.2.1945; Report B-1784 vom 23.2.1945; Report B-1771 vom 27.2.1945; Report B-1854 vom 1.3.1945; Report B-1861 vom 3.3.1945 (alle diese Berichte finden sich in den National Archives, College Park, Record Group 226, Entry 108, Box 4).

13  Zur Nationalzeitung vgl. Mauch: Schattenkrieg, S. 261, 400; zu den Informationen Eisenhowers vgl. ebd., S. 268–270, d'Este: Eisenhower, S. 679–693.

14  Zum Hitler-Befehl vom 28.4.1945, eine »Kernfestung Alpen« zu errichten, vgl. Kriegstagebuch des Oberkommandos der Wehrmacht 1940–1945. Geführt von Helmuth Greiner und Percy Ernst Schramm, Bd. IV, Frankfurt a. M. 1961 (im Folgenden KTB), S. 1447. Am 9.6.2004 strahlte die ARD eine »Dokumentation« mit dem Titel Die Alpenfestung: Letztes Bollwerk der SS aus, die an der Existenz dieser Fiktion festhielt; vgl. Welt vom 9.6.2004; der ins rechtsextreme Spektrum abgeglittene ehemalige Bundeswehrhistoriker Franz W. Seidler veröffentlichte im Jahr 2000 einen Band Phantom Alpenfestung? Die geheimen Baupläne der Organisation Todt, in dem angebliche, wahrscheinlich jedoch mindestens teilweise nachträglich angefertigte Zeichnungen verschiedener Bergstollenanlagen veröffentlicht sind. Es handelte sich dabei zwar nicht um Befestigungsanlagen, sondern vorwiegend um mögliche Fabriken und ein geplantes »Führerhauptquartier« – trotzdem verwendete Seidler irreführend den Begriff »Alpenfestung«; Kaltenegger, Operation Alpenfestung, stellt viel interessantes Material zusammen, wenn auch teilweise aus trüben Quellen, und kommt zu völlig falschen Schlüssen.

15  Vgl. zu den »festen Plätzen« Welt vom 22.6.2004.

16  Vgl. zu den unterirdischen Fabriken Kloft, Michael: Das unterirdische Reich. Die geheimen Welten der Nazis, Hamburg 2004 (DVD); zu den Evakuierungsmärschen Orth, Karin: Die Konzentrationslager-SS, Göttingen 2000, S. 264–267; zu den Anlagen im Obersalzberg Beierl, Florian M.: Hitlers Berg, Berchtesgaden 2004, S. 140–142; zu den nun zugänglichen Schweizer Befestigungsanlagen vgl. Schwager, Christian: Falsche Cha-

lets, Zürich 2004; zu Ambroses »Entdeckungen« in den Alpen Ambrose, Stephen E.: Eisenhower and Berlin 1945. The Decision to Halt at the Elbe, Neuausgabe New York/London 2000, S. 7 f.

17 Zu Höttls Darstellung vgl. Hagen, Walter [= Höttl, Wilhelm]: Die geheime Front. Organisation, Personen und Aktionen des deutschen Geheimdienstes, Stuttgart o. J. [1950], S. 457–461; ders.: Unternehmen Bernhard. Ein historischer Tatsachenbericht über die größte Geldfälscheraktion aller Zeiten, Wels/Starnberg 1955, S. 231–233; danach die populären, aber vielfach ungenauen Darstellungen von Schramm, Wilhelm von: Geheimdienst im Zweiten Weltkrieg, 3. Aufl., München 1979, S. 357–361, Piekalkiewicz, Janusz: Spione. Agenten. Soldaten. Geheime Kommandos im Zweiten Weltkrieg, München 1969, S. 508–522.

18 Zur Flucht in den Alpenraum vgl. Linck, Stephan: »Festung Nord« und »Alpenfestung«. Das Ende des NS-Sicherheitsapparats, in: Paul, Gerhard/ Mallmann, Klaus-Michael: Die Gestapo im Zweiten Weltkrieg. »Heimatfront« und besetztes Europa, Darmstadt 2000 (im Folgenden Linck: »Festung Nord«), S. 570–579; Jodls Anweisung zitiert nach KTB, Bd. IV, S. 1440; zur Abteilung Fremde Heere Ost vgl. Gehlen, Reinhard: Der Dienst. Erinnerungen 1942–1971, Berg 1971, S. 125.

19 Zu Wolff vgl. Lang, Jochen von: Der Adjutant. Karl Wolff – der Mann zwischen Hitler und Himmler, München/Berlin 1985; zu den Kapitulationsverhandlungen Dulles, Allan/Schulze-Gaevernitz, Gero von: Unternehmen »Sunrise«. Die geheime Geschichte des Kriegsendes in Italien, Düsseldorf/ Wien 1967; Höttl überzeichnet seine Rolle bei diesen Verhandlungen; vgl. Hagen: Unternehmen Bernhard, S. 248–257.

20 Zu den Plänen der Regierung Dönitz in Flensburg vgl. Steiner, Marlies: Die 23 Tage der Regierung Dönitz, Düsseldorf/Wien 1967; Smith, Walter Bedell: Eisenhower's Six Great Decisions. Europe 1944/45, New York/London/ Toronto 1956, S. 185 f.; Dulles zitiert nach CBS Reports »The Hot and Cold War of Allan Dulles«, 26. April 1962 (Typoskript), S. 12. vom 20.9.1984.

## »Für die Amerikaner spioniert« (S. 64–88)

1 Szőnyis Aussage zitiert nach Neues Deutschland vom 23.9.49; Haid zitiert nach Kießling, Wolfgang: Leistner ist Mielke. Schatten einer gefälschten Biographie, Berlin 1989 (im Folgenden Kießling: Leistner), S. 100; Klein, Thomas/Otto, Wilfriede/Grieder Peter: Visionen. Repression und Opposition in der DDR (1949–1989), Teil 1, Berlin 1997 (im Folgenden Klein/ Otto/Grieder: Visionen), S. 181 f.

2 Barth, Bernd-Rainer: Wer war Noel Field? Die unbekannte Schlüsselfigur der osteuropäischen Schauprozesse; in: Leo, Annette/Reif-Spirek, Peter (Hg.): Vielstimmiges Schweigen. Neue Studien zum DDR-Antifaschismus,

Berlin 2001 (im Folgenden Barth: Wer war Noel Field?), S. 197; Ulbricht zitiert nach *Neues Deutschland* vom 26. 8. 1949; *Neues Deutschland* vom 13. 9. 1949.

3   *Schweizer Bund* vom 14. 12. 1949 zitiert nach Barth, Bernd-Rainer / Schweizer, Werner (Hg.): Der Fall Noel Field. Schlüsselfigur der Schauprozesse in Osteuropa. Gefängnisjahre 1949 – 1954, Berlin 2005 (im Folgenden Barth / Schweizer: Der Fall), S. 95 f.; *Neues Deutschland* vom 6. 10. 1949; Dahlem-Brief zitiert nach Klein / Otto / Grieder: Visionen, S. 185.

4   Matern-Brief zitiert nach Klein / Otto / Grieder: Visionen, S. 189 f.; SED-Sekretariat zitiert nach Kießling, Wolfgang: Partner im »Narrenparadies«. Der Freundeskreis um Noel Field und Paul Merker, Berlin 1994 (im Folgenden Kießling: Narrenparadies), S. 265.

5   *Neues Deutschland* vom 21. 7. 1950; *Neues Deutschland* vom 25. 8. 1950; *Neues Deutschland* vom 1. 9. 1950 und Kießling: Leistner, S. 178.

6   Edith Hauser zitiert nach Keßler, Mario: Die SED und die Juden – zwischen Repression und Toleranz, Berlin 1995, S. 78; Borkowski, Dieter: Für jeden kommt der Tag. Stationen einer Jugend in der DDR, Berlin 1990, S. 257.

7   Arbeitsplan der SED zitiert nach Weber, Hermann: Schauprozeß-Vorbereitungen in der DDR, in: Weber, Hermann / Staritz, Dietrich: Kommunisten verfolgen Kommunisten. Stalinistischer Terror und »Säuberungen« in den kommunistischen Parteien Europas seit den dreißiger Jahren, Berlin 1993 (im Folgenden Weber / Staritz: Kommunisten verfolgen Kommunisten), S. 440 f.; Anklageschrift gegen Slánský zitiert nach Kießling: Leistner, S. 214; Hodos, George H.: Schauprozesse. Stalinistische Säuberungen in Osteuropa 1948 – 1954, Berlin 2001 (im Folgenden Hodos: Schauprozesse), S. 267; Field, Hermann/Field, Kate: Departure Delayed. Stalins Geisel im Kalten Krieg, Hamburg 1996, S. 228 ff.

8   Kennan, George F.: Memoiren eines Diplomaten, Stuttgart 1968, S. 275 – 300; zur Parteisäuberung 1948 vgl. Stern, Carola: Porträt einer bolschewistischen Partei. Entwicklung, Funktion und Situation der SED, Köln 1957, S. 109 sowie Amos, Heike: Politik und Organisation der SED-Zentrale 1949 – 1963. Struktur und Arbeitsweise von Politbüro, Sekretariat, Zentralkomitee und ZK-Apparat, Münster 2003 und Malycha, Andreas: Partei von Stalins Gnaden? Die Entwicklung der SED zur Partei neuen Typs in den Jahren 1946 bis 1950, Berlin 1996 (im Folgenden Malycha: Partei von Stalins Gnaden?), S. 72 f.

9   Merkers Bericht zitiert nach Kießling: Narrenparadies, S. 132 f.; Veselý zitiert nach Barth / Schweizer: Der Fall, S. 41.

10  MTI-Meldung zitiert nach Kießling: Partner im »Narrenparadies«, S. 24; Kriminalisierung der Westemigranten vgl. Malycha: Partei von Stalins Gnaden?, S. 105 und Eschwege, Helmut: Auswirkungen des Stalinismus auf die Juden der DDR von 1949 – 1957, in: Weber / Staritz: Kommunisten verfolgen

Kommunisten, S. 507; Lewis, Flora: Bauer im roten Spiel. Das Leben des Noel H. Field, Berlin 1965 (im Folgenden Lewis: Bauer im roten Spiel), S. 15; Mielke zu Müller zitiert nach Mertens, Lothar: Davidstern unter Hammer und Zirkel: Die Jüdischen Gemeinden in der SBZ / DDR und ihre Behandlung durch Partei und Staat 1945–1990, Hildesheim 1997, S. 320; Bauer, Leo: Die Partei hat immer Recht. Bemerkungen zum geplanten deutschen Rajkprozeß; in: *Aus Politik und Zeitgeschichte*, XXVII / 1956, S. 405 ff.

11  Berman zitiert nach Lewis: Bauer im roten Spiel, S. 14; Aufhebung des Beschlusses zitiert nach Kießling: Leistner, S. 270; *Neues Deutschland* vom 22. 6. 1956; Ulbricht-Bericht zitiert nach Kießling: Leistner, S. 226; Field-Brief an die SED zitiert nach Klein / Otto / Grieber: Visionen, S. 56; Axen, Hermann: Ich war Diener der Partei. Autobiographische Gespräche, Berlin 1996, S. 115.

12  Geheimtreffen in Rákosis Wohnung zitiert nach *Archiv. Jahrbuch des Vereins für Geschichte der Arbeiterbewegung*, Wien 1991, S. 34 und Hodos: Schauprozesse, S. 80; ZPKK-Kriterien zitiert nach Stiftung Archiv der Parteien und Massenorganisationen der DDR im Bundesarchiv Berlin (im Folgenden BA Berlin SAPMO), DY 30/IV 2/4/93, Bl. 10.

13  Ackermann zitiert nach Weber / Staritz: Kommunisten verfolgen Kommunisten, S. 441; Berichte über Merker in Mexiko in: BA Berlin SAPMO, DY 30/ IV 2/4/117, S. 253 ff.; Matern zitiert nach Kießling: Narrenparadies, S. 163.

14  Leo, Annette / Reif-Spirek, Peter (Hg.): Vielstimmiges Schweigen. Neue Studien zum DDR-Antifaschismus, Berlin 2001, S. 214 ff.; Barth / Schweizer: Der Fall, S. 37, S. 689.

15  Sperling zitiert nach Kießling: Partner im »Narrenparadies«, S. 125; Brief von Merker und Dahlem zitiert nach Barth / Schweizer, Der Fall, S. 505; zu Humbert-Droz vgl. Otto, Wilfriede: Der Fall Noel Haviland Field; in: *Jahrbuch für Historische Kommunismusforschung*, Berlin 2005 (im Folgenden Otto: Der Fall), S. 382.

16  Goldhammer zitiert nach Kießling: Narrenparadies, S. 132; Anna von Fischers Haltung zu Field in: BA Berlin SAPMO, DY 30/IV 2/4/119, Bl. 319–327, hier Bl. 319 f.; zu Anna von Fischer vgl. Weber, Hermann / Herbst, Andreas: Deutsche Kommunisten. Biographisches Handbuch 1918 bis 1945, Berlin 2004, S. 669 f. und Schlotterbeck, Anna: Die verbotene Hoffnung. Aus dem Leben einer Kommunistin, Hamburg 1990, S. 9 ff.

17  Otto: Der Fall, S. 384 f.; Kießling: Narrenparadies, S. 265, S. 156.

## »Amikäfer« (S. 89–112)

1  DDR-Wochenschau zitiert nach www.hr-online/fs/hauptsachekultur/ thema/011222thema4.html.

2  *Tägliche Rundschau* vom 26. 5. 1950; *Neues Deutschland* vom 16. 6. 1950, dort auch der zitierte Bericht der Expertenkommission.

3   Bericht der Expertenkommission zitiert nach *Neues Deutschland* vom
    16. 6. 1950; *Tägliche Rundschau* vom 26. 5. 1950; *Tägliche Rundschau* vom
    27. 5. 1950; *BZ am Abend* vom 2. 6. 1950; Berliner Rundfunk zitiert nach
    *Der Tag* vom 8. 6. 1950; ADN zitiert nach *Der Abend* vom 7. 6. 1950;
    *Der freie Bauer* vom 11. 6. 1950; *Tägliche Rundschau* vom 16. 6. 1950.

4   *Neues Deutschland* vom 17. 6. 1950; Merkers Brief ans Politbüro der SED
    zitiert nach Geißler, Erhard: Kartoffelkäfer als dual-threat agents, in: Ver-
    handlungen zur Geschichte und Theorie der Biologie, Bd. 5 (im Folgenden
    Geißler: Kartoffelkäfer als dual-threat agents), Berlin 2000, S. 221; Brecht,
    Bertolt: Werke. Große Berliner und Frankfurter Ausgabe, Bd. 16, Berlin /
    Weimar / Frankfurt a. M. 1993, S. 218.

5   *Neues Deutschland* vom 5. 7. 1950; *Tägliche Rundschau* vom 8. 7. 1950;
    *Neues Deutschland* vom 11. 7. 1950.

6   Plakat zitiert nach Geißler, Erhard: Schwarzer Tod und Amikäfer. Bio-
    logische Waffen und ihre Geschichte, Anmerkungen zu einer Ausstellung
    (im Folgenden Geißler: Schwarzer Tod), Berlin 2001, S. 75; Geißler,
    Erhard: Anthrax und das Versagen der Geheimdienste, Berlin 2003,
    S. 190; Loch-Artikel in *Der Morgen* vom 23. 6. 1950; *Berliner Zeitung*
    vom 9. 7. 1950.

7   Geißler: Kartoffelkäfer als dual-threat agents, S. 210 f.; Geheimdienstbericht
    zitiert nach Geißler: Kartoffelkäfer als dual-threat agents, S. 215; *Zeit* vom
    8. 8. 2002.

8   Langenbruch, Gustav-Adolf: 100 Jahre Pflanzenschutzforschung. Der
    Kartoffelkäfer in Deutschland. Seine Erforschung und Bekämpfung unter
    besonderer Berücksichtigung der Arbeiten der Biologischen Bundesanstalt
    für Land- und Forstwirtschaft und ihrer Vorläufer und parallelen Institu-
    tionen, in: *Mitteilungen aus der Biologischen Bundesanstalt für Land- und
    Forstwirtschaft*, H. 341 (im Folgenden: Langenbruch: 100 Jahre Pflanzen-
    schutzforschung), Berlin 1998, S. 11; Parole zitiert nach Kartoffelgeschichte
    und -geschichten, www.toffi.net/kiss/geschichte/g_25.htm; Merkblatt zitiert
    nach Geißler: Schwarzer Tod, S. 75.

9   *Anzeiger für Schädlingskunde* und »Experimentierfeld« zitiert nach *BZ
    am Abend* vom 5. 7. 1950; Konferenz zitiert nach Propaganda-Broschüre
    »Halt! Amikäfer!« Dokumente zur Kartoffelkäfer-Abwehr, o. O. u. o. J.
    [1950].

10  Abteilung Pflanzenschutz zitiert nach Geißler: Schwarzer Tod, S. 25;
    SMAD-Befehle zitiert nach Geißler: Kartoffelkäfer als dual-threat agents,
    S. 226; Zimmermann zitiert nach Geißler: Kartoffelkäfer als dual-threat
    agents, S. 224 ff.; Korobizin zitiert nach *Neue Zeitung* vom 11. 7. 1950; vgl.
    Geißler: Kartoffelkäfer als dual-threat agents, S. 227.

11  Gesetzblatt der DDR vom 9. März 1950 zitiert nach *Neue Zeitung* vom

2. 6. 1950; DDR-Agrarministerium zitiert nach Geißler: Kartoffelkäfer als dual-threat agents, S. 227.

12 Zur Rolle des Wetters bei der Verbreitung von Schädlingen vgl. Langenbruch: 100 Jahre Pflanzenschutzforschung, S. 29; *Der freie Bauer* zitiert nach *Telegraf* vom 5. 6. 1950; Austauschaktion zitiert nach *Der Abend* vom 7. 6. 1950; Jahresbericht für Pflanzenschutz 1951 zitiert nach Geißler: Kartoffelkäfer als dual-threat agents, S. 228.

13 Beschluss vom 12. April 1950, in: Stiftung Archiv der Parteien und Massenorganisationen der DDR im Bundesarchiv Berlin (BA Berlin, SAPMO) DY 30/J IV 2/3/106; Merker-Beitrag vom 31. 1. 1950, in: BA Berlin, SAPMO, NY 4102 (Nachlass Merker)/44; Artikel vom 8. 2. 1950, in: ebd.

14 Bauern-Unmut zitiert nach *Der Abend* vom 31. 7. 1950; Merker-Manuskript vom 2. 5. 1950, in: BA Berlin, SAPMO, NY 4102/44; Merker-Rede vom 25. 5. 1950, in: BA Berlin, SAPMO, NY 4102/44.

15 Artikel vom 8. 2. 1950, in: BA Berlin, SAPMO, NY 4102/44; Bericht vom 15. 5. 1950, in: BA Berlin, SAPMO, NY 4102/44; Merker-Rede vom 25. 5. 1950, in: BA Berlin, SAPMO, NY 4102/44.

16 Merker-Rede vom 28. 6. 1950, in: BA Berlin, SAPMO, NY 4102/44; Augenzeugen zitiert nach *Berliner Zeitung* vom 9. 7. 1950; Äußerung SED-Führung zitiert nach *Neue Zeitung* vom 27. 3. 1952; Berichte über Maul- und Klauenseuche zitiert nach *Der Abend* vom 7. 6. 1950; zur Stasi vgl. Geißler: Schwarzer Tod, S. 74; zu Knobloch vgl. Knobloch, Heinz: Der bakteriologische Krieg, Berlin 1955.

## »KZ-Baumeister« (S. 113–132)

1 *Stern* vom 3. 3. 1968.

2 Redemanuskript Norden, in: Stiftung Archiv der Parteien und Massenorganisationen der DDR im Bundesarchiv Berlin (im Folgenden BA Berlin, SAPMO), NY 4217 (NL Norden), 62; vgl. Morsey, Rudolf: Heinrich Lübke. Eine politische Biographie, Paderborn 1996 (im Folgenden Morsey: Lübke), S. 510–512.

3 *Neues Deutschland* vom 25. und 26. 1. 1966; Handzettel zitiert nach Knabe, Hubertus: Die unterwanderte Republik. Stasi im Westen, Neuausgabe München 2001 (im Folgenden Knabe: Republik), S. 143; Lübkes privates Urteil zitiert nach Morsey: Lübke, S. 520.

4 Stasibericht zitiert nach Morsey: Lübke, S. 514; Protokoll der Besprechung mit *Report*-Redakteuren zitiert nach Knabe, Hubertus: Der diskrete Charme der DDR. Stasi und Westmedien, Neuausgabe München 2002 (im Folgenden Knabe: Charme), S. 254; Titelthema »Heißer Sex und kalte Küche«, in: *konkret* 12/1966; Neumann, in: *konkret* 7/1966.

5 Rowohlt-Geschäft zitiert nach Knabe: Republik, S. 148 f. sowie Rosskopf,

Annette: Friedrich Karl Kaul. Anwalt im geteilten Deutschland, Berlin /
Baden-Baden 2002 (im Folgenden Rosskopf: Kaul), S. 321–323; Bericht
Halle zitiert nach ebd.; Kopie von Lückes Ausarbeitung in: BA Berlin,
Zwischenarchiv Dahlwitz-Hoppegarten (im Folgenden BA Berlin ZwA DH),
Dok. P 213-6; das Gegengutachten in Nationalrat der Nationalen Front des
Demokratischen Deutschland (Hg.): Der Fall Lübke. Legende und Wahrheit,
Berlin (Ost) o. J. [1966], S. 45–48; Raddatz-Brief vom 30. 6. 1967 zitiert nach
Rosskopf: Kaul, S. 321; Raddatz-Telegramm vom 12. 7. 1967 zitiert nach
Morsey: Lübke, S. 527, Anm. 102; Kauls Brief vom 31. 7. 1967 zitiert nach
Rosskopf: Kaul, S. 324, Anm. 32.

6 Koppel, Wolfgang (Hg.): Heinrich Lübke – Präsident der Deutschen? o. O.
[Karlsruhe] 1967; *Neues Deutschland* vom 24. 8. 1967; Podewin, Norbert (Hg.):
Braunbuch. Kriegs- und Naziverbrecher in der Bundesrepublik und Berlin
(West), Reprint der 3. Aufl., Berlin 2003 (im Folgenden Podewin: Braun-
buch), S. 40 f.; zur Buchmesse vgl. *Frankfurter Rundschau, Welt* und *Frank-
furter Allgemeine Zeitung* vom 18. 10. 1967 sowie *Spiegel* vom 23. 10. 1967.

7 Haring-Gutachten in *Stern* vom 28. 1. 1968; Bundesinnenministerium und
Harings Reaktion zitiert nach *Stern* vom 18. 2. 1968; *Stern* vom 4. 2. 1968;
*Stern* vom 18. 2. 1968; *Stern* vom 3. 3. 1968.

8 *Süddeutsche Zeitung* vom 27. 2. 1968; *Neue Rhein Zeitung* und *Rheinische
Post* zitiert nach Morsey: Lübke, S. 539, 541; *Spiegel* vom 11. 3. 1968; Diskus-
sion im Kabinett und Bundesvorstand der SPD zitiert nach Morsey: Lübke,
S. 546–549; Lübkes Fernsehansprache zitiert nach Bulletin des Presse- und
Informationsamtes der Bundesregierung vom 2.3.1968; Allensbach-Umfrage
zitiert nach Morsey: Lübke, S. 553; *Welt am Sonntag* vom 3. 3. 1968.

9 Marx zitiert nach Morsey: Lübke, S. 562; *Spiegel* vom 2. 9. 1968; *Welt* vom
9. 9. 1968; *Neues Deutschland* vom 16. 10. 1968.

10 Richtlinie vom 5. 5. 1954 zitiert nach Hollmann, Michael: Das »NS-Archiv« des Ministeriums für Staatssicherheit der DDR und seine archivische
Bewältigung durch das Bundesarchiv, in: *Mitteilungen aus dem Bundesarchiv*
9 (2001), H. 3, S. 52; Richtlinie 21 zitiert nach Leide, Henry: NS-Verbrecher und Staatssicherheit. Die geheime Vergangenheitspolitik der DDR,
Göttingen 2005 (im Folgenden Leide: NS-Verbrecher), S. 55 f.; zu den ersten
Kampagen vgl. Aufstellung in: BA Berlin SAPMO, DY 30/IV/2-028/66;
zu den Blutrichter-Kampagnen vgl. Weinke, Annette: Die Verfolgung
von NS-Tätern im geteilten Deutschland, Paderborn 2002 (im Folgenden
Weinke: Verfolgung), S. 76 f. sowie Leide: NS-Verbrecher, S. 75 f.

11 Zu Flick und Speidel vgl. Leide: NS-Verbrecher, S. 76; zu Oberländer Wachs,
Christian: Der Fall Oberländer, Frankfurt a. M. / New York 2000; zu Globke
BA Berlin SAPMO, DY 30/IV/2.028/21 sowie *Welt* vom 1. 12. 2003; zu den
Hakenkreuzschmierereien Lemke, Michael: Kampagnen gegen Bonn. Die

Systemkrise der DDR und die Westpropaganda der SED 1960 – 1963, in: Vierteljahrshefte für Zeitgeschichte 41 (1993), S. 160; zu Fränkel Miquel, Marc von: Ahnden oder amnestieren? Westdeutsche Justiz und Vergangenheitspolitik, Göttingen 2004, S. 100 – 122; Richtlinie vom 27. 3. 1962 in: BA Berlin SAPMO, DY 30/IV/2.028/62; vgl. BA Berlin SAPMO, DY 30/J IV 2/3/1245; Politbüro-Beschluss in: BA Berlin SAPMO, DY 30/J IV 2/2 A-1.033.

12 Morsey: Lübke, S. 82 f.; NS-Blatt zitiert nach Morsey: Lübke, S. 92; zur »Dokumentationsstelle« vgl. Leide: NS-Verbrecher, S. 168 – 176.

13 Schumann zitiert nach Unverhau, Dagmar: Das »NS-Archiv« des Ministeriums für Staatssicherheit, Münster 1998, S. 84; Bericht der »Forschungsgruppe« in: BA Berlin ZwA DH, Dok./P/213-3; zu Nordens Pressekonferenz am 27.1.1965 vgl. BA Berlin SAPMO, DY 30/IV/ 2.028/8; zum 2. 7. 1965 Nordens Redemanuskript in: BA Berlin SAPMO, NY 4217 (NL Norden), 61 und *Neues Deutschland* vom 3. 7. 1965.

14 Nordens Vorwürfe in: BA Berlin SAPMO, NY 4217 (NL Norden), 62; *Neues Deutschland* vom 25. 1. 1966; zu Lübkes Weg ins Bundespräsidialamt vgl. Morsey: Lübke, S. 254 – 277 und Köhler, Henning: Adenauer. Eine politische Biographie, Berlin 1994, S. 1025 – 1049.

15 Zu den durchgepausten Unterschriften Lübkes vgl. Kopie von Lückes Ausarbeitung in: BA Berlin ZwA DH, Dok. P 213-6; Fimbel zitiert nach Vermerk von Burkhard Pütz MdB vom 17.2.1966, Kopie in: BA Berlin ZwA DH, Dok./P/213-6; zu Tomischka und dem Ortstermin in Neu-Staßfurt dpa-Meldung vom 10. 2. 1966 und *Tagesspiegel* vom 11. 2. 1966; zu Tomischkas angeblichen Aussagen vgl. Morsey: Lübke, S. 139 f.

16 Bohnsack, Günter / Brehmer, Herbert: Auftrag Irreführung. Wie die Stasi Politik im Westen machte, Hamburg 1992, S. 59 f.; Bundesinnenministerium zitiert nach »Innere Sicherheit – Informationen zu Fragen des Staatsschutzes« vom 28. 10. 1966, S. 10 und Anlagen 6 und 7 (Faksimiles der beiden Deckblätter), Kopie in BA Berlin ZwA DH, Dok. P 213-6; Notiz auf Kopie zitiert nach Morsey: Lübke, S. 513, Anm. 39.

17 Brief an Hofman und Strippel vom 22. 9. 1943 zitiert nach Wagner, Jens-Christian: Zwangsarbeit in Peenemünde (1939 – 1945): Praxis und Erinnerung, in: *Zeitgeschichte regional. Mitteilungen aus Mecklenburg-Vorpommern* 4 (2000), H. 1, S. 15 – 21, Anm. 39 sowie E-Mail von Wagner an die Autoren vom 10. 8. 2005; *Spiegel* vom 28. 5. 2001.

## »Isolationsfolter und Vernichtungshaft« (S. 133–160)

1 Zitiert nach *Spiegel* vom 9. 12. 1974.

2 Baader in Berlin zitiert nach Aust, Stefan: Der Baader-Meinhof-Komplex, Neuausgabe Hamburg 2008 (im Folgenden Aust: Baader-Meinhof), S. 384; Mahler zitiert nach *Berliner Morgenpost* vom 17. 1. 1973; Erklärung der Verteidiger zitiert nach Peters, Butz: Tödlicher Irrtum. Die Geschichte der RAF, Berlin 2004 (im Folgenden Peters: Irrtum), S. 316; zum Bundesverfassungsgericht vgl. *Tagesspiegel* vom 24. 1. 1973; Erklärung der Verteidiger zitiert nach *Welt* vom 6. 2. 1973.

3 *konkret* vom 8. 2. 1973; *Spiegel* vom 12. 2. 1973; Sigrist zitiert nach *Kursbuch* 32 (1973), S. 140; Teuns zitiert nach ebd., S. 118, 123; Notiz Ulrike Meinhofs aus der Haft zitiert nach www.rafinfo.de; zum Bundesverfassungsgericht *Frankfurter Allgemeine Zeitung* vom 18. 5. 1973; Pressemitteilung zitiert nach Peters: Irrtum, S. 317; Resolution des Kirchentages zitiert nach *Kursbuch* 32, S. 184.

4 Auschwitz-Vergleich von Meinhof zitiert nach Baaker Schut, Pieter (Hg.): Das Info. Briefe der Gefangenen aus der RAF 1973–1977, o. O. [Kiel] 1987 (im Folgenden Bakker Schut: Info), S. 21; Buchenwald-Vergleich von Ensslin zitiert nach *tageszeitung* vom 27. 4. 2002; Kassiber von Ensslin zitiert nach Bundesministerium des Innern (Hg.): Dokumentation über Aktivitäten anarchistischer Gewalttäter in der Bundesrepublik Deutschland, Bonn o. J. [1974] (im Folgenden BMI: Dokumentation), S. 19; Baader zitiert nach ebd., S. 100; vgl. Bergstermann, Sabine: Stammheim. Eine moderne Haftanstalt als Ort der Auseinandersetzung zwischen Staat und RAF, München 2016 (im Folgenden Bergstermann: Stammheim), S. 111–119.

5 Brief von Meins an Grashof zitiert nach Bakker Schut: Info, S. 183–185; Kassiber von Ensslin zitiert nach Peters: Irrtum, S. 319; vgl. Bergstermann: Stammheim, S. 199–127; zur Demonstration in Berlin vgl. *Bild* vom 11. 11. 1974; Losungen zitiert nach *Spiegel* vom 18. 11. 1974; Dutschke zitiert nach Conradt, Gerd: Starbuck Holger Meins. TV-Dokumentation, NDR 2001 (im Folgenden Conradt: Starbuck Holger Meins), vgl. *Frankfurter Allgemeine Zeitung* vom 19. 11. 1974; Demonstrationsplakat abgedruckt in *Süddeutsche Zeitung* vom 19. 11. 1974; Schily-Beitrag im *Spiegel* vom 18. 11. 1974.

6 Vgl. Komitees gegen Folter an politischen Gefangenen in der BRD (Hg.): Der Kampf gegen die Vernichtungshaft, o. O., o. J. [ca.1975] (im Folgenden Komitees: Kampf gegen die Vernichtungshaft); RAF-Anwälte zitiert nach *Stern* vom 20. 5. 1976; Raspe zitiert nach Aust: Baader-Meinhof, S. 531; Plakat zitiert nach *Bild* vom 17. 5. 1976; Frieds Telegramm zitiert nach Becker, Jilian: Hitlers Kinder? Der Baader-Meinhof-Terrorismus, Frankfurt a. M. 1978 (im Folgenden Becker: Hitlers Kinder), S. 238; Bericht der Internationalen Untersuchungskommission: Der Tod Ulrike Meinhofs, 4. Aufl., Münster 2001 (im Folgenden Int. Untersuchungskommission: Der Tod),

S. 5; zur zweifelhaften, weil nicht sachgerechten und voreingenommenen Arbeit dieser selbsternannten »Untersuchungskommission« vgl. das Beispiel bei Aust: Baader-Meinhof, S. 528 f. und Bergstermann: Stammheim, S. 145; vermummter Mann am Grab zitiert nach *Bild* vom 31. 10. 1977; Plakat zitiert nach Oesterle, Kurt: Stammheim. Der Vollzugsbeamte Horst Bubeck und die RAF-Häftlinge, Neuausgabe München 2005 (im Folgenden Oesterle: Stammheim), S. 202.

7   Zur Besetzung des Amnesty-Büros vgl. www.rafinfo.de; Anzeige in *Tagesspiegel* vom 9. 10. 1974; *Tagesspiegel* vom 11. 10. 1974; »Gruppe Hungerstreik« zitiert nach *Spandauer Volksblatt* vom 31. 10. 1974; Hungerstreikerklärung vom 13. 9. 1974 zitiert nach Rote Armee Fraktion. Texte und Materialien zur Geschichte der RAF, Berlin 1997 (im Folgenden RAF. Texte und Materialien), S. 191; Gerichtsreferendare und ÖTV zitiert nach *Spandauer Volksblatt* vom 31. 10. 1974.

8   Meinhof-Brief zitiert nach Oesterle: Stammheim, S. 119; Sartre-Interview in *Spiegel* vom 2. 12. 1974, dort auch Hinweis auf *Les Temps Modernes*; Sartre-Beschreibung und Miturheberschaft Croissants zitiert nach *Spiegel* vom 9. 12. 1973, vgl. *Frankfurter Allgemeine Zeitung, Welt, Bild* und *Berliner Morgenpost* vom 5. 12. 1973 sowie *Le Monde* vom 6. und *Neue Zürcher Zeitung* vom 7. 12. 1973.

9   Speitel zitiert nach Aust: Baader-Meinhof-Komplex, S. 445; Dellwo zitiert nach Peters: Irrtum, S. 370; Haag zitiert nach ebd., S. 371 f.; Mahler zitiert nach *Spiegel* 50/1978; Jünschke-Interview in *tageszeitung* vom 28. 5. 1991.

10   Kittlaus im Folgenden zitiert nach Gesprächen Keil – Kittlaus (August 2004); *Frankfurter Allgemeine Zeitung* vom 3. 3. 1981; Bekennerschreiben zitiert nach *Bild* vom 14. 4. 1981; Geschäftsmann zitiert nach *Spiegel* vom 20. 4. 1981; *Frankfurter Rundschau* vom 14. 4. 1981; www.trend.infopartisan.net.

11   Vollmer zitiert nach *Süddeutsche Zeitung* vom 18. 3. 1989; Parolen zitiert nach *Spiegel* vom 10. 4. 1989; Schmidt in *Zeit* vom 24. 3. 1989; *Zeit-Magazin* vom 2. 6. 1989; Rebmanns Bericht in *Frankfurter Rundschau* vom 8. und 10. 4. 1989; Replik in *tageszeitung* vom 12. 4. 1989.

12   Flugblätter zitiert nach www.rafinfo.de; zum Urteil vgl. Aust: Baader-Meinhof, S. 91 f.; zur Baader-Befreiung vgl. *Frankfurter Allgemeine Zeitung* und *Süddeutsche Zeitung* vom 15. 5. 1970 sowie *Spiegel* vom 18. 5. 1970 und https://www.welt.de/politik/deutschland/article7621468/Stasi-Akten-beleuchten-die-Geburtsstunde-der-RAF.html; Ensslin-Erklärung zitiert nach www.rafinfo.de.

13   RAF-Erklärung zur Stadtguerilla zitiert nach www.rafinfo.de; Bekennerschreiben vom 12., 20. und 25. 5. 1972 zitiert nach www.rafinfo.de.

14   Briefe Meinhofs zitiert nach Aust: Baader-Meinhof, S. 367–377; Bückers Bericht zitiert nach Bakker Schut, Pieter: Stammheim. Der Prozeß gegen

die Rote Armee Fraktion, Neuausgabe, Kiel 1989 (im Folgenden Bakker Schut: Stammheim), S. 57, auch zitiert in Komitees: Kampf gegen die Vernichtungshaft, S. 177 sowie in Int. Untersuchungskommission: Der Tod, S. 66 und Aust: Baader-Meinhof, S. 367; vgl. zum Stammheimer Prozess Flemming, Thomas / Ulrich, Bernd: Vor Gericht. Deutsche Prozesse in Ost und West nach 1945, Berlin 2005, S. 145–161; zum Verhalten der Terroristen Aust: Baader-Meinhof, S. 370 (Klobürste), S. 377 (Meinhof-Gegenüberstellung); geohrfeigter Arzt zitiert nach Scheerer, Sebastian: »Folter ist kein revolutionärer Kampfbegriff«, in: Reemtsma, Jan Philipp: Folter. Zur Analyse eines Herrschaftsmittels, Hamburg 1991 (im Folgenden Scheerer: Folter), S. 224; zu Baaders Verhalten Aust: Baader-Meinhof, S. 164 f., zu Ensslin und Meins S. 351–358, vgl. zu Meins die Eindrücke seines Vaters in Conradt: Starbuck Holger Meins; zum Kitzeln Aust: Baader-Meinhof, S. 356; Raspe und Mahler zitiert nach ebd., S. 370.

15   Zu Teuns vgl. *Kursbuch* 32 (1973), S. 118–123; Int. Untersuchungskommission: Der Tod, S. 11; Besuche Meinhofs zitiert nach Peters: Irrtum, S. 313, vgl. Aust: Baader-Meinhof, S. 380 f. und Bergstermann: Stammheim, S. 98; Besuche bei Baader und Müller zitiert nach Peters: Irrtum, S. 313; zum Begriff Folter vgl. Zagolla, Robert: Im Namen der Wahrheit. Folter in Deutschland, Berlin 2006.

16   Zum Ensslin-Kassiber von Juni 1972 *Frankfurter Allgemeine Zeitung* und *Frankfurter Rundschau* vom 19. 6. 1972, Faksimile in *Stern* vom 25. 6. 1972; Meinhof-Papier zu München 1972 zitiert nach RAF. Texte und Materialien, S. 151–178; Ensslins Reaktion zitiert nach Aust: Baader-Meinhof, S. 372–374; zum »Info« vgl. Peters: Irrtum, S. 307–311 und Aust: Baader-Meinhof, S. 395–398 sowie Bergstermann: Stammheim, S. 111–113; vgl. die Teilausgaben Bakker Schut: Info und BMI: Dokumentation.

17   Sartre zitiert nach *Spiegel* vom 9. 12. 1974; Baaders Besuche nach *Berliner Morgenpost* vom 5. 12. 1974; *Spiegel* vom 9. 12. 1974; Oestreicher zitiert nach *Frankfurter Allgemeine Zeitung* vom 17. 12. 1974; *Spiegel* vom 16. 12. 1974; Oestreichers Urteil zitiert nach Becker: Hitlers Kinder, S. 264.

18   Schmidt zitiert nach Baumeister, Annette / Hartung, Florian: Folter in Stammheim? Die Propaganda der RAF, TV-Dokumentation, WDR 2005 (im Folgenden Baumeister / Hartung: Folter?), auch in Conradt: Starbuck Holger Meins; Vogel zitiert nach Stenographische Berichte des Deutschen Bundestages, 7. Wahlperiode, Sp. 8795.

19   Südfrüchte zitiert nach Oesterle: Stammheim, S. 132; vgl. Bergstermann: Stammheim, S. 130–152, S. 212, Anm. 46; Baaders Musikanlage zitiert nach Oesterle: Stammheim, S. 97; vgl. Bergstermann: Stammheim, S. 140; Rebmanns Frage und Bubecks Antwort zitiert nach Peters: Irrtum, S. 331.

20   Herzinger in *Weltwoche* vom 2. 5. 2005; Hogefeld, Richter und Reemtsma

zitiert nach Kraushaar, Wolfgang u. a.: Rudi Dutschke, Andreas Baader und
die RAF, Hamburg 2005, S. 104.

21  Kassiber der »Roten Hilfe« zitiert nach BMI: Dokumentation, S. 157;
RAF-Sympathisantin zitiert nach Oesterle: Stammheim, S. 112.

## »Ökologisches Hiroshima« (S. 161–187)

1  Bernhard Ulrich zitiert nach *Hamburger Abendblatt* vom 10.10.1981.

2  Zu Ulrichs Erkenntnisweg vgl. *Zeit* vom 31.12.2003; zu den Schäden auf
dem Bruchberg vgl. *Hamburger Abendblatt* vom 10.10.1981.

3  Zur Tagung in Sauerlach vgl. Kandler, Otto: Vierzehn Jahre Waldschadens-
diskussion. Szenarien und Fakten, in: *Naturwissenschaftliche Rundschau* 11
(1994) (im Folgenden Kandler: Vierzehn Jahre Waldschadensdiskussion),
S. 419; Kandler zitiert nach Zierhofer, Wolfgang: Umweltforschung und
Öffentlichkeit. Das Waldsterben und die kommunikativen Leistungen von
Wissenschaft und Massenmedien, Opladen 1998 (im Folgenden Zierhofer:
Umweltforschung und Öffentlichkeit), S. 97; Bemmann, Martin / Metzger,
Birgit/Schäfer, Roland: Das deutsche Waldsterben als historisches Phä-
nomen, in: *Revue d'Allemagne et des Pays de langue allemande* 39 (2007),
S. 423–436; Metzger, Birgit: »Erst stirbt der Wald, dann du!« Das Waldster-
ben als westdeutsches Politikum (1978–1986), Frankfurt a. M. 2015; Schütt
zitiert nach *Stern* vom 24.9.1981.

4  *Stern* vom 24.9.1981; *Spiegel* vom 16.11.1981; *Zeit* vom 25.12.1981.

5  *Spiegel* vom 16.11.1981; Hatzfeldt zitiert nach Zierhofer: Umweltforschung
und Öffentlichkeit, S. 76 ff.; Hansen zitiert nach Deutscher Bundestag (Hg.):
Umweltpolitik im 9. Deutschen Bundestag und im Bundesrat (1980 bis
1983). Materialien der Hauptabteilung Wissenschaftliche Dienste, Bonn
1983, S. 71 B; *Stern* vom 28.10.1982.

6  Antrag Morf u. a. zitiert nach Zierhofer: Umweltforschung und Öffentlichkeit,
S. 79; Wetzel zitiert nach Zierhofer: Umweltforschung und Öffentlichkeit,
S. 93; Vogel, Duve und Haltung der Union zitiert nach *Spiegel* vom 14.2.1983.

7  *Spiegel* vom 14.2.1983; *Stern* vom 24.3.1983; *Quick* vom 28.4.1983.

8  Rat von Sachverständigen zitiert nach Nießlein, Erwin / Voss, Gerhard:
Was wir über das Waldsterben wissen, Köln 1985 (im Folgenden Nießlein /
Voss: Was wir über das Waldsterben wissen), S. 41; Zimmermann zitiert
nach *Spiegel* vom 14.2.1983; *Zeit* vom 19.8.1983; *Feld und Wald* zitiert
nach Zierhofer: Umweltforschung und Öffentlichkeit, S. 85; Nießlein / Voss:
Was wir über das Waldsterben wissen, S. 26.

9  Zur Forschungsinitiative vgl. Krott, Max: Management vernetzter Umweltforschung. Wissenschaftspolitisches Lehrstück Waldsterben, Wien / Köln
1994, S. 17, S. 31; zum *Tages-Anzeiger* vgl. Vincenz, Curdin: Das Waldsterben: Karriere eines Politikums, Bern 1998 (im Folgenden Vincenz:

Waldsterben), S. 43; zu Forderungen in der Schweiz vgl. Schärer, Werner /
Zimmermann, Willi: Politische und rechtliche Betrachtungen zum The-
ma Waldsterben in der Schweiz: Eine Standortbestimmung, Beiheft zur
*Schweizerischen Zeitschrift für Forstwesen* 73 (1984), S. 40 sowie Zierhofer:
Umweltforschung und Öffentlichkeit, S. 80 f., 144.

10 Neubert, Ehrhart: Geschichte der Opposition in der DDR 1949–1989,
Bonn 1997, S. 445–455, 585–592, 744–752; »Kirche, Umwelt, Stasi«, in:
Briefe zur Orientierung im Konflikt Mensch-Erde, herausgegeben vom
Kirchlichen Forschungsheim Lutherstadt Wittenberg, März 2001, S. 5–7;
www. weiterdenken.de/download/doku%20umwelt.pdf.

11 Umfrage zitiert nach Reichert, Dagmar / Zierhofer, Wolfgang: Umwelt zur
Sprache bringen, Opladen 1993 (im Folgenden Reichert / Zierhofer: Umwelt
zur Sprache bringen), S. 50, 211; *Stern* vom 5. 7. 1984; *Zeit* vom 19. 10. 1984;
»größte Waldvernichtung« zitiert nach *Spiegel* vom 22. 10. 1984; Rosenthal
zitiert nach *Bildwoche* vom 20. 9. 1984.

12 *Hamburger Abendblatt* vom 17. 10. 1984; Bericht über den Stand der
Erkenntnisse zu Ursachen und Auswirkungen der Waldschäden sowie
Bewertung der bisherigen Forschungsergebnisse, in: Umweltforschung zu
Waldschäden, hg. vom Bundesminister für Forschung und Technologie,
Bonn 1985, S. 5 ff.

13 Autogewerbeverband zitiert nach Zierhofer: Umweltforschung und Öffentlichkeit, S. 110 f.; Nießlein / Voss: Was wir über das Waldsterben wissen,
S. 14 f.; Bericht des Umweltbundesamtes zitiert nach Kandler: Vierzehn
Jahre Waldschadensdiskussion, S. 423; *Spiegel* vom 7. 9. 1987; *Nature* zitiert
nach Holzberger, Rudi: Das sogenannte Waldsterben. Zur Karriere eines Klischees, Bergatreute 1995 (im Folgenden Holzberger: Waldsterben), S. 133.

14 Albrecht, Ulrich: Die Rezeption der Raketenkrise durch die Friedensbewegung, in: Raketenpoker um Europa. Das sowjetische SS-20-Abenteuer und
die Friedensbewegung, München 2001, S. 134; historische Beispiele zitiert
nach Wentzel, Karl Friedrich: Was bleibt vom Waldsterben, Hamburg 2001,
S. 20, 14; *Neue Zürcher Zeitung* vom 8. 10. 1975, vgl. Zierhofer: Umweltforschung und Öffentlichkeit, S. 138.

15 Vgl. Kandler: Vierzehn Jahre Waldschadensdiskussion, S. 425; Hüttl zitiert
nach *Welt am Sonntag* vom 21. 3. 1999; Müller-Ullrich, Burkhard: Medienmärchen. Gesinnungstäter im Journalismus, Berlin 1998 (im Folgenden:
Müller-Ulrich: Medienmärchen), S. 32; Umfrage zitiert nach Reichert / Zierhofer: Umwelt zur Sprache bringen, S. 237; Vincenz: Waldsterben, S. 110.

16 Canetti zitiert nach *Wochenpost* vom 8. 12. 1994; Nießlein / Voss: Was wir
über das Waldsterben wissen, S. 38 f.; Hüttl zitiert nach *Welt am Sonntag*
vom 21. 3. 1999.

17 Spiecker zitiert nach *Welt* vom 8. 12. 2004; Münchner Forstwissenschaftler

zitiert nach *Neue Zürcher Zeitung* vom 24. 10. 2001; Courtois und Müller zitiert nach *Berliner Zeitung* vom 24. 12. 2003.

18 Egli zitiert nach Haefeli, Ueli / Pfister, Christian /Arb, Christoph von: Luft-hygieneforschung im Spannungsfeld zwischen wissenschaftlicher Kontinui-tät und gesellschaftspolitischen Forderungen, Bern 1990, S. 71; Holzberger: Waldsterben, S. 40; Vincenz: Waldsterben, S. 5, 35.

19 *Neue Zürcher Zeitung* vom 16. 7. 1986, vgl. Müller-Ullrich: Medienmärchen, S. 26, Holzberger: Waldsterben, S. 9; *Zeit* vom 25. 11. 1988; Keil zitiert nach *Zeit* vom 29. 11. 1991 und vom 9. 12. 2004.

20 Vgl. https://www.bmel.de/DE/WaldFischerei/Waelder/_texte/Waldzustands erhebung.html; Zwischenbilanz zitiert nach *Zeit* vom 9. 12. 2004; Ulrich zitiert nach *Wochenpost* vom 2. 12. 1993 und *Zeit* vom 31. 12. 2003; Schütt zitiert nach *Wochenpost* vom 2. 12. 1993; Zierhofer zitiert nach Vincenz: Waldsterben, S. 49; Künast zitiert nach *Welt am Sonntag* vom 13. 7. 2003.

## »DDR öffnet Grenzen« (S. 188–210)

1 dpa-Meldung vom 9. 11. 1989, 19.41 Uhr.

2 Zu Schabowskis Pressekonferenz vgl. Hertle, Hans-Hermann / Elsner, Kathrin: Mein 9. November. Der Tag, an dem die Mauer fiel, Berlin 1999 (im Folgenden Hertle / Elsner: Mein 9. November), S. 40–45 und Huber, Florian: Schabowskis Irrtum. Das Drama des 9. November, Berlin 2009 (im folgenden Huber: Schabowskis Irrtum), S. 105–117 und *Welt* vom 9. 11. 2009.

3 Zur Frage nach dem Mauerfall siehe Hertle / Elsner: Mein 9. November, S. 44; Interview des NBC-Korrespondenten Tom Brokaw mit Günter Schabowski zitiert nach Hertle / Elsner: Mein 9. November, S. 59 und Hertle, Hans-Hermann: Chronik des Mauerfalls. Die dramatischen Ereignisse um den 9. November 1989, Berlin 1996 (im Folgenden Hertle: Chronik des Mauerfalls), S. 148.

4 Zur ersten Reaktion auf die verkündete Reiseregelung vgl. AP vom 9. 11. 1989; zitiert nach Hertle / Elsner: Mein 9. November, S. 59–64 und dpa vom 9. 11. 1989.

5 ARD-*Tagesschau* und -*Tagesthemen* zitiert nach Hertle: Chronik des Mauer-falls, S. 155 und Hertle / Elsner: Mein 9. November, S. 64 f.

6 Zur Situation an den Grenzübergängen vgl. Hertle/Elsner: Mein 9. Novem-ber, S. 86 und Spiegel-TV: *Hundert Jahre Deutschland: Die deutsche Wieder-vereinigung*, DVD-Edition sowie Huber: Schabowskis Irrtum, S. 129–203; *Tagesthemen*-Moderation zitiert nach Hertle/Elsner: Mein 9. November, S. 132–134.

7 Stimmungsberichte der Stasi in: Mitter, Armin / Wolle, Stefan (Hg.): Ich liebe Euch doch alle. Befehle und Lageberichte des MfS, Berlin 1990, S. 141 ff.

und in der MfS-Information Nr. 438/89, S. 2, zitiert nach www.bstu./mfs/
kalender/1989/dokumente/oktober/okt_89_03_3.htm.

8   Zur Debatte um das Reisegesetz und die Situation in der Tschechoslowakei
    vgl. Hertle: Chronik des Mauerfalls, S. 89 und www.chronik-der-mauer.de/
    index.php/chronik/1989/November.

9   Zur Situation vom 6. bis 9. November und zum Entwurf einer neuen Reise-
    verordnung vgl. Hertle: Chronik des Mauerfalls, S. 109–117, 130 f.

10  Zum Hintergrund der Reiseregelung vgl. Hertle / Elsner: Mein 9. November,
    S. 22–32.

11  Zur Situation im ZK der SED und zum Einwand aus dem DDR-Justiz-
    ministerium vgl. Hertle: Chronik des Mauerfalls, S. 124 f., 136 f.;
    Hertle / Elsner: Mein 9. November, S. 37.

12  Zur Reaktion von Kohl Ackermann, Eduard: Mit feinem Gehör,
    Bergisch-Gladbach 1994, S. 310.

13  Zum Vorgehen von Egon Krenz vgl. Hertle: Chronik des Mauerfalls,
    S. 130–133; die Reaktion von Krenz auf den Auftritt Schabowskis und
    dessen Einschub zitiert nach Krenz, Egon: Herbst '89, Berlin 1999, S. 244
    und Hertle / Elsner: Mein 9. November, S. 38 f.

14  Spickermann zum Abend des 9. November zitiert nach Hertle / Elsner:
    Mein 9. November, S. 68.

15  Schabowskis Äußerungen zitiert nach Sieren, Frank / Koehne, Ludwig (Hg.):
    Günter Schabowski: Das Politbüro. Ende eines Mythos. Eine Befragung,
    Hamburg 1990, S. 137, 139 sowie Schabowski, Günter: Der Absturz,
    Hamburg 1992, S. 302.

16  Zur Debatte am 9. November in West-Berlin vgl. Hertle / Elsner:
    Mein 9. November, S. 26 ff.

17  Zur Rolle der Medien am Abend des 9. November vgl. Hertle: Chronik des
    Mauerfalls, S. 149 und Hertle / Elsner: Mein 9. November, S. 56 f., 132.

## »Serbischer Genozid« (S. 211–240)

1   Scharping, Rudolf: Wir dürfen nicht wegsehen. Der Kosovo-Krieg und Euro-
    pa, Berlin 1999 (im Folgenden Scharping: Wir dürfen nicht wegsehen), S. 107.

2   Schröder zitiert nach Bundespresseamt: Pressemitteilung Nr. 111/99 vom
    24. 3. 1999; Scharping: Wir dürfen nicht wegsehen, S. 14.

3   Frankfurter Rundschau vom 25. und 26. 3. 1999; Welt vom 26. 3. 1999; Süd-
    deutsche Zeitung vom 25. und 26. 3. 1999; Frankfurter Allgemeine Zeitung
    vom 26. 3. 1999; Economist zitiert nach Spiegel vom 29. 3. 1999.

4   Schröder und Fischer am 26. 3. 1999 im Bundestag zitiert nach Plenar-
    protokoll 14/31, S. 2607 ff. und 2583 ff.; Luchmann zitiert nach Berliner
    Morgenpost vom 30.3.1999; Scharping zitiert nach Spiegel vom 5. 4. 1999
    und 12. 4. 1999.

5   Scharping zitiert nach *Spiegel* vom 29. 3. und 12. 4. 1999; vgl. Angerer, Jo /
    Werth, Mathias: Es begann mit einer Lüge. WDR-Dokumentation 2001
    (im Folgenden Angerer / Werth: Es begann); www.frieden-mannheim.de/
    Dokumente/dichtung.htm; Moritz, Tino: »Operation Hufeisen« und die
    deutschen Medien. Wie Journalisten Behauptungen der Bundesregierung
    während des Kosovo-Krieges hinterfragten. Diplomarbeit Universität Leip-
    zig 2001 (im Folgenden Moritz: Operation Hufeisen), S. 71 f.; *Süddeutsche
    Zeitung* vom 30. 3. 1999; *Woche* vom 1. 4. 1999.
6   Moritz: Operation Hufeisen, S. 66, 72, 85 ff.; www.auswaertiges-amt.de/
    6archiv/infkos/PK/P990406a.htm.
7   Kirchbach und Scharping zitiert nach Mitschnitt der Übertragung bei
    Phoenix; vgl. Moritz: Operation Hufeisen, S. 88 ff.
8   Zu Scharpings Auftritten vgl. Moritz: Operation Hufeisen, S. 85 ff.; Schrö-
    der zitiert nach *Spiegel* vom 12. 4. 1999; Struck zitiert nach Plenarprotokoll
    14/32, S. 2628; Gysi ebd., S. 2636 f.; Fischer ebd., S. 2639; Schlauch ebd.,
    S. 2633.
9   Vgl. Der Kosovo-Konflikt. Eine Dokumentation des Verteidigungsministe-
    riums, Bonn 1999; Scharping zitiert nach *Spiegel* vom 26. 4. 1999; Scharping:
    Wir dürfen nicht wegsehen, S. 136.
10  Vgl. *Spiegel* vom 12. und 19. 4. 1999; *Frankfurter Allgemeine Zeitung* vom
    3. 5. 1999; Moritz: Operation Hufeisen, Anhang S. 222 f.
11  *Frankfurter Rundschau* vom 7. 4. und 19. 5. 1999; zu Loquai vgl. Moritz:
    Operation Hufeisen, S. 137; *Freitag* vom 2. 7. 1999; Blair zitiert nach Schütz,
    Cathrin: Die NATO-Intervention in Jugoslawien. Hintergründe, Nebenwir-
    kungen und Folgen, Wien 2003 (im Folgenden Schütz: NATO-Intervention),
    S. 72; vgl. Scharping: Wir dürfen nicht wegsehen, S. 96, 113, 141, 216 f.
12  *Spiegel* vom 12. 7. 1999 und vom 10. 1. 2000; Hall, Peter Christian (Hg.):
    Krieg in Bildern. Wie Fernsehen Wirklichkeit konstruiert. 33. Mainzer
    Tage der Fernseh-Kritik, Mainz 2001 (im Folgenden Hall: Krieg in Bil-
    dern), S. 277 f.; zu Erler vgl. Plenarprotokoll 14/97, S. 9015; Scharping und
    Leutheusser-Schnarrenberger zitiert nach *Berliner Morgenpost* vom 4. 4.
    und vom 23. 3. 2000.
13  Magnusson, Kjell: Wie der Kosovokrieg begann, in: Bittermann, Klaus /
    Deichmann, Thomas (Hg.): Wie Dr. Joseph Fischer lernte, die Bombe zu
    lieben. Die Grünen, die SPD, die NATO und der Krieg auf dem Balkan,
    Berlin 2000, S. 19 ff.
14  Zur Bedeutung Deutschlands im Konflikt vgl. Krause, Joachim: Deutschland
    und die Kosovo-Krise, in: Clewing, Konrad / Reuter, Jens (Hg.): Der Koso-
    vo-Konflikt. Ursachen – Akteure – Verlauf, München 2000 (im Folgenden
    Clewing / Reuter: Kosovo-Konflikt), S. 398; zu Srebrenica Fink, Matthias:
    Srebrenica. Chronologie eines Völkermords, Hamburg 2015; Fischer zitiert

nach Elsässer, Jürgen: Kriegslügen. Vom Kosovokonflikt zum Milošević-Prozeß, Berlin 2004 (im Folgenden Elsässer: Kriegslügen), S. 44; zu den PR-Agenturen in den USA vgl. Moritz: Operation Hufeisen, S. 24 f.; Kinkel zitiert nach Elsässer: Kriegslügen, S. 44; zur Kontaktgruppe vgl. Giersch, Carsten: NATO und militärische Diplomatie im Kosovo-Konflikt, in: Clewing / Reuter: Kosovo-Konflikt, S. 73.

15 Krause in: Clewing / Reuter: Kosovo-Konflikt, S. 403; Äußerung der Botschaft zitiert nach Loquai, Heinz: Weichenstellungen für einen Krieg. Internationales Krisenmanagement und die OSZE im Kosovo-Konflikt, Baden-Baden 2003 (im Folgenden Loquai: Weichenstellungen), S. 22; UÇK-Aufruf zitiert nach Schütz: Die NATO-Intervention, S. 43; Kinkel zitiert nach Plenarprotokoll 13/242, S. 22422; Fischer zitiert nach ebd., S. 22430; Scharping zitiert nach ebd., S. 22439; vgl. Loquai: Der Kosovo-Konflikt, S. 111.

16 Zur Bundestags-Sitzung vom 16. 10. 1998 vgl. Plenarprotokoll 13/248, S. 23127 ff.; Schröder zitiert nach ebd., S. 23135; Fischer zitiert nach ebd., S. 23141; vgl. Elsässer: Kriegslügen, S. 77 und Loquai: Der Kosovo-Konflikt, S. 117; Lafontaine, Oskar: Das Herz schlägt links, München 1999 (im Folgenden Lafontaine: Das Herz), S. 241.

17 Zum Vorgehen der UÇK und zum Lagebericht des Auswärtigen Amtes vgl. Elsässer: Kriegslügen, S. 299 und Schütz: NATO-Intervention, S. 71; zu den OSZE-Beobachtern vgl. Lutz, Dieter: Völkermord, Moral und die Unabwendbarkeit von Kriegen am Beispiel Kosovo, Vortrag 18. 2. 2000 (im Folgenden Lutz: Völkermord), S. 11; Nachtwei, Winfried: Kosovo-Krieg vor zwei Jahren: Begann alles mit einer Lüge? Zum Streit um die Informationspolitik der Bundesregierung, Berlin 2001 (im Folgenden Nachtwei: Kosovo-Krieg), S. 8; zum UNO-Bericht vgl. Loquai: Der Kosovo-Konflikt, S. 37.

18 Walker zitiert nach Welt vom 18. 1. 1999; Krause in: Clewing / Reuter: Kosovo-Konflikt, S. 410; Scheer zitiert nach Elsässer: Kriegslügen, S. 102.

19 Lafontaine: Das Herz, S. 242; zur Bundestagsdebatte vom 25. 2. 1999 vgl. Plenarprotokoll 14/22, S. 1699–1712; vgl. Loquai: Kosovo-Konflikt, S. 128 ff.; Schröder zitiert nach Bundespresseamt: Pressemitteilung Nr. 111/99 vom 24. 3. 1999.

20 Zu den Widersprüchen vgl. Loquai: Der Kosovo-Konflikt, S. 141 ff. und Elsässer: Kriegslügen, S. 120.

21 Fischer zitiert nach Plenarprotokoll 14/97, S. 9010; vgl. Bundestagsdrucksachen 14/3047 (Große Anfrage der PDS-Fraktion) und 14/5677 (Antwort der Bundesregierung); Scharping zitiert nach Hall: Krieg in Bildern, S. 276.

22 Zum Geheimdienstmaterial vgl. *Frankfurter Rundschau* vom 22. 3. 2000; Arbour zitiert nach *Spiegel* vom 26. 4. 1999; vgl. zu Österreich: www.

parlinkom.gv.at/pd/pm/XX/J/texte/062/J06269_.htlm, www.parlinkom. gv.at/pd/pm/XXI/J/texte/013/J1365_.htlm und www.parlinkom.gv.at/pd/ pm/XX/AB/texte/059/AB05997_.htlm im Archiv der Autoren zu Clark vgl. Moritz: Operation Hufeisen, Anhang S. 223; zu Hutsch: Gespräch mit den Autoren am 19. 1. 2006; zu Kajdacsy: Gespräch mit den Autoren am 2. 1. 2006; zum Geheimdienstmaterial vgl. *Hamburger Abendblatt* vom 4. 4. 2000; Milošević vor Gericht vgl. *Freitag* vom 5. 11. 2004; Bundeswehrmaterial zitiert nach Ein Jahr danach. Die Bundeswehr im Kosovo-Einsatz. Eine Dokumentation, Bonn 2000 und Friedenstruppe Kfor. Hintergrundinformationen zum Einsatz der internationalen Staatengemeinschaft im Kosovo und zur Beteiligung der Bundeswehr, Bonn 2000; Scharping und Brender zitiert nach Hall: Krieg in Bildern, S. 276; Fischer und Volmer vgl. *Frankfurter Allgemeine Zeitung* vom 13. 9. 2005.

23 Lutz zitiert nach *Süddeutsche Zeitung* vom 4. 4. 2000; Moritz: Operation Hufeisen, Anhang S. 223; Eyal zitiert nach *Spiegel* vom 26. 4. 1999; Clark zitiert nach Loquai: Der Kosovo-Konflikt, S. 136; Schubert, Günter: Der Kosovokrieg und das Projekt des Rechtspazifismus – Eine vorläufige Bilanz der Debatte, Heidelberg 2002, S. 3 f.; Volmer zitiert nach *Welt* vom 19. 1. 1999, Fischer zitiert nach *Berliner Morgenpost* vom 23. 3. 2000.

24 Scharping: Wir dürfen nicht wegsehen, S. 233; Kajdacsy im Gespräch mit den Autoren am 2. 1. 2006; zu Lageberichten vgl. *Spiegel* vom 12. 4. 1999 und Hall: Krieg in Bildern, S. 302; zur Bundeswehr und zum Auswärtigen Amt vgl. Lutz: Völkermord, S. 11, 20; zu Brown vgl. Angerer / Werth: Es begann; Loquai: Weichenstellungen, S. 25.

25 *Aufbau* vom 10. 7. 2003; Scharping-Interview in *Spiegel* vom 25. 1. 1999; Scharping: Wir dürfen nicht wegsehen, S. 110; Human Rights Watch zitiert nach *tageszeitung* vom 3. 4. 1999; *Toronto Star* vom 3. 11. 1999 und *Wall Street Journal* vom 31. 12. 1999 zitiert nach Schütz: NATO-Intervention, S. 104; Pujol zitiert nach *tageszeitung* vom 3. 12. 1999; Loquai: Der Kosovo-Konflikt, Thesen zur Studie.

26 Zu Scharping vgl. *Spiegel* vom 12. und vom 26. 4. 1999; zum albanischen Informationsminister vgl. *Süddeutsche Zeitung* vom 26. / 27. 3. 1999; Lutz zitiert nach *Berliner Morgenpost* vom 23. 3. 2000; Schlotter zitiert nach *Deutsches Allgemeines Sonntagsblatt* vom 31. 3. 2000.

27 Bundestagsfraktion Bündnis 90 / Die Grünen: Kosovo – Ein Jahr danach. Dokumentation der öffentlichen Veranstaltung am 15. 4. 2000 im Reichstagsgebäude, Berlin 2000, S. 25; Wimmer zitiert nach *Deutsches Allgemeines Sonntagsblatt* vom 31. 3. 2000; Nachtwei: Kosovo-Krieg, S. 8.; Lage im Kosovo zitiert nach Ein Jahr danach. Die Bundeswehr im Kosovo-Einsatz. Eine Dokumentation, Bonn 2000, S. 15 f.

28 Domeniconi zitiert nach Kesper, Christiane / Klußmann, Jørgen: Medien

im Konflikt – Mittäter oder Mediatoren?, Internationale Konferenz, Berlin 2000, S. 9 ff., 46; Ilsemann zitiert nach Moritz: Operation Hufeisen, S. 78; Jordan zitiert nach *Spiegel* vom 5. 4. 1999; Descamps zitiert nach *Message. Internationale Fachzeitschrift für Journalismus*, 2/2001, S. 30.

29 Loquai: Der Kosovo-Konflikt, S. 143.

## »Die Spareinlagen sind sicher« (S. 241–258)

1 Mündliches Statement der Bundeskanzlerin, zitiert nach *Hamburger Abendblatt* vom 6. 10. 2008.

2 Merkel und Steinbrück zur HRE zitiert nach *Süddeutsche Zeitung* vom 6. 10. 2008; Merkels Garantie zitiert nach *Hamburger Abendblatt* vom 6. 10. 2008; Steinbrücks Ergänzung zitiert nach https://www.youtube.com/watch?v=HHMEmOu4ZDw; Steinbrücks Interview im *heute-journal* zitiert nach https://www.youtube.com/watch?v=XAssyOtm_eY.

3 Albig-Erläuterung zitiert nach *Welt* vom 6. 10. 2008; 1000 Milliarden zitiert nach *Süddeutsche Zeitung* vom 6. 10. 2008; 568 Milliarden zitiert nach *Handelsblatt* vom 6. 10. 2008; 586 Milliarden Euro zitiert nach *Hamburger Morgenpost* vom 6. 10. 2008; *Bild* vom 6. 10. 2008.

4 »Maßnahme von ›neuer Qualität‹« und Albig zitiert nach *Welt* vom 7. 10. 2008; Statement Ulrich Wilhelm zitiert nach *Frankfurter Rundschau* vom 7. 10. 2008; Steinbrücks »Plan B« zitiert nach *Frankfurter Allgemeine Zeitung* vom 7. 10. 2008.

5 Stenographische Berichte des Bundestages, S. 19321C, 19323A (Merkel), 19325A (Westerwelle), 19337A (Kuhn), 19331D (Lafontaine); »39 Milliarden« zitiert nach *Welt am Sonntag* vom 29. 9. 2013; Merkels Bestätigung im November 2008 der Garantie zitiert nach *Frankfurter Allgemeine Zeitung* vom 11. 11. 2008.

6 »Unter Matratzen« zitiert nach James, Harold: Deutschland in der Weltwirtschaftskrise 1924–1936, Stuttgart 1988, S. 303; vgl. ebd., S. 285–311; »Bankfeiertage« zitiert nach Büttner, Ursula: Weimar. Die überforderte Republik 1919–1933, Stuttgart 2009, S. 432; vgl. ebd. 428–435.

7 Zur Herstatt-Krise vgl. *Welt am Sonntag* vom 22. 6. 2014; zur Krise der Schmidt-Bank *manager magazin* vom 24. 2. 2004.

8 Zu den CDOs vgl. https://www.welt.de/wall-street-journal/article116845374/Die-gefaehrlichste-Wette-der-Wall-Street-kehrt-zurueck.html; »finanzielle Massenvernichtungswaffen« zitiert nach *Welt* vom 5. 3. 2003.

9 Zu New Century vgl. *Welt am Sonntag* vom 2. April 2017; 634 Milliarden Dollar vgl. https://www.welt.de/wall-street-journal/article116845374/Die-gefaehrlichste-Wette-der-Wall-Street-kehrt-zurueck.html; zur IKB vgl. Ad-Hoc-Meldung der IKB vom 30. 7. 2007 und Press-Release der Deutschen Bundesbank vom 2. 8. 2007 (beide im Archiv der Verfasser).

10 Vgl. Brunnermeier, Markus K.: Deciphering the liquidity and credit crunch 2007/08, in: *Journal of Economic Perspectives* 23 (2009), S. 77 – 100 und Deutsche Bundesbank (Hg.): Finanzstabilitätsbericht 2009, Frankfurt a. M. 2009 (im Folgenden Finanzstabilitätsbericht 2009), S. 8 – 14, 21 – 35, 107–112.

11 »Uneitel« zitiert nach *Financial Times Deutschland* vom 23. 7. 2007; »Fristentransformationen« zitiert nach Finanzstabilitätsbericht 2009, S. 36.

12 »Panik der Finanzmärkte« zitiert nach *Spiegel* vom 6. 10. 2008; »Garantie aller Sparguthaben« zitiert nach *Welt am Sonntag* vom 5. 3. 2017; »vor die Presse gehen« zitiert nach *Frankfurter Allgemeine Zeitung* vom 15. 6. 2010.

13 »Ich möchte an Sie …« zitiert nach *tageszeitung* vom 7. 10. 2008; »Die deutsche Regierungschefin« zitiert nach *Handelsblatt* vom 9. 9. 2016.

## »Flüchtlinge sind willkommen« (S. 259 – 279)

1 Zitiert nach https://www.bundesregierung.de/Content/DE/Mitschrift/Pressekonferenzen/2015/08/2015-08-31-pk-merkel.html.

2 Tweet zitiert nach *Zeit* vom 18. 8. 2016.

3 Zu Budapest, dem Tweet der Journalistin und Högl: www.tagesspiegel.de/politik/Zuege-aus-ungarn-1000-fluechtlinge-eingetroffen-1600-weitere-unterwegs/12255874.html sowie www.taz.de/!5224226/ und *Frankfurter Allgemeine Zeitung* vom 1. 9. 2015; zu Groth vgl. Pressemitteilung der Partei Die Linke Baden-Württemberg vom 31. 8. 2015.

4 Zu Bárány und Seibert: *Zeit* vom 18. 8. 2016 sowie www.tagesspiegel.de/politik/Zuege-aus-ungarn-1000-fluechtlinge-eingetroffen-1600-weitere-unterwegs/12255874.html vom 1. 9. 2015; zu Merkel vgl. https://www.bundesregierung.de/Content/DE/Mitschrift/Pressekonferenzen/2015/08/2015-08-31-pk-merkel.html.

5 Zu APA, Steinmeier und Altmaier: *Zeit* vom 18. 8. 2016; zu Altmaier vgl. Alexander, Robin: Die Getriebenen. Merkel und die Flüchtlingspolitik: Report aus dem Innern der Macht, München 2017 (im Folgenden Alexander: Die Getriebenen), S. 65 f.

6 Zum Auswärtigen Amt und zu angeblich bereitgestellten Schiffen vgl. https://www.bundesregierung.de/Content/DE/Mitschrift/Pressekonferenzen/2015/09/2015-09-14-regpk.html; zu Schleppern: *Welt* vom 12. 9. 2015 und *Tagesspiegel* vom 8. 12. 2015 sowie www.spiegel.de/politik/deutschland/auswaertiges-amt-kampagne-gegen-desinformation-ueber-fluechtlinge-a-1052411.html vom 11. 9. 2015; zu Afghanistan: *Welt* vom 16. 12. 2016; www.n-tv.de/politik/Auswaertiges-Amt-relativiert-Geruechte-article15918541.html.

7 Zum Tweet: *Zeit* vom 18. 8. 2016; zu Groth und Sonderzügen: facebook.com/annette.groth5 und *Hamburger Morgenpost* vom 1. 9. 2015 sowie www.heise.de/tp/features/Europas-Schande-3375040.html.

8 Zu Flüchtlingen und Wirtschaft: Alexander: Die Getriebenen, S. 74
sowie *Spiegel* vom 29. 8. 2015; zu Videoclips: www.deutschlandfunk.de/
fluechtlinge-in-deutschland-gelockt-von-falschen.724.de.html?dram:
article_id=360598.

9 www.deutschlandfunk.de/fluechtlinge-in-deutschland-gelockt-von-
falschen.724.de.html?dram:article_id=360598 und Kampf, Anne: Das
reiche Land im Westen. Warum Flüchtlinge nach Deutschland kommen,
Frankfurt a. M. 2013, zitiert nach www.evangelisch.de/inhalte/
90436/10-12-2013/das-reiche-land-im-westen.

10 Vgl. zu Tschetschenien Bundestagsdrucksache 17/14713: Kleine Anfrage
der Linksfraktion, S. 1 und 3 sowie Bundestagsdrucksache 17/14795 vom
25. 9. 2013: Antwort der Bundesregierung, S. 8; www.spiegel.de/politik/
ausland/asylbewerber-der-anstieg-der-tschetschenischen-fluechtlinge-
a-911427.html und www.spiegel.de/politik/ausland/tschetscheniens-
machthaber-kadyrow-sein-regime-ist-grausam-a-920274.html.

11 Kommunikationsarbeit in der Flüchtlingskrise – Das macht das Auswärtige
Amt; www.auswaertiges-amt.de/DE/Aussenpolitik/GlobaleFragen/
Fluechtlinge/Aktuelles/151116_RumoursAboutGermany_node.html;
zu Werbekampagnen: *Welt* vom 4.3. und vom 16.12.2016; www.n-tv.de/
politik/Auswaertiges-Amt-relativiert-Geruechte-article15918541.html;
zum Tweet: *Tagesspiegel* vom 8. 12. 2015.

12 Vgl. Riesenkampff, Matthias: Die aktuelle Migration aus Afghanistan, Län-
derbericht, Auslandsbüro Afghanistan. Kabul 2017; zu Sunjic: www.profil.at/
oesterreich/mythenzertruemmerin-unhcr-expertin-sunjic-fake-news-
fluechtlingsrouten-7945639 und www.deutschlandfunk.de/fluechtlinge-in-
deutschland-gelockt-von-falschen.724.de.html?dram:article_id=360598;
zu EU: Bundestagsdrucksache 18/7170:»Informationsstrategie« und
»Gegendiskurse zur Verhinderung unerwünschter Migration, Antwort
auf Kleine Anfrage der Linksfraktion (Drucksache 18/6826).

13 Zu Merkels Flüchtlingspolitik: Alexander: Die Getriebenen, S. 27 f.; zu
Asylkompromiss: www.proasyl.de/news/20-jahre-asylkompromiss-sieg-
der-strasse-und-eine-niederlage-des-rechtsstaates/ vom 6. 12. 2012.

14 Einwanderungsland vgl. *Tagesspiegel* vom 7. 12. 2006 und *Zeit* vom
31. 1. 2008; Bosnien vgl. *Welt* vom 18. 7. 1998 und vom 18. 9. 1998.

15 Zu Syrien-Flüchtlingen: www.bmi.bund.de/SharedDocs/Kurzmeldungen/
DE/2014/06/aufnahme-syrische-fluechtlinge.html und www.proasyl.de/
thema/aufnahmeprogramme/syrien-aufnahmeprogramme/ sowie www.bmi.
bund.de/DE/Themen/Migration-Integration/Asyl-Fluechtlingsschutz/
Humanitaere-aufnahmeprogramme/humanitaere-aufnahmeprogramme_
node.html; www.tagesspiegel.de/politik/debatte-um-aufnahme-von-
fluechtlingen-die-schwierige-hilfe-fuer-syrien/10023686.html sowie Luft,

Stefan: Die Flüchtlingskrise. Ursachen, Konflikte, Folgen, München 2016 (im Folgenden Luft: Flüchtlingskrise), S. 23.

16 Zu Integration und Kettenwanderung: Luft: Flüchtlingskrise, S. 111; zum Westbalkan: Bundestagsdrucksache 18/7190, S. 1, 4 f.

17 Zu Merkels Auftritten: Alexander: Die Getriebenen, S. 13, 40 f.

18 Zu Bouillon und Palmer: *Welt* vom 20.10. und vom 19.8.2015; Friedrich zitiert nach *Passauer Neue Presse* vom 11.9.2015; www.youtube.com/watch?v=CRnFS961dns; Alexander: Die Getriebenen, S. 16 f.

19 Zu Gerüchten: www.huffingtonpost.de/2016/08/10/fluechtlinge-geheime-fluege-koeln-aus-tuerkei-kopp-verlag-berichtet_n_11426026.html vom 10.8.2016; www.sueddeutsche.de/muenchen/wolfratshausen/bad-toelz-lederjacken-und-handys-fuer-fluechtlinge-umsonst-so-ein-schmarrn-1.2774273.

20 Vgl. Luft: Flüchtlingskrise, S. 9, 101 f., 103; zu Schwarzer: *Welt* vom 24.12.2016; zur Kriminalstatistik: *Welt am Sonntag* vom 23.4.2017 und *Frankfurter Allgemeine Sonntagszeitung* vom 30.4.2017; zu Sozialbetrug: *Welt* vom 26.4.2017; zu Clans: *Welt* vom 11.5.2017.

## Ausblick (S. 280–291)

1 *Welt* vom 4.4.2017.

2 Vgl. https://www.youtube.com/watch?v=GTmEH2c3xrw und tagesspiegel.de/medien/nach-trump-merkel-pressekonferenz.

3 Twitteraccount @realDonaldTrump vom 1.4.2017.

4 Vgl. https://www.washingtonpost.com/graphics/politics/trump-claims/?utm_term=.e607e05a0359.

5 Vgl. https://www.welt.de/geschichte/article162799328/Nicht-die-Niederlande-die-Tuerkei-kollaborierte-mit-den-Nazis.html.

6 *Welt* vom 7.4.2017.

7 Vgl. *Frankfurter Allgemeine Zeitung* vom 5.5.2017.

8 *Tagesspiegel* vom 7.5.2017; vgl. *Welt am Sonntag* und *Frankfurter Allgemeine Sonntagszeitung* vom 7.5.2017.

9 *Frankfurter Allgemeine Zeitung* vom 9.4.2017.

10 *Frankfurter Allgemeine Zeitung* vom 24.2.2017.

11 Zitiert nach Mauelshagen, Claudia/Theisen-Canibol, Susanne: Nicht zu glauben – Ente, Grubenhund und andere Fälschungen, in: Canibol, Hans-Peter/Dezes, Matthias (Hg.): Fake News. Ein Whitepaper (http://dezes-public-relations.de/2017/03/15/fake-news-ursachen-und-abwehrstrategien/), S. 19.

12 Mitschrift der Pressekonferenz unter www.bundesregierung.de/Content/DE/Mitschrift/Pressekonferenzen/2015/08/2015-08-31-pk-merkel.html.

13 Umfrage zitiert nach na news aktuell (Hg.): Whitepaper 06 – FakeNews, Hamburg 2017, S. 4.

14 http://www1.wdr.de/unternehmen/der-wdr/unternehmen/studie-
    glaubwuerdigkeit-100.html.

15 Methfessel, Klaus: Hysterie oder reales Problem?, in: Canibol, Hans-Peter/
    Dezes, Matthias (Hg.): Fake News. Ein Whitepaper (http://dezes-public-rela-
    tions.de/2017/03/15/fake-news-ursachen-und-abwehrstrategien/), S. 9.

16 Umfrage zitiert nach na news aktuell (Hg.): Whitepaper 06 – FakeNews,
    Hamburg 2017, S. 8.

17 Vgl. zu Charlotte Jahnz *tageszeitung* vom 11.5.2017; zu ARD-»Fakten-
    finder« http://faktenfinder.tagesschau.de/; zu Hoaxmap vgl. http://www.
    hoaxmap.org/ und *tageszeitung* vom 24./25.5.2017; zu Correktiv vgl.
    https://correctiv.org/ und *Frankfurter Allgemeine Zeitung* vom 16.1.2017.

18 *tageszeitung* vom 11.5.2017.

19 Vgl. Thiele-Dohrmann, Klaus: Eine kleine Geschichte des Klatsches,
    Düsseldorf 1995, S. 58 f.

20 Vgl. http://www.otr.com/tl/2017/02/23/february-23-1942-fdr-fireside-chat/.

21 Vgl. Knapp, Robert H.: A psychology of rumor, in: *The Public Opinion* 8
    (1944), S. 22 – 37 sowie Neubauer: Fama, S. 176 – 182; Neubauer, Hans-Joa-
    chim: In der »Zone der Legendenbildung«. Zu einigen Kontexten der ame-
    rikanischen rumor clinics im Zweiten Weltkrieg; in: *Werkstatt Geschichte* 15
    (1996), S. 35 ff. und Kapferer: Gerüchte, S. 311 – 313.

22 http://www.zeit.de/politik/deutschland/2017-05/heiko-maas-facebook-
    gesetzesentwurf-hate-speech-kritik.

23 Vgl. *Frankfurter Allgemeine Zeitung* vom 30.8.2016, *Zeit* vom 15.12.2016,
    http://www.stern.de/politik/us-wahl/us-wahl-2016--ein-dorf-in-mazedoni-
    en-muellt-das-netz-mit-pro-trump-propaganda-zu-7134038.html, https://
    www.welt.de/politik/ausland/article159611245/Die-Kleinstadt-in-Ma-
    zedonien-die-Trumps-Sieg-sicherte.html, *Hamburger Abendblatt* vom
    28.12.2016.

24 Vgl. http://www.br.de/nachrichten/falschmeldungen-macher-facebook-
    google-100.html und http://www.spiegel.de/netzwelt/netzpolitik/jestin-coler-
    auf-der-sxsw-der-fake-news-koenig-will-jetzt-der-wahrheit-helfen-a-1138632.
    html.

25 *Welt am Sonntag* vom 7.5.2017.

# Abbildungsnachweis

Archiv der Autoren: S. 163, 213
BasisDruck Verlag, Berlin: S. 65
Deutsches Historisches Museum: S. 91
dpa-Picture-Alliance: S. 25, 115, 135, 243, 261
Andreas Schoelzel: S. 189
*Time*, 12.2.1945: S. 45

# Danksagung

Dieses Buch hätte nicht entstehen können ohne die Hilfe vieler Freunde und Kollegen, die uns mit ihrem Wissen, ihren Kontakten und ihrer Kritik uneigennützig unterstützt haben.

An erster Stelle zu nennen ist Monika Gräßler, die unbestechlich jede Zeile des Manuskripts vorab gelesen und vielfach wichtige Hinweise gegeben hat.

Für Gesprächsbereitschaft und Unterstützung bedanken wir uns bei: Dietmar Arnold, Bernd-Rainer Barth, Florian M. Beierl, Prof. Dr. Alexander Demandt, Claudia Ehrenstein, Prof. Dr. Erhard Geißler, Wieland Giebel, Dr. Hans-Hermann Hertle, Dr. Eberhard Hoene, Karl Gunter v. Kajdacsy, Swaantje Katz, Manfred Kittlaus (†), Dr. Ulrich Mählert, Lawrence McDonald (National Archives College Park Maryland / USA), Prof. Dr. Hans Mommsen (†), Tino Moritz, Prof. Dr. Rolf-Dieter Müller, Dr. Berthold Seewald, Fritz Tobias (†), Dr. Hans-Jochen Vogel, Dr. Jens-Christian Wagner, Dr. Robert Zagolla.

Schließlich bedanken wir uns bei unseren Familien, die viele Abende und Wochenenden mit unserer nur körperlichen Anwesenheit auskommen mussten, während wir geistig auf der Jagd waren nach Gerüchten, die Geschichte machten.

# Die Autoren

**Lars-Broder Keil**

Jahrgang 1963, Studium der Journalistik in Leipzig; seit 1989 als Journalist und Buchautor tätig, u. a. für die *Freie Welt, Die Zeit* und die *Welt am Sonntag*; 1991/92 Mitarbeiter der Berlin-Brandenburgischen Akademie der Wissenschaften; seit 1999 Redakteur im Ressort Politik der *Berliner Morgenpost*, seit 2001 Redakteur im Ressort Innenpolitik der Mediengruppe WELTN24 mit Schwerpunkt Innere Sicherheit, Zeitgeschichte und historische Serien. Buchveröffentlichungen: *Der Mauerfall. Ein Volk nimmt sich die Freiheit*, Köln 2014 (zusammen mit Sven Felix Kellerhoff); *Stauffenbergs Gefährten. Das Schicksal der unbekannten Verschwörer*, München 2013 (zusammen mit Antje Vollmer); *Hans-Ulrich von Oertzen – Offizier und Widerstandskämpfer. Ein Lebensbild in Briefen und Erinnerungen*, Berlin 2005; Heinrich Hart: *Mongolenhorden im Zoologischen Garten. Berliner Briefe* (als Hg.), Berlin 2005. Im Ch. Links Verlag erschien *Deutsche Legenden. Vom »Dolchstoß« und anderen Mythen der Geschichte* (2002, zusammen mit Sven Felix Kellerhoff).

**Sven Felix Kellerhoff**

Jahrgang 1971, Studium der Geschichtswissenschaften in Berlin, Absolvent der Berliner Journalisten-Schule (BJS); seit 1993 als Journalist mit Schwerpunkt Zeitgeschichte tätig, unter anderem für die *Berliner Zeitung*, den Bayerischen Rundfunk und die *Badische Zeitung*; seit 1997 beim Axel-Springer-Verlag, unter anderem als verantwortlicher Redakteur für Wissenschaft und für Kultur der *Berliner Morgenpost*. Seit 2003 Leitender Redakteur der Mediengruppe WELTN24 und verantwortlich für Zeit- und Kulturgeschichte.

Buchveröffentlichungen unter anderem: *Die NSDAP. Eine Partei und ihre Mitglieder*, Stuttgart 2017; *»Mein Kampf«. Die Karriere eines deutschen Buches*, Stuttgart 2015; *Attentäter. Mit einer Kugel die Welt verändern*, Köln 2003.

Im Ch. Links Verlag erschienen *Unterirdisch in die Freiheit. Die Fluchttunnel von Berlin* (2015, zusammen mit Dietmar Arnold) und *Deutsche Legenden. Vom »Dolchstoß« und anderen Mythen der Geschichte* (2002, zusammen mit Lars-Broder Keil).

Felix Eckardt
**Kurzschluss**
Wie einfache Wahrheiten
die Demokratie untergraben

192 Seiten, Broschur
ISBN 978-3-86153-962-9
18,00 € (D); 18,50 € (A)

Trump, Erdogan, Brexit: In einer immer komplizierteren Welt sind aktuell Kräfte auf dem Vormarsch, die einfache Lösungen und klare Sündenböcke verheißen. In der Aufregung über angeblich verblödete Massen geht jedoch unter: Wir alle tragen latent die Neigung zu vereinfachten, verzerrten und bequemen Weltsichten in uns, auch die intellektuellen Weltverbesserer. Nur werden wir mit einfachen Wahrheiten die Probleme einer globalisierten Welt nicht lösen, sondern dramatisch scheitern. Wenn wir Uneindeutigkeit und Komplexität nicht aushalten, hat die Demokratie dauerhaft keine Chance. Felix Ekardt lotet in seinem Buch aus, wie wir Vernunft und Demokratie langfristig fördern und bewahren können – oder ob sie in der Gefahr stehen, eine historische Ausnahmeerscheinung zu bleiben.

**www.christoph-links-verlag.de**

Heike Kleffner, Matthias Meisner (Hg.)
**Unter Sachsen**
Zwischen Wut und Willkommen

2. Auflage
312 Seiten, Broschur
ISBN 978-3-86153-937-7
18,00 € (D); 18,50 € (A)

»Ziemlich gut geworden ist dieses Buch, weil es erschreckende Einzelbekanntheiten zu einem dann noch erschreckenderen Gesamtbild bündelt und weil es schon durch die Vielzahl der gut ausgewählten Autoren eine Differenziertheit bekommt, die Einzelakteure nie erreichen können.«

*Süddeutsche Zeitung*

»Das Klima, das in großen Teilen dieser Beiträge geschildert wird, macht keine Illusionen. Aber dass es einmal so kenntnisreich und vor allem in facettenreicher Schilderung aufgeschrieben wurde, ist wichtig.«

*taz*

**www.christoph-links-verlag.de**

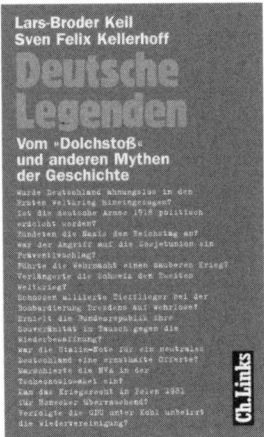

Lars-Broder Keil, Sven Felix Kellerhoff

## Deutsche Legenden

Vom »Dolchstoß« und anderen
Mythen der Geschichte

ISBN 978-3-86284-221-6
4,99 € (D)

»Die Detailarbeit, die die Autoren aufgewendet haben, ist spannend und aufschlussreich, auch deshalb, weil man immer wieder die Solidität eigenen Wissens und eigener Schlussfolgerungen nachprüfen kann, weil Vergleiche angestellt werden zwischen politischen Sachverhalten und der Einstellung, die skeptische Staatsbürger oder befehlsgläubige Untertanen dazu vertreten.«

*Süddeutsche Zeitung*

»Das Verdienst der Autoren liegt weniger in der Entdeckung bisher unbekannter Quellen als in der konsequenten, nahezu detektivischen Überprüfung des reichlich vorhandenen Materials und den Argumentationsketten, die sich daraus entwickeln. Ihre Beweisführungen wären ideale Vorlagen für historische Polit-Krimis. Alle Zutaten sind da.«

*FAZ*

**www.christoph-links-verlag.de**